普通高等教育"十一五"国家级规划教材

国际经济法案例教程

（第二版）

韦经建　　王彦志　主编

科学出版社

北　京

内 容 简 介

本书采用案情、问题、评析三个层次，对涉及国际货物贸易法、国际货物运输和保险法、国际投资法、国际技术贸易法、国际经济法争端解决和世界贸易组织法等国际经济法的主要分支部门，共 79 个近年以来发生的、具有典型意义的案例，以实证分析方法进行了提示分析和评价。

本书适合高等院校法学专业的本科生、研究生及法律硕士研究生作为教材使用。

图书在版编目 (CIP) 数据

国际经济法案例教程/韦经建，王彦志主编 . —2 版 . —北京：科学出版社，2011

普通高等教育"十一五"国家级规划教材

ISBN 978-7-03-030315-8

Ⅰ.①国…　Ⅱ.①韦…②王…　Ⅲ.①国际经济法-案例-高等学校-教材
Ⅳ.①D996

中国版本图书馆 CIP 数据核字 (2011) 第 024970 号

责任编辑：徐　蕊 / 责任校对：朱光兰
责任印制：徐晓晨 / 封面设计：无极书装

科 学 出 版 社 出版
北京东黄城根北街 16 号
邮政编码：100717
http://www.sciencep.com

北京捷迅佳彩印刷有限公司 印刷

科学出版社发行　各地新华书店经销

*

2011 年 4 月第 二 版　　开本：B5 (720×1000)
2020 年 1 月第三次印刷　　印张：21 3/4
字数：420 000

定价：**58.00 元**

(如有印装质量问题，我社负责调换)

第二版序言

自从这部《国际经济法案例教程》于 2005 年出版以来,国际经济法的制度和实践又有了很大进展和很多变化。例如,在国际商法领域,《联合国全程或部分海上国际货物运输合同公约》(《鹿特丹规则》)于 2008 年 12 月 11 日由联合国第 63 届大会第 67 次会议审议通过,并于 2009 年 9 月 23 日在荷兰鹿特丹开放签署;在涉外经济法领域,《中华人民共和国反垄断法》由中华人民共和国第 10 届全国人民代表大会常务委员会第 29 次会议于 2007 年 8 月 30 日通过,并自 2008 年 8 月 1 日起施行;在国际经济公法领域,不同国家和地区之间又缔结了大量双边投资条约和区域自由贸易协定,而且投资条约案件和世界贸易组织贸易条约案件也在继续不断增多;等等。

我们决定及时对这部《国际经济法案例教程》做出进一步的修订和完善,以便继续更好地反映和把握国际经济法的发展性、实践性和实用性。在这次修订过程中,我们主要遵循了以下四个方面的考虑:第一,保持风格上的原汁原味。既有的国际经济法案例教科书绝大多数都对于所选案例做了过度简化的处理,结果使得案例教程往往只是对于教科书既有知识的一种变相的简单重复,无法令学生充分领略和有效把握真实世界之中国际经济法案件复杂问题之解决的法律思维与法律方法。为此,我们虽然对于所选案例做了进一步的简化处理,但却仍然坚持尽量全面地叙述案情和分析裁决,从而继续尽量保持一种原汁原味的风格。第二,追求内容上的及时更新。国际经济法诸领域的制度和实践变动不居,国际经济法的案例教科书也自应与时俱进。为此,我们一方面将过去那些体现了国际经济法的新发展但却被我们所疏忽了的案例及时补充进来,另一方面,也把这五年以来体现国际经济法新发展的案例及时吸收进来。例如,"可口可乐并购汇源果汁案"反映了中国反垄断法涉外规定的最新立法及其适用;"美国与安提瓜关于影响跨境提供赌博与博彩服务措施案"反映了世界贸易组织《服务贸易总协定》最新裁判实践。这样,就能更好地体现国际经济法的时代性,也更有利于学生把握国际经济法的发展性。第三,追求体系上的不断完善。这次修订删去了"背景知识"部分,因为"案例教科书"是国际经济法"体系教科书"的辅助,"背景知识"可以在"体系教科书"之中的相应部分两相对照。这次修订也体现了进一步全面涵盖国际经济法诸领域基本知识要点的努力。据此,体例的编排不再是围绕案例展开基本知识点,而是围绕知识点来编辑典型性的案例,这样,每个案例的篇幅也就相应有所减少。例如,"东芝域名纠纷案"反映了世界知识产权组织

（WIPO）统一域名争议解决的程序规则及其仲裁实践。第四，追求效果上的简明实用。国际经济法的法律关系尤为错综复杂，因此，国际经济法的学习者和实践者往往不容易把握国际经济法问题的法律实质，也不容易抓住国际经济法问题的解决思路。为此，在每个案例的编写过程中，我们都努力根据国际经济法交易、规制以及规制合作的法律实践，抓住国际经济法案件争议的问题要点，找到国际经济法争议解决的法律依据，展开国际经济法裁判推理的分析评论，深入浅出地讲解国际经济法的案例实践。

　　这次修订版精选了国际经济法诸领域的 79 个典型案例，全书共分六章，每个案例的编写方式采取"案情"、"问题"和"评析"的体例。韦经建、刘亚军、何志鹏教授，周晓虹、都亳、王彦志副教授和姚莹博士、王小林博士研究生参与了本书的修订。

　　尽管我们在修订过程中一如初版写作那样尽力做到认真勤勉，但是，不足之处仍然在所难免，为此，我们欢迎广大读者不吝赐教，以便在将来的修订之中得到完善和提高。

编　者

2011 年

于吉林大学前卫校区

第一版序言

国际经济法是一个实践性和实用性极强的法律学科，案例教学法是国际经济法教学的基本方法，案例教程是国际经济法教学与研究的基础资源。在美国等西方发达国家，案例教学法和案例教科书是其法学教育的基本特色，也是其法律教育取得成功的重要因素。近年来，案例教学法和案例教科书开始在我国法科教育中兴起，各种各样的案例教科书也开始出现，从这个侧面表明我国的法学教育开始注重实证法学的方法，开始走向实用法学的道路。我们在 2000 年编著了《国际经济法概论》教材，时隔六年后付梓的这本《国际经济法案例教程》也正是为了配合国际经济法教学而编著的案例教材。

国际经济法教学的基本目的之一，即在于培养学生养成一种国际经济法的思维方式。本书的撰写旨在帮助法学学科的学生更好地理解和掌握国际经济法的基础理论和基本知识。我们希望通过国际经济法的案例教材和案例教学法，引导学生懂得运用国际经济法的实证分析方法，帮助他们在纷繁复杂的国际经济法律实践中，学会如何梳理国际经济法律关系的基本脉络，把握住国际经济法的基本规则，运用好国际经济法的基本知识，用以分析国际经济法的基本问题，乃至于充分领悟国际经济法律制度的发展性、实践性和实用性。

全书共分七章，精心选编并深入分析了国际货物贸易、国际货物运输和保险、国际投资、国际技术贸易、国际金融、世界贸易组织和国际经济争议解决制度等涉及国际经济法基本领域的 53 个典型案例。案例的编选素材尽量广泛参考和借鉴中国国际经济法学界近年来的理论成果和案例资源，案例的编选原则尽量做到反映中国涉外经济交往的最新动态和发展趋势，案例的编选结构尽量做到全面涵盖国际经济法各个分支领域的基础理论和基本知识，案例的编写方式采取"背景知识"提示、"案情和事实"陈述、"审理和裁判"概要和法理"分析和评述"的体例，案例的编写篇幅尽量做到比较全面的叙述案情和分析裁判从而获得一种原汁原味的意境。这也可以说是我们这部国际经济法案例教材所力求表达的基本风格。

本书由吉林大学法学院的韦经建、王彦志共同主编，吉林大学法学院国际法教研部的部分教师参与了本书的撰写，具体分工如下：田洪鋆、姚莹第一章，韦经建第二章，王彦志第三章、第七章，刘亚军第四章，周晓虹第五章，都亳第六章。

科学出版社的徐蕊女士为本书的出版付出了辛勤的努力，吉林大学法学院的张艳梅、王小林等博士、硕士研究生为本书的资料收集及校对等作出了大量的工作，我们在此致以真挚的谢意。

　　尽管我们在编写过程之中尽力做到认真勤勉，但疏漏不足之处仍在所难免，为此，诚请读者不吝赐教。

编　者

2005 年 6 月 6 日

于吉林大学前卫校区

目　录

第一章　国际货物贸易法案例

案例一：《联合国国际货物销售合同公约》的适用及买卖合同是否成立争议案[①]

一、案情

2000 年 6 月 5 日，被申请人（卖方）湖南省 A 公司向申请人（买方）瑞士 B 公司发盘出售 10 000 吨菜籽粕，质量标准为：油蛋白在 38％以上；水分在 12.5％以下。单价 FOB 中国张家港 78 美元/吨。

2000 年 6 月 7 日，申请人接受被申请人的发盘，并要求被申请人将合同和信用证条款传真给申请人，被申请人于 2000 年 6 月 9 日将已盖有公章的 SF0610 的《售货合约》传真给了申请人。

申请人收到被申请人传真的《售货合约》后，删除了原合约上"不接受超过 20 年船龄的船舶"的要求，并将"运费已付"修改成"运费按租船合同支付"，委托意大利米兰公司签字盖章后于 2000 年 6 月 9 日当天传真给被申请人。

后双方对于合同的成立及履行产生争议，经协商不能解决，申请人根据合同中的仲裁条款于 2001 年 7 月 23 日向中国国际经济贸易仲裁委员会提请仲裁。

申请人诉称：

2000 年 6 月 14 日，被申请人传真给申请人香港办事处称申请人单方面修改合同，被申请人不能予以确认，将暂缓执行合同，并要求申请人暂缓开出信用证。

2000 年 6 月 22 日，被申请人向申请人发函称，双方已达成的合同为无效合同，申请人所开出的信用证只能作废。

同日，申请人回函给被申请人进一步向被申请人解释，由于合同为 FOB 价格条件，对船龄与运费支付事宜的修改将不会对被申请人履行合同产生任何影响；申请人同时告知被申请人，申请人已将合同项下的货物转卖给了意大利的下手买家，并提醒被申请人，如其不履行交货义务将构成违约；如其拒绝交货，申请人只能通过购买替代货物向下家买方履约。在该函中，申请人还要求被申请人

---

① 参见中国国际经济贸易仲裁委员会：《中国国际经济贸易委员会裁决书选编（1995～2002）》（货物买卖争议卷），法律出版社，2002 年，第 585～592 页。

在 2000 年 6 月 23 日前的工作时间内向申请人确认被申请人将履行合同。

2000 年 6 月 23 日，被申请人回函坚称双方所达成的合同无效，以及船龄及运费条款的修改直接影响被申请人的装船之外，还声称由于合同本身并未生效，该合同项下的义务和责任都只能作废。

申请人已就从被申请人处所购买的 7 000 吨货物与意大利的另一家公司达成了转卖协议，由于被申请人拒绝履行其与申请人所达成的合同，致使申请人面临对其下家买方的违约。因此，申请人为履行与意大利买方的合同，不得不以每吨 98.50 美元的高价从新加坡 D 公司处购买 7 350 吨的替代货物。申请人为此多支付了 150 675.00 美元的货款。

综上所述，申请人与被申请人就购销菜籽粕事宜已经通过要约和承诺达成一致，就合同订立和履行以及索赔等事宜一直是由申请人与被申请人联系，而且本案的合同也明确注明申请人为货物的买方。由于合同的货物后来被转售给意大利的下手买家，货物运输目的港也是意大利威尼斯港，故申请人将本案合同的一部分事宜委托给意大利的 C 公司处理，因此，尽管本案合同是由意大利 C 公司签字和盖章，但意大利 C 公司是根据申请人的授权，代理申请人对合同签字和盖章的，所以，合同的后果仍由申请人承担。尽管申请人对于合同进行了修改，但这些修改并不对被申请人的利益有任何影响，所修改之处不构成《联合国国际货物销售合同公约》（以下简称《公约》）第 19 条所规定的在实质上变更被申请人的要约的条件，被申请人作为要约人也未立即对所作出的变更向申请人提出异议，直至 2000 年 6 月 14 日申请人开立了以被申请人为受益人的信用证，被申请人才针对申请人修改的部分提出其意见。因此，被申请人所提出的异议已经构成了《公约》所规定的迟延，申请人作出的修改仍对被申请人有拘束力，双方合同已经成立。由于被申请人此情况下无理由拒绝履行合同，致使申请人不得不高价购买替代物，被申请人已经构成违约，应承担全部责任。

在被申请人违约的情况下，申请人有权采取相应的合理救济措施，申请人所购买的替代货物的品质与合同所规定的货物品质一致，购买价格也低于国际市场上同类货物的市场价格，申请人所采取的救济措施完全合理。

据此，申请人请求：①裁决被申请人赔偿申请人因购买替代货物而产生的损失 150 675.00 美元；②由被申请人承担利息损失共 10 547.23 美元（年利率 7%，截止到 2001 年 6 月 29 日）；③由被申请人承担本案仲裁费用以及律师费用。

被申请人辩称：

2000 年 6 月，A 公司与被申请人洽谈由被申请人代理其出口 10 000 吨菜籽粕的业务。被申请人委托岳阳 A 公司与申请人签约，并负责组织货源，安排装运。后发生合同纠纷，被申请人并不了解详情。现申请人申请仲裁，被申请人目前亏损累计达1 000多万元，处于即将破产的边缘，已经完全没有能力解决该纠纷，并且，被申请人只是代理，与申请人之间没有发生过任何联系，申请人应该直接与A公司联系，由该公司出面处理此纠纷。

仲裁庭对本案的裁决为：①被申请人赔偿申请人购买替代货物的损失150 675.00美元；②被申请人赔偿申请人的利息损失9 040.50美元；③驳回申请人的其他请求；④本案仲裁费由被申请人承担90%，申请人承担10%。

二、问题

（1）本案应适用什么法律？

（2）本案合同是否成立？

（3）被申请人是否应该赔偿申请人购买替代货物的损失？

（4）被申请人是否应该赔偿申请人的利息损失以及支付律师费和仲裁费？

三、评析

（1）本案应适用什么法律？

本案当事人在合同中没有约定适用的法律，因此，本案的审理和裁决首先必须确定应适用的法律。从合同性质上看，由于本案合同属于"国际货物销售合同"，因而首先要考虑《公约》是否适用的问题。

《公约》第1条规定：①本公约适用于营业地在不同国家的当事人之间所订立的货物销售合同：（a）如果这些国家是缔约国；（b）如果国际私法规则导致适用某一缔约国的法律。②当事人营业地在不同国家的事实，如果从订立合同前任何时候或订立合同时，当事人之间的任何交易或当事人透露的情报均看不出，应不予考虑。③在确定本公约的适用时，当事人的国籍和当事人或合同的民事或商业性质，应不予考虑。可见，《公约》第1条规定了公约适用的主体范围以及认定货物销售合同"国际性"的标准。它适用于营业地位于不同国家的当事人之间订立的货物销售合同。第10条（a）项规定：如果当事人有一个以上的营业地，则以与合同及合同履行关系最密切的营业地为其营业地。显然，公约是以当事人"营业地位于不同国家"作为认定"国际性"合同的标准的。

此外，《公约》没有直接规定货物的定义，只是在其第2条规定了不适用该公约的销售，包括：①购供私人、家人或家庭使用的货物的销售，除非卖方在订立合同前任何时候或订立合同时不知道而且没有理由知道这些货物是购供于任何这种使用；②经由拍卖的销售；③根据法律执行令状或其他令状的销售；④公债、股票、投资证券、流通票据或货币的销售；⑤船舶、船只、气垫船或飞机的销售；⑥电力的销售。

本案中，双方订立的是一个以菜籽粕为标的物的国际货物买卖合同；申请人的营业地位于瑞士，被申请人的营业地位于中国，两国均为《公约》缔约国，这些因素均不排除公约的适用。因此，当本案合同既没有就解决双方争议所适用的法律作出规定，也没有排除《公约》的适用时，《公约》应成为解决双方之间争议的具有"最密切联系"的法律。

（2）本案合同是否成立？

申请人于 2000 年 6 月 9 日收到被申请人传真的盖有被申请人公章的 SF0610 合同文本，删除了其中的"不接受超过 20 年船龄的船舶"的条款，并将"运费已付"修改成"运费按租船合同支付"，并委托意大利 C 公司签字盖章后于 2000 年 6 月 9 日传真给被申请人，被申请人于 2000 年 6 月 14 日传真申请人表示不能确认申请人单方面修改的合同，并将暂缓执行合同。

根据《公约》第 19 条规定：对要约表示接受但载有添加、限制或其他更改的答复，即为拒绝该项要约，并构成新要约。但是，对要约表示接受但载有添加或不同条件的答复，如所载的添加或不同条件在实质上并不变更该项要约的条件，除要约人在不过分迟延的时间内以口头或书面通知反对其间的差异外，仍构成承诺。如果要约人不做出这种反对，合同的条件就以该项要约的条件以及承诺通知内所载的更改为准。有关货物价格、付款、货物质量和数量、交货地点和时间、一方当事人对另一方当事人的赔偿责任范围或解决争议等项添加或不同条件，均视为在实质上变更要约的条件。本案中申请人确实在作出承诺时在合同上进行了批注，但本案合同约定的价格条件是 FOB，按照 Incoterms2000 的规定，买方（申请人）必须自行负担费用订立从指定装运港运输货物的合同，因此，船龄及运费支付问题与卖方（被申请人）无关，申请人对合同中关于船龄及运费支付的条款的批注并不影响被申请人的权利和义务，也不构成对合同条款的实质变更。何况被申请人没有及时提出反对，直至 2000 年 6 月 14 日才表示不能确认申请人的修改等。根据上述事实及法律规定，可以认定，申请人与被申请人之间的合同已经成立并生效，双方应按照合同的约定履行。

（3）被申请人是否应该赔偿申请人购买替代货物的损失？

《公约》第 75 条规定：如果合同被宣告无效，而在宣告无效后一段合理时间内，买方已以合理方式购买替代货物，或者卖方已以合理方式把货物转卖，则要求损害赔偿的一方可以取得合同价格和替代货物交易价格之间的差额以及按照第 74 条①规定可以取得的任何其他损害赔偿。

本案中，根据申请人提供的证据证明，申请人已实际买进了替代货物 7 350

---

① 《公约》第 74 条规定：一方当事人违反合同应负的损害赔偿额，应与另一方当事人因他违反合同而遭受的包括利润在内的损失额相等。这种损害赔偿不得超过违反合同一方在订立合同时，依照他当时已知道或理应知道的事实和情况，对违反合同预料到或理应预料到的可能损失。

吨。因此，申请人的主张应予支持，被申请人应赔偿申请人购买替代货物的损失，其计算公式为（98.50 美元/吨—78.00 美元/吨）×7 350 吨＝150 675.00 美元。

（4）被申请人是否应该赔偿申请人的利息损失以及支付律师费和仲裁费？

根据《公约》第 78 条"如果一方当事人没有支付价款或任何其他拖欠金额，另一方当事人有权对这些款额收取利息，但不妨碍要求按照第七十四条规定可以取得的损害赔偿"的规定，申请人有权要求被申请人赔偿利息的损失。但是，申请人主张的 7％的年利率过高，计息期过长，所以，对申请人主张的利息数额不给予全部支持。仲裁庭认为被申请人向申请人支付自 2000 年 6 月至本裁决作出之日止的年利率 3％的利息是合适的。

关于申请人要求被申请人支付律师费的请求，鉴于申请人未就此项请求提供相应的证据，不予支持。

以前述分析和裁决为基础，本案仲裁费应由被申请人承担 90％，由申请人承担 10％。

案例二：国际贸易术语选择不当致损案①

一、案情

2000 年 5 月，美国××贸易公司（以下简称进口方）与中国江西××进出口公司（以下简称出口方）签订合同购买一批日用瓷具，价格条件为 CIF LOS ANGELES，支付条件为不可撤销的跟单信用证，出口方需要提供已装船提单等有效单证。出口方随后与宁波××运输公司（以下简称承运人）签订运输合同。8 月初出口方将货物备妥，装上承运人派来的货车。途中由于驾驶员的过失发生了车祸，耽误了时间，错过了信用证规定的装船日期。得到发生车祸的通知后，出口方即刻与进口方洽商要求将信用证的有效期和装船期延展半个月，并本着诚信原则告知进口方两箱瓷具可能受损。进口方回电称同意延期，但要求货价应降 5％。出口方回电同意可能受损的两箱瓷具降价 1％，但其余货物不能降价。最终双方达成妥协，即受震荡的两箱货物降价 2.5％，其余货物降价 1.5％。出口方为此受到货款、利息等有关损失共计 15 万美元。

事后，出口方作为托运人向承运人提出索赔。承运人仅同意承担有关仓储费用和两箱震荡货物的损失，对于利息损失只赔偿其 50％。承运人认为其只承担部分责任，其他货物的降价损失主要是由于出口方修改单证耽误时间，而且对于损失的数额确定是出口方与进口方之间单方面达成的协议，与己无关，因而不承

---

① 参见白益民：《国际贸易实务》，http://superist.com/tradeprocedure/19-Riskcontrol.htm，2009 年 1 月 23 日访问。

担赔偿责任。出口方却认为货物降价及利息损失的根本原因都在于承运人的过失，坚持要求其全部赔偿。经多次协商后，承运人最终同意赔偿货物损失共计5.5万美元。出口方实际损失了9.5万美元。

二、问题

(1) 国际贸易术语适用的条件是什么？

(2) CIF 术语的适用范围是什么？

(3) 选择 CIF 术语卖方应当防范的风险有哪些？

三、评析

(1) 国际贸易术语适用的条件是什么？

国际贸易术语属于国际贸易惯例。贸易惯例对当事人的效力通常只能够基于当事人的同意，国际经济交往的当事人不仅可以决定是否采用以及采用何种贸易惯例，而且可以在采用某一惯例时对其内容加以修改。所以说，贸易惯例经常起着合同条款的作用。因此，国际贸易术语只能在当事人选择时才会适用，而不会如法律那样自主适用。在通常情况下，国际货物买卖合同双方可以在合同中任意规定贸易术语的适用，也可以变更、修改贸易术语规则中的任何条款或增添其他条款。

(2) CIF 术语的适用范围是什么？

如何解释 CIF 术语的适用范围是本案的关键所在。根据 Incoterms2000，CIF 术语仅适用于海运和内河运输。若卖方无意在船上交货则应使用 CIP 术语。下面首先介绍 CIP 术语的内涵，并比较其与 CIF 术语的不同，再结合本案例分析在通过内陆运输的出口中 CIF 术语能否适用的问题。

根据 Incoterms2000，CIP 术语是"运费和保险费付至（……指定目的地）"，是指卖方向其指定的承运人交货，但卖方还必须支付将货物运至目的地的运费，亦即买方承担卖方交货之后的一切风险和额外费用。但是，按照 CIP 术语，卖方还必须办理买方货物在运输途中灭失或损坏风险的保险。因此，由卖方订立保险合同并支付保险费。其中的承运人是指，任何订立运输合同承诺通过铁路、公路、空运、海运、内河运输或上述运输的联合方式履行运输责任或委托他人履行其运输责任的人。如果采用联合运输方式将货物运至约定目的地的，则风险自货物交给第一承运人时转移。CIP 术语要求卖方办理出口清关手续。该术语可适用于各种运输方式，包括多式联运。

由此可见，它与 CIF 属于共同之处主要有：价格构成因素中都包括了通常的运费、保险费，即运输合同、保险合同都由卖方负责订立；出、进口清关责任划分都是卖方负责出口、买方负责进口；风险在交货地点交货完成而转移给买方，而运费、保险费却延展到目的地（港）。

但两者也有以下的明显区别：①从适用的运输方式看，CIF 术语只适用于海运和内河运输，CIP 术语却适合任何运输方式；②从货物交付地点看，CIF 术语是装运港条件，CIP 术语是卖方在合同规定的时间和地点，将合同规定的货物交给卖方指定的承运人，即完成交货；③从风险转移看，CIF 术语以装运港船舷为界，CIP 术语是卖方将货物交于第一承运人时风险随之转移；④从装船费用看，CIF 术语中卖方承担货物越过船舷之前的一切费用，CIP 术语如涉及海洋运输并使用程租船装运的，卖方将货物交给承运人所支付的运费已包含承运人接管货物后在装运港的装船费用，这样，在 CIP 合同条件中的卸货费用的负担问题就不存在了；⑤从运输单据看，CIF 术语中的卖方一般应向买方提供已装船提单，而 CIP 术语中的卖方提供的运输单据视不同的运输方式而定。如在海运和内河运输方式下，卖方应提供可转让的提单，有时也可提供不可转让的海运单和内河运单；对于其他运输方式，则应提供相应的铁路运单、公路运单、航空运单或多式联运单据。

综上，CIP 术语适合于须经内陆运输的出口，而 CIF 则适合只通过海运的出口。

（3）选择 CIF 术语卖方应当防范的风险有哪些？

第一，风险转移滞后于货物实际控制权的转移。在采用 CIF 术语订立贸易合同时，卖方往往需要同时以托运人的身份与承运人签订运输合同。在卖方向承运人交付货物，完成运输合同项下的交货义务后，却并不意味着他已经完成了贸易合同项下的交货义务。卖方仍要因货物越过船舷前的一切风险和损失向进口方承担责任。而在货物交由承运人掌管后，卖方已经丧失了对货物的实际控制权。承运人对货物的保管、配载、装运等都由其自行操作，托运人只是对此进行监督。本案例中，在承运人掌管之下发生了车祸，他就应该对此导致的货物损失、延迟装船、仓储费用负责，但由此导致的货价损失、利息损失的承担双方却无法达成协议，使得出口方受到重大损失。

第二，卖方无法在当地交单结汇。根据 Incoterms2000 的规定，CIF 条件下卖方可转让提单、不可转让海运单，这与其仅适用于海运和内河运输方式相对应。在沿海地区这种要求易于得到满足，不会耽误出口方结汇。货物在内陆地区交付承运人后，如果通过公路或铁路运输的，承运人会签发公路运单或铁路运单而不是 CIF 条件要求的运输单据。这样，只有当货物运至装运港装船后卖方才能拿到已装船提单或在联运单据上得到海运承运人作出"已装船"的批注后再结汇。可见，这种对单据的限制会直接影响到出口方向银行交单结汇的时间，从而影响出口方的资金周转，增加了利息负担。本案中信用证要求卖方提交的就是海运提单，而在货物须通过陆路运输至港口的场合，卖方只能当货物装船后才能换单结汇。如果可凭陆路承运人在内地接货后签发的单据在当地交单结汇的话，卖方就可以避免许多的损失和风险。

第三，卖方要负担额外的运输费用。在 CIF 价格中的运费应该包括从装运港到目的港的运费。但从内陆地区到装运港装船之前卖方还要负担额外的运输成本，如从我国的青海、新疆等边远地区到装运港装船之前的运输费用占到出口货价的比例，有时会到达 20% 左右。

案例三：FCA 贸易术语下液晶显示器 订购合同买方义务争议案[①]

一、案情

申请人（S 股份有限公司）与被申请人（内江 F 液晶显示设备有限公司）于 2004 年 11 月 5 日签订《订购合同》，申请人发货后，被申请人自行验收了此单货物。申请人在信用证有效期内向银行申请承兑信用证时，因单证瑕疵遭到银行拒付。其后，信用证过期。后被申请人以货物质量存在问题提出部分换货，并未支付合同项下任何的货款。申请人以被申请人违约为由根据合同中的仲裁条款于 2005 年 7 月 26 日向中国国际经济贸易仲裁委员会提交了书面仲裁申请。

申请人诉称：

2004 年 11 月 5 日，申请人与被申请人签订本案《订购合同》。双方约定，由被申请人向申请人订购 CMO 17 TFT-LCD M170E5- L05 A Grade 共 2 880 PCS，单价为 FCA HK USD175，合同总价为 USD 5 041 000；装运港为台湾，目的港为经香港到深圳，运输方式为海运；装船期为收到 L/C 后 1 日内发货，付款条件为 L/C AT SIGHT；如果货物质量或数量经国家质量监督检验检疫总局或买方检测与合同不符时，买方可在到目的港后 60 天内，凭中国商检局出具的检验证明向卖方提出退货或索赔。

2004 年 11 月 9 日，申请人收到 L/C 副本；11 月 10 日，申请人发货；11 月 12 日，收到 L/C 正本；被申请人随后自行验收了此单货物。2004 年 12 月 1 日，申请人在信用证有效期内向银行申请承兑信用证时，因单证瑕疵遭到银行拒付。其后，信用证过期，申请人虽多次要求被申请人支付货款，但是被申请人却以货物质量存在问题提出部分换货，并且在没有出具中国商检局的检验证明的情况下，于 2005 年 3 月运回申请人部分货品 537 片。申请人进行维修后，继续通过信函、委派专人前去向被申请人催收合同项下的货款，但是被申请人始终拖延不

---

① 参见《液晶显示器订购合同争议仲裁案裁决书》，http://cn.cietac.org/TheoryResearch/Case_main.asp? hangye＝1，2010 年 2 月 3 日访问。

予支付，从而给申请人的财务周转造成了严重的损害。

为此，申请人提出如下仲裁请求：

（1）被申请人向申请人支付《订购合同》项下的货款 5 041 000 美元。

（2）本案仲裁费用及申请人因仲裁而发生的律师费、差旅费由被申请人承担。

针对申请人的主张，被申请人答辩称：

（1）申请人因单证瑕疵导致银行拒绝承兑信用证的责任应由其自行承担。申请人在进行信用证承兑时，由于其提供的单证瑕疵存在不符点，遭到银行拒付后，申请人没有采纳积极的措施向银行交涉并认真审核不符点和采取相应的措施，导致信用证过期，银行撤单，这不是被申请人的原因导致的，其责任应当由申请人承担。

（2）申请人拒绝履行《退换货协议》，构成违约行为。由于申请人的产品存在质量问题，经双方协商达成《退换货协议》，约定由被申请人将存在质量问题的产品退换给申请人。2005 年 3 月，被申请人将价值 USD91 375 的部分产品 537 片退还给了申请人。但是申请人没有按照约定积极进行维修并换回好的产品，导致被申请人的生产不能按照预期进行并遭受了很大的损失。此外，双方还约定，申请人将货物调换并交给被申请人验收合格后，被申请人将原信用证结算方式改为信用证项下的托收。但是，由于申请人没有履行合同义务换回合格的产品，从而导致交易无法顺利完成。

综上，被申请人认为，导致双方交易无法完成的原因不是被申请人不履行义务，而是由于申请人自身的原因造成单证不符遭到银行的拒付；之后，经双方协商达成相关协议，但是申请人却没有按照协议来履行，进而导致货款没有支付。因此，根据法律和国际惯例以及双方签订的合同约定，由于申请人没有履行相关义务，申请人便没有任何理由要求被申请人付款，仲裁庭应当依法驳回其仲裁请求。

最终，仲裁庭作出裁决如下：①被申请人向申请人支付货款 4 101 025 美元；②驳回申请人的其他仲裁请求；③本案仲裁费 151 069 美元，由申请人承担 20%，即 31 013.8 美元；由被申请人承担 80%，即 121 055.2 美元。上述款项已由申请人向仲裁委员会预缴等额仲裁预付金冲抵，故被申请人应向申请人支付 121 055.2 美元以补偿申请人代其垫付的仲裁费。被申请人应自本裁决作出之日起 45 日内将上述裁决所涉款额支付给申请人。本裁决为终局裁决，自作出之日起生效。

二、问题

（1）FCA 贸易术语下，卖方交货与合同不符买方是否可以拒付货款？

（2）关于费用如何分配？

三、评析

（1）FCA 贸易术语下，卖方交货与合同不符买方是否可以拒付货款？

如前所述，申请人已经按照本案《订购合同》按期全部交货，双方对此没有异议。对于货物质量双方出现争议，按照《订购合同》约定："如货物的质量或数量经中国商检局或买方检测出与合同不符时，买方可在到目的港后的 60 天内，凭中国商检局出具的检验证明向卖方提出退货或索赔。"本案中，当被申请人即买方检测出货物存在质量问题时，并未提交商检局出具商检证明，而是与申请人即卖方经协商签订了《退换货协议》。这一协议是双方真实意思的表示，依法有效。

在《退换货协议》中，经双方共同认定液晶显示屏存在质量问题的共计 537 片。协议还约定，被申请人将上述不良显示屏退还给申请人进行更换，申请人有义务在收到退还的显示屏后，在 30 个工作日内无条件将其换成良品显示屏，并返还给被申请人。否则，应立即按照被申请人原订购价退还被申请人。

《退换货协议》是对原《订购合同》的补充协议，其目的在于解决履行《订购合同》出现的不良显示屏问题。因此，关于交易涉及的货款的金额及其支付应按照《订购合同》的约定履行，而对不良显示屏的按价退还问题应以《退换货协议》的约定为准。

《订购合同》的贸易方式和价格术语选用的是 FCA，根据当前适用的《2000年国际贸易术语解释通则》，FCA 项下卖方义务主要为：①卖方必须提供符合销售合同的货物和单据；②办理出口手续；③在指定的地点和约定的时间将货物交付给买方指定的承运人或其他人；④承担交货以前的风险和费用。买方义务主要为：①必须按照销售合同规定支付价款；②办理进口手续；③订立运输合同并承担运费；④承担交货以后的风险和费用。

可见，FCA 项下买方的第一项义务就是"必须按照销售合同规定支付价款"，另一项义务则是受领货物。既然本案合同项下的全部货物已经支付给买方，则买方按照国际惯例和合同，必须如数支付价款，否则即为违约；与此同时，在本案合同项下，因货物存在质量问题，按照双方当事人签订的《退换货协议》，不良的 537 片显示屏已经退还给申请人，但由于各种原因，维修后的显示屏未能及时返还给被申请人，因此，按照《退换货协议》的约定，被申请人应当将 537 片不良显示屏的价值 931 975 美元（每片单价为 FCA HK USD175）从货款总金额 5 041 000 美元中扣除后的剩余款项 4 101 025 美元立即支付给申请人。

（2）关于费用如何分配？

申请人虽提出要求被申请人支付其为办理本案而支出的律师费和差旅费，但却未能提供相应的证据材料。因此，对此项仲裁请求，仲裁庭不予支持。

考虑到对申请方仲裁申请的支持程度，仲裁庭认为，本案仲裁费用按 20％与 80％由申请人与被申请人分别承担是合理的。

案例四：美国沃特公司诉中国建华公司合同成立纠纷案①

一、案情

1999 年 4 月 4 日，美国沃特公司向中国建华贸易公司发来出售鱼粉的要约，并规定于当天下午 5 时前答复有效。该要约主要内容是：秘鲁或智利鱼粉，数量10 000 吨，溢短装 5％，价格条款为 CFR 上海，价格为每吨 483 美元，交货期限为 1999 年 5～6 月，信用证付款，还有索赔以及其他条件等。建华贸易公司在接到要约的当天随即向沃特公司发出传真，要求沃特公司将价格每吨 483 美元减至当时国际市场价每吨 480 美元，同时对索赔条款提出了修改意见，并随附建华贸易公司提议的中国惯用的索赔条款，并明确指出："以上两点如同意，请速知，并可签约。"4 月 5 日，沃特公司与建华公司直接通过电话协商，双方各作了让步，建华公司同意接受每吨 483 美元的价格，但坚持修改索赔条款，即"货到45 天内，经中国商检机构检验后，如发现问题，在此期限内提出索赔"。最终沃特公司也同意了对这一条款的修改。至此，双方口头上达成了一致意见。4 月 7日，沃特公司在给建华公司的电传中，重申了要约的主要内容和双方电话协商的结果。同日，建华回电传给沃特公司，并告知由建华公司的部门经理王某在中国进出口商品交易会（以下简称广交会）期间直接与沃特公司签署合同。

4 月 22 日，沃特公司副总裁来广交会会见了建华公司部门经理，并交给他沃特公司已签了字的合同文本。该经理表示要审阅后再签字。

4 天后（4 月 26 日），当沃特公司派人去取该合同时，建华公司的部门经理仍未签字。沃特公司副总裁随即指示该被派去的人将建华公司仍未签字的合同索回。

5 月 2 日，沃特公司致电传给建华公司，重申了双方 4 月 7 日来往电传的内容，并谈了在广交会期间双方接触的情况，声称要对建华公司不执行合同、未按合同条款规定开出信用证所造成的沃特公司的损失提出索赔要求，除非建华公司在 24 小时内保证履行其义务。

5 月 3 日，建华公司给沃特公司发传真称：该公司部门经理王某 4 月 22 日在接到合同文本时明确表示："须对合同条款作完善补充后，我方才能签字。"在

---

① 参见韦经建、王彦志：《国际经济法案例教程》，科学出版社，2005 年，第 10～15 页。

买卖双方未签约之前，不存在买方开信用证问题，并对沃特公司于4月26日将合同索回，建华公司认为沃特公司"已改变主意，不需要完善合同条款而作撤约处理，没有必要等我签字生效"，并明确表示根本不存在要承担责任问题。

5月5日沃特公司致电传给建华公司，辩称：该公司索回合同不表示撤约，双方之间有约束力的合同仍然存在，重申要对所受损失保留索赔的权利。

5月6日，建华公司作了如下答复：首先，买方确认卖方递的报价、数量并不等于一笔买卖最终完成，这是国际贸易的惯例。其次，4月22日，我方明确提出要完善、补充鱼粉合同条款时，你方只是将单方面签字的合同留下，对我方提出的要求不作任何表示。最后，4月26日，未等我方在你方留下的合同上签字，也不提合同条款的完善、补充，而匆匆将合同索回，也没提出任何意见。现在贵公司提出要我开证履约，请问我们凭以开证的合同都被你们撤回，我们怎么开证履约呢？上述说明，你方对这笔买卖已毫无诚意，时隔多日又重提此事，为此，我们对你方的这种举动深表遗憾。因此，我们也无须承担由此而引起的任何责任。

5月15日，沃特公司电传建华公司，告知该公司副总裁将去北京，并带去合同文本，让建华公司签字。

5月22日，沃特公司又电传建华公司称：因沃特公司副总裁未能在北京与建华公司人员相约会见，故将合同文本快邮给建华公司，让其签字。并要求建华公司答复是否打算签合同还是仍确认双方不存在合同关系，还提出如不确认合同业已存在，要建华公司同意将争议提交伦敦仲裁机构仲裁。

5月23日，建华公司的电传答复沃特公司，再次重申该公司5月3日和6日传真信件的内容。

6月7日，沃特公司又致电传给建华公司，重述了双方往来情况，重申合同业已成立，再次要求建华公司确认并开证。

6月12日，建华公司在给沃特公司的传真信中除重申是沃特公司于4月26日将合同索回，是沃特公司单方面撤销合同。并告知，建华公司的用户已将订单撤回，还保留由此而引起的损失提起索赔的权利。同时表示，在事隔一个多月后，建华公司已无法说服用户接受沃特公司的这笔买卖，将沃特公司快邮寄来的合同文本退回。

6月17日，沃特公司电告建华公司，指出建华公司已否认合同有效、拒开信用证等，沃特公司有权就此所受损害、费用、损失进行赔偿。双方多次的协商联系，均坚持自己意见，始终未能解决问题。

1999年7月26日，沃特公司以我建华公司违约为由，向法院提起诉讼，要求建华公司承担赔偿责任。

最后法院支持沃特公司的请求，确认双方电话和往来函电证明合同已经存在，往来函电也是书面形式，判决建华公司赔偿沃特公司违约损失 85 万美元。

二、问题

（1）双方的合同是否成立以及以何种形式成立？

（2）沃特公司在建华公司还没有签字的情况下，又将合同索回是否是"要约的撤回"？

三、评析

这是一起关于合同是否成立的纠纷案，它发生的时间恰逢《中华人民共和国合同法》（以下简称《合同法》）即将生效，《中华人民共和国涉外经济合同法》（以下简称《涉外经济合同法》）即将废止。本案同时还涉及我国对于《公约》的适用问题。虽然《涉外经济合同法》现已废止，但是它遗留的有关合同形式的问题仍然存在。另外，关于中国的合同法律与《公约》的规定到底如何适用在实践中仍然十分混淆，所以仍有澄清的必要。

（1）双方的合同是否成立以及以何种形式成立？

我国《涉外经济合同法》第 7 条规定："当事人就合同条款以书面形式达成协议并签字，即为合同成立。"《国际商事合同通则》不要求合同必须以书面形式订立或由书面文件证明，合同可通过包括证人在内的任何形式证明。《公约》第 11 条规定："销售合同无须以书面订立或书面证明，在形式方面也不受任何其他条件的限制。销售合同可以用包括人证在内的任何方法证明。"这一句说明以口头或默示行为的方式订立的合同同样有效。但是考虑到一些国家出于外贸、外汇管制的需要，规定国际货物销售合同必须以书面形式订立。所以，《公约》在立法时给予了必要的考虑。作为一种妥协，《公约》第 12、96 条规定允许各国在加入公约时予以保留。

中国在加入《公约》时，依据第 96 条作出了相应的保留，如果中国当事人与营业地处于其他缔约国的当事人签订的货物销售合同，因为合同形式问题以及合同是否成立问题发生争议，即使是应该直接适用《公约》［第 1 条（a）项］，《公约》第 11 条也不能适用，而应该根据国际私法规则决定应适用的准据法，如果国际私法规则指向中国国内法，假如中国《涉外经济合同法》仍然有效，应适用该法第 7 条及相应的司法解释认定口头销售协议无效，只有书面协议才是有效的。

自 1999 年 10 月《合同法》生效之后，中国《涉外经济合同法》同时废止，当根据国际私法规则确定适用中国国内法时，应该适用《合同法》而非《涉外经济合同法》。而根据《合同法》第 10 条规定，"当事人订立合同，有书面形式、口头形式和其他形式"，第 25 条规定，"承诺生效时合同成立"，即我国《合同法》与《公约》第11条的规定基本相同，并没有要求国际货物销售合同必须采取书面形式。这样，我国对于《公约》第11条的保留已经没有实际价值了。

本案中，法院之所以认定建华公司败诉负赔偿责任，主要是因为目前在国际贸易中广泛实施的以往来电子传真等函电形式发出要约、承诺，依此达成的交易都自觉地纳入了书面合同的范围，原来的《涉外经济合同法》没有说明什么是"书面形式"，仲裁机构倾向于对此作宽泛的解释，书面形式包括书面电函；而我国当事人基于《涉外经济合同法》第7条的规定，往往对于书面合同理解为合同书，从而在贸易实践中遭受重大损失。本案中，从4月4日至5日，双方经过反复磋商，在4月5日各自同意了对方提出的修改，口头上达成了一致意见，此时，合同就已经成立。因为形成了合意。4月7日，沃特公司在给建华公司的电传中，重申了要约的主要内容和双方电话协商的结果。同日，建华公司回电传给沃特公司，并告知由建华公司的部门经理某先生在广交会期间直接与沃特公司签署合同。建华公司要求签署书面合同仅仅是对已成立的合同的一种书面确认，而不会影响到合同的有效成立。《合同法》第11条明确规定了"书面形式"的含义，书面形式是指合同书、信件和数据电文（包括电报、电传、传真、电子数据交换和电子邮件）等可以有形地表现所载内容的形式。这样，有了明确定义，当事人有了预见性，不至于发生误解，这与《公约》的规定也是基本相同的。同时《合同法》第10条还规定："法律、行政法规规定采用书面形式的，应当采用书面形式。当事人约定采用书面形式的，应当采用书面形式。"这是在鼓励当事人对于重要的交易事项应采取书面形式。所以虽然依据《合同法》，即使是国际货物销售合同可以采取书面、口头或其他形式，但是由于合同法明确限制了"书面形式"的范围，而且在中国的对外贸易实践中，当事人进出口货物履行必要的报关手续或申领外汇手续时，都要求出示书面合同书，没有书面合同根本完成不了交易。这就决定了现在中国绝大多数的对外贸易合同仍然采取书面形式。这与"以不要式为主，要式为例外"这一现代合同法趋势不符。

（2）沃特公司在建华公司还没有签字的情况下，又将合同索回是否是"要约的撤回"？

《公约》第14条规定："向一个或一个以上特定的人提出的订立合同的建议，如果十分确定并且表明发价人在得到接受时承受约束的意旨，即构成发价。一个建议如果写明货物并且明示或暗示地规定数量和价格或规定如何确定数量和价格，即为十分确定。"《合同法》也对要约作了类似的规定。关于要约生效的时间，《公约》第15条第1款规定："要约于送达受要约人时生效。"《公约》没有采取一些国家法律制度所规定的"发送主义原则"，而采取"到达主义原则"，即要约的生效以实际送达给受要约人时为准。这点与《合同法》一致。

规定要约生效时间对于计算要约有效期以及受要约人作出承诺的期限有重要意义。但是《公约》对于以电报信函发出的要约却作出相反的规定，第 20 条第 1 款规定：要约人在电报信函内规定的承诺期限，从电报交发时刻或信上载明的日期起算。这相当于以一个要约还没有生效的日期作为要约有效期的起算日，这不符合大陆法的传统，然而却体现了普通法的原则，所以，《公约》其实是大陆法与普通法协调的结果。

在普遍运用电报、电传、电子传真、电子数据交换等瞬时通信手段送达要约和承诺的今天，发出要约与收到要约的时间差已经很小，究竟采取发送主义还是到达主义原则决定要约的生效日已经没有太大的实际意义，重要的是对新的送达方式在法律上作出说明，这方面，《合同法》适应了信息时代的技术要求。第 16 条规定，要约到达受要约人时生效。采用数据电文形式订立的合同，收件人指定特定系统接收数据电文的，该数据电文进入该特定系统的时间，视为到达时间；未指定特定系统的，该数据电文进入收件人的任何系统的首次时间，视为到达时间。

而要约的撤销是指，将生效的要约收回的行为。《公约》第 15 条明确授权要约人可以撤回要约，即使是不可撤销的要约也是如此，只要撤回通知与要约同时或先于要约送达受要约人。要约的撤回与撤销在普通法中没有太大区别。根据普通法原则，要约人在受要约人作出承诺前的任何时候都可以撤回其要约或改变其内容，即使要约规定了有效期，在期限届满前仍可随时撤回要约。理由是要约是一项允诺，一个人要受其作出的允诺的约束需具备条件：或是取得对方某种对价，或是作出的允诺采取了特殊形式。《公约》第 16 条第 1 款规定："在未订立合同之前，发价得予撤销，如果撤销通知于被发价人发出接受通知之前送达发价人。"这一规定说明，首先要约人撤销要约必须在合同成立以前，如果合同已经成立就不能撤销要约。《公约》第 16 条第 2 款规定要约在以下情况不得撤销：①要约写明要约的期限或以其他方式表示要约不可撤销；②受要约人有理由相信该项要约是不可撤销的，而且受要约人已本着对该要约的信赖行事。《合同法》在第 18、19 条作了与公约相同的规定。

根据上述分析可知，要约的撤回必须是发生在要约到达受要约人之前或是与要约同时到达，而文中的"合同"只是对业已成立的合同的一种确认，在 4 月 5 日双方通过传真和电话磋商时合同已经成立，所以沃特公司交给建华公司的"合同文本"根本就不是要约，因而沃特公司将"合同文本"索回也不构成要约的撤回。

案例五：羊毛买卖合同效力争议案①

一、案情

申请人（澳大利亚 DAP 公司）与被申请人（张家港市 H 有限公司）于 2003 年 3 月 5 日签订了编号分别为 D1、D2 和 D3 的三份羊毛买卖合同。由于双方对合同效力问题存在争议，申请人于 2004 年 3 月 19 日向中国国际经济贸易仲裁委员会提交了书面仲裁申请。

申请人诉称：

双方之间的三份羊毛买卖合同中约定了货物数量、价格、装运期，同时还约定了：Payment：By irrevocable L/C at sight basis to be opened one month before shipment month by full telex in favour of…（装船前一个月通过电传开出不可撤销跟单信用证）申请人按照合同约定备货。但是被申请人未按照合同约定开立信用证。被申请人的法定代表人在与申请人方多次电话交谈中称由于市场变化和流动资金问题不能履行合同，并提出向申请人赔偿 1 001 000 元人民币。申请人没有接受，并于 2003 年 6 月 18 日和 8 月 21 日分别给被申请人发函，要求其立即开立信用证，但被申请人始终拒绝履行合同规定的义务。

2003 年 11 月 12 日，申请人通过传真及信件方式向被申请人发出通知，指出被申请人的不履约行为给申请人造成了严重而持续的经济损失，要求被申请人赔偿申请人的损失。被申请人于 2003 年 11 月 13 日和 21 日通过信件向申请人作出回复，声明从未与申请人签订过任何羊毛买卖合同，而是仅和一家名为 A. D F Hong Kong Ltd.（以下简称 A 公司）的公司签订过对购买羊毛的三份合作意向书。但是，申请人认为，本案三份合同明确指出了 A 公司作为申请人的代理人签署三份合同，并且合同确认书中的卖方都指明是申请人。

由于双方就此发生争议，申请人遂提请仲裁。申请人经修改后的仲裁请求如下：

（1）裁决被申请人赔偿申请人合同价与被申请人根本违约时市场价的差额损失，共计 781 397.50 美元。

（2）裁决被申请人赔偿申请人合同价额的利息损失，按 1% 的年利率从 2003 年 8 月 30 日计算至 2003 年 9 月 3 日，共计 99.29 美元。

（3）裁决被申请人赔偿申请人合同价与市场价之间差价的利息损失，按 1% 的年利率从 2003 年 9 月 3 日计算至 2005 年 2 月 28 日，共计 11 170.60 美元。

---

① 参见《羊毛买卖合同争议仲裁案裁决书》，http://cn.cietac.org/TheoryResearch/Case_main.asp? hangye＝1，2010 年 2 月 3 日访问。

（4）裁决被申请人补偿申请人因办理案件所支出的合理费用，根据仲裁规则第 59 条，为索赔金额的 10%，即 71 966.739 美元，以及仲裁费。

被申请人在其《答辩状》中提出如下反驳意见：

（1）申请人和被申请人之间不存在合同关系。申请人未直接和被申请人订立任何合同和协议，被申请人仅和自认为是申请人的代理商 A 公司之间有一份不完整的《订购确认书》。但是该公司既没有申请人的授权委托书，也没有把《订购确认书》里的内容告知被申请人，所以该公司不能代表申请人。这种以传真形式，而且未告知反面内容的《订购确认书》，只能是一个订购意向，不应是一份完整的合同。

（2）申请人和被申请人之间的交易形式不符合国际贸易惯例。申请人知道被申请人无进口权，必须通过外贸单位，订立规范合同，由外贸单位发信用证给申请人，才能交易。所以按羊毛交易的惯例，申请人不可以、不可能、也不应该按"订购单"购料备货。

（3）被申请人确定的《订购确认书》意向是附条件的。被申请人在《订购确认书》的意向中关于付款方式明确是附条件的，该条件是在 2003 年 6 月 30 日或之前从澳大利亚港装运，而这条件的付款方式是被申请人应在 2003 年 5 月 30 日前开出不可撤销的即期信用证至申请人处。申请人在被申请人未在 2003 年 5 月 30 日开出信用证的情况下，仍没有催促以及购料备货的函件。直到进入仲裁程序才提及购货备料以致产生损失，被申请人不得不怀疑申请人提供了虚假证明和损失。

（4）被申请人在装运前一个月未开立不可撤销信用证，申请人不应购料备货，因而不可能造成损失。由于被申请人未开立不可撤销信用证，申请人不应购料备货，因此不应产生损失。根据《公约》第 32 条第 2、3 款，卖方应有义务安排货物的运输以及自行通知买方办理保险，而申请人或香港公司作为卖方从《订购确认书》签订后从未通知过买方确定什么运输方式，所以更能说明被申请人不可能购料备货。即使《订购确认书》没有附条件而成立的话，申请人也应按照《公约》第 77 条来合理减轻损失。

（5）由 A 公司与被申请人签订的《订购确认书》是一份不公平的单方利益的"意向书"。如果被申请人将信用证开至申请人处，那么当后期羊毛价格上涨了，申请人完全可能以推说其从未授权香港公司而不供货给被申请人，香港公司则可以《订购确认书》反面的免责条款说明其不需负责，被申请人的利益就无法得到保证。

针对被申请人的答辩，申请人诉称：

（1）2003 年，申请人通过其代理人 A 公司向被申请人以传真形式发送了三份《订购确认书》，均清楚列明了货物数量、价格、装运期和付款方式等条款，足以构成有效的要约。被申请人的法定代表人于 2003 年 3 月 5 日签署了全部三份确认书，表示接受申请人发出的要约的全部内容。根据《公约》第 18 条第 1款，法定代表人签署确认书，构成有效的承诺。该承诺于同一天到达申请人并生效。三份合同是成立的。

（2）从三份文件的订立程序和规定内容来看，是名副其实的合同。被申请人企图以"订购确认书"这一名称为由否定三份文件作为合同的性质，是没有任何依据的。三份合同内容明确具体，不存在任何不完整之处。上述三份合同均有特殊条款（special clauses）和备注（remarks）。备注中写明，"Please note that in this transaction, we are acting as agent for the seller on the general terms and conditions as specified on the back of this order confirmation sheet"（在此交易中，我们按照背面所列一般条款和条件担任卖方代理人）。三份合同中明确指出 A 公司作为申请人的代理人签订合同，而且合同中的卖方都指明是申请人。合同下方签字处明确写明 A 公司作为卖方代理人，并由代理人的代表签字；买方代表陈某某（被申请人方总经理）在写明"我方已接受（We have accepted）"的"买方（buyer）"下签字。被申请人既然在合同上签字，表明其不仅明知此代理关系，而且同意按照合同所有条款向申请人履行合同义务。合同背面条款仅仅是在国际货物买卖合同中卖方与代理商之间的一般条款和不可抗力条款，与被申请人的权利义务没有实质关系，不影响合同的成立。

（3）被申请人是否有进出口权并不影响其签订和履行合同的能力。进出口权只有在办理进出口报关时，才有限制作用，但不能阻碍国际贸易合同的成立。被申请人也可以依据三份合同开立信用证或与其他公司签订协议开立信用证。因此，没有进出口权和无法开立信用证不能作为被申请人违反合同和拒绝承担责任的借口。

（4）信用证条款并非合同的生效条件，三份合同已于 2003 年 3 月 5 日成立生效。合同均适用 CIF 价格条款，由申请人负责安排运输和保险事宜，申请人就装运和保险进行通知的义务也与被申请人履行其合同义务没有关系，也不是被申请人开立信用证的必要条件。事实上，申请人曾多次通知被申请人货物已经备妥，信用证开立后即可按照合同约定装运。

（5）被申请人依据其主观臆测断言合同不公平，没有依据。三份合同均是双方在平等协商的基础上签订的，双方的权利义务是对等的，被申请人也未能指出合同中有任何不公平或单方利益的具体条款。

最终，仲裁庭裁决如下：①被申请人向申请人赔偿合同差价损失 781 397.50美元。②被申请人向申请人补偿其律师费及其他办案费 41 000 美元。③驳回申请人的其他仲裁请求。④本案仲裁费 41 272 美元，由申请人承担 20%，即854.40 美元；由被申请人承担 80%，即 31 417.60 美元。上述仲裁费已由申请人向仲裁委员会预缴，冲抵后，被申请人应向申请人支付 31 417.60 美元以补偿申请人为其垫付的仲裁费。上述应付款项，应在本裁决作出之日起 30 日内支付完毕。本裁决为终局裁决，自作出之日起生效。

二、问题

（1）本案的法律适用问题如何解决？

（2）本案所涉合同是否成立？

（3）本案申请人履行合同义务是否存在瑕疵？

（4）本案申请人要求被申请人赔偿合同价与被申请人根本违约时市场价的差额损失及其利息损失，以及申请人因本案发生的律师费及其他办案费用的主张可否得到支持？

三、分析

（1）本案的法律适用问题如何解决？

申请人主张，系争合同的准据法为《公约》，被申请人则认为，当事人仲裁依据的是双方约定的 1990 年 7 月 1 日《中纺购买羊毛和毛条一般交易条款》，仲裁庭应当以双方约定的适用法律来仲裁，这是双方的真实意思表示。

本案三份合同即双方签字的三份《订购确认单》中 "special clauses" 约定："All other terms and conditions as per Chinatex's general terms and conditions governing purchase of wool and wooltops dated 1/7/90."（所有其他条款和条件，依据 1990 年 7 月 1 日《中纺购买羊毛和毛条一般交易条款》）。根据上述约定，除了本案合同中已写明的本案合同交易的条款和条件外，双方当事人也明确地将 1990 年 7 月 1 日的《中纺购买羊毛和毛条一般交易条款》纳入了本案合同，成为双方交易的条款和条件；1990 年 7 月 1 日的《中纺购买羊毛和毛条一般交易条款》既不是两国政府签订的双边条约，也不是中国立法机构制定或认可的法律。很显然，本案合同中没有约定适用法律，1990 年 7 月 1 日的《中纺购买羊毛和毛条一般条款》中也未列明适用法律条款。经查，申请人所在国澳大利亚和被申请人所在国中国均为《公约》的缔约国。因此，根据两国所承担的《公约》义务，在双方未排除《公约》适用的情况下，《公约》应作为准据法适用于本案合同所发生争议的处理。《公约》未作规定的，鉴于买方所在国和仲裁地均在中国，根据最密切联系原则，应适用中国法律。

（2）本案所涉合同是否成立？

《公约》第 14 条第 1 款规定："向一个或一个以上特定的人提出的订立合同的建议，如果十分确定并且表明发出发价人在得到接受时承受约束的意旨，即构成发价。一个建议如果写明货物并且明示或暗示地规定数量和价格或规定如何确定数量和价格,即为十分确定。"第18条第2款规定:"接受发价于表示同意的通知送达发价人时生效。如果表示同意的通知在发价人所规定的时间内,如未规定时间,在一段合理的时间内,未曾送达发价人,接受就成为无效,但须适当地考虑到交易的情况,包括发价人所使用的通信方法的迅速程度。对口头发价必须立即接受,但情况有别者不在此限。"第23条规定:"合同于按照本公约规定对发价的接受生效时订立。"

根据前述事实,由申请人的代理人签字的三份《订购确认单》上清楚地写明货物的名称、规格、数量、价格、装运和付款安排,依据上述《公约》第14条第1款之规定,这三份《订购确认单》在申请人签字后就构成有效的要约。被申请人的总经理陈某某在构成有效要约的三份《订购确认单》上作为"买方"已签字,并明确写明"我方已接受"的文字,后又传真给了代表卖方的香港公司,香港公司确认收到。因此,被申请人在构成有效要约的三份《订购确认单》上签字的行为,构成了承诺。依据上述《公约》第18条第2款之规定,作为买方的被申请人将该承诺传真给了申请人的代理人即发出要约人,即发出了该承诺,该承诺到达发出要约人即已生效。同时依据上述《公约》第23条之规定,本案三份《订购确认单》作为合同,已于被申请人签字后传真给申请人的代理人之时即承诺生效之时成立。因此,仲裁庭不支持被申请人认为双方之间不存在合同关系的主张。

至于申请人代理人的授权问题,本案合同明确注明香港公司是申请人的代理人,此后在履行合同中申请人直接向被申请人去函催开信用证等行为是对香港公司作为其代理人身份的确认,而且在庭审中申请人再次明确认可了对其代理人的授权。因此,根据民事行为委托代理的一般原则,委托代理可以是书面的也可以是口头的;在没有书面委托授权的情况下,甚至在事先没有委托授权的情况下,只要事后委托人追认或同意代理人的代理行为,那么这种代理行为也是有效的。

至于没有将合同背面内容告知被申请人的问题,对此申请人没有否认。仲裁庭注意到,合同背面的内容为代理和不可抗力条款,在签合同时,申请人应当将这些内容同时传真或告知被申请人,这是申请人的过错;但另一方面,在合同正面文字表述中,一开始就提及 "…the sales contract has been consummated between the buyer and the seller on the terms and conditions on the face and back of this order confirmation sheet."(买卖双方已按照本定购确认单正反面所列全部条款和条件达成销售合同),在最后又提及"在此交易中我们按照背面所列一般条款和条件担任卖方代理人"。很显然,本案合同正面文字表述中已提及背面还有条款和条件,被申请人当时如果认为背面条款是很重要的条款,完全有权要求申请人传真或告知背面条款再决定是否签字,然而并无证据表明被申请人曾经这样要求过,事实上这也是被申请人的疏忽。但无论申请人的过错也好,被申请人的疏忽也好,这样的情况并不能影响本案合同已有效成立。

（3）本案申请人履行合同义务是否存在瑕疵？

申请人提出，本案合同规定信用证必须在装船期前一个月开出，申请人多次催促，被申请人始终找借口不开立信用证。申请人按照合同规定备货。

被申请人认为，被申请人没有进出口经营权无法开具信用证，所以无法履行合同；被申请人没有收到过申请人催开证的函，申请人应在开具信用证后才去备货；申请人没有备货，未告知装船的船期船名等，申请人已违约。

仲裁庭经过审理查明：

第一，本案合同支付条款约定，装船前一个月通过电传开出不可撤销跟单信用证，信用证的受益人为申请人。

第二，2003 年 6 月 18 日，申请人向被申请人发出传真：兹告，上述合同货物备妥待运。然而，很遗憾我们仍未收到合同条款规定的有关信用证，以使我们能够装船发运。如果你方能够很快开证我们将不胜感激。等待你方的好消息。

第三，2003 年 8 月 21 日，申请人向被申请人发出传真称：我方 2003 年 6 月 18 日函后，我方上海办事处（某某 Lou）数次一再催问上述合同装运的信用证，很遗憾告知我公司仍未收到根据合同条款使货物可以装运的任何信用证。兹告，我方将聘请律师代表我方进行仲裁程序和相关法律程序，除非在 2003 年 8 月 30 日前上述合同的信用证能到达我们办公室。希望很快收到你方积极消息。

第四，申请人还提供了多份在仓储公司 AWH 仓库中羊毛库存量的证明。被申请人在质证中提出是否存在 AWH 公司？AWH 公司开具的证明是否有假？证明中的数据是否有伪造？表示要调查核实。鉴于本案合同为有效合同，合同条款应对双方当事人具有约束力。本案合同支付条款中明确约定买方应在"装船前一个月通过电传开出不可撤销跟单信用证"，而且被申请人在合同文本上写明"我方已接受"的文字下签了字，这就表明在被申请人签字时已明确接受了装船前一个月开出信用证的合同条款及其他合同条款对被申请人的约束，所以被申请人在未依据合同约定履行开证义务构成违约的情况下，再以其没有进出口经营权为由而提出无法履行合同的主张，仲裁庭不予支持。实践中，被申请人可以通过某种适当的方式履行其开证义务。

然而，在国际货物买卖合同的履行中，买方履行开信用证的义务不是以卖方是否发出过催开的函为条件的，但是买方未依合同约定开证就构成严重的违约。本案合同约定的价格条件为 CIF，依据国际贸易惯例，申请人的义务是必须给予被申请人货物已交货的充分通知，以使被申请人能够为受领货物而采取通常的必要措施。

然而在本案中，在被申请人未开证构成先期违约的情况下，作为卖方的申请人可选择催开信用证，待收到信用证后再重新约定装运日期，即修改合同的装运条款。因此在被申请人未开证构成先期违约的情况下，申请人实际上已不可能依据合同约定的原装运期装运，所以申请人在约定的原装运期前未告知，而且实际上也不可能告知船期、船名，因此申请人并不构成违约，不应承担违约责任。

（4）本案申请人要求被申请人赔偿合同价与被申请人根本违约时市场价的差额损失及其利息损失，以及申请人因本案发生的律师费及其他办案费用的主张可否得到支持？

申请人主张 2003 年 8 月 30 日是确定的最后履约期限，被申请人未在此期限前开出信用证构成了对原合同的根本违约。被申请人则认为，由于被申请人在装运前一个月未开出信用证，申请人不应该购料备货，因而不可能遭受损失。

《公约》第 61 条第 1 款规定："如果买方不履行他在合同和本公约中的任何义务，卖方可以：（a）行使第六十二条至第六十五条所规定的权利；（b）按照第七十四条至第七十七条的规定，要求损害赔偿。"第 76 条规定："如果合同被宣告无效，而货物又有时价，要求损害赔偿的一方，如果没有根据第七十五条规定进行购买或转卖，则可以取得合同规定的价格和宣告合同无效时的时价之间的差额以及按照第七十四条规定可以取得的任何其他赔偿。"

根据上述规定，被申请人未依约履行作为买方的开证义务，而且在申请人给了一段合理的时间后仍未履行其在合同中约定的开证义务，构成根本违约，申请人有权要求损害赔偿。同时，根据申请人在庭审中的陈述，申请人并未将该合同项下的货物进行转卖，而且申请人还于 2003 年 11 月 12 日向被申请人发函，宣布终止合同。因此，根据《公约》第 76 条之规定，申请人可以取得本案合同约定的价格和被申请人根本违约之时的市场价格的差额作为赔偿。

关于利息损失，由于在本案中，被申请人应向申请人支付的款项的实质是违约损害赔偿，并不涉及货款的拖欠，损害赔偿的金额也是在本仲裁裁决中才得以确定的，申请人并无利息损失。因此，仲裁庭对于申请人的此项仲裁请求不予支持。

关于申请人办案费用的补偿，由于申请人的仲裁请求没有得到仲裁庭的全部支持，仲裁庭认为由被申请人向申请人支付 4 000 美元以补偿申请人支出的律师费及办案费用是合理的。

案例六：主光石油株式会社诉无锡中瑞集团有限公司国际货物买卖合同纠纷案[①]

一、案情

1997 年 12 月，上诉人（原审原告）主光石油株式会社（以下简称主光会

① 参见《江苏省高级人民法院（2002）苏民三终字第 086 号民事判决书》，http://www.cnarb.com/algy/ShowArticle.asp? ArticleID＝4043，2010 年 1 月 11 日访问。

社）与在中国境内从事贸易生意的韩国籍商人朴淳和取得联系，称其需要 28S/
2100％丙烯酸高膨松有光纱，要求朴淳和寻找客户。通过朴淳和的联系，主光会
社与淮阴外贸签订一份售货合同，合同约定主光会社向淮阴外贸购买 28S/
2100％丙烯酸高膨松有光纱，数量为 38 000 千克，单价为 FOB 上海 3.28 美元/
千克，价款共计 124 640 美元，装运港口和目的地为上海至巴西桑托斯等。合同
签订后，主光会社按照约定开立了金额为 124 640 美元，受益人为淮阴外贸的不
可撤销跟单信用证（号码为 M3954712SS00018）。

　　因淮阴外贸无法履行该合同，朴淳和又与被上诉人（原审被告）无锡中瑞集
团有限公司（以下简称中瑞公司）职员江原取得联系，江原将上述信息告知中瑞
公司的业务员费玮。中瑞公司表示可以提供主光会社所需的上述货物，主光会社
通过银行将信用证的受益人修改为中瑞公司，除信用证所载的条款外，双方未对
其他事项进行书面约定。生产货物的厂家由江原联系，朴淳和对厂家的生产情况
予以监督。1998 年 1 月 9 日和 1 月 20 日，中瑞公司分两批将货物出运，第一批
货是一个集装箱 1×40'，第二批货是三个集装箱 3×40'，从上海出运，目的港
为巴西桑托斯港。第一次装箱出运时，朴淳和、江原及中瑞公司的工作人员等均
在场，对货物进行了检验后发现货物有受潮现象，即将货物拉回生产厂家烘干后
认为无质量问题后出运。第二次装箱出运时，朴淳和因在韩国，委托其公司职员
验货，江原和中瑞公司的工作人员在场，认可质量后出运。

　　货物出运之后，中瑞公司得到了信用证价款 124 640 美元。

　　1998 年 2 月 25 日，中瑞公司向朴淳和支付佣金 2 950 美元。

　　1998 年 2 月 27 日和 3 月 28 日，两批货物运抵巴西桑托斯港后，巴西的最
终用户认为货物严重受潮，无法使用。

　　1998 年 10 月和 1999 年 3 月，主光会社通过朴淳和向中瑞公司提出索赔申
请，中瑞公司否认有质量问题，双方未达成一致意见，于是诉诸无锡市中级人民
法院。

　　无锡市中级人民法院认为，主光会社和中瑞公司订立的口头合同属双方当事
人真实意思表示，依据中国的相关法律，是合法有效的。朴淳和作为主光会社的
业务代理人，认可了货物质量，至于货物在运抵目的地后出现的质量问题，主光
会社未能提供有效证据证明上述问题为中瑞公司不当履约造成的。本案纠纷为国
际货物买卖合同纠纷，在买方认可质量的前提下，货物在承运过程中出现的质量
问题，按照 FOB 国际惯例，卖方不应承担责任。因此，主光会社关于确认合同
无效及中瑞公司承担违约责任的请求，原审法院不予支持。据此，法院作出判
决：驳回原告主光会社的诉讼请求。

　　主光会社不服无锡市中级人民法院的判决，于是向江苏省高级人民法院提起
上诉。

主光会社上诉理由：

（1）关于朴淳和在本案中的地位。没有证据证明朴淳和是主光会社签约和履行合同的代理人，原审认定此节系推测和联想；按照惯例，佣金应付给中介人，中瑞公司付给朴淳和佣金，既可以说是承认了朴淳和的中介人身份，也可以说是承认朴淳和是中瑞公司代理人，朴淳和作为本案知情证人，其证言应作为判决依据。

（2）本案所涉货物质量。中瑞公司的货物样品就存在质量问题，主光会社已及时提出异议，并电示中瑞公司停止装船，收到第一批货后，巴西用户发现货物受潮，不能使用，又电示中瑞公司停止装船，但中瑞公司为能在信用证规定的期限内承兑货款，在货物仍存在质量问题的情况下，执意装船，是恶意履行合同；证人朴淳和、江原证明货物发运前已严重受潮，巴西用户也证明收到的货物因严重受潮而霉变，不具有使用价值；中国质检部门也证实货物存在先天性质量问题。

（3）证人朴淳和与中瑞公司及证人江原、生产厂家四方就主光会社索赔问题共同协商过，并已预定赔偿数额，由于中瑞公司要求以贸易利润赔偿而停止协商。主光会社据此请求二审法院撤销原判，发回重审或依法改判。

中瑞公司未作书面答辩，二审开庭时口头答辩认为：

（1）从双方交易开始到结束，主光会社没有人与中瑞公司联系，主光会社的交易指令都是通过朴淳和告知中瑞公司的，朴淳和是主光会社的代理人。

（2）货物出运前，朴淳和或其指定的人员到场验货，质量合格后才出运，中瑞公司所交货物无质量问题。

（3）中瑞公司从未承认过货物有质量问题，也未与主光会社达成过赔偿协议。故一审认定事实清楚，适用法律正确，请求维持原判。

江苏省高级人民法院经审理作出终审判决：驳回上诉，维持原判。

二、问题

（1）如何确定本案应适用的法律？

（2）本案的口头合同是否有效？

（3）朴淳和在双方交易中具有何种身份？

（4）中瑞公司所供货物质量是否符合合同约定及主光会社是否有权向中瑞公司主张赔偿损失？

三、评析

（1）如何确定本案应适用的法律？

本案首先要确定法律适用的问题。主光会社提出适用《公约》处理本案纠纷。《公约》第1条第1款规定："本公约适用于营业地在不同国家的当事人之间所订立的货物销售合同：（a）如果这些国家是缔约国；或（b）国际私法规则导致适用某一缔约国的法律。"中国虽为公约的缔约国，但在核准公约时声明不受上述条款（b）规定的约束，即表明中国仅同意对双方的营业地所在国都为缔约国的当事人之间订立的国际货物销售合同适用《公约》，而中瑞公司与主光会社的营业地分别在中国和韩国境内，韩国（2004年2月17日加入公约，公约于2005年3月1日对韩国生效）非《公约》的缔约国，故本案纠纷的处理不适用《公约》。由于双方当事人未选择解决争议的法律，根据《中华人民共和国民法通则》（以下简称《民法通则》）第145条第2款，本案应适用与合同最密切联系的国家的法律。本案的合同履行地、被告所在地均在中国境内，中国应视为与本案合同有最密切联系的国家，故本案应适用中国法律。

（2）本案的口头合同是否有效？

1997年，双方当事人之间未订立书面合同，依照当时施行的《涉外经济合同法》，涉外经济合同必须为书面形式，《最高人民法院关于适用〈涉外经济合同法〉若干问题的解答》更明确了涉外经济合同未用书面形式的属无效合同，而1999年10月1日施行的《合同法》第10条规定："当事人订立合同，有书面形式、口头形式和其他形式。"，认可口头合同的法律效力。依据《最高人民法院关于适用〈中华人民共和国合同法〉若干问题的解释（一）》第3条的规定："人民法院确认合同效力时，对合同法实施以前成立的合同，适用当时的法律合同无效而适用合同法合同有效的，则适用合同法。"故本案所涉口头合同之效力问题应适用《合同法》，同时亦无其他应确认合同无效的事项，故本案的口头合同属有效合同。主光会社提出合同未采用书面形式，违反了法律强制性规定，要求确认合同无效的主张没有法律依据，且与其提出要求中瑞公司承担因质量问题的违约责任的主张相互矛盾。至于主光会社提出中瑞公司在没有可靠货源的情况下，生产出存在严重缺陷的产品，将不合格产品出运是欺诈行为，合同应属无效的观点，实际是追究中瑞公司的违约责任，不构成合同无效的理由，同时，亦无证据证明中瑞公司利用欺诈手段签订合同，故上述观点不予采纳。

（3）朴淳和在双方交易中具有何种身份？

在本案中，主光会社通过朴淳和联系到淮阴外贸，并与之签订了合同。在淮阴外贸未能履行合同后，主光会社又通过朴淳和与中瑞公司接触，由朴淳和将货物订单给了中瑞公司，双方由此确立了买卖关系。朴淳和在促成双方交易后，对货物的生产一直进行监督，出运前检验货物质量，并在纠纷发生后代表主光会社向中瑞公司提出了索赔要求。朴淳和虽未有主光会社的书面授权，但在整个买卖过程中，主光会社始终与朴淳和保持联系，对交易的要求均通过朴淳和提出，足以使相对人确信其为主光会社代理人，代表主光会社在这次买卖活动中的意志，故朴淳和的上述行为都已超出了中介服务的范畴，是代表主光会社在行使合同权利或履行合同义务，依据《民法通则》第36条第1、2款的规定，主光会社应对朴淳和的代理行为承担民事责任。中瑞公司向朴淳和支付佣金符合外贸惯例，并不能否定朴淳和在该笔业务中的主光会社方代理人身份。

(4) 中瑞公司所供货物质量是否符合合同约定及主光会社是否有权向中瑞公司主张赔偿损失？

朴淳和在二次货物出运前都亲自或委托其职员对货物进行检验，并且在认可货物质量的前提下同意装箱出运，应认定主光会社认可了货物质量。虽然货物运至目的地巴西后最终用户发现货物严重受潮，但有一个事实是确定的，即货物在出运装箱前经过检验，按照常理，货物如存在上述问题，通过一般的注意力是可以察觉的，不可能在检验时被忽略，故可以认定货物出运时不存在上述问题。根据FOB价格术语，风险是在货物超过船舷时转移到买方，货物装船后发生严重受潮的问题，且无证据证明该问题是由中瑞公司的原因引起的，卖方中瑞公司对此无需负任何责任。

主光会社提供用以证明货物存在质量问题的两份检验报告中，在巴西所作的检验报告属在中国领域外取得的证据，未有公证及认证手续，不能作为证据。北京商检部门的检验报告的送检样品未经对方当事人确认，亦未经法定程序送检，其检验结论法院没有采纳。主光会社还试图证明货物生产厂家不具备生产能力，其生产的产品不可能合格，经庭审查明，主光会社所称的锡山市东绛美华玩具服装厂并非本案货物的生产厂家，故该观点与事实不符，法院不予采纳。

本案涉及货物的品质责任及风险责任的划分。货物的品质责任是指由于所交货物不符合合同约定的质量要求，卖方所应承担的违约责任。风险责任是指国际货物买卖过程中，由于不可归责于双方当事人之事由致使货物遭受毁损、灭失所应承担的责任。品质责任只能发生于交货前，只能由卖方承担责任，风险损失在交货前后都可能发生，卖方、买方、承运人、保险人都可能承担。本案中，双方当事人未在合同中约定品质标准和验收方法，也未约定出口检验或买方复检，主要看在交货时货物是否符合合同的约定。由于朴淳和及其代理人发货时均在场，并未对中瑞公司所交货物提出质量问题，既表明主光会社对货物质量的认可，也表明中瑞公司所交货物质量符合合同约定，中瑞公司以清洁提单结清了信用证项下的款项也说明此节。货物一经装运，按照合同约定的FOB价格条件，此后货物出现的任何毁损、灭失以及品质问题均系风险责任，应由买方承担。故主光会社因货物质量问题向中瑞公司主张赔偿损失既无事实依据也无法律依据。

案例七：自行车与摩托车销售合同卖方代理人免责条款效力争议案①

一、案情

2004 年 6 月 21 日和 7 月 13 日，申请人作为买方（美国××公司）与作为卖方的被申请人（中国××上海进出口公司）签订了三份货物销售合同。合同分别约定申请人向被申请人购买 Z-Bike 50 型 83 辆、Z-Bike 125 型 42 辆和 Z-Bike 150 型 41 辆以及 MOTORCYCLE GTX150、MOTORCYCLE AX100、MOTORCYCLE MX150 各 200 辆；上述三份合同的货款分别为 331 392.00 美元、291 880.00 美元以及 1 561 000.00 美元。

三份合同的第 4 条付款条款均约定付款方式为：30％ T/T in advance and 70％ against copy of B/L 预先电汇 30％，提单副本下 70％；

第 5 条 运输时间条款均约定运输时间为：within 30 days after received the 30％ T/T（接收到 30％电汇余额后 30 天内）；

第 10 条 附加条款和条件条款均约定：As an agent，the seller hereby wishes to be released and discharged from further performance of，and all duties，obligations or liabilities under the contract，and the contract shall be and remain in full force and effect between the buyer and the consigner（作为代理人卖方特此希望脱离合同项下的所有负担责任。此合同在买家和发货人之间保持所有效力）。

此外，三份合同还对装运港、目的港、保险以及检验、索赔等事项作出约定。

申请人称：

根据这三份国际货物销售合同付款条款的约定，申请人于 2004 年 6 月 23 日将编号为 006 合同的预付款（该合同总标价的 30％）共 101 017.60 美元汇给被申请人。此后，申请人又于 2004 年 7 月 1 日将编号为 007 和 008 两份合同的预付款（该两份合同总标价的 30％）共 551 764.00 美元汇给被申请人。根据三份合同规定的运输时间条款，被申请人本应于 2004 年 7 月 23 日之前提交编号为 006 的合同项下的货物，于 2004 年 8 月 1 日之前提交编号为 007 和 008 的两份合同项下的货物。但时至今日，在经申请人的业务代表与被申请人进行过多次沟通和协商之后，被申请人仍不履行上述三份合同项下的交货义务。为了顺利解决申

① 参见《货物销售合同争议仲裁案裁决书》，http://cn.cietac.org/TheoryResearch/Case_main.asp? hangye＝1，2010 年 2 月 3 日访问。

请人与被申请人之间的纠纷，申请人的代理人于 2005 年 4 月 6 日向被申请人发出了律师函，宣布解除原三份国际货物买卖合同，并且要求被申请人返还申请人已经支付的合同预付款共计 651 781.60 美元，以及要求被申请人承担其他相应损失。

自 2004 年 8 月之后，即从被申请人违反合同规定的交货义务时起，申请人多次与被申请人沟通和协商，要求被申请人履行交货义务，但被申请人至今仍然拒绝履行。故申请人依据合同中的仲裁条款，向仲裁委员会上海分会提起仲裁，其仲裁请求为：

（1）裁决被申请人返还申请人已经支付的合同预付款共计 651 781.60 美元（可选择以人民币方式返还），并且支付同期银行贷款利息 301 355.97 元人民币。

（2）裁决被申请人赔偿申请人花费的法律服务费用以及为了办理本案所支出的其他合理费用（于提交仲裁申请书时该等费用暂按 15 万元人民币计，最终该费用的数额依据案件聆讯结束前实际发生的费用数额计算）。

（3）裁决被申请人将合同预付款、相应银行利息以及赔偿申请人的其他费用直接汇入上海市××律师事务所，由上海市××律师事务所根据申请人的委托具体处置此等款项。

（4）裁决被申请人承担本案的仲裁费。

被申请人辩称：

依照适用法律和销售合同的相关约定，被申请人作为出口代理人无须承担返还申请人预付款的义务。申请人的各项仲裁请求均应予以驳回。

在出口业务中，被申请人系接受上海××摩托车有限公司（以下简称××摩托车公司）的委托代理出口相关货物。本案货物出口均系由××摩托车有限公司和申请人直接洽谈并确定了出口货物的品名、规格、价格、装运条件及其他各项主要交易条件。基于此，在销售合同订立时，被申请人特别在合同中明确向申请人表明了代理人身份，且销售合同中亦明确约定了免除被申请人在合同项下的任何责任、义务，该合同直接约束申请人与委托人。

对于申请人汇寄至被申请人的各笔款项，被申请人已及时地转付给××摩托车公司。因而，在订立销售合同时，申请人对于被申请人在此次交易中作为出口代理人的地位以及被申请人和××摩托车公司之间业已存在的委托代理关系是明确知晓的。申请人在其 2004 年 12 月 18 日出具的授权书中亦对此作了进一步的陈述和确认。依据《合同法》第 402 条"受托人以自己的名义，在委托人的授权范围内与第三人订立的合同，第三人在订立合同时知道受托人与委托人之间的代理关系的，该合同直接约束委托人和第三人，但有确切证据证明该合同只约束受托人和第三人的除外"之规定，以及合同第 10 条的约定，销售合同直接约束申请人和××摩托车公司，被申请人作为代理人无须承担销售合同项下的任何责任、义务等，亦无须向申请人承担任何返还预付款的义务和责任。

最终，仲裁庭裁决如下：①申请人的全部仲裁请求不予支持；②本案仲裁费用全部由申请人承担。本裁决为终局裁决，自裁决书作出之日起生效。

二、问题

（1）本案三份货物销售合同的效力如何界定及应适用何种法律？

（2）本案三份合同第 10 条条款的正确含义和法律效力如何认定？

三、评析

（1）本案三份货物销售合同的效力如何界定及应适用何种法律？

申请人与被申请人于 2004 年 6 月 21 日和 7 月 13 日签订的三份货物销售合同，是双方真实意思的一致表示，双方对此并无异议，应确认其法律效力，该合同是确定双方权利义务的法律根据，双方均应恪守合同，按合同的约定履行义务、行使权利。

由于本案三份合同中均未约定法律适用条款，因而解决本案的法律适用问题遂成为双方争议的首要问题。中国是《公约》的缔约国，根据公约第 1 条第 1 款（a）项的规定，营业地在中国的公司与营业地在其他缔约国的公司订立的国际货物买卖合同，如果当事人未明确排除适用公约，或者当事人未就法律适用事项作出约定的条件下，公约将自动适用于该项合同。仲裁机构负有履行中国承担的国际条约义务，在符合《公约》相关规定的条件下，审理此种争议时应该适用该《公约》的有关规定以解决争议。

《公约》第 4 条明确规定，《公约》不适用于（a）合同效力或任何条款的效力，或任何惯例的效力。《公约》第 7 条第 2 款规定："凡本公约未明确解决的属于本公约范围的问题，应按照本公约所依据的一般原则来解决，在没有一般原则的情况下，则应按照国际私法规定适用的法律来解决。"该条规定说明，即使属于《公约》范围的问题，如果《公约》未明确解决，《公约》又没有相应的一般原则，应当另行确定适用法律。不言而喻，如果现在发生的问题不属于《公约》的范围，则更应该按国际私法规定适用的法律去解决。就本案争议而言，销售合同对哪两方具有约束力不属于公约调整的范围。根据国际私法中最密切联系原则，与销售合同有最密切联系的国家为中国，所以中国《合同法》的有关规定应当适用。

综上所述，本案合同纠纷的解决应当适用《公约》，如果纠纷涉及尚需适用《公约》之外的法律的，应当适用中国法律。遇有合同中约定了与《公约》条文不一致的合同条款，不属于《公约》范围的问题。具体到本案，也应适用中国法律来解决。

根据上述结论，本案合同不适用《公约》而适用中国法律的范围应包括：
①对本案合同第 10 条是否属于无效条款，应适用中国法律来解决，对此双方均
无异议，应予确认。②对本案合同的第 10 条，经对照（该条款含义以下文认定
的被申请人提供的译文为准），与《公约》的条文不一致，不属于公约范围的问
题。故对该合同条款的解释和执行适用中国法律来解决。

（2）本案三份合同第 10 条条款的正确含义和法律效力如何认定？

申请人主张本案三份合同第 10 条，用中文理解的真正含义是：被申请人除
了履行该合同中的义务和责任外，不需要再进一步承担其他义务和责任了。被申
请人则将该条款翻译为："附加条款和条件：作为代理人，卖方兹此免除合同的
进一步履行和合同项下的任何义务或责任，本合同约束买方和委托人。"仲裁庭
认为被申请人的译文较符合英文原意，故采纳被申请人对该条文的翻译，将该译
文表达的文义认定为对该英文合同条款的正确表达。

细察上述译文所表达的本案合同第 10 条的内容，其与《合同法》第 402 条
规定内容十分相似，从被申请人属于中国的外贸公司的背景分析，不难判断，该
合同条款的拟制源于《合同法》第 402 条的规定。

首先，申请人针对被申请人对合同第 10 条的译文提出，该条款是格式条款，
根据《合同法》第 40 条"提供格式条款一方免除其责任，加重对方责任，排除
对方主要权利的，该条款无效"的规定该条款应被认定为无效。暂且不论该条款
是不是《合同法》规定的格式条款，即使视其为格式条款，由于该条款的内容与
《合同法》第 402 条的规定相符，就不应认定其属于同一法律规定的免除己方责
任而加重对方责任，排除对方主要权利的性质。具体地说，《合同法》第 402 条
规定，准许代理人以自己的名义与第三人签订货物买卖合同，但在一定条件下，
即其行为在委托人授权范围内，第三人在订合同时明知受托人与委托人的代理关
系的，该合同直接约束委托人和第三人，而代理人无需承担合同一方的义务。由
此，仲裁庭认为，本案合同第 10 条规定的权利义务内容与《合同法》的规定不
相悖，不应认定为无效合同条款。

其次，关于申请人是否在订合同时明知受托人与委托人的代理关系，结合申
请人方经公证《授权书》及被申请人提供的《代理出口协议》等证据，仲裁庭对
此节事实予以认定。

按照本案系争合同第 10 条约定的内容，申请人在订立合同之初就明知被申
请人以代理人的身份与其签署合同，但仍然确认了上述条款。故仲裁庭认为，双
方当事人的上述约定是意识自治的表现，对双方均具有法律约束力。该合同条款
明确规定，被申请人作为代理人免除合同进一步履行和合同项下的任何义务和责
任。申请人欲向被申请人主张返还预付款及银行利息的请求缺乏合同依据，至于
申请人提出被申请人未将其所收到的预付款交给其委托人，即使属实，也不能成

为申请人向被申请人主张还款的理由。因为被申请人作为代理人，其接受申请人预付款的行为应当作为其委托人接受预付款的行为。此外，如被申请人未尽代理之责，则仅涉及他们之间的法律关系，并不影响申请人通过法律途径向相关当事人主张权利。综上，仲裁庭决定对申请人的全部仲裁请求不予支持，并相应决定由申请人承担本案全部仲裁费用。

案例八：中国建龙公司诉美国康杰公司卖方义务案[①]

一、案情

1993 年 5 月，中国建龙公司与美国康杰公司签订了一项买卖合同。双方约定：美国康杰公司向中国建龙公司出售一批机床，而且中国建龙公司明确告诉美国康杰公司：这批机床将转口丹麦，并在丹麦使用。交货的地点为中国建龙公司所在地。若发生争议，选择美国法院为管辖法院。合同签订以后，由于某种原因，这批机床并未转销到丹麦，而是转销到比利时。一位比利时生产商发现该批机床的制造工艺侵犯了其两项专利权，故要求中国建龙公司停止在比利时销售这批机床，并要求损害赔偿。后据调查，这批机床确实侵犯了比利时生产商的两项专利，这两项专利均是在比利时批准注册的，同时，其中有一项专利还在中国批准注册。中国建龙公司及时将此情况通知美国康杰公司，并要求其承担违约责任。美国康杰公司以其在订立合同时并不知道该批机床转口到比利时为由，拒绝承担违约责任。在协商未果的情况下，中国建龙公司在中国法院向美国康杰公司提起违约之诉，并要求美国康杰公司赔偿损失。

中国法院依法受理了这起案件，并对案件作出如下裁决：对既在比利时批准注册又在中国注册的这部分专利侵权，美国康杰公司对其出售的机床侵犯了该项专利的行为应向中国建龙公司承担违约责任，并赔偿相应损失。对仅在比利时批准注册的专利侵权行为，美国康杰公司不向中国建龙公司承担违约责任。

二、问题

（1）中国法院对本案是否享有管辖权？

（2）美国为何仅需对其出售侵犯了既在比利时注册又在中国注册的专利的这部分机床的行为向中国建龙公司承担违约责任，而无需对仅在比利时注册的专利侵权行为向建龙公司承担责任？

[①] 参见韦经建、王彦志：《国际经济法案例教程》，科学出版社，2005 年，第 16～20 页。

三、评析

（1）中国法院对本案是否享有管辖权？

虽然合同当中约定在履行合同过程中发生的争议，应到美国法院起诉，美国法院具有管辖权，但依据我国民事诉讼法，合同的交货地点和履行地点都在中国，这是一种存在平行管辖的情况。所以，我国法院也享有管辖权。

（2）美国为何仅需对其出售侵犯了既在比利时注册又在中国注册的专利的这部分机床的行为向中国建龙公司承担违约责任，而无需对仅在比利时注册的专利侵权行为向建龙公司承担责任？

本案当事人在合同中没有约定适用的法律，因此，本案的审理和裁决首先必须确定应适用的法律。从合同性质上看，由于本案合同属于"国际货物销售合同"，因而可以考虑《公约》是否适用的问题。本案中，双方订立的是一个以机床为标的物的国际货物买卖合同；原告的营业地位于中国，被告的营业地位于美国，两国均为《公约》缔约国，这些因素均不排除公约的适用。因此，当本案合同既没有就解决双方争议所适用的法律作出规定，也没有排除《公约》的适用时，《公约》应成为解决双方之间争议的具有"最密切联系"的法律。

《公约》第 42 条规定了卖方对所出售的货物应承担知识产权方面权利担保义务的基本规则，即卖方所交付的货物，必须是第三方不能根据工业产权或其他知识产权主张任何权利或要求的货物。但《公约》并未指明何谓侵犯工业产权或知识产权的行为。这样，在一国被视为侵犯工业产权或知识产权的行为，在另一国可能被认为是合法的、非侵权行为。当双方发生争议时，只能由解决争议的法院依照国际私法规则指引或合同选择适用的国内法来处理。按照世界贸易组织（WTO）《与贸易有关的知识产权协议》规定的 WTO 成员知识产权保护的最低标准，知识产权的范围应包括版权及相关权利、商标、专利、地理原产地标识、工业产品外观设计、集成电路布图设计、商业秘密这七个方面内容。第三人依据相关法律授予的与当事人所交易的货物有关的这七个方面的知识产权，向销售合同的买方或卖方提出权利要求，使买方不能"平静地"、"不受阻挠地"占有和处分货物，卖方应按照第 42 条规定的限制条件承担必要的责任。买方可行使损害赔偿救济，要求卖方赔偿所受损失，包括利润损失、要求退货、解除合同。"应当注意到，在卖方于合同成立时不可能知道此权利要求时，是买方而不是卖方必须承担因为货物存在第三人权利造成的损失。"

根据《公约》规定，卖方对所出售的货物向买方承担知识产权担保义务必须具体两个条件：一是要求卖方主观上明知存在第三人知识产权要求，即"以卖方在订立合同时已经知道或不可能不知道（第三人）权利或要求为限"（《公约》第 42 条第 1 款）。如果货物交付后，第三人提出了知识产权要求，卖方在订立合同时不知道存在这样的权利或要求，在订立合同后才知道，卖方可不负责任。另一个条件是地域上的限制，第三人并不是在任何一个国家基于知识产权提出权利要求，卖方都要对买方负责；卖方仅仅对第三人基于特定地方的法律提出的权利要求负责。具体分两种情况：①如果当事人在订立合同时预期货物将在某一国家境内转售或做其他使用，第三人依据将在其境内转售或做其他使用的国家的法律提出卖方的货物侵犯其知识产权时，卖方应向买方承担责任；②在任何情况下，当事人没有预计或不能确定货物在哪里转售或使用，则第三人依据买方营业地国家的法律提出权利要求，卖方应对买方负责。

《公约》还规定了卖方在以下情形下对出售的货物可免除知识产权担保的义务：①买方在订立合同时已经知道或不可能不知道此项权利要求存在［《公约》42 条第 2 款（a）项］，卖方就不对第三人的权利要求负责；②此项权利或要求的发生，是由于卖方要遵照买方所提供的技术图样、图案、款式或其他规格［《公约》第 42 条第 2 款（b）项］，卖方也可以免责；③买方如果不在已知道或理应知道第三方的权利或要求后一段合理时间内，将此一权利或要求的性质通知卖方（《公约》第 43 条第 1 款），即买方怠于通知，则免除卖方对出售货物权利担保和知识产权担保的义务。

本案涉及的是卖方的知识产权担保义务问题。由于知识产权具有地域性、时间性的效力，所以第三人的权利要求是否成立以及卖方出售的货物是否可能引起第三人的权利要求，取决于货物被销往或被使用国家的法律是否承认和保护与货物有关的知识产权，而只有买方或买方的下游分销商能够决定货物将被销往何处，他们既可以在订立合同之前，也可以在订立合同之后作出这样的决定，要求卖方能够像在国内销售产品那样，对其货物销往到任何国家都承担知识产权担保义务，这是不公平的，不能要求卖方清楚地了解货物最终销往到不同国家之后，它所处的知识产权地位。[①] 因此，我们应对卖方承担的知识产权担保义务予以限制。结合本案的具体情况看，假如该批机床按原计划如期转售到丹麦，发生了侵犯丹麦境内的第三方知识产权问题，这毫无疑问，美国康杰公司违反了其对货物知识产权担保的义务，应当承担违约责任，因为在订立合同时美国康杰公司被告知该批机床将转售到丹麦。这属于卖方承担知识产权担保的第一种情况。但在本案之中，该批机床并没有转售到丹麦，而是转销到比利时。由于美国康杰公司在订立合同时并不知道也不能预料到该批机床将最终在比利时使用，在此种情况下美国康杰公司是否向中国建龙公司承担违反有关知识产权担保义务的责任？这应区别对待。比利时生产商提出的所售机床中有关两项专利侵权，其中的一项专利，不仅在比利时批准注册，同时也在中国批准注册。对于这项专利，比利时生

---

① 参见李巍：《联合国国际货物销售合同公约评释》，法律出版社，2002 年，第 166～167 页。

产商依中国法律（买方营业地国法律）提出卖方侵犯了其知识产权，显然，这属于《公约》规定的卖方承担责任的第二种情况，同时它也不属于卖方免责的三种情况之一，所以根据《公约》的规定和本案的事实情况，美国对比利时提出的该项专利侵权应向中国建龙公司承担违约责任。但对于另一项专利侵权，由于不属于《公约》规定的卖方应承担违约责任的情况，因此，美国康杰公司并不对该项侵权向中国建龙公司承担有关的违反知识产权担保的义务的责任。

案例九：辛顿公司诉天宇食品进出口公司买方义务案[①]

一、案情

2002 年 1 月 20 日，中国天宇食品进出口公司与荷兰辛顿公司按 CIF 鹿特丹条件达成销售一批冷冻食品的合同。货物总重量 80 吨，价值 380 000 欧元，凭规格买卖，其规格为"去毛、头及内脏"。合同规定的交货日期为 2002 年 3 月 20 日。合同中的"异议和索赔条款"规定："双方同意以装运港中国进出口商品检验局（以下简称商检局）签发的品质和数量（重量）检验证书作为信用证项下议付单据的一部分。买方有权对货物的品质、数量（重量）进行复检。复检费由卖方负担，如果发现品质或数量（重量）不符，买方有权向卖方索赔。索赔期限为货到目的港 25 天内。"后来买方又增加了 40 吨的购买量，条件同上，交货日期为 2002 年 4 月 20 日。不久，辛顿公司开来信用证，天宇公司当即凭此办理装运，并提交全套单据向中国银行议付货款。其中，商检局出具的品质检验证书标明"本产品加工及冷冻良好，完全适合人类食用"。货到目的港后，辛顿公司发来电传，声称："货物到达目的港时，品质和包装均完好，经过海关放行，已开始向客户销售。"并开具了第二批货物的信用证，天宇公司依辛顿公司第二次开具的信用证开始办理剩下 40 吨货物的运输。但是在第二批货物到达目的港的同时，辛顿公司突然提出，前一次销售的货物受到所有客户的投诉，抱怨食品带有鱼腥味，当地卫生局经检验，认为不适合人类食用，禁止销售，因为货物在冷冻条件下是没有气味的，也不存在运输途中遭受外界污染的迹象，故不能向轮船公司或保险公司索赔，但解冻和融化后就出现了这种问题。可以推断，所选用的家禽系用鱼粉饲养，并且一直用到屠宰为止。所以第二批货物不能接受并拒绝向银行付款赎单，同时要求天宇公司返还两次购货款及利息，并对给辛顿公司造成的损害予以赔偿。此时，货已到目的港无人提货。随后，辛顿公司邮寄来了当地某大学实验室的化验报告，证实货物存在缺陷，同时建议天宇公司派人实地复验。

同时辛顿公司还表明如果不同意其要求就将争议提交仲裁。

对此，天宇公司一再申明，其完全按照合同规定交付了货物，也提供了适合人类食用的品质检验证书，故不能同意辛顿公司的要求，并且要求辛顿公司提货。此时随着天气转暖，气温升高堆放在鹿特丹港口的货物都已经解冻并开始变质。辛顿公司仍坚持要求退货，并要求赔偿全部损失共计40万欧元。

天宇公司认为，根据合同条款，其没有违约，不应承担任何责任。并指出："我公司不能接受你们的退货要求，也没有义务承担你们的任何损失。因为我们所装的货物是符合人类使用的，也是符合合同规定的。至于其中带有鱼腥味，这是我公司向国际供货的通常品质。我方供给你方的货物与供给其他国家的货物并无不同，并反映良好。因此我方按合同供货是无可指责的。"最后，辛顿公司没有提取堆放在港口的货物（已变质），并向北京仲裁委员会提请仲裁。

北京仲裁委员会组成仲裁庭审理此案，并裁决驳回辛顿公司的请求，同时要求其不得拒收货物及负担货物存放在港口的费用。

二、问题

（1）本案卖方交付的货物是否违反合同约定？
（2）依据《公约》，国际货物买卖合同中的买方应承担哪些义务？

三、评析

（1）本案卖方交付的货物是否违反合同约定？

本案当事人在合同中没有约定适用的法律，因此，本案的裁决首先必须确定应适用的法律。从合同性质上看，由于本案合同属于"国际货物销售合同"，因而可以考虑《公约》是否适用的问题。本案中，双方订立的是一个以冷冻食品为标的物的国际货物买卖合同；卖方的营业地位于中国，买方的营业地位于荷兰，两国均为《公约》缔约国，这些因素均不排除公约的适用。因此，当本案合同既没有就解决双方争议所适用的法律作出规定，也没有排除《公约》的适用时，《公约》应成为解决双方之间争议的具有"最密切联系"的法律。

《公约》第35条第1款规定了卖方应承担的第二项基本义务，即卖方交付的货物必须与合同所规定的数量、质量、规格相符，并须按照合同所规定的方式装箱或包装，包括卖方对所交付货物品质的担保义务和货物物权及知识产权担保的义务。

品质担保义务是指卖方对其所售货物的质量、特性或适用性承担的责任。《公约》第35条规定，卖方交付的货物应该符合合同的规定。交货与合同相符的基本内容包括货物数量、质量、规格和包装四个方面相符，其中任何一方面不合格都构成交货与合同不符，买方都可以此为由通知卖方，行使救济权利。货物相符的首要依据或标准是销售合同的规定，而事实上，即使是一些认真准备的合同，也常常不能说明当事人对货物最基本的期待和要求，所以立法者、法官不得不在法律或判决中补充这方面的要求。实际上衡量货物与合同相符还应该考虑到"任何惯例和习惯做法"（《公约》第 9 条）。除双方当事人业已存在协议外，卖方出售的货物还应符合如下品质担保义务：①货物适用于同一规格货物通常使用的目的；②货物适用于订立合同时曾明示或默示地通知卖方的任何特定目的，除非情况表明买方并不依赖卖方的技能和判断力，或者这种依赖对他是不合理的；③货物的质量与卖方向买方提供的货物样品或样式相同；④货物按照同类货物通用的方式装箱或包装，如果没有此种通用方式，则按照足以保全和保护货物的方式装箱或包装。否则，即为与合同不符。根据各国法律与实践，卖方违反品质担保（或称瑕疵担保）要承担交货不符、违反合同的责任，如果因货物瑕疵导致人身伤亡和财产损失，当事人还要依法承担产品责任。产品责任问题不属于《公约》调整范围之内，只能依据各国国内法相应规定解决。

卖方货物品质担保义务的免除，主要有两种情形：一种情形是《公约》第 35 条第 2 款关于"当事人之间另有协议除外"，这主要是指当事人可以通过协议减轻或免除卖方的担保义务。《公约》把当事人之间订立的销售合同置于优先适用地位，充分尊重当事人的意思自治。另一种情形是如果买方在订立合同时知道或者不可能不知道货物不符合同，卖方就无须按《公约》第 35 条第 2 款（a）、（b）项负有此种不符合同品质担保的责任。"不可能不知道"，是指不需要调查就很清楚眼前发生的事实。如何认定货物与合同相符或不符的时间界限，卖方从何时起对其交付的货物与合同不符不负责任，《公约》采取了传统的以风险转移的时间作为认定货物是否与合同相符的时间界限。

本案中合同的品质条款只规定了商品的名称和规格，并没有订明商品的使用目的，因此应理解为买方交付货物的品质担保是符合合同明确规定的质量规格以及"供人类食用"的通常使用目的。况且合同中约定以装运港商检局签发的品质和数量（重量）检验证书作为货物品质的证明，商检局的证明书已经注明"完全适合人类食用"。同时这种品质在东南亚一些国家如泰国和东亚的日本等已经销售，并无不良反映，足以证明这种带有一些鱼腥味的食品不影响人体健康。因此，卖方交货与合同完全相符，不存在违约情形。

（2）依据《公约》，国际货物买卖合同中的买方应承担哪些义务？

根据各国法律和《公约》的规定，买方的义务主要有以下两项。

第一，买方支付货款的义务。根据《公约》的规定，买方支付货款必须履行必要的手续，合理确定货物的价格，确定付款的时间和地点。

①履行必要的付款手续。《公约》第 54 条规定买方付款的义务包括按照合同或任何法律、规章所要求的步骤及手续，以便使货款得以支付，具体包括以下

内容：

首先，按照合同约定履行付款所需的手续和步骤。如果合同要求买方预付货款，买方即有义务按合同规定将货款的全部或一部分预付给卖方；如果合同规定采取银行信用证或银行保函的方式支付货款，买方就必须向银行提出开证申请或开具保函的申请。这些都是买方按合同的要求为使货款得以支付所应采取的措施和步骤，若买方不按合同要求采取必要的措施和步骤，由此而导致的一切后果由买方承担。这种情况下，卖方可以规定一段合理的额外时间，让买方履行义务。若买方在这段时间内仍未履行义务，卖方即有权宣告撤销合同，若买方的行为已构成根本违约，卖方可不给买方一段合理的额外时间履约而直接宣告合同无效。

其次，按照法律或规章的要求，履行必要的步骤和手续，以便使货款得以支付。这一规定主要是要求买方履行政府为国际支付所规定的法律程序。比如，有些国家要求对外付款必须事先向有关主管部门提交与合同有关的文件并取得主管部门的批准。买方若不按法律的规定去做，因此而导致货款不能付出，买方应承担责任。如果买方已经按照法律或规章的要求向政府主管部门提交了有关文件和用汇申请，但没有获得批准，对此问题一般认为，《公约》只要求买方依法履行各种手续，但如果买方尽了最大努力，仍然得不到主管部门的批准，买方对此可不承担责任。因为政府是否批准不是买方所能控制的。另外，即使要求买方对未能获得政府批准一事负责，买方也可以依据《公约》第79条关于免责事由的规定要求免除其责任。

②确定货物的价格。《公约》第55条规定："如果合同已有效的订立，但没有明示或暗示地规定价格或规定如何确定价格，在没有任何相反表示的情况下，双方当事人应视为已默示地引用订立合同时此种货物在有关贸易的类似情况下销售的通常价格。"这里应当注意两点：首先，如果买卖合同没有规定货物的价格或作价办法，在按何时的价格来确定货价的问题上，《公约》的规定与英美法的规定是不同的。按照英美国家的法律，一般应按交货时的合理价格来确定合同的价格，而按照《公约》的规定，则应按照订立合同时同类货物的通常价格来确定。其次，若按《公约》的规定来确定所谓"通常价格"时具体应考虑的各种因素包括：一是该项货物的国际市场价格；二是有关交易的具体条件以及同类货物在价格上的可比性等。

除此之外，《公约》第56条还规定："如果价格是按货物的重量规定的，如有疑问，应按净重确定。"

③支付货款的时间。根据《公约》第58条的规定：如果合同没有明确规定买方的付款时间，则买方应在卖方按合同或《公约》的规定将货物移交给买方时支付货款。此外，买方在检验货物之前可以拒绝付款，但这种做法不得与双方议定的交货或支付程序相抵触。这一规定又包括两层意思：一是买方在没有机会对

货物进行检验之前没有付款义务。如果买方验货后，发现货物与合同不符，买方有权以卖方违约为由采取各种救济手段。《公约》的这一规定有利于维护买方的利益。这一规定一般只适用于买方在装运前进行检验或合同规定"货到检验后付款"或"收到货物后付款"等场合。二是如果买方检验货物的机会与双方当事人约定的交货或支付程序有抵触，则买方就不能坚持以没有机会对货物进行检验为由而拒不履行其支付货款的义务。

④支付货款的地点。实践中如果约定的支付地实行外汇管制，或因外汇短缺而限制外汇的汇出，买方就无法履行其付款义务，卖方也不能取得货款。所以，付款的地点对买卖双方来说十分重要。按照《公约》第57条的规定，买方在下列地点向卖方支付货款：一是在卖方的营业地付款。若卖方有一个以上的营业地点，则买方应在与该合同及合同的履行关系最为密切的那个营业地点向卖方支付货款。二是买方在卖方移交货物或单证的地点支付货款。即交单的地点就是付款地点。但是在卖方的营业地还是在买方的营业地交单，《公约》没有作出规定。实践中，如果是采用信用证付款，卖方通常是向设在出口地（即卖方营业地）的议付行提交有关装运单证，由议付行凭单付款。如果采用跟单托收的支付方式，卖方应通过托收行在买方的营业地点向买方提交有关的装运单证，并凭单证付款。

第二，买方收取货物的义务。《公约》第60条规定了买方的另一项义务即收取货物。这项义务由两部分组成：

①采取一切理应采取的行动，使卖方能交付货物。这项义务曾被有些学者解释为买方承担的与卖方合作的义务，它是国际贸易中当事人双方应采取的连锁步骤，《公约》在其他一些条款中也都规定了不同情况下当事人应承担的与另一方合作的义务。这些规定表明，买卖双方的合作是《公约》的一项原则，同时也是合同得以顺畅履行的基础。"采取一切理应采取的行动"是指那些与卖方能交付货物有关的行为，主要包括在 FOB、EXW（exWorks）条件下买方应履行订立运输合同，派船或其他运输工具接受货物的义务；安排集装箱装货及制定交货地点，安排人员卸货的义务；办理进出口手续使卖方能顺利发货；等等。

②接收货物。买方有义务在卖方交货时接收货物，这里用"接收"而不是"接受"，是意图避免涉及货物所有权转移的问题。买方履行接收货物的义务直接影响买方的利益，当卖方或买方订立运输合同，经由承运人把货物运交买方时，买方应迅速地从承运人控制下提取货物（因为如果此时不及时提货可能会产生滞期费或其他一些费用），同时对接收的货物妥善保管。当然，在满足一定条件的情况下，买方也有拒收货物的权利。

本案中买卖合同双方当事人根据合同的约定确定了交易价格、交易时间以及交易地点。第一批货物到达目的港时，荷兰辛顿公司按照合同的约定对货物进行了复检。根据《公约》第58条第3款的规定，买方在未有机会检验货物前，无义务支付价款，除非这种机会与双方当事人议定的交货或支付程序相抵触。可以这样认为，买方在行使了复检权并对货物质量加以确认后，负有支付价款的义务。而且，本案并不涉及买方付款的程序与检验货物的机会相抵触的问题。另外，买方是采用信用证方式支付的，鉴于信用证的抽象性和独立性的特征，银行支付与买方检验货物是不相抵触的。因此，荷兰辛顿公司在信用证项下拒绝向银行付款换取提取货物的单证，本身是对其交付货款义务的违反，因此其无故以各种理由要求退货和索赔是不能够成立的。另外，中国天宇公司的履行行为并不存在违反合同的事实，买方荷兰辛顿公司无故要求退还货款并且拒绝接收货物，甚至任货物堆放在港口而不采取任何措施，已经违反了其所应承担的义务。对于提货不及时所产生的滞期费和存放货物而产生的港口费用以及货物变质所产生的一切损失均应由买方辛顿公司承担。

案例十：天兴进出口公司与奥沃达国际贸易公司关于风险转移争议案[①]

一、案情

1997年7月21日，天兴进出口公司（买方）与奥沃达国际贸易公司签订了两份购买柠檬酸的合同，采用CIF这一贸易术语。两笔合同的"商品名称、规格及包装"栏明确规定合同的标的物为CITRIC ACID BP80（无色结晶或结晶性粉末状柠檬酸）。第一份合同的货物于10月18日运抵目的地后，买方发现存在结块现象，遂于次日向卖方提出索赔，并称安排SGS检验。卖方拒绝赔偿，称结块是普遍的正常现象。SGS委托的SJH公司出具检验报告，证明集装箱完好无损，已取出的放在托盘上的货物，为数众多的袋内货物已结块，有些袋外有干的棕色锈痕。第二份合同的货物也存在类似的情况，并已经由SJH公司做出了类似的检验报告。由于买方的客户坚持，买方不得不安排重磨和重新包装，因此要求卖方承担加工费用。但卖方认为既然两者在合同中选择了CIF这一贸易术语，应按CIF中的风险转移原则来确定双方的风险分担问题，结块时货物已经越过装运港船舷，因此，此种风险应由买方承担，卖方不负赔偿责任。

两份合同的"商品名称、规格及包装"栏明确规定合同的标的物为CITRIC ACID BP80，根据BP80，柠檬酸和一水柠檬酸的状态都应是"无色结晶或结晶性粉末"，因此，仲裁庭认为卖方即被申请人交付的柠檬酸有结块现象是不符合

① 参见韦经建、王彦志：《国际经济法案例教程》，科学出版社，2005年，第26～33页。

合同规定的。

仲裁庭认为，卖方用《国际贸易术语解释通则》（INCOTERMS）关于 CIF 合同的风险转移问题来证明对货物结块的损失不承担责任的主张是不妥当的，因为买方的申请是基于卖方交付的货物不符合合同的规定，因而，只有证明柠檬酸结块系海运所致，才有助于确定风险转移，并免除卖方的责任。现已查明，由于集装箱完好无损，可以排除海运中发生意外的可能。因此，柠檬酸结块与风险转移无关。

仲裁庭认为，卖方所称由于货物已经放在仓库托盘上或已从目的港运往其他地方意味着买方已经接受或转售货物，因此，卖方不承担义务的抗辩观点不能成立，因为只要申请人在合同规定期限内通知卖方货物有损，并提出索赔，卖方的义务就不因货物的移动而消失。

仲裁庭认为卖方应对所交柠檬酸结块承担责任，对买方的损失负赔偿责任。

二、问题

（1）国际货物买卖合同中货物风险何时转移？

（2）本案中卖方交货是否与合同相符？

（3）本案中卖方可否以 CIF 价格条件下风险转移时间的规定而拒绝承担合同项下交货不符的违约责任？

三、评析

（1）国际货物买卖合同中货物风险何时转移？

关于风险划分的原则，各国规定不同。例如，英国以所有权转移作为风险转移的标志，由物主承担风险；美国、中国以交货作为风险转移标志。《公约》也是以交货时间作为风险转移的时间。具体而言：

第一，以交货时间确定风险转移。《公约》采用了所有权与风险相分离的方法，确定了以交货时间作为风险转移时间的原则。《公约》第 69 条规定，从买方接收货物时起，风险转移于买方承担。

第二，过失划分原则。从交货时间起，风险从卖方转移于买方。这一原则的适用有一个前提，即风险的转移是在卖方无违约责任的情况下。假如卖方发生违约行为，则上述原则不予适用。《公约》第 66 条规定，货物在风险移转到买方承担后遗失或损坏，买方支付价款的义务并不因此解除，除非这种损失或损坏是由于卖方的行为或不行为所造成的。换句话说，如卖方有过失，则风险由卖方承担；如卖方没有过失，则风险由买方承担。

第三，贸易惯例优先适用原则。在国际货物买卖中，有些贸易惯例对风险转移有专门的规定。《公约》第 9 条规定，双方当事人业已同意的任何惯例和他们之间确立的任何习惯做法，对双方当事人均有约束力。例如，根据 2000 年《国际贸易术语解释通则》中 FOB、CIF、CFR 贸易术语，风险划分是以装运港船舷为界。如果当事人在合同中选择了这种贸易术语，那么国际贸易术语规定的风险分担原则优先于《公约》的规定。

第四，划拨是风险发生转移的前提条件。根据《公约》的规定，货物在划拨合同项下前风险不发生转移。划拨也即特定化，是指对货物进行计量、包装、加上标记、或以装运单据或向买方发通知等方式表明货物已归于合同项下。经过划拨的货物，卖方不得随意进行提取、调换或挪作他用；当交货涉及运输时，《公约》第 67 条规定，风险与货物交给第一承运人时起转移到买方，但在货物未划拨合同项下前不发生转移；《公约》第 69 条规定，风险是在货物交由买方处置时发生转移，但货物未划拨合同以前，不得视为已交给买方处置。从《公约》的规定来看，无论是何种情况下的风险移转，都以划拨为风险移转的前提条件。

（2）本案中卖方交货是否与合同相符？

各国法律和《公约》要求卖方必须保证所交付货物的品质与合同相符，这是卖方的一项基本义务，即品质担保义务。《公约》特别强调卖方所交货物，至于卖方所交货物与合同不符的后果如何，则视其是否构成根本违约而定。首先，当事人所交货物必须与合同相符。其次，卖方所交货物还要符合《公约》的如下要求：其一是货物应适合于同一规格货物通常适用的用途。这是对卖方交货的一项最基本的要求，它反映了买方的合理期望，因为买方购买货物总是适用于某种用途。其二是货物应符合于订立合同时买方明示或暗示地通知卖方的任何特定目的，除非情况表明买方并不依赖卖方的技能或判断力。其三是货物的质量应与卖方向买方提供的样品或模型相同。有些学者认为，在以样品表示货物的品质规格时就排除了前两项要求，即卖方所交的货物只要与样品相符便应认为已符合《公约》的这项要求，而不论其是否具有同类货物的一般用途或特定用途。其四是货物应按同类货物通用的方式装进容器或包装，如果没有通用方式，则应按足以保全和保护货物的方式装进容器或包装。

另外，《公约》第 35 条第 3 款还规定，如果买方在订立合同时已经知道或不可能不知道货物是不符合合同规定的，卖方则无须按上述规定对货物的不符承担责任。

《公约》的上述规定对买卖合同仅具有补充的作用，买卖合同有规定的，必须按照合同的规定办理，只有当合同对此未做明确规定时，才需要援引《公约》上述规定来确定卖方所提交的货物是否与合同相符。

在本案中，买卖双方在合同中约定了 CITRIC ACID BP80，根据 BP80，柠檬酸和一水柠檬酸的状态都应是"无色结晶或结晶性粉末"，而卖方提交的货物并不符合合同中关于这一标准的规定。在运输过程中，承运人没有任何过错与过失，可以证明卖方提交的货物存在质量问题，即卖方违约。

（3）本案中卖方可否以 CIF 价格条件下风险转移时间的规定而拒绝承担合同项下交货不符的违约责任？

根据《公约》的相关规定，合同当事人选择的国际贸易术语规定的风险分担原则优先于《公约》的规定，但是这里有一个前提，即针对卖方或买方未发生违约的情况而言。如果有一方当事人在履约过程中发生违约行为，也将会对于风险移转产生一定的影响和后果。主要表现为两种情形：已移转风险的回转，即风险已由买方承担变为由卖方承担；风险的前移，即表明由卖方承担实际由买方承担。前一种情形，譬如，对风险转移时即已存在，但却在风险转移之后方始明显的不符合合同情形，卖方应承担责任；对于卖方违反合同义务，如违反货物在合理时间内保持特定品质的保证，货物在风险转移之后不符合合同，卖方应承担责任。后一种情形，如果卖方已经把符合合同规定的货物确定在合同项下，而买方在货物的风险尚未转移给他以前，拒绝履行合同或有其他违约行为，卖方就可主张货物的风险在商业上合理的期间内由买方承担。

《公约》第 70 条规定：如果卖方已根本违反合同，第 67～69 条的规定，不损害买方因此种违反合同而可以采取的各种补救办法。也就是说，即使根据第67～69 条，货物风险转移到了买方之后发生了意外灭失损害，如果买方在货物到达后已及时检验，发现货物在卖方交付时不符合合同已构成根本违约，并在发现不符合时及时提出异议索赔，买方仍可以要求卖方交付替代物，或者宣布合同无效。这仅适用于卖方发生根本违约的情况，主要是卖方延迟交货或交货质量、数量不符，构成根本违约，并且不符货物被交付后在运输储存过程又发生风险损失，按照合同安排或《公约》规定，这种风险损失也须由买方承担，在这种情况下，已经转移到买方的风险，不受阻碍地转回到了卖方。然而，如果卖方先期的交货不符合并没有严重到构成根本违约，买方不能以解除合同来转移他对货物遭受意外风险损失应承担的损失后果。

当卖方延迟交货以及交货不符，构成根本违约时，买方根据行情没有选择退货，解除合同，而是收下了货物，采取其他救济措施，即使卖方交付的不符货物中有一部分遭受了应由买方承担的风险损失，该损失责任并不因为买方采取除退货以外的其他救济措施而由卖方承担。

所有国家的国内法和国际规则都认为，只有货物与合同相符时，风险才能自卖方移转至买方，也规定卖方交货不符对风险转移的影响。《美国统一商法典》第 2-510 节规定："a. 当提示交付或交付的货物不符合合同，致使买方有权拒收时，在卖方作出补救或在卖方接受货物之前，风险仍由卖方承担；b. 如果买方正当地撤销对货物的接受，他可以就自己有效保险之不足部分，视损失风险从开始即由卖方承担。"①

我国《合同法》就违约情况下的风险转移也有相关规定。如因标的物质量不符合质量要求，致使不能实现合同目的的，买方可以拒绝接受标的物或者解除合同。买方拒绝接受标的物或者解除合同的，标的物毁损、灭失的风险由卖方承担。同时还规定，由于买方的原因，致使标的物不能按照约定的期限交付的，买方应自违反约定之日起承担标的物的毁损、灭失的风险。这些实际上是一般原则下的违约例外。如果不存在违约，风险本应由一方承担，但如果另一方存在违约，则风险即使按原来约定本应转移，实际也未发生转移，而由违约方承担。

综上所述，在本案中，根据检验，集装箱并无破损，证明并不存在当事人之外的由第三人所引起的意外事故，而风险分担的前提就是此种意外事故发生并造成当事人的损失，所以这里并没有卖方所主张的风险分担问题，就谈不上对 CIF 风险转移的解释，因此卖方的主张并不成立。另外，根据证据显示，承运人并无过错，而是卖方所提交的货物存在质量问题，不符合双方在合同中规定的标准，这就涉及违约对货物风险转移的影响问题。所以，由于卖方违约而给买方造成的损失应由卖方承担。

案例十一：废钢销售合同卖方违约争议案②

一、案情

申请人和被申请人于 1993 年 1 月 1 日签订废钢买卖合同。合同约定，被申请人向申请人提供 20 000 吨废钢，价格为 CFR 张家港 142 美元/吨，合同总价为 248 万美元；1993 年 2 月底前装运；付款方式为：申请人向被申请人预付 10 万美元，信用证付款 227.2 万美元（信用证需在合同签署后 20 天内开出），货到后 7 天内以电汇方式支付余款 46.8 万美元。

合同签订后，申请人遂按照约定向被申请人汇付 10 万美元的预付款，并开立了信用证。应被申请人的要求，申请人多次修改信用证，最后将装运期改为1993 年 5 月 20 日，有效期为 1993 年 6 月 10 日。被申请人又提出资金困难，请申请人增加预付款。申请人先后分四次汇付给被申请人货款 49.6 万美元，加上合同约定的 10 万美元预付款，申请人总共支付给被申请人 59.6 万美元。其中的27 万美元已在与被申请人结算另一贸易合同时冲抵，因而在被申请人处实际尚有预付款 32.6 万美元。由于被申请人一直没有履行交货义务，申请人于 1994 年

① 参见李巍：《联合国国际货物销售合同公约评释》，法律出版社，2002 年，第 278～282 页。
② 参见中国国际经济贸易仲裁委员会：《中国国际经济贸易委员会裁决书选编（1995～2002）》（货物买卖争议卷），法律出版社，2002 年，第 482～485 页。

3月提起仲裁，请求被申请人履行交货义务并支付延期交货罚款。仲裁庭经审理作出裁决，支持申请人的仲裁请求。然而，被申请人依然没有遵照裁决书履行交货义务。5年后，申请人又提起仲裁申请，其具体请求如下：①终止本案争议合同；②裁定被申请人返还申请人已付的预付款32.6万美元，按年利率6%计算，支付自1993年5月26日到1999年5月25日的利息11.73万美元和1999年5月25日后至本裁决之日止的利息；③被申请人应赔偿因其不交货给申请人造成的经济损失28.4万美元；④本案仲裁费由被申请人支付；⑤申请人因办理本案所发生的律师费人民币8万元，由被申请人承担。

被申请人没有进行答辩。

仲裁庭裁决如下：①申请人和被申请人签订的废钢销售合同自本裁决作出之日起终止；②被申请人向申请人返还已收取的预付款32.6万美元，并支付利息14.03万美元；③驳回申请人利润损失的仲裁请求；④本案仲裁费由申请人承担30%，被申请人承担70%；⑤被申请人支付申请人律师费人民币8万元。

二、问题

(1) 如何确定本案应适用的法律？
(2) 守约方请求违约方实际履行需要满足何种条件？
(3) 守约的买方选择解除合同需要满足何种条件？
(4) 本案被申请人应承担何种责任？

三、评析

(1) 如何确定本案应适用的法律？

本案申请人系中国公司，被申请人系美国公司，双方并未在合同中选定争议适用法律，考虑到本案仲裁地在中国，申请人所在国和被申请人所在国均是《公约》的缔约国，申请人和被申请人也未明示排除《公约》的适用，根据我国法律和《公约》第一章的规定，本案适用《公约》。

(2) 守约方请求违约方实际履行需要满足何种条件？

实际履行，是指一方不履行合同时，另一方要求违约方实际履行合同义务的一种救济方法。《公约》在吸收各国的实际履行制度的基础上，规定了一套独具特色的实际履行制度。在任何一方不履行义务时，《公约》第28条规定，"一方当事人有权要求另一方当事人履行某一义务"，也就是说，买方可以要求卖方履行交货义务，卖方也可以要求买方履行支付货款、收取货物或其他义务。但是，根据《公约》第46、62条的规定，无论是买方还是卖方要求的，实际履行的一方当事人（即守约方）应当尚未采用与实际履行相抵触的其他救济方法。所谓相抵触的救济方法，是指使实际履行成为不可能或不适当的救济方法。例如，对于买方来说，在合同已经解除，合同义务已经终止的情形下，再要求卖方实际履行义务即为不适当。

《公约》第 28 条规定："如果按照本公约的规定，一方当事人有权要求另一方当事人履行义务，法院没有义务做出判决，要求具体履行此一义务，除非法院依照其本身的法律对不属本公约范围的类似买卖合同愿意这样做。"事实上，即使法院地国家的法律允许其法院作出实际履行的判决的，也并非意味着受理案件的法院有义务作出此种判决，但如果法院地国家的法律不允许或不主张作出实际履行的判决的，受理案件的法院甚至还无权作出此种判决。也就是说，是否作出实际履行的判决，取决于法院地的法律和法官的选择。

本案中，在申请人依照约定和被申请人的要求支付了预付款和开立了信用证以后，被申请人仍未履行其交货义务。按照我国法律的规定，当事人一方未履行合同义务时，另一方当事人可请求实际履行。因此，仲裁庭支持了申请人的仲裁请求。

（3）守约的买方选择解除合同需要满足何种条件？

《公约》第 49 条规定："（1）买方在以下情况下可以宣告合同无效：（a）卖方不履行其在合同或本公约中的任何义务，等于根本违反合同；或（b）如果发生不交货的情况，卖方不在买方按照第四十七条第（1）款规定的额外时间（即履约宽限期，编者注）内交付货物，或卖方声明他将不在所规定的时间内交付货物。（2）如果卖方已交付货物，买方就丧失宣告合同无效的权利，除非：（a）如果迟延交货，他在知道交货后一段合理时间内这样做；（b）对于迟延交货以外的任何违反合同事情：（一）他在已知道或理应知道这种违反合同后一段合理时间内这样做；或（二）他在买方按照第四十七条第（1）款规定的任何额外时间满期后，或在卖方声明他将不在这一额外时间履行义务后一段合理时间内这样做；或（三）他在卖方按照第四十八条第（2）款①指明的任何额外时间满期后，或在买方声明他将不接受卖方履行义务后一段合理时间内这样做。"

本案中，申请人已经按照合同约定履行了预付货款及开立信用证的义务，而被申请人未能于双方约定的最后交货期 1993 年 5 月 20 日前向申请人交付货物。另外，1994 年 3 月 4 日自申请人向中国国际经济贸易委员会上海分会申请仲裁直至 1994 年 11 月 16 日仲裁委员会上海分会作出令被申请人履行交货义务的裁决后，甚至直至本次仲裁时，虽经申请人多次催促，被申请人仍无意向申请人履行合同项下的交货义务，因此，认为在 1993 年 5 月 20 日被申请人未能交货后，

---

① 《公约》第 48 条第 2 款规定："如果卖方要求买方表明他是否接受卖方履行义务，而买方不在一段合理时间内对此要求做出答复，则卖方可以按其要求中所指明的时间履行义务。买方不得在该段时间内采取与卖方履行义务相抵触的任何补救办法。"

申请人已实际给予了被申请人长达七年多的时间让作为合同卖方的被申请人履行其交货义务，被申请人至今未向申请人交货的行为构成对合同的根本违约。且被申请人的违约行为，使作为合同买方的申请人事实上已无从取得在订立合同时所期望得到的利益，合同的继续存在已无实际意义。据此，仲裁庭对申请人提出的终止合同的请求予以支持。

（4）本案被申请人应承担何种责任？

买方向卖方支付了预付的货款，而卖方没有交货，在合同被解除时，买方自然有权请求卖方返还货款以及相应的利息。

本案中，被申请人未向申请人交付合同项下的货物，则申请人向被申请人预付的货款 32.6 万美元应当予以退还申请人。被申请人还应承担占有该笔预付货款的利息 14.03 万美元。

申请人提出利润损失的计算应以该类贸易预计可得的最低利润，即按贸易合同金额的 10％计算。上述计算无事实和法律依据，因此对于申请人的利润损失请求不能支持。

案例十二：金属硅售货合同卖方不交货违约争议案[①]

一、案情

1999 年 8 月 12 日，申请人 C&A INC. 和被申请人中国××进出口××公司签订了两份金属硅买卖合同，编号分别为 99YCSX－E23J、99YCSX－E222。

合同约定，申请人为买方向被申请人购买金属硅共 300 吨，其中 99YCSX－E222 合同为 100 吨；单价均为 710 美元/吨，FOB 中国上海；两份合同总值共计 213 000 美元。付款条件：即期信用证；装运期分别为 1999 年 8 月和 9 月。

合同订立后，申请人开立了信用证，但被申请人未交货。申请人向其他公司购买了合同项下货物以替代本案合同货物。为此，因货物差价申请人的经济损失，双方经协商不能解决争议，申请人向中国国际经济贸易仲裁委员会上海分会提起仲裁，其仲裁请求如下：①被申请人赔偿申请人经济损失 57 000 美元；②被申请人负担仲裁费和申请人为办理本案支出的律师费。

申请人诉称：合同订立后，因国际市场金属硅价格上涨，被申请人拒不按约交货。直至 1999 年 11 月中旬，申请人在多次催货未果且开立的以被申请人为受益人的信用证已过期的情况下，为减少损失而采取了必要的补救措施，分别向另两家公司购买了相同品质的金属硅以替代与被申请人合同项下的货物。由于被申

---

① 参见中国国际经济贸易仲裁委员会：《中国国际经济贸易委员会裁决书选编（1995～2002）》（货物买卖争议卷），法律出版社，2002 年，第 486～490 页。

请人违约，申请人遭受的经济损失计算依据如下：①向××冶炼有限公司以 895 美元/吨 CFR（乌克兰奥德萨港）的价格购买替代货物 240 吨，若扣除中国港至乌克兰奥德萨港之间的运费 95 美元/吨，则实际损失＝（895－95－710）×240 吨＝21 600 美元；②向中国××机械进出口公司以 800 美元/吨 FOB 中国广州的价格购买替代货物 60 吨，则实际损失＝（800－710）美元/吨×60 吨＝5 400 美元；③利润损失＝100 美元/吨×300 吨＝30 000 美元。以上三项合计 57 000 美元。

被申请人辩称：①关于数量问题，申请人数量 300 吨，但实际上当时双方已同意只支付 180 吨，申请人只开出 180 吨之信用证，所以数量应以 180 吨计；②关于违约，根据国际贸易惯例，信用证应在最迟装运期前 15 天开至卖方，合同交货期最迟为 1999 年 8 月 31 日，申请人应在 1999 年 8 月 20 日前将信用证开出。因此，首先违约的是申请人。③关于向第三方购买货物事宜，1999 年 8 月份的市场价格应为 710～735 美元/吨，申请人有义务使损失降至最低，而不应以 USD800/吨购买替代货物。④关于利润损失是无理要求，只能是补偿实际损失。被申请人认为本案纠纷过错在申请人，被申请人不应承担过错责任。

经过审理，仲裁庭作出以下裁决：①被申请人应赔偿申请人经济损失 27 000 美元；②被申请人应支持申请人的律师费 18 832.80 元人民币；③驳回申请人其他仲裁请求；④本案仲裁费由申请人承担 20%，被申请人承担 80%。

二、问题

（1）本案应适用什么法律？

（2）被申请人是否违约？

（3）若被申请人违约，申请人有何救济方法？

（4）本案责任如何承担？

三、评析

（1）本案应适用什么法律？

双方当事人未在合同中约定适用的法律。但鉴于争议双方营业地所在国均为《公约》缔约国，双方在合同中未排除该公约的适用，因此，该公约应适用于解决本案争议。对于《公约》未涉及事项，依据最密切联系原则，合同选择的仲裁地在中国，仲裁庭依据中国法律处理双方当事人存有争议而《公约》又没有涉及的问题。

（2）被申请人是否违约？

依违约行为造成后果的程度，可将违约分为根本违约和一般违约。按照《公约》第 25 条的规定，根本违约是指发生有一方当事人违反合同的结果，使另一方当事人蒙受损失，以至于实际上剥夺了受损方根据合同有权期待得到的利益的情形。

被申请人作为合同的卖方，应履行交付货物，移交一切与货物有关的单据，并转移货物所有权的义务。在买方已按合同开出信用证而没有违约的情形下，被申请人不交付货物的行为已经使"另一方当事人蒙受损失，以至于实际上剥夺了受损方根据合同有权期待得到的利益"，因此已构成了对合同的根本违约，应该承担违约责任。

本案两份合同签订于1999年8月12日，申请人于1999年8月13日开出第一份信用证；合同未约定开立信用证的期限，故被申请人指称申请人未按国际惯例在最迟装运期前15天开立信用证，申请人违约在先的理由不能成立。

（3）若被申请人违约，申请人有何救济方法？

在被申请人根本违约时，买方有权采取救济措施。被申请人未交付货物，申请人可以要求被申请人实际履行，也可以选择确定履约宽限期、购买替代物、中止履行合同义务等方法进行救济。在本案中，申请人购买了替代物，但对于由于被申请人的违约而致的损失，申请人有权请求损害赔偿。

（4）本案责任如何承担？

已如前述，被申请人不交付货物的行为已构成了对合同的根本违约，应该承担违约责任。根据《公约》第45条的规定，申请人采取合理的补救措施是有依据的。根据《公约》第74、75条规定，仲裁庭参阅了1999年11月15日英国World Steel and Metal News 出版的 *Metal Bulletin*《英国金属导报》，申请人购买替代物时金属硅的国际市场价为USD820～840/吨。故仲裁庭认为申请人以USD800/吨购买合同替代物应属合理的，被申请人应赔偿申请人为补货而遭受的经济损失27 000美元。

由于仲裁已支持了申请人购买合同替代物所造成的货物差价损失，事实上已经按国际市价支持了原合同的利益，故对申请人要求补偿利润损失不予支持。

关于仲裁费、律师费，申请人的仲裁请求基本上得到仲裁庭支持，本案仲裁费由申请人承担20％，被申请人承担80％。根据《中国国际经济贸易仲裁委员会仲裁规则》第59条规定，支持申请人的律师费请求。

案例十三：电解铜买卖合同因买方未如约开立信用证的 合同履行争议案[①]

一、案情

2005年2月21日，申请人××金属国际有限公司与被申请人××实业发展

---

① 参见《电解铜买卖合同争议仲裁案裁决书》，http://cn.cietac.org/TheoryResearch/Case_main.asp?hangye=1，2010年2月3日访问。

有限公司签订了××电解铜买卖合同。合同约定：被申请人（买方）向申请人（卖方）购买伦敦或上海金属交易所注册的"A"级电解铜101 000吨，从2005年3月到12月在有舱位的情况下每月11 000吨；交付条件为成本、保险加运费（CIF）班轮条件（LT）和/或成本、保险加运费（CIF）中国上海集装箱堆场（CY），由卖方选择；定价期为买方有权从卖方收到定金或可接受的信用证起至装船月最后一个工作日期间对未知市场定价，但需得到卖方同意；买方须告知卖方关于已定价的货物数量，以后的结算就以该定价或相互约定的价格为基准。支付条款约定，付款方式由买方选择，但需经卖方同意，信用证最迟须在承运船预抵卸货港前15天开具等。合同还约定了货币、重量、产权、质量争议、重量争议、不可抗力条款。双方在本案的销售合同中明确约定，除非另有约定，2000年《国际贸易术语解释通则》适用于本合同及买卖双方的任何争端或索赔。

在履行7月、8月份的电解铜交易中，由于市场价格变化，进口出现严重亏损等原因，被申请人不依约履行开立信用证义务。涉案合同项下2005年9月份的货物由于舱位原因推迟在10月份执行，2005年10月17日，申请人安排了9月份货物并通知被申请人开立信用证。2005年10月26日，申请人安排了10月份货物后将船期通知被申请人，并要求其按合同规定开立信用证。2005年11月18日，申请人安排了11月份货物后将船期通知被申请人，并要求其按合同规定开立信用证。但被申请人仍不依约履行开立信用证义务。2005年10月12日，被申请人向申请人表示：涉案合同剩余的执行批次货物的点价期，将以贵司交付7月、8月批次货物的下一个月开始，逐月顺延。被申请人这个意见既无视合同的约定，又无视其不依约开立7月、8月批次货物的信用证及因此给申请人造成巨大经济损失的基本事实，其目的是要将此作为拒开9月、10月及以后批次货物的信用证的"理由"。

为此，申请人依据买卖合同中的仲裁条款，向仲裁委员会提起仲裁申请，请求裁决被申请人应赔偿因违约给申请人造成的损害，终止执行7~10月份期限内的交货，并裁决被申请人承担本案全部仲裁费。

被申请人提出答辩意见如下：申请人主张被申请人违约不成立，经济损失事实不清楚，损失的具体内容及计算依据不明确，被申请人无法进行针对性的答辩。此外，申请人声称2005年9月份和10月份均遭受了延迟损失和溢价损失，但却没有明确阐述该两种损失的性质及其计算依据。申请人对于其主张的损失，未能提供任何证据予以证明。因此，申请人的主张不应得到支持，请仲裁庭驳回申请人的仲裁请求。

申请人拒绝交付7月、8月份货物构成违约，应赔偿被申请人因此遭受的损失。申请人屡次严重违反涉案合同的约定，导致被申请人无法实现签署该合同的目的，被申请人已通知解除涉案合同。申请人拒绝交付7月、8月份货物构成重大违约。申请人在履行涉案合同项下9月、10月份交易时继续存在重大违约行为，导致被申请人无法实现涉案合同项下目的，故被申请人有权自行解除合同，且无需向申请人承担责任。申请人要求被申请人赔偿经济损失没有合同及事实依据。

据此，被申请人提出了如下反请求：①要求申请人应赔偿因违约给被申请人造成的经济损失；②确认解除涉案合同项下2005年9～12月份交易；③申请人返还被申请人交付的点价保证金125万元人民币；④申请人承担被申请人为参加仲裁所支付的律师费及本案仲裁费。

针对被申请人的仲裁反请求，申请人提出答辩意见如下：①被申请人提出申请人拒绝履行涉案合同项下7月、8月份交货义务的主张没有事实根据，被申请人未依约开立7月、8月份货物的信用证是其不能受领7月、8月份货物的根本原因。②被申请人要求申请人赔偿经济损失的理由不成立。被申请人要求确认解除合同项下2005年9～12月份交易的理由不成立，其行为违反了合同约定和法律规定。由于被申请人不依约履行开证义务，应赔偿因其违约行为给申请人造成的经济损失。故被申请人以没有以点价的交易为由，要求申请人返还保证金125万元人民币的理由不成立。被申请人支付的律师费和仲裁费应当自行承担。双方履行涉案合同项下7月份的交易开始的时间在7月初，履行8月份交易开始的时间在8月份。被申请人主张2005年9月2日申请人才通知7月、8月份货物到港日期的说法不实；7月、8月份货物经双方协商同意，已经由申请人于9月2日重新指定货物，据此认为双方应从2005年9月2日开始履行各自义务的说法同样亦不符合事实。

据此，仲裁庭作出如下裁决：①被申请人应向申请人偿付港口费用和入库费用；②被申请人应向申请人偿付货物处理的损失；③确认解除涉案合同项下2005年7～12月份交易；④申请人应返还被申请人交付的保证金125万元人民币；⑤本案仲裁费由申请人承担30%，被申请人承担70%；⑥本案反请求仲裁费由申请人承担10%，被申请人承担90%；⑦驳回申请人其他仲裁请求；⑧驳回被申请人其他仲裁反请求。

二、问题

(1) 本案应适用何种法律解决争议？

(2) 本案的违约责任应当如何认定？

三、评析

(1) 本案应适用何种法律解决争议？

双方在本案的销售合同中明确约定，除非另有约定，2000年《国际贸易术语解释通则》适用于本合同及买卖双方的任何争端或索赔。在本案仲裁程序进行中，双方又分别引用《合同法》来阐述自己的观点，并据以支持自己的仲裁请求，主张合同权利。仲裁庭有理由相信，双方对以上两项法律适用事项的意见是一致的，没有分歧。因此，根据当事人意思自治的原则，本案除了应当适用2000 年《国际贸易术语解释通则》外，还应当适用中国法律。

（2）本案的违约责任应当如何认定？

涉案合同系由双方当事人自主协商签订，双方均应按合同的约定履行合同义务，行使合同权利。该合同也是分清和认定当事人违约责任的重要依据。

被申请人在履行 2005 年 7 月、8 月份合同义务时未能按合同的约定开立信用证。根据涉案合同约定，为进行 7 月份 11 000 吨电解铜交易，被申请人最迟应在 8 月 13 日前开立信用证，但其未开立。此后申请人又先后多次发传真要求被申请人开立信用证，其仍未开立。为进行 8 月份 11 000 吨电解铜交易，被申请人最迟应在 9 月 3 日前开立信用证，但其也未开立。此后，申请人先后多次发传真要求被申请人开立信用证。但是被申请人均未按约履行开立信用证的义务。据此，被申请人到期不开立信用证的行为已违反了涉案合同的规定。

由于被申请人一直未开立信用证，并且又没有在近期付款的表示，于是双方就处置该 22 000 吨电解铜进行了协商。申请人为此于 9 月 9 日传真通知被申请人于 9 月 9 日北京时间 17：00 前支付 20 万美元或等额人民币，由申请人代办 22 000 吨货物 LME（伦敦金属交易所）交仓手续，并提出如在 9 月 9 日申请人仍未收到上述款项，申请人视同被申请人单方面违约，申请人保留进一步追索的权利。但是，被申请人到时并未按此办理。申请人在收款和交仓不能，又遇 LME 铜价在 9 月 12 日出现下跌的情况下，于 9 月 16 日对该批货物进行了卖出保值。

仲裁庭注意到，在 9 月 9 日之前，对于被申请人未能按约开立信用证，申请人尚未提出违约追究的主张，而在 9 月 9 日提出追究违约主张后，被申请人仍不及时补救——或者按申请人要求支付交仓费，或者立即支付货款，应当认定被申请人已构成违约。由于被申请人的不支付行为，丧失了市场价格下跌前避免风险的时机。申请人此后处理该批货物的行为，应当认为是被申请人违约后，申请人为防止损失扩大而采取的措施。由此造成的损失应当由违约方被申请人承担。被申请人在申请人已表示要追究其违约责任后，提出双方要按涉案合同的约定履行义务。仲裁庭认为，在被申请人既不可能恢复按合同约定期限付款，又不同意赔偿申请人处理货物造成损失的情况下，提出此项要求没有法律依据，而且并不表明其有履约诚意，也不能减轻其违约应承担的责任。

关于本案合同解除问题。虽然合同项下 7 月、8 月份部分未履行，但双方均认为余下的 9 月、10 月份等部分仍应履行。为此，申请人先后安排了 9 月、10

月份货物并通知被申请人开立信用证，而被申请人仍借故不予开立，故被申请人又构成违约。但是，被申请人却于 2005 年 11 月 8 日书面通知申请人，以申请人存在违约行为为由解除合同。仲裁庭认为，被申请人解除合同是缺乏事实依据和法律依据的，鉴于申请人并未依法律规定行使确认该解除行为无效，且申请人也在仲裁申请中请求裁决终止执行原 7～9 月份的交货，也即解除合同，因此宜确定本案合同已自申请人收到被申请人通知时起被解除。据此，对申请人要求终止执行 7～10 月份期限内的交货的仲裁请求以及被申请人要求确认解除合同项下 9～12 月份交易的仲裁反请求均予认可。鉴于涉案合同已经解除，且申请人在其仲裁请求中亦主张在其要求的损失赔偿中扣除 125 万元人民币，故被申请人要求申请人返还其已交付的点价保证金 125 万元人民币的仲裁反请求予以支持。但是被申请人以申请人拒绝交货为由，要求申请人承担违约责任，赔偿经济损失，基于前文的分析，仲裁庭认为，被申请人的理由不能成立，仲裁庭不予支持。

案例十四：合资一方与合资企业之间的货物买卖合同履行纠纷案①

一、案情

申请人（中国某进出口公司）与被申请人（澳大利亚某进出口公司）自 1992 年 8 月至 1993 年 10 月共签订 16 份售货确认书，由申请人向被申请人出口纸制品和塑料制品等各种产品，总金额为 2 278 691 美元，付款条件为 D/D90 天。上述售货确认书签订后，申请人履行了部分交货义务，由于被申请人拖欠前期货款，申请人未再交付余下的货物。被申请人收取货物后仅于 1993 年 9 月至 1994 年 7 月分四次向申请人支付了 79 437.20 美元。经申请人多次催促，1994 年 9 月 28 日，被申请人与申请人签订了《双方业务情况的备忘录》及其附件，在附件中双方确认被申请人自 1992 年至 1994 年 3 月向申请人已支付的 79 437.20 美元，尚欠申请人 696 670.50 美元货款，该款利息为 5 766.53 美元。

1994 年 9 月 29 日，双方又签了一份协议，主要内容为：双方确认前款余额为 752 437.03 美元，其中，包括 55 766.53 美元利息；被申请人开出 50 000 美元的国际银行汇票作为第一笔还款；1994 年 12 月底之前被申请人将逐月返还共计 300 000 美元；欠款余额的偿还问题再议。申请人诉称，协议签订后，被申请人除向申请人偿还 50 000 美元外，未再按协议约定偿还其余欠款。被申请人长期不履行支付货款的义务，严重违反了合同约定，给申请人造成重大经济损失。

①　参见中国国际商会仲裁研究所：《典型国际经贸仲裁案例评析》，法律出版社，1999 年，第 86～88 页。

为此，申请人提请仲裁，提出以下仲裁请求：① 被申请人偿还所欠货款702 437.03 美元；② 被申请人偿还所欠货款的利息 25 287.73 美元；③ 被申请人承担全部仲裁费用即申请人聘请律师的费用。

被申请人答辩称：

澳大利亚某集团总经理自 1991 年开始与申请人就建立合资公司的问题进行协商。1991 年 8 月，双方就相互贸易和在澳建立合资公司签订了一项协议。1992 年 5 月 19 日，该总经理以其集团的名义向澳有关当局注册了澳大利亚某进出口公司（即被申请人）。5 月 21 日申请人又与该集团签订了共同合资经营澳大利亚某进出口公司的协议，协议规定了双方权利与义务，规定被申请人所得利润由申请人和该集团各分享 50%。这里理所当然地有另一个原则，就是被申请人的风险和亏损双方也应以相同的比例来承担。

申请人出口的货物质量不好，为此申请人多次同该总经理商量，提议在中国建立合资生产包装纸盒的工厂，以合资厂家所得利润来优先偿还欠款并弥补出口贸易造成的亏损。1993 年 8 月，申请人、被申请人及另一家中国企业一起签订了合资经营中澳合资包装制品有限公司的合同，并经有关主管部门批准，正式登记注册领取了营业执照。被申请人按合资合同规定先后将作为出资的纸袋生产线运到中国，并派遣技术人员对机器设备进行了安装调试，但是申请人却不依约建设厂房和准备好原材料，致使机器运来不能安装并投入生产。申请人的违约给被申请人和该集团造成巨大的损失。

综上所述，被申请人认为申请人向被申请人索赔货款是完全没有道理的，申请人亏损完全是因为其自身违反合同造成的。

仲裁庭经过审理，裁决如下：① 被申请人偿付申请人所欠货款 702 437.03 美元；② 被申请人赔偿申请人欠款利息 25 287.73 美元；③ 本案仲裁费全部由被申请人承担。

二、问题

(1) 合资一方（申请人）与合资公司（被申请人）之间的货物买卖合同可否被视为合资方参与合资公司的经营？

(2) 被申请人的行为是否违反合同约定？

三、评析

(1) 合资一方（申请人）与合资公司（被申请人）之间的货物买卖合同可否被视为合资方参与合资公司的经营？

一般认为，国际货物买卖合同是指营业地处于不同国家的买卖双方之间，卖方向买方交付货物并移转其所有权，买方向卖方支付货物价款的合同。合资经营是合资方共同出资设立合资企业，共同管理、共担风险、共负盈亏的国际投资方式。合资企业具有法人资格，是独立的民事主体，其与各合资方是相互独立的。因此，合资一方与合资公司之间的货物买卖是独立主体之间的交易，不是合资方参与合资公司的经营。

本案中，被申请人虽然是申请人与另一家集团共同投资建立的企业，但被申请人是依据《澳大利亚公司法》注册成立的有限责任公司，具有独立法人资格，有权以其自己的名义对外签约，享有权利和承担义务。申请人与被申请人之间自1992年8月至1993年11月部分履行了16份售货确认书，并因而确立了申请人与被申请人之间存在货物买卖关系，而申请人根据合资合同参与被申请人公司的经营管理，属于合资公司的内部关系，与被申请人和申请人之间的货物买卖交易是两个不同的法律关系。

双方于1994年9月28日和29日分别签订的关于双方业务情况的备忘录和协议，确认了申请人交付的货物总金额和被申请人收到申请人交付的货物及其所欠货款的总金额，该备忘录和协议经双方代表签字生效，对双方均具有约束力。因此，被申请人以申请人曾与其共同经营该公司为由进行抗辩，理应不予支持。

(2) 被申请人的行为是否违反合同约定？

被申请人与申请人之间订立了国际货物买卖合同，各享权利，各负义务。申请人作为卖方，应按照合同交付符合约定品质、数量的货物并取得货款；而被申请人作为买方，应按照合同约定的方式支付货款并收取货物。

本案中，被申请人对申请人所交货物的质量提出了异议，但根据双方签订的售货确认书中的备注，如买方提出索赔，凡属品质异议，须于货到目的港之日起30天内提出。被申请人没有提供证据证明其已经与上述期限内提出品质异议。被申请人出示了申请人所交货物的样品，指出申请人交货与签订合同时的封存样品不符。但是，申请人与被申请人所签合同并非凭样品买卖成交，并且被申请人提交的所谓封存样品并没有经双方代表签字并封存。因此，对被申请人所提的货物品质异议理应不予以支持。因此，申请人已经履行了交货义务，并且符合合同约定，那么，被申请人自应按照合同支付货款。但是，被申请人只履行了部分付款义务，尚欠大部分货款，所以，裁决被申请人违约。在此情况下，申请人自应有权请求被申请人支付货款，实际履行其义务。

在本案中，根据申请人与被申请人1994年9月29日签订的协议，被申请人的欠款余额为752 437.03美元。协议签订之后被申请人只偿还了50 000美元，剩余款项一直未付，因此，被申请人还拖欠申请人货款702 437.03美元，被申请人因而负有给付申请人欠款和赔偿利息的义务。

案例十五：美国联合企业有限公司与中国山东省对外贸易总公司烟台公司购销合同纠纷上诉案^①

一、案情

上诉人美国联合企业有限公司（以下简称联合公司）为与被上诉人中国山东省对外贸易总公司烟台公司（以下简称烟台公司）购销合同纠纷一案，不服山东省高级人民法院［1998］鲁法经初字第 11 号民事判决，向本院提出上诉。本院依法组成由审判员王玠任审判长，代理审判员陈百灵、钱晓晨参加的合议庭进行了审理，书记员高晓力担任记录。本案现已审理终结。查明：

1993 年 6 月 16 日，联合公司与烟台公司签订了编号为 SY931232 售货确认书，约定烟台公司向联合公司销售大蒜，大蒜规格直径 5 厘米以上，留杆长 1.5 厘米，数量 1 300 吨，单价 CIF580 美元/吨，货物总价值 75 万美元。同年 8 月 5 日，双方又签订了编号为 SY931215（A）、SY931215 两份售货确认书，SY931215（A）确认烟台公司向联合公司销售大蒜，规格直径 5 厘米以上，留杆长 1.5 厘米，数量 1 300 吨，单价 CIF605 美元/吨，货物总价值 786 500 美元。SY931215 号确认书约定的销售大蒜数量为 1 300 吨，单价 CIF480 美元/吨，货物总价值 624 000 美元，对规格没有约定。以上三份合同，均约定装运日期为 1993 年 6 月至 12 月，装运口岸中国港，付款条件是开给售方 100% 不可撤销即期付款信用证，装运日期后 15 天内在中国议付有效。品质数量异议，如买方提出索赔，凡质量问题须货到口岸之日起一个月内提出，数量问题须货到口岸之日起 15 天内提出。合同签订后，烟台公司依约从 1993 年 7 月 3 日至 11 月 6 日，分别从青岛港、烟台港先后分 39 批发往纽约、智利、洛杉矶等港口，共 3 974 吨，总价值为 2 055 972.5 美元的大蒜，联合公司于 1993 年底支付给烟台公司 12 万美元，尚欠货款 1 935 972.5 美元。

另查明，联合公司于 1993 年 12 月 9 日向烟台公司提出质量问题，此后双方多次来往电函协商解决未果，1994 年 7 月 7 日和 12 日，双方分别签署了两份业务洽谈备忘录，双方确定共发运及收单 199 个货柜，计 3 974 吨，提单分别为 1～39 批，烟台公司在货物到达目的港前提供给联合公司单据 38 套（包括提单、发票、装箱单、商检植检证明等），经双方共同确定数量及单据相符没有异议。前期发货的 1～31 批，计 119 箱，没有大的质量问题，并已全部售完，32～39 批共计 80 个货箱，其中，20 箱没有经 USDA（美国农业部）检验及提货，60 箱

① 参见《中华人民共和国最高人民法院法公布（2000）第 52 号民事判决书》，http://www.chinacourt.org/html/article/200207/23/7294.shtml，2010 年 4 月 5 日访问。

货经 USDA 检验存在不同程度的质量问题，待双方协商解决，确定责任。1998 年 2 月 25 日烟台公司诉至山东省高级人民法院，请求判令联合公司支付所欠货款 1 935 972.5 美元并赔偿相应的损失及违约金，承担诉讼费用。

山东省高级人民法院审理认为：双方于 1993 年 6 月 16 日和 8 月 5 日确定的三份大蒜购销合同双方当事人意思表示真实，不违反有关法律规定，合法有效。双方在 1994 年 7 月 7 日洽谈备忘录中确认，烟台公司前期发运给联合公司的 1～31 批大蒜 119 个货柜共计 2 379.25 吨，没有大的质量问题已全部售完，联合公司应向烟台公司支付货款 1 214 642.50 美元，滞纳金 623 416.97 美元。对于烟台公司发运给联合公司的 32～39 批大蒜，因部分存在质量问题，双方应就质量问题解决后再作处理，对烟台公司这一部分诉讼请求，予以驳回。该院依照《公约》第 53 条及有关法律规定判决：联合公司向烟台公司支付大蒜款 1 214 642.50 美元，滞纳金 623 416.97 美元，于判决生效后十日内付清。案件受理费 90 150 元人民币由联合公司承担。

联合公司不服上述判决，向本院上诉称：第一，原审法院对此案没有管辖权。本案所涉及的合同签订地在美国，合同履行地、合同标的物均不在中国，联合公司在中国无代表机构，无可供扣押的财产，亦不存在侵权行为的问题，因此，本案纠纷应在美国法院提起诉讼。第二，原审审理此案时严重违反法定诉讼程序：①送达诉讼文书没有通过外交途径；②联合公司的法人代表身份证明书、授权委托书未经公正认证即开庭审理；③应诉通知规定的提交有关文件的时间不合理；④剥夺联合公司收集、提供证据、进行答辩的权利。第三，原审判决认定事实和适用法律均有错误。本案产品质量问题发生在美国，因原审法院剥夺联合公司回美国搜集证据的权利，导致认定事实错误。按与合同最密切联系原则，本案应适用美国法，原审法院片面援引《公约》属适用法律错误。本案的交货地点是美国和其他国家，按国际惯例，产品质量的确定应以交货地国家的商品检验为依据。烟台公司发给联合公司的大蒜经美国商检部门检验有质量问题，联合公司将通过美国法院索赔。请求撤销原审判决。

烟台公司答辩称：原审法院有管辖权，程序合法，适用法律正确。原审判决应予维持。

最终，最高人民法院支持了被上诉人的诉讼请求，判决驳回上诉，维持原判。

二、问题

(1) 原审法院对本案是否拥有管辖权？

(2) 原审法院审理本案时是否严重违反法定诉讼程序？

(3) 原审法院设立本案适用法律是否正确？

三、评析

（1）原审法院对本案是否拥有管辖权？

本案涉及的三份合同均系 CIF 价格条件，货物的装运港均在中国青岛或烟台，故三份合同的履行地均在山东省，作为合同履行地，与合同存在"最密切联系"，因此山东省高级人民法院对本案行使管辖权符合国际惯例以及我国相关法律的规定。联合公司认为本案应到美国法院诉讼的主张，没有事实和法律依据，不应予支持。同时，《中华人民共和国民事诉讼法》（以下简称《民事诉讼法》）第 243 条规定："涉外民事诉讼的被告对人民法院管辖不提出异议，并应诉答辩的，视为承认该人民法院为有管辖权的法院。"联合公司在一审提交答辩状期间内未提出管辖权异议，根据《民事诉讼法》第 243 条的规定，联合公司已丧失提管辖权异议的权利，故对联合公司在二审中提出的管辖异议，二审法院予以驳回。

（2）原审法院审理本案时是否严重违反法定诉讼程序？

原审法院在中国境内向联合公司的法定代表人初由忠送达法律文书并不违反我国法律的规定，合法有效。原审法院在案件审理期间告知联合公司的代理人提供有关商品质量等实体问题答辩意见及证据材料，并给予其充分时间，但联合公司仍未向本院提交，因此联合公司认为原审法院审理中程序违法且未给其举证时间的上诉理由不能成立。对于商品质量问题的上诉理由亦因其不能举证，因此不能予以支持。由于联合公司未能按约支付部分货款，原审判定该公司支付双方对质量无争议的部分货款并无不当，应予维持。

（3）原审法院设立本案适用法律是否正确？

本案双方当事人未约定解决本案合同争议所适用的法律，由于联合公司是在美国注册的公司，中国和美国均是《公约》的缔约国，应自动适用该公约的有关规定审理本案。所以，原审判决适用法律是正确的。联合公司上诉称原审判决适用《公约》属适用法律错误没有法律依据，二审法院不应予以支持。

案例十六：美国宝得利公司与中国电子进出口公司关于诉讼时效争议案[①]

一、案情

2000 年 11 月 16 日，原告（反诉被告）美国宝得利公司为买方、被告（反

---

① 参见《广东省广州市中级人民法院（2004）穗中法民三初字第 297 号民事判决书》，http://www.ccpit.org/Contents/Channel_64/2008/0321/103309/content_103309.htm，2010 年 3 月 8 日访问。

诉原告）中国电子进出口公司为卖方签订一份合同号为 2000EMDC481US 的
《售货合同》，约定：电子进出口公司为宝得利公司提供生姜一批，总价款为
16 579.2美元，目的口岸为纽约，FOB广州；装运期限为第一个货柜为 2000 年
11 月底出，第一个货柜出货后一个星期出第二个货柜；宝得利公司在签订合同
之后于先预付总货款 30％的订金，待货到验收后，七天内付清余款；由电子进
出口公司提供以下装运单据：提单或其他货运单、装箱单和发票；质量要求：鲜
姜要保证符合食品卫生标准，不烂、不碎、不发芽，姜块要大，每块最小要求在
100 克以上。宝得利公司提供的《售货合同》文本上，第 10 条质量要求的条款
是手写添加于合同文本印刷字体后的，内容为："卖方保证买方该批生姜到达目
的地口岸，符合美国食品卫生标准，姜块在 100 克以上，不烂、不碎、不发芽、
不发酶。"双方是通过传真形式协商合同条款的，其中，电子进出口公司提供的
几份传真文件中，亦有手写的有关质量要求的条款，与电子进出口公司提供的最
终合同文本上的质量条款内容一致。

2000 年 11 月 28 日，电子进出口公司送检的两批生姜经中华人民共和国出
入境检验检疫局检验合格，取得编号 NO.441800200001573-1、
NO.441800200001573-2 的植物检疫证书，这两批生姜分别在 2000 年 12 月 6 日
和 13 日，在广州黄埔港装运，运往美国纽约。宝得利公司在美国纽约收到货物
后于 2001 年 1 月 1 日向美国农业部申请对第一批生姜进行检验，检验结论是早
期软腐烂 0～33％，干腐烂 15％～90％，影响根部新鲜至 1/2 英尺（1 英尺＝
0.304 8 米）深，大部分集装箱中的货物都是湿的，且可看见根部长有小芽和/
或表面有白色霉，许多箱中的货物，都是干的并有表面皱纹。2001 年 1 月 17
日，宝得利公司向美国农业部申请对第二批生姜进行检验，检验结论为：箱内所
有货物潮湿，且大部生姜上长有绒毛状的白色至蓝色/绿色至黑色霉，大部分生
姜受到了干腐化或者软腐化的影响，而且一些生姜，大约在 1/10～1/8 英寸（1
英寸＝0.025 4 米）处长有小芽，大部分集装箱中的货物都是湿的，且可看见根
部长有小芽和/或表面有白色霉，许多箱中的货物，都是干的并有表面皱纹。之
后，宝得利公司将该批生姜作为垃圾处理，支付了垃圾处理费等相关费用。

2003 年 8 月 5 日，宝得利公司的律师向电子进出口公司发出律师函认为电
子进出口公司交付生姜不符合合同约定的质量要求构成违约，要求电子进出口公
司承担违约责任，其中，有关质量要求的记载为：2000 年 11 月 16 日，贵司
（即电子进出口公司）与我委托人（即宝得利公司）签订了买卖鲜姜的《售货合
同》。合同第 10 条约定，"鲜姜要保证合乎食用卫生要求，不烂、不碎……"。

另查，宝得利公司于 2000 年 11 月 16 日和 12 月 3 日分别支付了货款总额
30％的订金 20 550 元人民币和 20 541.6 元人民币，电子进出口公司相应地开具
了两份发票。同年 12 月 5 日，电子进出口公司向宝得利公司开具两张金额均为

8 289.60 美元的未加盖公司公章的随货发票。

　　原告宝得利公司诉称，2000 年 11 月 16 日，原、被告双方签订一份生姜售货合同。合同签订后，原告已依约支付货款、运输费用及第三项诉讼请求中所列的费用。但被告提供的生姜到达目的地口岸不符合美国食品卫生标准，出现霉烂现象，只能作为垃圾处理，原告为此又支出垃圾处理费等损失 13 236 美元。原告请求法院判令：①被告返还货款本金及其利息（该利息中国人民银行同期贷款利率自 2000 年 12 月 5 日计至清偿之日止，现暂计至起诉日）155 627.8 元人民币。②被告赔偿原告损失及其利息（该利息中国人民银行同期贷款利率自 2001 年 1 月 9 日计至清偿之日止，现暂计至起诉日）108 535.2 元人民币。③被告支付以下费用：纽约州认证委托书费用、纽约认证律师费、税费、报关费、美国农业部收取的排放费、美国农业部检验费、美国内陆运费、美国农业部抽样检验费、美国海关检验费等合计 20 445.55 元人民币。

　　被告电子进出口公司辩称：①原告提交的合同没有提交英文译文，合同第 10 条也没有译文。双方没有签字确认合同第 10 条，是事后原告擅自增加的，请求法庭追究原告伪造证据的法律责任。②原告并没有支付货款，原告仅支付货款 30% 的合同订金，故被告反诉请求原告支付除订金外的其余货款。③被告已尽合同义务，被告装运出口的生姜完全符合我国出境检验检疫要求，货运的保险温度也是由原告确认的。④本案货物风险已经转移到原告，被告不承担任何质量责任。理由：双方签订的合同第 1 条是按 FOB 广州价格条款，根据 2000 年《国际贸易术语解释通则》，在装运港货物风险已转移到买方，卖方已不需要承担任何责任。⑤原告的索赔已超过时效，依法不受保护。本案中原告称生姜有质量问题，但原告没有在收货的两年内根据《公约》第 39 条的规定向被告主张质量问题。因此，原告已经丧失了此权利。⑥原告所提交的一系列证据都是在中华人民共和国境外获得的，没有办理公证，并经我国领事馆认证，不符合法定形式，因此不能作为证据使用。⑦原告无证据证明生姜的质量有问题。

　　电子进出口公司反诉称，2001 年 11 月，反诉人电子进出口公司与被反诉人宝得利公司签订《售货合同》一份。合同签订后，被反诉人支付 30% 货款。反诉人依约提供鲜姜，并提供装运单据。货到美国纽约后，被反诉人无故拒付剩余 70% 货款。经多次催讨，未果，现请求人民法院判令被反诉人支付反诉人货款折合人民币 95 852.47 元。

　　宝得利公司辩称：①被反诉人已经实际支付了全部货款；②反诉人请求被反诉人支付货款已超过诉讼时效。

　　最终，法院作出判决要求宝得利公司于本判决发生法律效力之日起十日内向电子进出口公司清偿货款，并驳回了宝得利公司的诉讼请求。

二、问题

(1) 本案应适用何种法律解决争议?
(2) 本案纠纷是否已过诉讼时效?
(3) 如何理解质量瑕疵担保与风险转移的关系?

三、评析

(1) 本案应适用何种法律解决争议?

本案纠纷适用了《公约》,《公约》可以基于缔约国当事人的选择而得到适用,但本案对该公约的适用不是基于当事人的选择,而是在适用我国法律的基础上得到适用的。"意思自治原则"和"最密切联系原则"是涉外合同纠纷法律适用的两个重要原则,本案纠纷就是通过上述两原则确定了准据法为我国内地法律。本案纠纷之所以考虑适用《公约》,是基于《民法通则》第 142 条第 2 款规定的精神,这也是国际条约优先原则的体现。综上所述,我国法院审理国际货物合同纠纷时,应注意《公约》的适用,考虑以下因素:①合同当事人是否直接选择该公约;②当事人未选择适用法律的,根据最密切联系原则是否适用我国内地法,适用我国内地法的,应根据我国内地法确立的涉外纠纷我国缔结或参加的国际条约优先适用原则考虑适用《公约》;③合同当事人的营业所所在地国是否为缔约国,合同是否属于《公约》适用的范围,是否存在缔约国声明保留的情形。

(2) 本案纠纷是否已过诉讼时效?

本案的本诉被告和反诉被告均提出诉讼时效抗辩。有关国际货物买卖合同纠纷的诉讼时效,《合同法》第 129 条作出了规定,国际货物买卖合同纠纷的诉讼时效期间为当事人知道或应当知道其权利受到侵害之日起四年。但《公约》是否对质量异议的诉讼时效作出了特别规定呢?本诉中,原告与被告就诉讼时效问题提出的依据不同,本诉被告的抗辩是依据《公约》第 39 条"买方对货物不符合同,必须在发现或理应发现不符情形后一段合理时间内通知卖方,说明不符合同情形的性质,否则就丧失声称货物不符合同的权利。无论如何,如果买方不在实际收到货物之日起两年内将货物不符合同情形通知卖方,他就丧失声称货物不符合同的权利,除非这一时限与合同规定的保证期限不符"的规定作出的,被告认为本诉原告有关质量问题的主张超过了公约规定的两年期限,本诉原告则认为本诉未超过我国《合同法》第 129 条规定的四年诉讼时效。

《公约》第 39 条的规定实际上规定了买方对质量不符情形的异议期间通常为两年。我国《合同法》第 157 条也有类似的规定。国内法学界对该异议期间的性质存在不同的看法。有观点认为异议期间属于除斥期间,一旦期间届满就发生权利消灭的法律效果;另有观点认为异议期间属于诉讼时效期间,一旦期间届满,发生权利功效减损的法律效果。我国《合同法》对此问题并没有明确表态，仅规定一旦异议期间届满，买受人又没有提出异议的，"视为标的物的数量或者质量符合约定"。笔者认为，在本案中将质量异议期间认定为诉讼时效期间，为卖方实际存在不完全履行行为又愿意在期间经过后承担该不完全履行的违约责任提供了机会，同时也不妨碍卖方的抗辩权，更符合契约自由原则，有利于平衡买卖双方的利益，更具有现实意义，更有利于实质公平。认定质量异议期间为诉讼时效期间，同时应注意该诉讼时效期间具有特殊性，其与普通诉讼时效期间有区别，应认定为特殊诉讼时效：该时效期间是固定的期间，当事人在质量异议期间提出相应主张，质量异议期间并不发生中断，而是导致普通诉讼时效得到适用。本案的判决书中并未提及质量异议期间的定性，但这不影响判决的最终结果，在我国《合同法》未对质量异议期间性质达成共识的前提下，这样的处理做到了保持裁判与现行法律规定的一致性，是恰当的。

反诉中，反诉原告与反诉被告有关货款支付的诉讼时效适用四年的诉讼时效并无争议，争议的焦点主要在于诉讼时效的起算点。反诉争议主要是货款支付问题，双方在合同中明确约定了货款支付的方式与时间，反诉被告回避了合同中的约定，坚持认为反诉原告出具的随货发票已经证明货款已支付。但是，反诉原告忽略了国际货物买卖过程中卖方出具的随货发票的特殊性，这一点也是我们在处理国际货物买卖合同货款支付纠纷中应特别注意的问题，国际货物买卖往往涉及随附许多单证，随货的商业发票是常见的一种，但该种发票并不具有支付凭证的证明效力，不能单独作为买方支付货款的凭证。拨开了商业发票的"凭证"面纱后，本案反诉的诉讼时效依据合同约定的付款期限届满起算就显而易见了。

（3）如何理解质量瑕疵担保与风险转移的关系？

本案审理过程中，本诉被告曾提出一个抗辩，即认为本案双方当事人在合同中约定该单买卖适用 FOB 广州进行交付，根据该交付条款，货物自装运港广州黄埔港越过船舷时起一切风险由买方承担，故本诉被告不应承担任何货物质量责任。本诉被告的该抗辩理由存在对国际贸易术语风险转移规则的错误认识。

2000 年《国际贸易术语解释通则》对 FOB 船上交付（指定装运港）术语的解释中明确了该种交付方式货物的风险自装运港越过船舷时由卖方转移至买方，该风险转移规则主要适用于海运或内河运输过程中可能遇到的货物灭失、毁损等风险，涉及货物买卖过程中前述风险的分担，但货物风险转移并不影响风险转移至买方后买方向卖方追究货物瑕疵担保责任。本案的货物质量争议正是涉及卖方的瑕疵担保义务，这是卖方应履行的一项主合同义务，区别于风险负担的卖方保证的是交付时货物本身的质量符合合同要求，而不是交易过程中货物可能因外来因素招致的损失的承担，如果有证据证明卖方在装运港确实交付了不符合合同质量要求的货物，则即使货物的风险已经转移至买方，卖方也不能因此免除货物质量瑕疵担保责任，且 2000 年《国际贸易术语解释通则》也明确了其涵盖的范围只限于跨国境销售合同当事人的权利义务中与已售货物（指"有形的"货物，不包括"无形的"货物，如电脑软件）交货有关的事项，不涉及违约的后果，也说明了贸易术语的风险负担规则并不能等同于或覆盖合同质量争议的违约责任。虽然判断卖方交付的货物质量通常以交付时间为界线，这与风险转移界线可能存在重合，但瑕疵担保责任与风险负担是两种责任，人民法院在处理相关争议时应注意区分，切勿混淆。综上，本诉被告以 FOB 风险转移规则来抗辩本案的货物质量争议不应得到法院的支持。

第二章 国际货物运输和保险法案例

案例一："新发"轮预借提单纠纷案[①]

一、案情

原告：中国广澳开发总公司（以下简称广澳公司）。

被告：新加坡联发船务（私人）有限公司（以下简称联发公司）。

被告：印度尼西亚茂林合板厂有限公司（以下简称茂林合板厂）。

1993 年 5 月 8 日，广澳公司与茂林合板厂签订购销合同。合同约定：由茂林合板厂向广澳公司提供三种规格的胶合板 6 000 立方米，价格条件为 CIF 汕头，总价款 2 266 000 美元，以信用证方式结算。6 月 4 日，广澳公司向中国银行汕头分行申请开立以茂林合板厂为受益人的 100% 即期议付不可撤销跟单信用证。信用证约定：货物装运期不迟于 1993 年 7 月 31 日，可分批装运，不可转运；议付单据包括一套以议付银行为指示人的清洁已装船提单；信用证有效期至 1993 年 8 月 21 日。

广澳公司依据上述购销合同，于 1993 年 5 月 23 日与汕头经济特区广澳物资公司（以下简称汕头物资公司）签订一份《产品订货合同》，约定：由广澳公司向汕头物资公司提供 6 000 立方米胶合板，总价款 27 000 000 元人民币；供方须于 1993 年 7 月最迟 8 月 15 日前将全部货物交付给需方；合同签订后 7 日内，需方付 30 万美元给供方作为购货定金，接到提单后 3 日内付清全部货款；若供方不能按期按质交货，除应退还需方 30 万美元定金外，按等额赔偿需方 30 万美元。合同签订后，汕头物资公司分别于 5 月 24 日和 29 日共向广澳公司支付定金 30 万美元。

7 月 23 日，茂林合板厂从印度尼西亚坤甸港发运第一批胶合板 2 999.989 3 立方米，广澳公司根据信用证的规定议付了货款 1 132 981.99 美元。该批货物由新加坡新中船务（私人）有限公司的"新中"轮承运，于 8 月 11 日运抵汕头。第二批货物由联发公司承运，联发公司向茂林合板厂签发了一式三份清洁已装船提单，提单记载船名是"新发"轮，货物为 2 999.989 3 立方米胶合板，提单签发日期是 1993 年 7 月 31 日。8 月 3 日，茂林合板厂传真通知广澳公司，后一批

① 参见金正佳：《中国典型海事案例》，法律出版社，1998 年，第 407 页。

胶合板已于 1993 年 7 月 31 日装上"新发"轮,并附联发公司签发的提单。

8 月 24 日,广澳公司收到中国银行汕头分行要求其付款赎单的通知书,此时,货物尚未抵达汕头港。据调查,"新发"轮 1993 年 7 月 30 日~8 月 6 日还在汕头港进行上一航次的卸货。广澳公司认为联发公司与茂林合板厂恶意串通,签发了虚假提单,属于提单欺诈行为,遂于 8 月 25 日向法院提出冻结信用证的申请。法院准予广澳公司的申请,于 8 月 27 日裁定冻结广澳公司申请中国银行汕头分行开出的茂林合板厂为受益人的第 41A931374 号信用证,止付信用证项下的货款 1 132 981.99 美元。9 月 13 日,广澳公司向海事法院申请扣押"新发"轮,要求联发公司提供 70 万美元的担保。海事法院准许广澳公司的申请,于 9 月 22 日裁定扣押了"新发"轮,责令联发公司提供 70 万美元的担保。10 月 6 日,联发公司提供了担保,海事法院解除了对"新发"轮的扣押。

庭审中,联发公司承认,第二批胶合板实际于 1993 年 8 月 13 日在印度尼西亚坤甸港装船,8 月 26 日装船完毕,9 月 16 日抵达汕头港。

由于第二批胶合板没有按期装运,广澳公司不能按期履行其与汕头物资公司的《产品订货合同》,广澳公司为此已向汕头物资公司退还购货定金 30 万美元,并赔偿定金 30 万美元。另据调查,按照当时的情况,进口一批相同数量、规格的胶合板,需货款 1 132 981.99 美元,发生各项费用共计 577 072.54 元人民币。

广澳公司起诉认为,茂林合板厂没有按照购销合同约定的期限发运货物,而向联发公司预借提单,联发公司在货物尚未装船时就向茂林合板厂签发已装船提单,两者合谋欺诈广澳公司,致使广澳公司无法履行内贸合同,造成严重的经济损失,请求海事法院判令两被告赔偿广澳公司利润损失和向内贸单位赔付的定金损失等共计 528 488.34 美元,3 571 609.38 元人民币。

联发公司答辩认为,联发公司在客观上预借了提单,但其主观上并没有恶意。广澳公司通过申请法院冻结信用证,止付货款,没有取得提单,意味着没有取得提单项下货物的所有权,也意味着放弃了凭正本提单向船东索赔的权利,因此广澳公司对联发公司不具有诉权。联发公司提出反诉,认为广澳公司申请诉讼前扣押船舶错误,请求法院判令广澳公司赔偿联发公司因此遭受的损失 103 258 美元。

茂林合板厂没有答辩。

二、问题

(1) 关于预借提单的事实认定。

(2) 关于预借提单的法律定性。

(3) 关于赔偿范围的确定。

(4) 关于承运人的责任限制。

三、评析

(1) 关于预借提单的事实认定。

预借提单，是指承运人在货物尚未装船或未装船完毕时签发已装船提单，或者尚未收受货物时签发收货待运提单的行为。预借提单的客观要件是签发已装船提单时货物并未装船。本案中，原告广澳公司通过调查，掌握了确凿证据，证实在提单签发之日 (7月31日)，"新发"轮还在汕头港从事上一航次的卸货，不可能在印度尼西亚装载本案货物。被告联发公司在庭审中也承认，货物于8月13日才开始装船，8月26日才装船完毕。很明显，联发公司预借了提单，时间长达26天。在这一问题上，事实清楚，证据充分，当事人也没有异议。

(2) 关于预借提单的法律定性①。

海事司法实践中，海事法院倾向于认为预借提单行为是侵权行为，承运人应承担侵权损害赔偿责任。本案中，海事法院明确认为，预借提单行为属于侵权行为。广澳公司作为货物的买方，与卖方茂林合板厂存在买卖合同关系。如果广澳公司取得提单，那么，其与作为承运人的联发公司也存在提单所证明的海上货物运输合同关系。显然，广澳公司可以茂林合板厂违反买卖合同而提起违约之诉，也可以通过付款赎单，并凭提单对联发公司提起违约 (即《海上货物运输合同》) 之诉。然而，广澳公司拒绝接受货物，也没有付款赎单，这种情况下，广澳公司是否对茂林合板厂和联发公司具有诉权，关键就在于对预借提单行为的法律属性的认定。假设认定预借提单是违约行为，则广澳公司对联发公司不具有诉权，因为广澳公司不持有提单，其与联发公司不存在运输合同关系；如果认定预借提单是侵权行为，则广澳公司有诉权。联发公司认为广澳公司不具有诉权，其理由就是广澳公司不持有提单，与联发公司之间没有合同关系。而海事法院认定广澳公司有诉权，就是将预借提单行为认定为侵权行为。预借提单行为，通常不是承运

---

① 关于预借提单行为的法律定性，理论上有违约行为和侵权行为之争。毫无疑问，预借提单行为侵害了收货人的权利，承运人应对收货人承担赔偿责任。然而，关于预借提单的责任属性，理论上有较大的分歧，概括起来有以下观点：a. 预借提单是违约行为，承运人应承担违约责任。这种观点认为：承运人与收货人之间存在海上货物运输合同关系，基于该合同关系，承运人具有在货物装船以后才能签发已装船提单的默示合同义务，承运人预借提单，违反的就是该合同义务，且承运人主观上有过错，客观上给收货人造成了财产损害，行为与损害结果有因果关系，符合违约责任的构成要件。b. 预借提单是侵权行为，承运人应承担侵权责任。这种观点同样是从侵权责任的构成要件分析预借提单行为的责任属性，但强调预借提单违反的是法律规定的承运人真实签发提单的义务。c. 预借提单责任是合同责任与侵权责任的竞合。预借提单行为既符合合同责任的构成要件，又符合侵权责任的构成要件，具有违约和侵权的双重特征，是违约责任和侵权责任的竞合。应当允许收货人选择诉权，提起合同之诉或者侵权之诉。d. 预借提单的责任属性是缔约过失责任。承运人预借提单行为违反的是先合同义务，即法律规定承运人在缔结运输合同时应当遵守的如实签发提单的义务，而不是依法成立的运输合同本身的义务。承运人应承担的是缔约过失责任。

人单方面的行为，而是承运人和托运人双方面的行为，因此，海事法院把茂林合板厂和联发公司视为共同侵权人，判决两者承担连带责任。有关预借提单行为的法律属性的认定，对适用法律以及确定赔偿范围，同样有重要影响，这在本案中也有体现。

（3）关于赔偿范围的确定。

广澳公司起诉要求两被告赔偿前后两批货物的利润损失和违约金损失，联发公司认为广澳公司的损失与其预借提单的行为没有因果关系。海事法院将前后两批货物分开处理。第一批货物是在买卖合同和信用证规定的装运期内装运，且系另一承运人承运，与第二批货物的预借提单行为没有必然联系，因此，广澳公司将第一批货物和第二批货物混合起来，请求总的利润损失和违约金损失，是不恰当的，海事法院没有支持是正确的。问题在于第二批货物的利润损失和违约金损失与预借提单行为是否具有因果关系。广澳公司不能履行内贸合同，与茂林合板厂没有按期交运货物有因果关系，但与联发公司预借提单行为是否有因果关系，则是有争议的。有观点认为，广澳公司不能履行内贸合同，是货物没有在合理预期的时间内运到的结果，这与联发公司预借提单没有因果关系。即使联发公司不预借提单，货物也不能在 8 月 15 日前运到，广澳公司也不能履行内贸合同。另一种观点则认为，尽管预借提单并不必然导致货物迟延运到，但是，预借提单行为掩盖了卖方（托运人）迟延交运货物的事实，使得买方（收货人）丧失了解除买卖合同，拒付货款的机会。然而，本案中，广澳公司已成功地解除了买卖合同，并通过申请法院冻结信用证的办法，止付了货款。这种情况下，广澳公司的损失是否还是联发公司预借提单所致，值得探讨。

（4）关于承运人的责任限制。

关于承运人的责任限制问题，在《海牙规则》、《汉堡规则》和《维斯比规则》中都有比较明确的规定，但在本案中均不适用，因为我国并未加入其中任何一个。而我国《海商法》对承运人的责任限制有明确的规定，即《海商法》第56 条规定，承运人对货物灭失或损坏的赔偿限额，按照货物每件或每个货运单位为 666.67 计算单位，约合 5 300 元人民币，或者按货物毛重计算，每公斤（1公斤＝1 千克）为 2 个计算单位，以二者中赔偿限额较高的为准。同时第 57 条也规定，承运人由于货物延迟到达而造成损失的赔偿限额，是运输合同的运费。但同时第 59 条又规定，如果该损失是由承运人的故意造成的，承运人将不得援引限制赔偿责任的规定。在本案中，承运人预借提单属明显的故意欺诈行为，因而不得享受责任限制的规定。

案例二："强河"轮无正本提单交货纠纷案①

一、案情

原告：德国美最时洋行（C. Melchers GMBH & Co.，以下简称美最时洋行）。

被告：广州远洋运输公司（以下简称广远公司）。

被告：招商局货柜航运有限公司（以下简称招商货柜公司）。

1992 年 12 月 7 日，美最时洋行与旭升国际（香港）公司（以下简称旭升公司）签订一份买卖合同。合同约定：美最时洋行供给旭升公司 300 吨铝箔，分三批装运，每批 100 吨；价格条件为 CIF，单价 3 850 美元/吨，以开立不可撤销信用证的方式付款；起运港为欧洲主要港口，目的港为中国汕头港，通过香港转运。12 月 9 日，旭升公司与深圳华盛进出口贸易公司（以下简称华盛公司）签订了《成交确认书》，将 300 吨铝箔转售给华盛公司。12 月 17 日，华盛公司就其中一批 100 吨铝箔，通过中国银行深圳分行开出以美最时洋行为受益人、金额为 416 700 美元的不可撤销信用证。1993 年 2 月 10 日，美最时洋行将净重 100.566 吨（毛重 128.566 吨）铝箔，计 210 箱，分装 7 个 20 英尺的集装箱，在汉堡港交由中国远洋运输公司集装箱部（以下简称中远集装箱部）经营的"强河"轮承运。船舶代理人 Cosric Shipping Agency GMBH 代理中远集装箱部签发了中国远洋公司单格式的一式三份正本提单，提单编号为 ANTSIN 01。提单记载：托运人美最时洋行，通知人华盛公司，收货人凭指示，装货港汉堡，目的港深圳。3 月 11 日，该批货物运抵香港，15～16 日由招商货柜公司从香港转运至深圳交给深圳宝吉复合材料有限公司（以下简称宝吉公司），但未向宝吉公司收回正本提单。宝吉公司收货后使用了其中的 56 箱净重 26.699 吨，其余 154 箱净重 73.857 吨被用于债务抵押。

招商货柜公司发现宝吉公司无法提交 ANTSIN 01 号正本提单后，为防止宝吉公司处分货物，以货物承运人的身份向海事法院申请诉前财产保全，并以无正本提单提货为由起诉提货人宝吉公司。6 月 17 日，招商货柜公司依法追回了宝吉公司用于债务抵押的 154 箱铝箔，向深圳南洋货仓有限公司支付了 4 月 6 日至 6 月 16 日期间的仓储费 8 227.25 元人民币。7 月 14 日，招商货柜公司收到美最时洋行提交的全套正本提单。27 日，美最时洋行提取 154 箱铝箔运往香港，以 CIF 香港每吨单价 3 300 美元的价格转售给中国纸浆纸张公司。

---

① 参见金正佳：《中国典型海事案例评析》，法律出版社，1998 年，第 312 页。

　　原告美最时洋行于 1994 年 6 月 19 日向海事法院提起诉讼，请求法院判令两被告赔偿：①26.699 吨铝箔损失 102 791.15 美元及其利息；②货物转售差价损失 40 639.50 美元及其利息；③转运费、仓储费、保险费等损失计 61 661.51 港元及其利息；④通信费、律师费、差旅费。

　　为证明广远公司是 ANTSIN 01 号提单项下货物的承运人，美最时洋行出具一份 Cosric Shipping Agency GMBH 公司于 1993 年 10 月 31 日所开的函，函称"强河"轮的经营人为广远公司。但该公司于 1994 年 12 月 5 日再次致函美最时洋行并抄送招商货柜公司时，声明对 1993 年 10 月 31 日函的内容予以纠正。

　　招商货柜公司答辩认为：美最时洋行 1993 年 7 月 14 日凭提单提货，招商货柜公司随即交付货物，只是欠交 26.699 吨。本案争议应当为货物短少纠纷。而货物短少是美最时洋行在买卖合同落空后，未及时通知承运人如何处置货物造成的，责任在美最时洋行。依据提单规定，本次运输适用《海牙规则》，诉讼时效为一年。本案货物于 1993 年 3 月 10 日卸下，时效应于 3 月 11 日起算。美最时洋行于 1994 年 7 月 1 日起诉已超过一年诉讼时效。此外，美最时洋行未及时提货，产生的仓储费应自己承担。

　　广远公司答辩认为：广远公司不是"强河"轮的船东，也不是"强河"轮的经营人，与本案无关。

　　海事法院认为：提单是据以交付、提取货物的凭证。招商货柜公司作为实际承运人，在没有收回正本提单的情况下，将货物交给非提单持有人，侵害了美最时洋行作为提单持有人的货物所有权。尽管招商货柜公司通过法律途径追回了部分货物，并在美最时洋行提交正本提单后予以交付，但仍不能改变其因无正本提单交货而造成货物短少的事实。美最时洋行请求招商货柜公司赔偿因无正本提单交货造成的货物短少的货款损失及其利息损失，依据充分，予以支持。本案所涉诉讼时效应自美最时洋行提货之日起算。招商货柜公司认为美最时洋行起诉已超过一年诉讼时效缺乏法律依据，不予采纳。美最时洋行作为买卖合同的卖方，虽然最终取得了银行退回的提单，拥有提单项下的货物所有权，但其在取得提单之前尚无依据向招商货柜公司主张提货的权利，美最时洋行也没有证据证明其在 1993 年 7 月 14 日前已经取得提单，以合法收货人的名义向招商货柜提货。因此，美最时洋行所提 154 箱铝箔降价转售的损失，并非招商货柜公司无正本提单放货所造成的。美最时洋行请求招商货柜公司其他损失缺乏法律依据，不予支持。美最时洋行请求通信费、律师费、差旅费依据不足，不予认定。"强河"轮非广远公司所有或经营，美最时洋行认为广远公司是本案海上运输的承运人缺乏事实和法律依据，故美最时洋行对广远公司提出的诉讼请求应予驳回。

　　美最时洋行与招商货柜公司均不服海事法院判决，提起上诉。

　　美最时洋行上诉认为：原审判决为认定 154 箱铝箔的差价损失及有关运费损

失是错误的。该损失同样是因招商货柜公司无正本提单放货造成的，应由招商货柜公司承担。根据美最时洋行的调查，以及代理广远公司签发提单的汉堡港船舶代理人 Cosric Shipping Agency GMBH 所作的陈述，本案提单尽管是中远提单，但"强河"轮由广远具体经营，广远公司为实际承运人，应对招商货柜公司承担责任负连带责任。

招商货柜公司上诉认为：招商货柜公司不是本案海上货物运输合同的承运人，只是承运人的代理人，不能成为本案海上货物运输纠纷案的被告。根据原审已查明的事实，货物在汉堡港交由中远集装箱部经营的"强河"轮承运，船舶代理人 Cosric Shipping Agency GMBH 签发了中国远洋公司的提单。提单的签发人和受载船舶的经营人均不是招商货柜公司。即使香港至广州区段，也非由招商货柜公司承运，而是由招商局建瑞运输有限公司承运的。由此可见，本案中招商货柜公司的交货行为纯系代承运人而为，所产生的法律后果应由承运人承担。若因招商货柜公司的过错致使美最时洋行损失的，则根据我国《民法通则》的规定，由承运人向美最时洋行作出赔偿后再依代理关系向招商货柜公司赔偿。本案所涉提单项下的货物于 1993 年 3 月 16 日运抵深圳，并通知了提单记名的通知方，但美最时洋行直至 1993 年 7 月 14 日才向招商货柜公司出示提单，主张提货。根据我国《海商法》第 257 条规定，时效为一年，美最时洋行早已超过诉讼时效，丧失了胜诉权。综上，原审判决事实不清，适用法律不当。请求驳回美最时洋行的起诉或诉讼请求。

广远公司答辩认为：广远公司既不是"强河"轮的船舶所有人，也不是船舶经营人。美最时洋行认为广远公司是本案海上货物运输的实际承运人缺乏事实和法律依据。一审法院作出驳回美最时洋行对广远公司的诉讼请求是正确的，请求二审法院维持原审判决。

二审法院判定：美最时洋行以无正本提单放货侵权损害赔偿纠纷为由提起诉讼，侵权行为发生地在我国境内，应适用我国法律。本案纠纷发生在《海商法》实施之前，故应适用《民法通则》有关诉讼时效的规定，即本案诉讼时效为两年。从 1993 年 3 月 16 日即美最时洋行应该知道其权力被侵害之日起算，至 1994 年 6 月 19 日美最时洋行向原审法院提起诉讼止，期间并未超过两年的诉讼时效。本案中，美最时洋行作为托运人将货物交由"强河"轮承运，承运人的代理人签发了正本提单并交予美最时洋行，美最时洋行出示的正本提单是合法的。本案提单是货物的物权凭证，虽然美最时洋行再次持有提单是因信用证与提单记载的目的港不一致，遭银行拒绝承兑退单而取得的，但其仍因持有该正本提单而对提单项下的货物享有物权。因此，美最时洋行依据该正本提单对招商货柜公司提起的无正本提单放货侵权损害赔偿之诉依法成立。招商货柜公司作为实际承运人，有义务将货物运达目的港交付给正本提单持有人。而本案中招商货柜公司在未收回正本提单的情况下，将货物交给非提单持有人，导致货物短少，侵害了美最时洋行作为提单持有人的货物物权，对此，应承担侵权损害赔偿之责任，赔偿美最时洋行短少 26.699 吨铝箔货款损失及其利息损失。招商货柜公司上诉认为其在本案中只是承运人的代理人，并非真正承运人，不应承担赔偿责任，因其一直未能举证为谁代理，同时在原审法院曾以实际承运人的身份要求提货人赔偿因无正本提单提货的损失并获胜诉，故其上诉无理，应予驳回。美最时洋行作为货物托运人，其持有的正本提单是在银行拒绝承兑退回美最时洋行后再次取得的。在此期间，美最时洋行并不能以收货人的身份向招商货柜公司提取货物，直至 1993 年 7 月 14 日美最时洋行凭退回的正本提单，才提取 154 箱铝箔。该 154 箱铝箔的转售损失并非因招商货柜公司无正本提单交货而造成的，与招商货柜公司无正本提单交货行为之间不存在必然的因果关系。因此，美最时洋行请求招商货柜公司赔偿 154 箱铝箔的差价损失以及由此而引起的其他损失缺乏事实依据，不予支持。美最时洋行虽出具 Cosric Shipping Agency GMBH 公司的信函，证明"强河"轮的经营人为广远公司，但该公司事后又出证纠正该证明，对此美最时洋行未能再提出新的证据反驳，故美最时洋行认为广远公司是"强河"轮的经营人并请求其承担侵权损失的连带责任缺乏事实及法律依据，不予采信。

二、问题

(1) 实际承运人的认定。

(2) 承运人与实际承运人之间的赔偿责任关系。

(3) 实际承运人的责任性质和范围。

(4) 向实际承运人追究责任的时效。

三、评析

(1) 实际承运人的认定。

我国《海商法》借鉴了《汉堡规则》的规定，引入了实际承运人的概念，对承运人和实际承运人作了定义。根据我国《海商法》，承运人是指本人或者委托他人以本人名义与托运人订立海上货物运输合同的人；实际承运人是指接受承运人委托，从事货物运输或者部分运输的人，包括接受转委托从事此项运输的其他人。由此可见，实际承运人的定义是建立在对"承运人（carrier）"理解的基础之上的。在每一个具体的海上货物运输合同中，承运人只能有一个，托运人不可能将一批货物同时委托给两个承运人运输。而实际承运人是受承运人的委托从事运输，他并不是货物运输合同的当事人。

第一，实际承运人不同于与托运人订立运输合同的承运人。实际承运人是承运人以外的进行全部或部分货物运输的人，且他与托运人间没有运输合同关系。

当一方当事人因提单的签发成为承运人时，他与提单持有人之间就具有了以该提单为证明的合同关系，这同时意味着他不能成为实际承运人。

第二，实际承运人必须与承运人之间有委托关系，包括转委托关系。一般认为，这里的"委托"不限于委托代理合同，而是泛指委任他人为一定行为的情形。[①] 在实践中，实际承运人与承运人之间签订单纯的委托代理合同的情况极为少见，多数情况下，双方签订的是租船合同和运输合同。

第三，实际承运人必须实际从事货物运输或部分货物运输。根据《海商法》的规定，实际承运人包括接受承运人委托和转委托两种情况。在转委托情况下，受托人如果将全部受托的运输任务转委托给第三方，则受托人只是接受承运人委托却没有亲自运输货物，那么受托人是否是实际承运人？《汉堡规则》对实际承运人的定义只强调"委托（entrust）"而没有强调对运输的实际履行（perform actually）。但是，《汉堡规则》又同时规定实际承运人只对货物在其掌管之下发生的损失负责。这又排除了转委托中的委托方作为实际承运人承担责任。从合理性角度出发，将实际承运人解释为限于实际进行了运输的人更好。因为实际承运人之所以要对货主负责，根本原因就在于其掌管货物，而转委托中的委托方并不实际掌管货物。正因为如此，在全程运输中可能存在几个实际承运人，但是对每一个具体的运输区段而言，实际承运人只能有一个，即实际从事运输的人。

本案所涉提单系中国远洋公司格式提单，但提单签发人 Cosric Shipping Agency GMBH 系中远集装箱部委托的船舶代理人，且签发时注明是代理中远集装箱部，因此应当认定，本案货物承运人是中远公司。广远公司即非提单承运人，也不是运输船舶所有人或经营人，因此，一、二审法院均认为其与本案无关。货物运抵香港后，系招商货柜公司负责将货物运送到深圳，并将货物交给宝吉公司。基于这一事实，一、二审法院认定招商货柜公司是接受承运人之间的委托，从事本案所涉货物部分运输的人，属本案货物运输的实际承运人。

（2）承运人与实际承运人之间的赔偿责任关系。

关于承运人与实际承运人的关系以及对货物运输的责任，《海商法》规定，承运人应对全部运输负责。对实际承运人承担的运输，承运人应当对实际承运人的行为或者实际承运人的受雇人、代理人在受雇或者受托的范围内的行为负责；《海商法》关于承运人责任的规定适用于实际承运人；承运人与实际承运人都负有赔偿责任的，则在此项责任范围内负连带责任；承运人或实际承运人对货物损坏或灭失所承担的赔偿责任，不影响他们之间的相互追偿。

---

① 在实践中，实际承运人与承运人之间签订单纯的委托代理合同的情况极为少见，多的情况下，双方签订的是租船合同和运输合同。

（3）实际承运人的责任性质和范围。

第一，实际承运人责任性质。对实际承运人责任性质的理解，可以从两个方面考虑：首先，实际承运人责任的性质应该是单纯的"法定责任"而非"违约责任"。虽然实际承运人受承运人的委托从事运输，但并不是运输合同的一方当事人，与货方不存在合同关系。当货损发生在实际承运人掌管期间时，货主不能基于合同的约定追究实际承运人的责任，他起诉承运人的权利来源于法律的规定。因此，法律中没有而运输合同中有的规定不能约束实际承运人。而且，由于实际承运人没有参与提单的准备和签发，因而也没有作为提单签发人对单据表明记载负责的理论基础。这样，当提单上记载的货物数量多于实际收到的货物数量时，实际承运人应根据实际接受的货物数量对提单持有人负责，而不是按提单上记载的数量对提单持有人负责。同样，实际承运人也不能享受提单上的权利。

第二，实际承运人责任的范围。实际承运人责任的范围与承运人的责任并不完全相同，现有各国立法体例对实际承运人的规定方法有两种：一种是直接用法律条文规定具体权利义务，如美国 1979 年《海上货物运输法》（草案）就是采用这种方法；另一种是实际承运人的责任比照承运人的责任确定，如《汉堡规则》。我国《海商法》采用第二种方法。

承运人的责任可分为关于船舶和货物安全运输的责任，这也是实际承运人也应承担的责任，另外是关于船舶商业营运的责任，这不一定要求实际承运人承担。在这一点上应当效法美国 1979 年《海上货物运输法》（草案），因为这些是基于运输合同的商业利益的要求。《海商法》应明确规定承运人的哪些责任适用于实际承运人，哪些不适用。

实际承运人应当有部分承运人的权利。因为从《海商法》第 4 章第 2 节"承运人的责任"可以看出，该章节所谓的"责任"并不局限于责任，还包括权利和义务。但第 4 章规定的承运人的权利不应全部赋予实际承运人，因为建立实际承运人制度是为加强对货主的保护，而非对实际承运人的保护，让实际承运人享有承运人的全部权利，实践中还会引起混乱。但与货物安全运输直接相关的权利应该赋予实际承运人。

本案中，一、二审法院明确地将本案定性为侵权损害赔偿纠纷，这一定性使得对本案承运人和实际承运人的认定显得无关紧要。侵权损害赔偿的责任人是侵权行为人，具体到本案就是实施无正本提单交货行为的人，即招商货柜公司。因此，可以不考虑招商货柜公司是承运人还是实际承运人或者代理人。

当然，关于无正本提单交货纠纷案件的法律属性目前尚无定论。理论上有违约、侵权以及违约和侵权的竞合等不同学说。但是，无论哪一种学说均不否定如下理论：提单是承运人保证据以交付货物的凭证；凭正本提单交付货物是承运人义务；承运人未凭正本提单交货给提单持有人造成损失的，应负赔偿责任。正是基于以上理论，审理本案的海事法院及其上诉审法院均判决，实施无单放货行为的招商货柜公司应对提单持有人美最时洋行承担赔偿责任。至于赔偿范围，不同学说的主张略有差别。被普遍接受的原则是，损失与无单放货行为必须有直接因果关系。一、二审法院就是以此作为确定招商货柜公司赔偿范围的准则，认为短少的 26.699 吨货物的价款损失与无单放货行为有直接因果关系，招商货柜公司应予赔偿；而美最时洋行已提取的其余货物的市场降价损失及其他损失与无单放货行为无必然因果关系，因此，招商货柜公司无需赔偿。

（4）向实际承运人追究责任的时效。

《海商法》关于承运人诉讼时效的规定是在第 13 章，显然不能直接适用第61 条"本章（第四章）对承运人责任的规定适用于实际承运人"。那么对实际承运人提出索赔的时效是适用《海商法》第 257 条的"1 年"，还是因《海商法》无明确的规定而适用《民法通则》的普通时效 2 年？海事诉讼时效一般短于民事诉讼时效，其计算及中断的原因也更为严格。之所以这样规定是由海上运输特点决定的。船舶流动性大，证据容易灭失，取证困难，如果当事人不及时行使权利，难免因时过境迁难以取证而给工作带来困难，也不利于稳定海上运输秩序。这些特点对承运人如此，对实际承运人更是如此。托运人向实际承运人提出索赔的调查取证并不比对承运人调查取证容易，或者其证据保留得更为持久。而且，若对实际承运人适用 2 年时效，而对承运人适用 1 年时效，则使实际承运人承担了更重的责任。因为托运人在 1 年后 2 年内对承运人提出索赔，因时效已过不受法律保护，但他如果向实际承运人索赔，则实际承运人仍应承担法律责任。事后，实际承运人向承运人追偿时，承运人可以以时效已过，他对托运人的损失不负赔偿责任来抗辩，从而使实际承运人承担了本应与承运人承担连带责任的法律责任，这对实际承运人是不公平的。基于以上理由，实际承运人应与承运人一样适用 1 年的诉讼时效。

本案中，一、二审法院均认为美最时洋行的起诉没有超过诉讼时效，但理由不尽相同。海事法院认为，本案时效问题应适用提单选择适用的《海牙规则》，时效期间为 1 年，从实际交付日即美最时洋行凭正本提单向招商货柜公司提货之日（1993 年 7 月 14 日）起算。二审法院则认为，本案诉讼时效应适用我国《民法通则》，时效期间为 2 年，从招商货柜公司向宝吉公司交货之日（1993 年 3 月16 日）起算。本案提单条款规定，有关承运人的权利、义务、责任和免责适用《海牙规则》。作为涉外合同，当事人在合同中选择合同所适用的法律，这是我国《民法通则》所允许的，这种选择应当是有效。时效被普遍认为是实体问题，涉及当事人的实体权利、义务和责任，应属于提单约定适用的范围。即使将无正本提单交货作为侵权之诉处理，也不能排除对《海牙规则》的适用。因此，以《海牙规则》为准据确定本案诉讼时效期间，似乎更符合法律适用原则。

案例三："BIBAN"轮迟延交付货物争议案①

一、案情

申请人吉林××化纤有限公司（以下简称申请人）与被申请人意大利××航运集团（以下简称被申请人）签订了运输合同，该运输合同约定由被申请人将约定数量的腈纶货物分批发往大连，首批交付日期为 1997 年 9 月 1 日，并约定装运船的船龄不超过 15 年，整个装运必须很好安排以保证杂货船的运输时间不超过 50 天，不允许转船，并且合同项下意大利的装货港为热内亚或者威尼斯。

合同履行中被申请人事实上没有在合同规定的期限内履行装船运输的义务，并且被申请人直至 1997 年 11 月 14 日才将承运的第一批货物，由"BIBAN"轮（船龄超过 15 年）到达意大利威尼斯装货，至 1998 年 3 月 8 日，被申请人才将第一批货物运至大连港，按合同规定迟延共计 142 天。

同时，在该运输合同中，双方约定被申请人应代表申请人一方为此项目投保。

仲裁庭认为：

（1）该运输合同第 9 章约定："本协议适用《海牙规则》。与《海牙规则》如有任何不符，《海牙规则》优先适用。"同时，在双方向仲裁庭提交的书面意见中，双方均运用了中国《海商法》的有关规定以支持各自的主张。因此，本案应适用中国《海商法》和《海牙规则》。

（2）关于迟延交付货物的事实。仲裁庭认定了 1997 年 8 月 15 日为货物开始装船日期，运输合同中约定的交付日期应为每批货物起运的日期，因此合同规定的 50 天运输期限，应从每批货物起运日期计算。而第一批货物的实际装运日期是 1997 年 11 月 14 日，比规定的装运日期 1997 年 9 月 1 日晚 73 天，实际到达中国大连港的时间为 1998 年 3 月 11 日，比合同规定的 50 天期限 1997 年 10 月 20 日超出 141 天，构成了迟延交付。

（3）迟延交付的责任。虽然在仲裁中，被申请人提出免责，但仲裁庭查明并认定其免责不成立。首先，根据双方合同规定，要求运输船舶的船龄应在 15 年之内，但证据表明运输第一批货物的"BIBAN"轮船龄为 21 年，远远超过了合同要求的船龄。其次，在威尼斯停运后，申请人的意大利供货商选择在威尼斯装船并不违反合同的规定，因此，由于从威尼斯装船而带来的不便并不能使承运人免责。最后，被申请人主张实际运货与合同签订前供货商提供的每批货物的数量

---

① 参见中国海事仲裁委员会：《中国海事仲裁案例集》（1997～2002），法律出版社，2003 年，第288 页。

不符，认为申请人违约的主张不能成立。因为合同前的约定仅是意向性的，合同的有关规定才是正式的合法的依据。

（4）迟延交付损失的确定。仲裁庭审阅了申请人各项材料及《审计报告》和《审计意见书》之后提出：①关于停工损失，申请人与××建设公司订立的《吉林××化纤有限公司六万吨/年腈纶装置工程承包合同》第 7 条关于工期延误的规定包括"设备、材料不能按施工进度计划供应"。该条并同时规定："对以上造成工期延误，除工期相应顺延外，建设公司停工、窝工等造成的经济损失按每日25 000 元人民币计取（不足 24 小时不计取）。"另外根据双方签订的《停工损失补偿及抢工期协议》对抢工期及补偿一事确定补偿建设公司 1 750 000 元人民币。对于以上仲裁庭予以了认定。②对于申请人所提出的申请人贷款因设备迟延交付而造成的利息损失，仲裁庭认为证据不足，没有予以认定。

（5）保费问题。被申请人以申请人实际提供运输货物价值未达到运输合同订立前申请人告知的将要投保的货物价值 4 000 万美元左右为由，要求申请人赔偿其保费损失。仲裁庭对此没有予以认可，因为据运输合同的第 5 章有关保险条款的规定，被申请人代表申请人为运输的货物投保，保费为卖方发票价值的0.35%。仲裁庭认为被申请人实际上只是代表申请人为委托其实际运输的货物投保，当被申请人迟延交付已运货物构成违约，申请人另外委托其他航运公司运输剩余两批货物时，被申请人不再有代表申请人投保的义务和向申请人收取保费的权利。

最后，仲裁庭裁决由被申请人向申请人赔偿因其迟延交货造成的经济损失1 565 345.60元人民币，并由被申请人支付仲裁费和实际费用。

二、问题

（1）迟延交付的认定。
（2）迟延交付的赔偿责任。

三、评析

（1）迟延交付的认定。

货物装船后，船舶应当及时开航。船舶在运输货物过程中，应尽快完成航次，将货物运至卸货港交给收货人，而不应有任何不合理的延误。迟延交付是一种违约行为，在海上运输中时有发生，英美法系国家对此已积累了大量的判例。关于迟延交付的定义，《汉堡规则》第 5 条第 2 款有明确的规定，即"如果货物在明确约定的时间内，或者未明确约定时，按具体情况对于一个勤勉的承运人所能合理要求的时间内，未在海上货物运输合同中被指定的卸货港交付时，即为迟延交付。"依照我国《海商法》第 50 条的规定，如果承运人未能在其与托运人明确约定的时间内，在约定的卸货港交付货物，构成迟延交付。

根据我国《海商法》，构成迟延交付的条件是：①明确约定交付货物的时间，其中明确约定是指承运人与托运人在制定海上货物运输合同时，以明示的方式记载或表明货物在目的港交付的具体时间；②明确约定货物交付的港口，即承运人与托运人在订立合同时，必须在合同中约定卸货港的地点；③必须有迟延交付的事实。

根据《汉堡规则》，交付时间约定不明确的情形下，也可构成迟延交付，这比我国《海商法》规定的要严格。明确约定交货时间是承运人的明示表示，这是运输合同中特定时间的一种保证，承运人必须严格地遵守这项约定，一旦承运人违约，应承担赔偿责任。未明确约定交付时间的，承运人应合理速遣，这是承运人的一项默示保证，这项保证在长期的国际航运实践中已形成共识。

在本案中，被申请人违反合同约定，构成迟延交付是显然的。首先，双方明确约定了交付货物的时间。即"规定首批交付日期为 1997 年 9 月 1 日"，"并且整个装运必须很好安排以保证杂货船的运输时间不超过 50 天"。其次，双方明确约定了卸货港，即中国大连港。最后，有迟延交付的事实，"第一批货物的实际装运日期是 1997 年 11 月 14 日，比规定的装运日期 1997 年 9 月 1 日晚 73 天，实际到达中国大连港的时间为 1998 年 3 月 11 日，比合同规定的 50 天期限 1997 年 10 月 20 日超出 141 天"。因此，被申请人构成了迟延交付。

（2）迟延交付的赔偿责任。

《海商法》第 50 条第 2、3 款规定："除依照本章规定承运人不负赔偿责任的情形外[①]，对于承运人过失致使货物因迟延交付而灭失或者损坏，承运人应当负赔偿责任；由于承运人的过失，致使货物因迟延交付而遭受经济损失的，即使货物没有灭失或者损坏，承运人仍然应当负赔偿责任。"以上表明，承运人对迟延交付损失的赔偿范围包括两类：一类是货物的灭失或者损坏；另一类是经济损失。在具体的海上货物运输迟延交付纠纷个案中，以上两类损失有时单独出现，有时同时出现。

货物的灭失是指货物发生物理上的毁灭，或虽未发生物理上的毁灭，但已无法为所有人所拥有。对货物的灭失和损坏的赔偿额的计算方法，《海商法》第 55 条已作了明确规定："货物灭失的赔偿额，按照货物的实际价值计算；货物损坏的赔偿额，按照货物受损前后实际价值的差额或者货物的修复费用计算。货物的实际价值，按照货物装船时的价值加保险费加运费计算。前款规定的货物实际价值，赔偿时应当减去因货物灭失或者损坏而少付或者免付的有关费用。"

---

①　即《海商法》规定的承运人免责事由，但该法第 59 条还规定："经证明迟延交付是由于承运人的故意或者轻率的作为或者不作为造成的，承运人则丧失责任限制的权利。"

依据《海商法》第50条的规定，迟延交付造成的经济损失应理解为除货物灭失或损坏以外的全部损失。该条规定体现了我国《民法通则》第112条规定的完全赔偿原则。但是，完全赔偿并不是绝对完全赔偿，而是将违约方的赔偿责任确定在一个合理的范围内。就海上货物运输而言，一旦运输迟延，承运人往往会面对巨额的经济损失索赔。在国际海事案例中，确定迟延交付经济损失赔偿范围往往采用合理预见原则。

本案中，承运人的迟延交付并没有造成货物的灭失或损坏，因此承运人没有货物的灭失或损坏的赔偿责任问题。但是，承运人迟延交付货物141天，是有很明显的过失，致使申请人因迟延交付而遭受经济损失，即造成申请人建设工程的"停工损失"。那么，承运人是否可以免责？就申请人的经济损失，承运人是否应该承担赔偿责任？

《海商法》第51条第1款规定："在责任期间货物发生的灭失或者损坏是由于下列原因之一造成的承运人不负赔偿责任：（一）船长、船员、引航员或者承运人的其他受雇人在驾驶船舶或者管理船舶中的过失；（二）火灾，但是由于承运人本人的过失所造成的除外；（三）天灾，海上或者其他可航水域的危险或者意外事故；（四）战争或者武装冲突；（五）政府或者主管部门的行为、检疫限制或者司法扣押；（六）罢工、停工或者劳动受到限制；（七）在海上救助或者企图救助人命或者财产；（八）托运人、货物所有人或者他们的代理人的行为；（九）货物的自然特性或者固有缺陷；（十）货物包装不良或者标志欠缺、不清；（十一）经谨慎处理仍未发现的船舶潜在缺陷；（十二）非由于承运人或者承运人的受雇人、代理人的过失造成的其他原因。"第2款规定："承运人依照前款规定免除赔偿责任的，除第（二）项规定的原因外，应当负举证责任。"在本案中，第51条第1款中第1～7、9～12项免责事由显然不存在。那么，第8项呢？而且被申请人就此提出了免责抗辩，即"货物所有人在威尼斯装船给其带来不便导致交货迟延"。但是这一免责不能成立。因为，"在威尼斯停运后，申请人的意大利供货商选择在威尼斯装船并不违反合同的规定"，而相反的是，合同规定承担运输船舶的船龄应在15年之内，但证据表明运输第一批货物的"BIBAN"轮船龄为21年，远远超过了合同要求的船龄。综上，"由于从威尼斯装船带来的不便并不能使承运人免责"。被申请人的其他免责主张也不能成立，其理由为：被申请人主张实际货运数量与合同签订前供货商提供的每批货物的数量不符，被申请人认为申请人违约在先的主张不能成立，因为合同成立前双方洽商的货运量分配仅是意向性的，合同条款规定的货运数量才是合法的依据。

因此，被申请人应承担其迟延交付而导致的经济损失的赔偿责任。

案例四："SEVERN"轮运费、亏舱费、滞期费纠纷案[①]

一、案情

原告：泛洋航运贸易公司。

被告：深圳蛇口万事达实业有限公司。

1994 年 10 月 18 日，原告与被告签订了一份金康格式的航次租船合同。合同约定：由被告租用原告 SEVERN 轮运输水泥原料，载货量为 13 500～14 000 吨，或多或少由原告选择。如果被告未能提供约定数量的货物，被告应按运费率支付原告亏舱费。装货港为中国日照一个安全泊位，卸货港为孟加拉国吉大一至二个安全泊位。运费 20 美元/吨，经纪人佣金 5％，扣除佣金后的运费应于收到提单后七个银行工作日内支付。如果装卸准备就绪通知书在上午递交，则装卸时间从下午 1 时开始起算；如果装卸准备就绪通知书在下午办公时间内递交，则装卸时间从下一个工作日上午 6 时开始起算；装货效率为每连续 24 小时晴天工作日 4 000 吨，星期天和政府公布的节假日除外，除非已使用；卸货效率为每连续 24 小时晴天工作日 1 500 吨，星期五和政府公布的节假日除外，即使使用；等候泊位的时间依情况计算为装货和卸货时间；船舶首次开舱和关舱所用的时间不计入装卸时间。如发生滞期，被告须在装港和卸港按每日 3 500 美元或按比例支付滞期费。速遣费由原告按滞期费的一半向被告支付。滞期费和速遣费应在真实正确交货和收到船东的装卸时间事实记录后 20 天内支付。合同载明，"SEVERN"轮有四个起重吊机。发生与租船合同有关的纠纷，在广州适用英国法律仲裁。

10 月 20 日 20 时 30 分，"SEVERN"轮抵达中国日照岚山港锚地。21 日 8 时装卸准备就绪通知书被收到和接受。12 时 15 分船舶办妥联检手续。21 日，船长向被告出具载货声明，确认船舶该航次能载货 13 800 吨。同日 15 时 8 分，"SEVERN"轮开始装货。23 日为星期日，16 时 45 分至 18 时因休息而暂停装货。24 日 2 时装货平舱完毕，共载货 13 553.20 吨。11 月 8 日，被告支付原告运费 257 471.07 美元。8 日 15 时 36 分，"SEVERN"轮抵达孟加拉国吉大港，并递交装卸准备就绪通知书，9 日 20 时 30 分开始卸货，24 日 6 时 15 分卸货完毕。其中，9 日 16 时 6 分至 20 时 30 分为停靠泊位和首次开舱时间，10 日 1 时 15 分至 9 时因雨而暂停卸货，11 日和 18 日为星期五，21 日 7 时 30 分至 8 时 45 分因工人罢工影响卸货。"SEVERN"轮在卸货期间，因船上吊机绞车发生故

[①] 参见金正佳：《中国典型海事案例》，法律出版社，1998 年，第 189 页。

障，分别在不同时间内造成一个舱或几个舱暂停卸货。按船上四个吊机，每影响一个货舱卸货按 1/4 计算影响卸货的时间，吊机绞车故障影响卸货的时间为 36 小时 30.25 分。1995 年 7 月 10 日，原告将本航次运输的装卸时间事实记录及损失清单传真给被告，向被告收取亏舱费、滞期费、吊机维修费及欠付的运费共计 11 538 30 美元。被告没有支付。

原告向海事法院提起诉讼，请求法院判令被告赔偿吊机修理费 1 000 美元，支付运费、亏舱费和滞期费 10 538.30 美元，以及自 1995 年 7 月 30 日起至 1996 年 3 月 18 日止按年利率 10% 计算的利息。

被告应诉，没有提出管辖权异议。被告辩称，船舶实际载货量在合同约定的范围之内，没有造成亏舱。船舶没有联检，原告递交的装卸准备就绪通知书无效，装卸时间应从实际开始装卸起算。扣除合同约定的除外时间，船舶没有滞期。

原告与被告在庭审时均表示同意适用中国法律解决本案纠纷。

海事法院认为，本案属涉外海上货物运输合同纠纷。虽然本案租船合同中有适用英国法律在广州仲裁的条款，但原、被告均同意通过诉讼，并适用中国法律解决本案纠纷，因此，海事法院对本案具有管辖权，并应适用中国法律解决本案纠纷。原、被告签订的航次租船合同，除自由绕航条款因违反我国《海商法》的强制性规定而无效外，其他条款均合法有效。依据合同约定，本案货物运费应为 257 510.80 美元，扣除已付的运费，被告还欠原告运费 39.73 美元。被告提供的货物数量，没有达到原告在合同约定的范围内所宣载的货物数量，造成船舶亏舱 246.80 吨，被告应依约赔付原告亏舱费 4 689.20 美元。"SEVERN"轮于 10 月 20 日 20 时 30 分抵达装货港，递交装卸准备就绪通知书时船舶还没有办妥联检手续，船舶并没有实际准备就绪，故应从船舶实际开始装货作业的 21 日 15 时 8 分开始起算装卸时间。至 24 日 2 时装货完毕，扣除允许装货的时间和 23 日星期日没有装货的时间，船舶速遣 1 天 57.15 分，原告应支付被告速遣费 1 819.48 美元。"SEVERN"轮于 11 月 8 日 15 时 36 分抵达卸货港，并递交装卸准备就绪通知书，依约应从 9 日 6 时起算装卸时间，至卸货完毕时止，扣除允许卸货的时间和依约应扣除的开舱、罢工、星期五、因雨影响卸货的时间及船舶吊机故障影响卸货的时间等除外时间，"SEVERN"轮滞期 1 天 21 小时 29.68 分，被告应支付原告滞期费 6 634.64 美元。原告请求吊机损坏的损失，因没有提供证据，不予支持。

根据《海商法》第 98 条、《民法通则》第 111、112 条的规定，判决如下：被告赔偿原告运费、船舶亏舱费、滞期费共计 9 544.09 美元及其自 1995 年 7 月 31 日起至 1996 年 3 月 18 日止中国人民银行同期贷款利率计算的利息。

判决后，双方当事人均没有上诉。

二、问题

（1）关于管辖和法律适用。

（2）关于亏舱费。

（3）关一滞期费。

（4）关于装货时间的起算。

三、评析

这是一宗国际航次租船合同运费、亏舱费、滞期费纠纷案，涉及管辖权和法律适用、亏舱费的计算以及船舶联检前递交的装卸准备就绪通知书是否有效等问题。

（1）关于管辖和法律适用。

本案租船合同含有仲裁和法律适用条款，约定发生与租船合同有关的纠纷，在广州适用英国法律仲裁。根据我国《民事诉讼法》，涉外运输当事人可以采用仲裁的方式解决纠纷，通过在合同中订立仲裁条款或事后达成书面仲裁协议，将纠纷提交仲裁机构仲裁。合法有效的仲裁条款或仲裁协议，可以排除法院的管辖。但是，《民事诉讼法》同时规定，涉外民事诉讼的被告对人民法院管辖不提出异议，并应诉答辩的，视为承认该人民法院为有管辖权的法院。本案租船合同中的仲裁条款应为有效（当事人没有提出，法院也没有审查），但是原告向海事法院提起诉讼，被告没有提出异议并应诉答辩，应视为双方当事人放弃合同约定的解决纠纷方式（仲裁），一致同意接受海事法院的管辖，以诉讼的方式解决纠纷。我国《民法通则》规定，涉外合同的当事人可以选择处理合同争议所适用的法律，法律另有规定的除外。本案租船合同选择英国法律有效，但是双方当事人在诉讼中一致同意适用中国法律，视为改变了在合同中的约定。因此，海事法院受理本案，并适用中国法律解决本案纠纷，并无不当。

（2）关于亏舱费。

亏舱费是承租人因未能把船装至满载或者约定的数量，而应当给予出租人的补偿。① 本案租船合同约定，载货量为 13 500～14 000 吨，或多或少由原告选择。这一约定意味着选择权在原告，原告有权在合同约定的范围内，根据航次和船舶的具体情况，确定载货量。载货量一旦确定，承租人就应当提供该数量的货

---

① 作为船东操作一个航次的主要收入是运费，在港口吃水允许的情况下船东都希望根据租约多装些货，但有时租约和贸易合同会有些出入，这里可能会有很多原因，可能是贸易合同和租约发生冲突。我国《海商法》第78条2款规定："收货人、提单持有人不承担在装货港发生的滞期费、亏舱费和其他与装货有关的费用，但是提单中明确载明上述费用由收货人、提单持有人承担的除外。"这也是《汉堡规则》的一条推定原则。

物，否则即构成亏舱，应依约支付亏舱费。本案中，船长宣载的数量为 13 800
吨，应以此为标准衡量是否亏舱。虽然被告提供的货物数量（13 553.20 吨）已
达到合同约定的最低数量（13 500 吨），但没有达到船长宣载的数量，构成亏
舱，被告应按运费率支付原告亏舱费。

（3）关于滞期费。

滞期费就是租船人实际使用的装卸时间超过合同约定的装卸期限而由租船人
向出租人支付的费用。在审判实践中应将滞期费的法律性质界定为租船人因违反
装卸期限约定而向出租人承担的一种违约赔偿责任。从其性质可以看出，合同中
是否存在装卸期限的约定，以及是否构成相应的违约是判断租船人的滞期费责任
是否产生的根本依据。滞期费责任的承担形式有支付违约金和赔偿违约损失两
种。如果当事人在合同中约定了具体的滞期费金额或计算方法（滞期费率），租
船人一旦滞期，将按合同约定的金额或计算方法支付违约金；在没有约定滞期费
金额或滞期费率的情况下，出租人可以根据滞期造成的实际损失索赔滞期费。两
者的区别在于：后一种情况下出租人除了证明违约（滞期）事实外，对于其自身
因滞期遭受的损失也负有举证责任。

滞期是承担滞期费责任的标志。实际使用的装卸期限超出约定期限的差额就
是滞期的时间。如何计算使用的装卸期限成为判断是否存在滞期及滞期时间的关
键，也是滞期费索赔案件中的一个难点。装卸期限包括装货港作业的期限和卸货
港作业的期限，这是两个独立的过程，但计算的方法和原则是一致的。为减少争
议，当事人通常在合同中对装卸期限的计算方法做出明确约定，从某种意义上
说，这种约定体现了当事人对可能影响装卸时间的特定风险的预先划分。应当注
意的是，装卸期限的计算取决于合同的约定，与实际装卸作业所用的时间并不必
然吻合，合同中通常会对装卸期限的起算、中止和除外等做出特别的约定。[①] 航
次租船合同中，正确计算滞期应依据双方对装货时间的起算的约定。本案中，
"SEVERN" 轮于 11 月 8 日 15 时 36 分抵达卸货港，并递交装卸准备就绪通知
书，依约应从 9 日 6 时起算装卸时间，至卸货完毕时止，扣除允许卸货的时间和
依约应扣除的开舱、罢工、星期五、因雨影响卸货的时间及船舶吊机故障影响卸
货的时间等除外时间，"SEVERN" 轮滞期 1 天 21 小时 29.68 分，被告应支付原
告滞期费 6 634.64 美元。

（4）关于装货时间的起算。

起算装货时间一般应满足三个条件：①船舶到达合同约定的港口或泊位；
②准备就绪；③递交装货准备就绪通知书。准备就绪不仅要求船舶做好装货准

[①]　参见顾全：《浅论航次租船合同下的船舶装卸滞期费问题》，《人民司法》，2003 年第 11 期，第 19
页。

备，而且要求船舶在装货手续上已准备就绪，包括按所在港口有关规定的要求，办妥海关、边防检查机关、港航监督机关、卫生检疫部门等各项必要的手续。本案中，"SEVERN"轮在抵达装货港后，做好了装货准备，但还没有办妥联检手续。在我国，对国际航行船舶进行联检，是法定的必须手续。联检之前，船舶不能开始装货。因此，应认为船舶没有准备就绪。船舶没有准备就绪，不得递交装卸准备就绪通知书，即使递交，也应为无效。"SEVERN"轮在办妥联检手续之前递交了装货准备就绪通知书，办完联检手续后没有再次递交装卸准备就绪通知书，因此，法院认定装货时间应从实际开始装货时起算。

案例五："仙人"轮货损纠纷案①

一、案情

4 866 总吨的仙人轮（M/V XIAN REN），其船旗国为圣文森特和格林纳丁斯（ST. VINCENT AND GRENADINES），船籍港金斯顿（KINGSTOWN），船舶所有人为永航船务有限公司（以下简称永航船务公司），持有中国船级社颁发的设备入级证书、检验证书及适航证书。

1993 年 3 月 16 日，营口海运总公司（以下简称营口海运公司）作为永航船务公司在中国的总代理与辽宁外运船务出口公司（以下简称辽宁外运）签订定期租船合同，将仙人轮租给辽宁外运使用。辽宁外运作为契约承运人与香港煌天投资有限公司（以下简称煌天公司）订立了海运合同，从日本衣浦和丰桥两港装载废旧电机、钢材运往中国宁波。仙人轮在衣浦港（KINUURA）装货 1 656 吨，在丰桥港（TOYOHASHI）装货 987.43 吨，两港装货共 2 643.4 吨。21 日，煌天公司向香港民安保险公司（以下简称民安保险公司）投保货物运输险，保险金额 689 608.26 美元。22 日，辽宁外运签发了一式三份已装船提单，提单格式为中国外运（SINOTRANS）直达提单，提单记载发货人煌天公司，无承运人名称记载。提单背面条款第 2 条载明："任何属本提单或与提单有关的争执由中华人民共和国法庭裁决。"第 4 条规定："本提单有关承运人的义务、责任、权利和豁免遵照 1924 年《关于统一提单运输若干法律问题的国际公约》（《海牙规则》）。"

23 日，仙人轮从日本丰桥港开航，驶往中国宁波港。24 日，营口海运公司先后收到仙人轮发出的两份电报通知，告知其已经于 23 日 16 时驶离丰桥港，预计 27 日 23 时驶抵宁波。25 日，营口海运公司收到《读卖新闻》的当日报道，得知仙人轮在日本纪伊水道沉没，所载全部货物均随船沉没。无任何 SOS 信号

---

① 参见金正佳：《中国典型海事案例》，法律出版社，1998 年，第 246 页。

被陆地或海上救助者收到，也无任何迹象显示仙人轮与他船发生过碰撞。

民安保险公司依据海运货物保险合同于 1993 年 8 月 3 日按全损赔付了煌天公司 689 608.26 美元，并取得了代位求偿权。

1993 年 11 月 17 日，民安保险公司向海事法院申请诉前财产保全，冻结永航船务公司在中国人民保险公司广东省分公司的仙人轮船舶保险金 65 万美元。海事法院于 1993 年 11 月 18 日裁定准许原告申请，冻结了上述保险金，并将该款划入海事法院账户予以保全。同年 12 月 16 日民安保险公司向海事法院提起诉讼，诉称仙人轮沉没的原因是船舶积载不当，船东没有在开航前和开航当时恪尽职责使船舶适航，应对货损承担全部责任。请求海事法院判令营口海运公司和永航船务公司赔偿货物损失 689 608.26 美元及利息，并承担全部诉讼费用。

在诉讼中永航船务公司辩称，仙人轮持有中国船检局签发的有效适航证书和中国船级社签发的《船舶安全结构证书》和《船舶安全设备证书》，表明仙人轮是适航船舶并符合《国际海上人命安全公约》及国际海协有关规定的要求。仙人轮配备数量足够且持有合格适任证书的船员。货舱及其设备满足装载废钢铁的要求。根据船舶证书核定，仙人轮载重吨为 4 097 吨，本航次实际装载仅 2 643.43吨，没有超载，且二层舱装 967.43 吨，底层舱装 1 656 吨，各舱配载合理，船舶稳性高度绝无问题。仙人轮开航前，日本港口当局安全主管机关经船舶安全和货物安全检查，认为符合安全要求，为该轮签发了离港许可证。事故发生后，保险公司支付了仙人轮赔款，也是船舶适航的有力证明。可见，在开航前和开航时，仙人轮处于适航状态。根据最接近事故时间的中国气象局 1993 年 3 月 24 日世界时 6 时（东京时 14 时）实况图，事故当时当地风力达 10 级左右，阵风可能还要更大。仙人轮的沉没是恶劣天气所致。事故发生后，经委托专家对事故原因进行分析论证，专家共同认定仙人轮沉没是自然灾害造成的。

综上所述，承运人在开航前和开航时，已谨慎处理使船舶适航，货物灭失是由于海难所致。根据《海牙规则》、《海牙-维斯比规则》和中国的《民法通则》，永航船务公司无需对货物灭失承担赔偿责任。民安保险公司没能举证证明货损是船舶不适航所致，其主张不能成立。请求法院驳回民安保险公司的诉讼请求，解除对船舶保险赔款的冻结，并判令民安保险公司赔偿因申请冻结保险赔款给永航船务公司造成的经济损失。

营口海运公司辩称，仙人轮是永航船务公司所有，营口海运公司只是永航船务公司在中国的代理公司，不是船东。仙人轮驶离丰桥港当时完全处于适航状态，所有船舶证书齐全有效，船员配备齐全，货物装载符合要求。船舶沉没是自然灾害所致，承运人在事故中无任何过失，根据《海牙规则》、《海牙-维斯比规则》，以及中国的《海商法》，因自然灾害或意外事故所造成的货物损失，承运人不负赔偿责任。请求法院驳回民安保险公司的诉讼请求，判令民安保险公司承担全部诉讼费，并赔偿营口海运公司为应诉本案支出的费用。

海事法院认为，民安保险公司以提单为据起诉承运人，永航船务公司作为该轮船东，是该提单运输的实际承运人，是本案的适格被告。营口海运公司只是永航船务公司的代理人，不是本案的适格被告。本案所涉提单格式为中国外运直运或转船提单，依照该提单背面条款第4条之规定，有关承运人的义务、责任、权利和豁免适用《海牙规则》。本案事故发生在1993年3月24日，而中国的《海商法》于1993年7月1日才生效，故民安保险公司和营口海运公司主张适用《海商法》不成立。

根据本案现有证据，仙人轮有关证书齐备。日本港口装载作业比较规范严格，质量较有保证。开航时，仙人轮取得了日本丰桥港有关部门签发的船舶离港许可证，依照航运惯例，该轮所载废钢材的装载正常。此外，证据表明仙人轮在开航前和开航时适航。仙人轮23日16时从丰桥开出后10个小时，即24日4时，一强度为1 006毫巴（1毫巴＝100帕斯卡）的温带气旋只在上海附近。该气旋移向在该轮开航时并不确定。24日8时日本气象厅发布的亚太地区地面气象实况图显示了风暴警报，该气旋移至北纬33°、东经127°附近，强度1 006毫巴，移向东北东，移速40节，预计未来24小时在东南半圆半径600海里、其他方向半径350海里范围内风速为30～50节（7～10级风力）。依照航行习惯，仙人轮离开正常航线，改走纪伊水道，旨在避风。途中突遭大风浪，不幸沉没，船货全损，船员无一生存。综上所述，海事法院认定仙人轮沉没是一起不能合理预见、不能避免、不可克服的原因不明的意外事故。民安保险公司未能举出证明仙人轮不适航的任何直接证据。永航船务公司以《海牙规则》第4条第2款第3项为据，主张免责，理由成立，予以支持。永航船务公司对货损无须承担民事责任。永航船务公司要求民安保险公司赔偿无理冻结仙人轮65万美元船舶保险赔偿金所造成的经济损失的主张，因无相应证据证明，不予支持。根据中国有关法律及《海牙规则》第4条第2款第3项，参照国际惯例，海事法院驳回原告民安保险公司要求永航船务赔偿其货物损失689 609.26美元及该款利息的请求；解除对仙人轮65万美元船舶保险赔偿金的冻结；认定营口海运总公司与本案所涉民事权利、义务无关，无须承担民事责任。

民安保险公司不服海事法院的判决，提起上诉。其上诉理由为：根据《海牙规则》第4条，中国《海商法》第46条、第51条第2款规定，货物的索赔人一旦举证证明了货物灭失或损失的事实后，承运人首先必须举证证明船舶在运输期间货物灭失的原因，再举证证明承运人在船舶开航前或开航当时已经恪尽职责、谨慎处理使船舶适航，最后证明这种原因是开航前和开航当时均为《海牙规则》所列明的免责事项之一，并且还应证明货损的因果关系。永航船务公司未尽到这些方面的举证责任。船舶和船员持有合法有效的证书，是对一艘适航船舶的最起码的要求，并非船舶适航的最终证明。具有上述证书也不能证明货物已正确积载；港口作业质量与船舶积载和适航并无关联，以港口作业质量推论船舶适航是错误的；签发离港许可证，是各国港务机关对进出港的船舶的行政管理措施，与船舶是否适航无关。冬季的西北太平洋海域刮7～10级大风是常见的，据统计，1949～1986年的38年间，西北太平洋共发生热带气旋1 370个，年均38.1个，其中，风力8级以上的1 070个，年均28.2个。船舶在该海域航行遭遇7～10级大风绝对不是"不能合理预见、不可避免、不可克服的"。仙人轮在冬季航行于西北太平洋海域抵御不了7～10级大风，说明仙人轮该航次不适航。事实上，发生事故当时当地的风力并不是永航船务公司所说的10级。根据日本德岛气象台蒲生田气象观测站在1993年3月23时至25日23时（东京时间23日1时至25日24时）对当地风向风速每小时实测的记录（民安保险公司在二审时向二审法院提交了该记录），1993年3月24日0时至13时，基本风向为西北西至西南，风速0～2米/秒（0～2级）；14时以后，逐渐加大，17时风速增大到8米/秒（5级），风向西南，18时风速6米/秒（4级），风向西南；19～20时风速1～2米/秒（1级），风向西北西至西；21时无风；22～24时风速1米/秒（1级）风向西南。24日瞬间最大风速为21时5分的阵风8级（20.6米/秒），风向西。事故的真正原因是积载不当。据船方保赔协会在日本所聘公证人海鸥海运公司史乐比船长（Capt. J. F. VanSlobbe）所作的调查报告，事故是四号舱二层甲板塌下造成船身破洞。四号舱二层甲板上装载着400吨废马达，平均承重为2.8吨/平方米（中央部分更高），而正常的负重为2～2.25吨/平方米。永航船务公司向一审法院提交的积载图中用虚线表示货物"中间高，四周低"，说明装货后没有进行平舱。以上证据显示，仙人轮该航次积载不当，加上船龄、货物和装载方式因素，导致四号舱二层甲板塌下，造成船身破洞导致大量海水进入。一审法院认为"依照航行惯例，离开正常航线，改走纪伊水道，旨在避风"，没有任何事实证据支持。如果仙人轮保持原来航向航速，该轮将从距离低压中心以外约200海里的海域通过。而仙人轮改驶纪伊水道，正是对着低压中心驶去。仙人轮改驶纪伊水道，属不合理绕航。综上，请求二审法院查明事实，撤销一审判决，判令永航船务公司承担货损的全部赔偿责任。

永航船务公司辩称，永航船务公司在一审时已提供充分的证据证明仙人轮遭遇温带气旋，仙人轮的沉没显然与遭受气旋引起的狂风巨浪袭击有直接因果关系。民安保险公司认为，西北太平洋经常出现热带气旋，完全可以预计，可以克服，这种观点不能成立，船舶受到热带气旋袭击沉没与适航没有关系。永航船务公司已有足够的证据证明仙人轮是适航的，相反，民安保险公司未能举证证明仙人轮不适航。货物积载图显示，各舱配载合理、货量均匀，船舶吃水平衡。出港许可证是有关主管机关确认船舶和货物装载符合安全规定签发的允许船舶出港的法定性文件，是主管机关在船舶出港前对船舶适航和货物妥善积载的证明，而不是民安保险公司所说的"与船舶是否适航毫无关系"。一审法院认定仙人轮离开正常航线，改走纪伊水道，旨在避风的结论是正确的。民安保险公司没有任何直接证据证明仙人轮不适航，要求船东赔偿货物损失缺乏事实和法律依据。一审法院判决证据充分，适用法律正确。请求二审法院依法驳回民安保险公司的无理上诉请求，判令其赔偿因错误冻结保险赔款的利息损失。

二审法院认为：民安保险公司以提单为据提起本案诉讼，该提单是使用中国外运的格式提单，目的港为中国宁波港，提单背面条款规定，"任何属本提单或与提单有关的争执由中华人民共和国法庭裁决"，即我国法院具有管辖权。根据最密切联系原则，本案实体处理适用我国法律。提单背面条款规定有关承运人的义务、责任和豁免遵照《海牙规则》处理，符合我国法律规定，是有效的。本案事故发生在 1993 年 3 月 24 日，《海商法》是在事故发生后即 1993 年 7 月 1 日生效，故对本案无溯及力，民安保险公司主张适用该法不成立。

民安保险公司以永航船务公司未尽承运人应将货物安全运抵目的港、并完好交付给收货人的义务为由，以提单为据，请求赔偿，其举证责任已完成。永航船务公司辩称船舶沉没是因遭受大风狂浪的自然灾害造成的。为证明该主张，永航船务公司在一审中提交了日本国德岛新闻报道、亚太地区地面气象实况图及中国气象局发布的地面实况图。但是，新闻报道不是证明事故的直接证据，仅能作为参考，不能作为定案的证据；亚太地区地面气象实况图及中国气象局发布的地面实况图，是大范围的气象状况，不能具体、准确反映沉船地点的情况；和歌山地方气象台的气象记录，只能证明和歌山范围的气象情况。（北京）国家海洋环境预报中心国家海洋预报台 1996 年 11 月 7 日应营口海运总公司要求出具的函，未附实测记录，内容与日本德岛气象台蒲生田气象观测站实测气象资料出入甚大，不能作为认定事实的依据。日本德岛气象台蒲生田气象观测站是距离沉船地点最近的气象观测站，其所实测到的气象资料，应是反映沉船地点当时的客观气象情况，应当作为认定本案事实依据。民安保险公司提供了该站在 1993 年 3 月 23 日 0 时至 25 日 23 时（东京时 23 日 1 时至 25 日 24 时）对当地风向风速每小时实测的记录，证明 24～25 日风速只有 5 级，最大风速阵风 8 级，并不是永航船务公司所说的 10 级大风。对仙人轮是否被风浪击沉这一事实，永航船务公司始终提供不出证据佐证。因此，永航船务公司以仙人轮船货沉没是因遭受大风狂浪的自然灾害造成的，属海上意外事故，主张免责，理由均不能成立。永航船务公司是货物承运人，有义务将货物安全运抵目的港，并完好交付给收货人。永航船务公司未能履行义务，致使收货人遭受损失，且不能举证证明损失是《海牙规则》所规定的因"海上或其他通航水域的灾难、危险或意外事故"造成的，其主张免责的理由与请求不能成立，故应承担赔偿责任。民安保险公司是本案货物的保险人，其依据保险合同按全损赔付了煌天公司货款 689 608.26 美元，并取得了代位求偿权，依法有权向被告永航船务公司提出索赔。永航船务公司应向民安保险公司赔偿货款损失 689 608.26 美元及其利息。营口海运公司只是永航船务公司的代理，并不是船舶所有人，也不是提单签发人，其在本案中不享有承运人的权利，亦无须承担承运人的义务。民安保险公司要求其承担本案的赔偿责任不当，应当驳回。原审法院对此认定正确，应当维持。但是，一审法院认定仙人轮船沉没是一起不能合理预见、不能避免、不可克服的原因不明的意外事故，永航船务公司主张免责理由成立，并判决驳回。民安保险公司的诉讼请求是错误的，应予改正。

依据《民法通则》第 106 条、《民事诉讼法》第 64 条、第 153 条第 1 款第 3 项的规定，二审法院判决维持原审判决第三项；撤销原审判决第一、二项及诉讼费负担的判项；判决被告永航船务有限公司赔偿民安保险公司货款 689 608.26 美元及其利息。

二、问题

（1）关于管辖权和法律适用。
（2）关于事故原因的认定和当事人的举证责任。

三、评析

本案涉及法律适用、提单的管辖权条款及举证责任的归属等问题。
（1）关于管辖权和法律适用。
管辖权条款（jurisdiction clause）的内容是指明因提单产生的一切争议应在什么地方诉讼。一般是规定承运人所在国法院对提单产生的争议案件有管辖权，有时该条款还规定法院解决争议应适用的法律。本案所涉提单是中国外运直达提单，其背面条款第 2 条规定："任何属本提单或与提单有关的争执由中华人民共和国法庭裁决。"这就是管辖权条款。根据该条款，我国法院对本案提单项下货物灭失纠纷具有管辖权。本案属海商案件，应由海事法院专门管辖。由于该管辖权条款没有指明具体的管辖法院，因此，原告有权选择我国的任一海事法院起诉。

涉外案件的处理，首先需要解决的是法律适用。根据《民法通则》及《海商法》的有关规定，除非法律另有规定，合同当事人可以选择合同适用的法律。合同当事人没有选择的，适用与合同有最密切联系的国家的法律。对于以提单为证明的海上货物运输合同纠纷，往往在提单中已存在当事人对适用法律的选择。有的是在管辖权条款中一并规定法律适用问题，有的则以首要条款选择法律适用。本案提单的管辖权条款没有涉及法律适用。背面条款第 4 条规定："本提单有关承运人的义务、责任、权利和豁免遵照 1924 年《关于统一提单若干规则国际公约》即《海牙规则》。"该条的实质是承运人责任条款,而不是法律选择条款。也就是说,本案提单没有法律选择条款,因此,还存在确定法律适用问题。在提单没有选择法律适用的情况下,依据最密切联系原则确定纠纷所适用的法律。本案提单是中国外运格式,目的港是中国宁波,法院地在中国,可以认为中国是与合同具有最密切联系的国家,本案应适用中国法。具体适用中国的什么法律,在本案中有争议。民安保险公司和营口海运公司都引用我国《海商法》作为起诉和答辩理由。永航船务公司认为民安保险公司引用法律错误。本案事故发生在 1993 年 3 月 24 日,我国《海商法》于 1993 年 7 月 1 日起实施。按照最高人民法院《关于学习宣传和贯彻执行〈中华人民共和国海商法〉的通知》,对《海商法》施行前受理,施行后尚未审结的海事海商案件,或者《海商法》施行前发生的海上运输关系和船舶关系,《海商法》施行后当事人起诉的,审理时应适用当时的有关规定;当时没有规定的,可比照《海商法》处理。显然,直接适用《海商法》是不恰当的。一、二审法院在判决依据上引用我国《民法通则》,是正确的。我国不是《海牙规则》的参加国,因此,对于《海牙规则》的适用,技术难度较大。一般认为,在适用中国法而中国法对有关问题没有规定的情况下,鉴于《海牙规则》在国际海运界的广泛影响力,可以将《海牙规则》作为国际惯例适用;合同约定适用《海牙规则》的,应当适用。本案提单约定,有关承运人的义务、责任、权利和豁免遵循《海牙规则》,这样的约定是有效的。综上,本案在总体上适用我国法律,有关承运人的义务、责任、权利和豁免适用《海牙规则》。

(2) 关于事故原因的认定和当事人的举证责任。

在船舶沉没、货物全损的索赔案件中,当事人争执的焦点通常是事故的原因。货方常常认为沉船的原因是船舶不适航,并以承运人未恪尽职责使船舶适航的义务为理由,要求承运人赔偿;而承运人往往以海上灾难、危险、意外事故或天灾为抗辩理由。根据《海牙规则》,承运人未恪尽职责使船舶适航,要对由此造成货物的灭失承担赔偿责任;由于海上灾难、危险、意外事故或者天灾造成的货物灭失,承运人可以免责。对此两个原则,是明确的,没有争议。问题在于如何认定船舶不适航,以及事故是否由于海上灾难、危险、意外事故或者天灾引起。这就涉及当事人举证责任的确定、事实认定、对相关法律条文的理解和适用等复杂问题。本案争议的焦点及问题就在于此。

本案争议的另一个焦点,是船舶是否遇到灾难、危险或意外事故。被告以此为另一条免责抗辩理由。对灾难、危险、意外事故,一般都解释为不能合理预见的,超出一艘适航船舶所能抵御范围的海上各种风险,包括风浪袭击和其他船舶航行中的危险,如暴风雨、浓雾、暗礁、浅滩或其他航行障碍物。对本案船舶是否遭遇灾难、危险或意外事故,是一个事实认定问题,当中也不可避免地涉及当事人举证责任问题。

被告提供多个气象资料，证明船舶在航行中遭遇了温带气旋，风力达 10 级，超出了一艘适航船舶的抵御能力，属于海上灾难，因此依据《海牙规则》主张免责。原告也提供了一些气象资料，证明本案船舶遭遇风浪只有 5 级，阵风 8 级，属于一艘适航船舶可以抵御的范围。原告还提供了一些统计资料，证明北太平洋海域刮 7～10 级大风是常见的，是承运人应当预见的。对此存在证据采用问题。二审改判的原因，除前述对船舶适航问题的认定有分歧外，另一个重要原因就是一、二审法院在这方面的证据采用上有分歧。此外，原告在一审时没有提供日本德岛气象台蒲生田气象观测站实测气象资料，也是一个原因。一审法院采用了被告提供的日本气象厅发布的亚太地区地面气象实况图，认定船舶遭遇的气旋达 7～10 级，船舶不能预见、不能避免、不能克服。二审法院认为采用该气象资料不当，应采用原告在二审时提供的日本德岛气象台蒲生田气象观测站实测气象资料，并以此资料作为认定本案事实的证据，认定船舶遭遇的气旋没有达到被告所称的 10 级，进而判定被告以船舶遭遇海上灾难、危险或意外事故主张免责的证据和理由不成立。

毫无疑问，承运人要以《海牙规则》第 4 条第 2 款第 3 项主张免责，需承担举证责任，证明灾难、危险、意外事故超出了一艘适航船舶所能抵御的范围，而且是不能合理预见的。但是，对于该项没有具体的尺度，弹性很大，承运人需证明到何种程度，没有具体的标准。对此，法院有较大的自由裁量权。

案例六：CTI 公司海上保险纠纷案[①]

一、案情

原告 Container Transport International Inc.（简称 CTI 公司）是一家经营出租集装箱业务的公司，为了解决该公司与客户经常发生的涉及集装箱损失责任的争执。该公司同意在承租人交纳额外的费用后，由 CTI 承担本应由承租人支付的一定金额的维修费用。CTI 公司就该笔费用分别向 Crum&Forster、Lloyds 及被告 Oceanus 投了保。由于 Oceanus 认为，原告在向其投保时未向其告知前几年的索赔及保险数据，也没有向其告知在要求 Lloyds 续保时被拒绝的情况。由于这些"重要情况"原告未告知，因此被告宣告原被告之间的保险合同无效。

二、问题

（1）告知义务的确定。

---

① 参见张丽英：《国际经济法教学案例》，法律出版社，2004 年，第 120 页。

（2）告知义务的方式。

（3）有关"重要情况"的标准。

三、评析

该案的一审中，Lloyd 法官创立了确定"重要情况"的标准，即如该情况对一个谨慎的保险人接受或拒绝保险或改变保险费率产生"决定性影响"即属重要情况。该标准又被称为"决定性影响标准"。而仅证明一个谨慎的保险人的思想可能会受到该情况的影响是远远不够的。所以该案一审原告胜诉，被告公司不应以原告没有履行告知义务而宣告保险合同无效。

上诉审的 Kerr 法官认为，"决定性影响标准"将被保险人如实告知的范围限于将改变一个谨慎的保险人的决定的那些情况，这无疑是违反最大诚实信用原则的。有鉴于此，上诉法院认为，在判断某一情况是否为重要情况时，应采取"影响标准"。依该标准，在订立保险合同时，如果某一情况将对一个谨慎的保险人的决定及观点会产生影响，即为重要情况。至于保险人在知道此情况后，是否确实会因受该情况的影响而拒绝承保或提高保险费率，则无关紧要。因此，上诉审推翻一审所创设的标准，判定保险人胜诉。

（1）告知义务的确定。

所谓告知，是指合同一方在合同订立前或订立时，向另一方所作的口头或书面陈述。从法理上讲，告知义务不是保险合同设定的义务，保险人不能强制投保人履行。投保人在投保时对危险事项的说明是作为订立合同的一种预备行为，是订立合同的基础。投保人履行告知义务，并非履行保险合同所规定的义务，而是履行法定的义务，它是订立合法有效的保险合同的前提。如果能够证明投保人未能履行这一法定义务，其后果将会导致保险合同无效，甚至保费不予退回（出于恶意时）等情况。

在洽商订立海上保险合同的过程中，被保险人应该把自己知道的或推定应当知道的有关保险标的的重要情况尽量告知保险人，以便保险人判断是否接受承保或者决定承保的保险费率。

英国 1906 年《海上保险法》第 18 条第 1 款规定："根据本条的规定，在订立合同前，被保险人应将其知道的每一项重要情况向保险人披露，被保险人应该知道其在一般业务过程中必须知道的一切情况，如果被保险人没有向保险人作这种披露，保险人可以宣告合同无效。"我国《海商法》第 222 条也规定："合同订立前，被保险人应当将其知道的或者在通常业务中应当知道的有关影响保险人据以确定保险费率或者确定是否同意承保的重要情况，如实告知保险人。保险人知道或者在通常业务中应当知道的情况，保险人没有询问的，被保险人无需告知。"

依英国 1906 年《海上保险法》第 18、19 条的规定，告知义务的主体包括被保险人和被保险人的代理人。被保险人在告知义务上是最主要的主体，代理人在英国《海上保险法》中是独立的告知主体。依英国《海上保险法》第 19 条的规定，在由代理人为被保险人投保时，该代理人必须向保险人告知下列：第一，他所知道的每一重要情况，保险代理人视为知晓其在通常业务中应当知晓或被保险人已通知他的每一情况；第二，被保险人有义务告知的每一重要情况，除非他得知该情况过迟，无法及时通知该代理人。从该规定可以看出，在应告知的"重要情况"上，代理人有义务告知的范围与被保险人是相同的，如由于被保险人疏忽未将其知道的重要情况通知代理人，同样会视为被保险人没尽告知义务，唯一的例外是当被保险人得知该情况过迟而来不及通知代理人时，才不视为违反告知义务。

（2）告知义务的方式。

在告知义务方式上，有无限告知主义和有限告知主义之分。"无限告知主义"是指对于保险人没有询问的重要情况，被保险人也须主动告知。英国采用的是无限告知义务主义[①]，英国 1906 年《海上保险法》第 18 条第 1 款规定："被保险人必须在合同订立之前，将其知晓及依正常商业程序应当被其知晓的每一重要情况告知保险人。如果被保险人没有做出此等披露，保险人可以宣告合同无效。"

我国《海商法》在告知方式上也采用无限告知主义，我国《海商法》第 222 条规定的告知的内容并不限于投保单上所列项目和保险人所询问的事项，而是一切影响保险人是否承保及保险费率的重要情况。在无限告知的情况下，被保险人承担的是一种积极的义务，他必须主动向保险人披露重要情况，而不是在被询问时才告知。"有限告知主义"又称主观告知，是指被保险人只需如实回答保险人的询问，如实填写投保单，即认为已尽了告知义务，因此又称"询问告知主义"[②]，即投保人是问了才说，不负无限告知的义务。《中华人民共和国保险法》（以下简称《保险法》）第 17 条的规定采取的是有限告知主义。依该条规定，订立保险合同，保险人应当向投保人说明保险合同的条款内容，并可以就保险标的或者被保险人的有关情况提出询问，投保人应当如实告知。投保人故意隐瞒事实，不履行如实告知义务的，或因过失未履行如实告知义务，足以影响保险人决定是否同意承保或提高保险费率的，保险人有权解除合同。从上述可以看出，无限告知义务重于有限告知义务。

（3）有关"重要情况"的标准。

在有限告知的情况下，被保险人对于什么应该告知是明确的，因为只需要依

---

① 参见司玉琢、胡正良、傅廷忠、李海、朱清、汪鹏南：《海商法详论》，大连海事大学出版社，1995 年，第 436 页。

② 参见王鹏南：《海上保险合同法详论》，大连海事大学出版社，1996 年，第 77 页。

保险人的提问来如实告知即履行了告知义务。而在无限告知义务的情况下，英国法律采用了"重要情况"作为告知的标准。依英国 1906 年《海上保险法》第 18 条第 1 款的规定，在订立合同前，被保险人必须向保险人告知其所知的一切重要情况。该条的第 2 款对何为"重要情况"进行了限定：影响谨慎的保险人确定保险费率或决定是否承保该项风险的情况，即为重要情况。在如何判断"重要性"上，英国判例先后出现过三种影响标准。即"决定性影响标准"、"影响标准"和"可能提高风险标准"。

"决定性影响标准"源于 CTI 案的一审[①]，审理该案的 Lloyd 法官创立了确定"重要情况"的标准，即如该情况对一个谨慎的保险人接受或拒绝保险或改变保险费率产生"决定性影响"即属重要情况。该标准又被称为"决定性影响标准"。而仅证明一个谨慎的保险人的思想可能会受到该情况的影响是远远不够的。该案一审原告胜诉，被告公司不应以原告没有履行告知义务而宣告保险合同无效。

"影响标准"源于 CTI 案的上诉审[②]，该案的上诉审推翻了一审创设的判断重要情况的"决定性影响标准"，转为采用对被保险人更不利的"影响标准"，依该标准，在订立合同时，如果某一情况将对一个谨慎的保险人的决定及观点产生影响，即视为重要情况。至于保险人在知道此情况后，是否确实会因受该情况的影响而拒绝承保或提高保险费率，则无关紧要。依该案上诉审对"重要情况"的解释：第一，保险人可以被保险人未告知谨慎的保险人在订立合同时希望考虑的情况为由宣布保险合同无效，保险人无需证明未告知的情况将会对谨慎的保险人的判断产生决定性的影响。第二，保险人宣布合同无效不以被保险人的未告知诱导其订立合同为前提。即两者之间可以没有因果关系。该标准明显增加了保险人依未告知而宣告保险合同无效的机会，而对被保险人则过于苛刻。因而也受到了英国法律界和商业界的批评。

"可能提高风险标准"源于 Pan Atlantic Insurance Co. v. Pine Top Insurance Co. 一案[③]，该案对"影响标准"进行了修改，创立了"可能提高风险标准"，即某个情况是否重要应取决于一个谨慎的保险人是否认为该情况"可能提高风

---

① Container Transport International Inc. v. Oceanus Mutual Underwriting Association（Bermuda）Ltd〔1982〕2 Lioyd's Rep. 178. 在该案中，原告 Container Transport International Inc.

② Container Transport International Inc. v. Oceanus Mutual Underwriting Association（Bermuda）Ltd〔1984〕1 Lioyd's Rep. 476.

③ Pan Atlantic Insurance Co. v. Pine Top Insurance Co. 〔1993〕1 Lioyd's Rep. 496. 该案中的原被告均为保险公司，原告 Pan Atlantic 保险公司向 Pine Top 保险公司共分保其承包的大量保险业务，被告拒绝了原告的连续索赔，理由是原告不适当地隐瞒了重要情况，特别是原告告知的情况与 1981 年的实际损失有较大的出入。法院认为由于原告未将实际损失这一重要情况告知再保险人，因此再保险人有权宣布合同无效。

险","可能提高风险"并不意味着保险人将对是否承担风险这一问题作出不同的决定，因为有许多保险人以相同的合同条款接受承保风险的商业上的原因。该案在上诉审时上议院对"重要情况"作出了权威的解释，认为重要情况是指一个谨慎的保险人在订立合同时希望知道的情况。在实际诱导标准上，上议院法官认为只有被保险人未告知或误述实际诱导保险人订立合同，保险人才有权宣布保险合同无效，即两者之间应当有因果关系。依该案确立的原则，保险人只有在完成下列证明的情况下才能宣布保险合同无效，即被保险人未告知或误述某一重要情况而诱导其订立了保险合同，且该情况是一个谨慎的保险人在评价风险时需要考虑的情况。

结合英国 1906 年《海上保险法》及其实践和我国《海商法》的有关规定可以知道，在海上保险合同订立前，被保险人有义务告知保险人的有关保险标的的"重要情况"有以下两种：

第一，被保险人知道的情况。被保险人知道的情况是指被保险人在与保险人洽订合同时，本人已经实际知道的有关保险标的的每项情况。被保险人无论是通过何种方法或手段所了解到的情况，只要该情况足以影响保险人对风险的判断，被保险人都有义务作如实的告知。同时，被保险人还应告知从这些基本事实中，只要作合理的推理、综合便能得出的推定事实。

第二，被保险人在通常业务中应当知道的情况。这是一个客观的标准。被保险人在通常业务中应当知道的情况是指那些只要被保险人尽了通常业务过程中所应有的谨慎即可以了解的情况。通常所应有的谨慎是指在某一具体情况下，根据当时的情况，一个尽职的当事人能被合理地期望和要求履行了某项作为或不作为。

根据我国《保险法》的规定，在合同有效期内，保险标的危险程度增加的，被保险人按照合同约定应当及时通知保险人。《中华人民共和国财产保险合同条例》第 14 条也作了相应的规定。而且海上保险单条款中确有类似性质的条款。例如，《中国人民保险公司船舶保险条款》第 6 条第 2 款规定："当船舶的船级社变更，或船舶等级变动、注销或撤回，或船舶所有权或船旗改变，或转让给新的管理部门，或光船出租或被征购或被征用，除非事先书面征得保险人同意，本保险应自动终止。但船舶有货载或正在海上时，经要求，可延迟到船舶抵达下一个港口或最后卸货港或目的港。"

如果保险合同中没有作出明确约定，保险标的危险程度增加是指由于与保险标的有关的环境和情况有变化，保险标的的危险状况，超过了合理谨慎的保险人在保险合同成立时对保险标的的危险程度的合理预计，或者说超过了对承保风险的合理预计。保险标的危险程度增加与否是一个事实问题，有待保险人举证。根据我国《海商法》第 236 条的规定，一旦保险事故发生，被保险人应立即通知保险人。世界上许多国家的海商法都对出险时被保险人的告知义务作了规定。值得注意的是，被保险人的此项通知义务是连续的，他不仅有义务通知保险事故或损失的发生，还有义务通知其后的发展。

案例七：汇泰制衣有限公司与华迅国际空运有限公司 宁波国际航空货物运输运费纠纷案①

一、案情

申请人：浙江省湖州市汇泰制衣有限公司（以下简称汇泰公司）。

被申请人：大连华迅国际空运有限公司宁波分公司（以下简称华迅公司）。

再审法院最高人民法院经审理查明：1993 年初，意大利代理商陈某某与再审申请人汇泰公司签订丝绸服装贸易合同。该合同确定的贸易条件为 FOB 上海。同年 4 月 23 日，陈某某与意大利国际货运咨询责任有限公司米兰分公司（以下简称 IFC 公司）签订了一份《委托运输合同》，约定：由 IFC 公司为陈某某实施从中国到意大利进口货物的运输。陈某某把从中国出口的货物交 IFC 公司在中国办事处的负责人何某某，后者必须在一个星期内把所收到的货物运到意大利，保证不发生交货延误。货到米兰后，陈某某要立即给付 IFC 公司运费才可提货，否则，陈某某还要支付仓库保管费。合同签订后，陈某某于同年 4 月 29 日传真告知汇泰公司的中介中发公司通知汇泰公司，此次出口货物包括以后的出口货物都交由 IFC 公司承运，运费由其在米兰提货时支付，并要求汇泰公司速与其接洽办理出口手续。为便于订舱发运，汇泰公司按照何某某的要求改用东方航空公司（以下简称东航）的《国际货物托运书》，将填好的托运书传真给何某某。何某某将托运书交给了东航的销售代理华迅公司。汇泰公司于同年 5～9 月先后 7 次按照何某某的指示将货物送到上海虹桥机场华迅公司的仓库。该公司签收了货物，随后代填并签发了 6 票东航货运主运单，还委托华力空运有限公司上海分公司签发 1 票中国国际航空公司主运单。华迅公司签发的 6 票主运单上记载的托运人为华迅公司，收货人为比利时 IFC 米兰公司。华迅公司还签发 7 票航空货运分运单。分运单上记载的托运人为汇泰公司，收货人为托运书上汇泰公司指定的意大利诸客户。在此期间，华迅公司按照航空公司预付运费的要求，先后向东航和华力空运有限公司上海分公司支付了 7 票货的空运费（外汇人民币）449 311.50 元（其中，6 笔系上海到布鲁塞尔空运费、1 笔为上海到米兰空运费）。货物发送后，华迅公司未将航空分运单正本托运人联交给汇泰公司，亦未向汇泰公司索要空运费。7 票货物于同年 5～9 月陆续运到米兰，陈某某先后向

---

① 参见董念清：《航空法判例与学理研究》，群众出版社，2001 年，第 173 页。

IFC 公司支付了全程空陆运费、清关费及杂费，提取了货物。IFC 公司分别开具了发票和收据，同时声明该批货物运送合同已履行完毕。1995 年 2 月 10 日，华迅公司致函汇泰公司称：当时汇泰公司委托 IFC 公司，但 IFC 公司与华迅公司有代理协议，现 IFC 公司将收款权移交给华迅公司，要求汇泰公司依照航空分运单支付上海到米兰 7 票货的全程空运费 101 712.824 美元。汇泰公司以运费由外商支付，本公司无支付运费义务为由拒付，双方酿成纠纷。华迅公司遂向浙江省湖州市中级人民法院起诉，要求汇泰公司支付航空分运单记载的全程空运费及滞纳金共计 126 123.904 美元。

　　湖州市中级人民法院审理认为：双方虽未签订书面《委托运输合同》，但汇泰公司将货物交到华迅公司仓库，并在货物托运书上签字，华迅公司已将货物运至目的地，有权向汇泰公司收取运费，汇泰公司由外商支付运费的理由无据。遂判决汇泰公司向华迅公司支付运费及逾期违约金共计 126 123.904 美元。汇泰公司不服，向浙江省高级人民法院上诉称，本公司虽在货物托运书上签字，但和被上诉人不存在货物委托运输合同关系，运费应由意大利客户承付，且客户已向 IFC 公司支付运费。请求撤销原判，予以改判。华迅公司未作书面答辩。

　　浙江省高级人民法院二审认为：双方虽未签订书面委托运输合同，但汇泰公司是以自己的名义出口货物，并将货物送到华迅公司仓库，并在货物托运书上签字确认，华迅公司亦将货物委托航空公司运到汇泰公司指定的地点交付，应认定双方间的委托运输关系成立。华迅公司已履行了委托运输义务，汇泰公司应向其支付运费。意大利客户与 IFC 公司间的委托运输合同与本案无涉。上诉人的上诉理由无事实和法律依据，不予支持。原判认定事实清楚，适用法律正确，应予维持。因此判决：驳回上诉，维持原判。汇泰公司不服此判决，以原上诉理由向最高人民法院申请再审。

　　最高人民法院再审认为：按照意大利代理商陈某某与汇泰公司商定的贸易条件，订立运输合同并支付运费是买方的义务。据此，陈某某与 IFC 公司签订了《委托运输合同》，合同内容表明 IFC 公司是本案 7 票货的缔约承运人、陈某某是托运人。由于 IFC 公司在出口国中国不具备经营国际货运代理业务的资格，为确保本案货物能及时向航空公司订舱发运，并按照陈某某的指示货物经布鲁塞尔转运到米兰，IFC 公司必须委托中国上海和比利时布鲁塞尔的国际货运代理协助完成在当地的运输事宜。本案航空主运单上记载的托运人华迅公司、收货人 Gondrand 公司（Gondrand 公司即为 IFC 公司委托的所在国的发货代理和中转代理）。根据 Gondrand 公司的证言，该公司是按照 IFC 公司的委托办理本案货物经布鲁塞尔转运到米兰的运输，发生的费用包括关税、税务代理费、航空提货费、单证费、卡车运费，都是由 IFC 公司负责向该公司支付，从不和货主直接联系，所有指令都来自 IFC 公司。该公司与 IFC 公司间的财务问题已全部结清。

关于中方运费问题与该公司无关，应与意大利 IFC 公司解决。Gondrand 公司接受 IFC 公司委托事宜并与 IFC 公司结算费用是各国国际航空货运代理行业相互委托办理 FOB（FCA）货物运输的惯例。作为 IFC 公司发货代理的华迅公司向航空公司支付的空运费亦应向 IFC 公司收取。虽然本案汇泰公司将货物送到华迅公司在上海虹桥机场的仓库，其名称亦被填入航空分运单托运人栏内，但不能因此认为双方构成委托运输关系。按照本案《委托运输合同》的约定，汇泰公司应向 IFC 公司交付货物。汇泰公司将货物送到华迅公司仓库是按照 IFC 公司要求将货物送到指定地点的行为，并非向华迅公司托运，汇泰公司只是按照陈某某的指示向 IFC 公司交货的付货人。华迅公司接受货物，填制航空货运单并不是接受汇泰公司的委托，而是作为 IFC 公司的发货代理将 IFC 公司收到的货物向航空公司托运的行为。根据我国参加的《统一国际航空运输某些规则的公约》（即《华沙公约》）第 11 条第 1 款规定："在没有相反的证据时，航空货运单是订立合同、接受货物和承运条件的证明。"本案作为东航销售代理的华迅公司虽然签发了航空货运单，但本案有陈某某与 IFC 公司按照《委托运输合同》履行支付空运费交付货物的事实的相反证据，从而否定了航空分运单作为合同的证明效力。该分运单只是作为证明 IFC 公司收到并发运本案货物的收据。而且华迅公司在 1993 年 5～9 月陆续发送货物后，一直未将作为运输合同凭证的航空分运单正本托运人联交给汇泰公司，15～21 个月后才向汇泰公司主张运费。这种违反《华沙公约》有关规定和不符合国际航空货运代理行业惯例的做法亦说明华迅公司不认为与汇泰公司之间存在委托运输关系。

华迅公司以 IFC 公司收款权转移为由向汇泰公司主张运费的理由，也是不能成立的。本案证据证明 IFC 公司已经收到陈某某支付的全程运费，运输合同履行完毕，收款权已不存在，而且货运代理之间依代理关系改变支付运费的义务人，违背贸易合同当事人商定的贸易条件，因此所谓收款权转移对汇泰公司是无效的。华迅公司答辩称，根据我国对外经济贸易部 1990 年颁布的《国际货物运输代理行业管理的若干规定》，IFC 公司不能在中国境内揽货并转委托代理，以此否定其与 IFC 公司间的委托代理关系。依据外经贸部上述文件第 8 条第 3 项规定，国际货运代理企业"可以接受国外货运代理人的委托办理集运、托运、拼箱、装拆箱、存仓分拨、转运、门对门运输、快件运输以及咨询服务等"。本案是 IFC 公司在意大利揽到陈某某的进口货物，委托中国的国际货运代理办理托运出口，完全符合外经贸部上述文件规定，而且也是各国国际航空货运代理行业的惯例。本案汇泰公司指定的收货人是意大利诸家客户而非 IFC 公司和 Gondrand 公司。IFC 公司与华迅公司、Gondrand 公司之间是航空货运代理关系，与货主无关。本案 7 票货全程运费应由 IFC 米兰公司向陈某某收取，并由 IFC 公司依委托代理关系分别向华迅公司和 Gondrand 公司偿还垫付运费和中转费用。

华迅公司向航空公司支付的空运费系为 IFC 公司垫付的费用，理应由 IFC 公司偿还。如果 IFC 公司不予偿还，应属商业风险，而不能以所谓"权益转让"为由主张权利，损害第三者的利益。况且华迅公司所主张的运费是航空分运单记载的上海经布鲁塞尔到米兰的全程空运费，其中，包括了应由 IFC 公司向 Gondrand 公司支付的费用，以及 IFC 公司在米兰发生的费用，已明显超出其依航空主运单向航空公司支付的空运费。对此华迅公司未能做出合理解释。

综上，最高人民法院依照我国《民事诉讼法》第 179 条第 1 款第 2、3 项的规定，于 1997 年 4 月 9 日裁定如下：①撤销浙江省高级人民法院的第二审民事判决和湖州市中级人民法院的第一审民事判决；②驳回华迅公司的起诉；③二审案件受理费 67 706 元人民币，诉讼保全费 5 000 元人民币，由华迅公司负担。

二、问题

（1）航空货运代理的认定。（2）对于 FOB 贸易术语的理解。（3）汇泰公司与华迅公司之间是否构成委托运输关系。

三、评析

（1）航空货运代理的认定。

采用空运方式进出口货物，需要办理一定的手续，如出口货物在始发站机场交给航空公司之前的揽货、接货、订舱、制单、报关和交运等；进口货物在目的地机场从航空公司接货、接单、制单、报关、送货或转运等。这类业务中有些航空公司不负责办理，而由专门承办此类业务的航空货运代理公司负责。航空货运业务一般通过航空货运代理公司办理或由收、发货人直接办理。

航空货运代理公司作为货主和航空公司之间的纽带和桥梁，可以是货主的代理，代替货主向航空公司办理托运或提取货物的手续，也可以是航空公司的代理，代替航空公司接收货物，出具航空公司的主运单（marster air waybill）和自己的分运单（house air waybill）。

本案中，IFC 公司为一国际货运代理公司，其在中国设有办事处，负责人为何某某。华迅公司是东方航空公司的货运销售代理公司，汇泰公司按 IFC 公司中国办事处负责人何某某的指示将货物运抵上海虹桥国际机场华迅公司的仓库，交付华迅公司，由其办理托运。可见，在本案的航空运输中，主要是两家航空货运代理公司参与其中，办理有关运输事宜。实际上，华迅公司办理了运输，并垫付了运费。在垫付运费后，华迅公司应该向谁索要运费，这就得决定谁是该批货物的托运人。

（2）对于 FOB 贸易术语的理解。

FOB 是 free on board（named port of shipment）的英文略语，意思是船上

交货（指定装运港），是海上运输最早出现的国际贸易术语，也是目前国际贸易中普遍应用的贸易术语之一。FOB 条件是指卖方负责在装运港将货物交到买方指定的船上，并负担将货物装到船上为止的一切费用和风险的交易条件。它有两个基本特点：第一，卖方必须履行和承担把货物交到船上的义务和费用，即负担货物自装运港越过船舷为止的一切费用和风险；第二，卖方的交货义务履行完毕后，货物损失的风险从越过船舷之后转移给买方，即买方负担货物在装运港越过船舷以后的一切费用和风险。

根据案情，意大利代理商陈某某与再审申请人汇泰公司签订了《丝绸服装贸易合同》。该合同确定的贸易条件为 FOB 上海，根据此贸易条件，订立运输合同并支付运费是买方的义务。根据上述 FOB 术语的规定，汇泰公司于同年 5～9 月先后 7 次按照何某某的指示将货物送到上海虹桥机场华迅公司的仓库。也就是说，卖方汇泰公司将货物交给了买方陈某某指定的承运人，因此，汇泰公司已经完全履行了自己的义务。至于运费，应由买方陈某某支付。并且，在陈某某与汇泰公司的货物买卖合同中，明确规定了运费由陈某某在米兰提货时支付。因此，向汇泰公司索要运费，显然是与其合同中规定的 FOB 贸易条件相违背的。

（3）汇泰公司与华迅公司之间是否构成委托运输关系。

首先，按照 Incoterms 2000 的解释，在新的信息交换技术和新的运输技术条件下，FOB 的解释在很多情况下已由 FCA 来代替。按照该 Incoterms 2000 的解释，FCA 是指指定地点的货交承运人。"货交承运人"是指卖方只要将货物在指定的地点交给买方指定的承运人照管，并办理了出口清关手续，即履行了交货义务。因此，买方的义务是"自费签订自指定地点承运货物的运输合同"和"支付卖方交货完成后的一切有关费用，其中包括运费"。由此可以看出，在 FOB（FCA）贸易条件下，卖方没有签订运输合同的义务，就不会成为运输合同的缔约托运人，也就不承担以托运人名义支付运费的义务。正因为如此，本案陈某某作为国际货物买卖合同 FOB 贸易条件下的买方，与 IFC 公司签订《委托运输合同》，并承诺向 IFC 公司支付运费，正是履行 FOB（FCA）贸易条件买方义务的行为表现。同时，FOB（FCA）买方还有一项通知卖方关于承运人及交货地点等的义务。陈某某在签订委托运输合同后即向汇泰公司通知了这些事项，就是履行这种买方义务的行为表现。所以，从本案国际货物买卖合同关系及发生的上述事实来看，汇泰公司不应被认定为委托运输合同关系的托运人和支付运费的义务人，委托运输合同关系的托运人和支付运费义务人已通过 FOB 贸易条件和《委托运输合同》确定为陈某某。

其次，在委托运输合同的缔约承运人为 IFC 公司的情况下，作为卖方的汇泰公司并没有直接向 IFC 公司交货，而是向本案原告华迅公司交货，航空分运单上记载的托运人又为汇泰公司。根据《华沙公约》第 11 条第 1 款关于"在没有相反的证据时，航空货运单是订立合同、接受货物和承运条件的证明"的规定，也就是说，如果没有相反证据，航空货运单就是成立货物运输合同关系直接的证明。作为卖方的汇泰公司要否定与华迅公司之间的货物运输合同关系，必须承担举证责任。而从本案所发生的事实来看，出现了否认在该两当事人之间成立有运输合同关系的足够的相反证据：

第一，根据汇泰公司与陈某某在国际货物买卖合同中商定的 FOB 贸易条件，订立运输合同并支付运费是买方陈某某的义务。陈某某与 IFC 公司签订了《委托运输合同》，向汇泰公司指明了接受货物的人，并在收货后向 IFC 公司支付了运费，实际履行了其作为买方的全部义务。

第二，汇泰公司将出售的货物送到华迅公司的仓库，是按照买方陈某某的指示（买方通知义务），并按照 IFC 公司的要求（IFC 公司中国办事处负责人何某某具体指示），将货物送到指定地点的行为。Incoterms 2000 货交承运人 FCA 明确指出："若买方指示卖方将货物交给某人，如货物转运人，而此人并非'承运人'，则当卖方一旦将货物交给此人照管，卖方就被认为已履行了交货义务。"据此，汇泰公司的该行为只是履行交货义务的行为，而不是向华迅公司办理托运的行为。

第三，华迅公司接受货物，填制航空货运单的行为，并不是接受汇泰公司的委托，而是作为 IFC 公司的发货代理，将 IFC 公司收到的货物向航空公司办理实际托运的行为。根据前一点的说明，汇泰公司是按照 IFC 公司中国办事处负责人何某某的指示，将货物送至华迅公司的仓库的，这就表明是 IFC 公司收到了货物。根据我国对外经济贸易部 1990 年《国际货物运输代理行业管理的若干规定》，IFC 公司在作为出口国的中国境内不具备经营国际货运代理业务的资格，不能直接在中国境内揽货，但可以委托中国的国际货运代理企业办理托运其在国外揽到的进口货物的出口业务，这是各国国际航空货运代理行业的惯例。IFC 公司中国办事处负责人何某某将汇泰公司按其指示填好的东航《国际货物托运书》交给了东航的代理华迅公司，华迅公司签收了汇泰公司按何某某的指示送来的货物，随后代填并签发了航空货运单，向航空公司实际办理了托运及发送，这些事实均说明华迅公司实际上接受了 IFC 公司的委托，是 IFC 公司的发货代理。华迅公司签发的航空货运单只是作为 IFC 公司收到并发运本案货物的收据。所以，按照国际航空货运代理的惯例，也不能认定在汇泰公司与华迅公司之间成立有委托运输合同关系。

第四，如果汇泰公司和华迅公司之间确属委托运输关系，作为承运人的华迅公司在没有得到汇泰公司或第三人的可靠保证的情况下，绝不会为作为托运人的汇泰公司向航空公司垫付应由汇泰公司首先向本公司支付的运费。而华迅公司在收到汇泰公司交付的货物的当时及其后，并未依委托运输合同关系向汇泰公司主张收取运费的权利，而是按照航空公司的预付运费的要求，自行向航空公司支付了运费。

这只能说明华迅公司完全明白自己在本案运输关系中的实际法律地位，即作为 IFC 公司的货运代理在办理货物发运后将来和被代理人结算各种费用。此点也正好是其为什么长时间没有向汇泰公司主张运费的原因。所以，华迅公司在一审起诉所依据的直接理由，并不是依委托运输合同关系主张承运人的收取运费的权利，而是依其与 IFC 公司之间的代理关系主张收款权的移交所产生的代位追索权。

最后，在本案情况下，货运代理关系的被代理人 IFC 公司负有向代理人支付代垫包括运费在内的各种费用的义务，此点已为作为本案货物转运的代理 Gondrand 公司的证言所证实。所以，华迅公司作为 IFC 公司在出口国的货运代理应向 IFC 公司主张收取费用的权利。IFC 公司已经收到委托运输合同关系下作为托运人的陈某某支付的全程运费，运输合同已经履行完毕，其收款权已经实现而不再存在，怎么会再发生收款权转移的问题呢？如果发生收款权转移，只可能发生在 IFC 公司未能向陈某某收取到运费，而汇泰公司也负有支付运费义务的情况下。但本案汇泰公司不但在贸易合同中不负有支付运费的义务，而且也未参与运输合同和货运代理合同，并且未作出在 IFC 公司收不到运费情况下可向其收取的承诺。所以，货运代理之间依代理关系自行改变支付运费的义务人，并且违背贸易合同当事人商定的贸易条件，依收款权转移向汇泰公司主张收取运费的权利，没有事实依据和法律依据，是不能成立的。对于华迅宁波公司这种将未能向被代理人收到费用的商业风险转嫁给与其不存在委托运输合同关系的汇泰公司的行为，不能支持。

综上所述，华迅公司所遭受的损失，应向 IFC 公司追偿，而不是向汇泰公司索要。本案原告华迅公司未收到应收取的费用，享有向应支付这些费用的与其有法律关系的当事人收取费用的请求权，被告应为 IFC 公司，而其却以与其没有法律关系的汇泰公司为被告，是告错了当事人，属于被告不明确的情况，即法院受理此案不符合我国《民事诉讼法》第 108 条第 2 项规定的起诉受理条件。对于这种情况，根据最高人民法院《关于适用〈中华人民共和国民事诉讼法〉若干问题的意见》第 210 条第 2 项的规定，再审法院应当裁定撤销原审判决，驳回原告的起诉。最高人民法院经过再审作出撤销原一、二审判决，驳回原告华迅公司的起诉的裁定，在法律和程序上是正确的，也不妨碍华迅公司向正确的被告行使请求权。

第三章　国际投资法

案例一：中外合资经营企业合同无效案①

一、案情

北京 A 公司与香港 B 公司签订了一份中外合资经营企业合同，决定共同组建某电器有限公司。合同内容涉及合营企业的性质、法定地址、经营范围、注册资本、投资总额、组织机构、利润分配、劳动管理及争议的解决方式等问题。

该合同规定：合营企业的投资总额为 1 800 万美元，注册资本为 600 万美元，其中，中方出资 500 万美元，出资方式为现金、设备、场地使用权；外方出资 100 万美元，出资方式为现金、专有技术、设备；合营期限为 10 年；关于合同的一切争议均提交中国国际经济贸易仲裁委员会仲裁裁决。合同签订后，双方又依据该合同订立了合营企业章程，向合营企业审批机构报送了合营合同和章程以及其他法律文件。

审批机构委托合营企业所在地的商检局对 B 公司的设备检验后发现 B 公司作为出资的设备已经使用了四五年，设备陈旧，减去折旧费后的实际价格为 50 万美元，与外方的报价 60 万美元有差距，且明显高于同类新设备的国际市场价格。同时，经有关部门鉴定，外方提供的专有技术未能达到合同规定的产品技术标准，外方作为出资的技术只相当于西方国家 20 世纪 70 年代末 80 年代初的水平，在西方已经很少运用该项技术。审批机构在审阅了合营企业报送的全部文件及相关设备、技术鉴定后，作出了不予批准的决定。

在申办合营企业期间，中方为各项开支支付了 80 万元人民币。此后，A 公司和 B 公司之间因为费用的分摊问题发生争议。B 公司称，其所提供的技术设备虽然不是国际上最新的，但在中国国内已属先进，因此 B 公司并未违约。合营企业未获批准，责任应在 A 公司，因为 A 公司有责任事先向 B 公司说明情况。A 公司应承担合同未获批准的责任。A 公司则辩称合资企业未获批准，责任并不在己方，了解中国法律关于合营企业投资总额和注册资本之间比例关系的规定是 B 公司自己的责任。A 公司无义务向 B 公司说明。并且，B 公司作为出资的设备和技术与合同约定不符是导致合营企业未获批准的原因之一，B 公司应为此

---

① 参见范剑虹：《国际投资法导读》，浙江大学出版社，2000 年，第 529 页；汤树梅：《国际经济法案例分析》，中国人民大学出版社，2000 年，第 79 页。

承担责任，赔偿 A 公司的经济损失。后双方经过多次谈判未果，A 公司根据双方签订合营企业合同中的仲裁条款向中国国际经济贸易仲裁委员会提请仲裁。

仲裁庭根据仲裁条款独立性原则，认为其对本案具有管辖权，裁决如下：A、B 公司签订合营企业合同因不符合中国法律关于中外合资经营企业投资总额与注册资本比例的规定而无效，同时 B 公司的实物和技术出资与合同的约定不符，违反了《中外合资经营企业法实施条例》的有关规定。为筹建公司支出的费用应由双方分担。

二、问题

(1) 合资经营企业合同有效性条件主要包括哪些？

(2) 中外合资经营企业投资总额与注册资本的比例有何要求？

(3) 合营企业的出资方式有何规定？

三、评析

(1) 合资经营企业合同有效性条件主要包括哪些？

我国《民法通则》第 55 条规定了合同有效的一般要件，即：①行为人具有相应的民事行为能力；②意思表示真实；③不违反法律或者社会公共利益。具体到中外合资经营企业合同中，合同的有效性要求合营企业双方以诚实信用为基础订立合同，不得采取欺诈、隐瞒事实的手段使对方作出与其本意相违背的意思表示，本案中 B 公司故意隐瞒设备状况和技术水平的行为显然与此不符。另外，中外合资企业合同的订立必须以我国法律的相关规定为基础，违反相关法律订立的合同应视为无效。

(2) 中外合资经营企业投资总额与注册资本的比例有何要求？

合营企业投资总额是按照合营企业合同、章程规定的全部生产和流动资金的总和。合营企业的注册资本，是指为设立合营企业在登记管理机构登记的资本总额，应为合营各方认缴的出资额之和。如果合营各方的出资额之和达不到投资总额，可以合营企业的名义进行借款，在这种情况下，投资总额包括注册资本和企业借款两部分。合营企业的注册资本与投资总额必须保持一定的比例，才能限制贷款额在投资总额中的比例，以保护债权人和第三人的利益。

因此，我国对外商投资企业的注册资本与投资总额的比例予以明确规定。《关于中外合资经营企业注册资本与投资总额比例的暂行规定》第 3 条中外合资经营企业的注册资本与投资总额的比例，应当遵守如下规定：①中外合资经营企业的投资总额在 300 万美元以下（含 300 万美元）的，其注册资本至少应占投资总额的 7/10；②中外合资经营企业的投资总额在 300 万美元以上至 1 000 万美元（含 1 000 万美元）的，其注册资本至少应占投资总额的 1/2，其中，投资总额在

420 万美元以下的，注册资本不得低于 210 万美元；③中外合资经营企业的投资总额在 1 000 万美元以上至 3 000 万美元（含 3 000 万美元）的，其注册资本至少应占投资总额的 2/5，其中，投资总额在 1 250 万美元以下的，注册资本不得低于 500 万美元；④中外合资经营企业的投资总额在 3 000 万美元以上的，其注册资本至少应占投资总额的 1/3，其中，投资总额在 3 600 万美元以上的，注册资本不得低于 1 200 万美元。

在本案中，A、B 两公司在合营合同中规定，投资总额为 1 800 万美元，注册资本为 600 万美元，注册资本仅占投资总额的 1/3，不符合我国法律注册资本至少应占投资总额的 2/5 的规定。另外，根据《中华人民共和国中外合资经营企业法》（以下简称《中外合资经营企业法》）第 4 条规定："在合资企业的注册资本中，外国合营者的投资比例一般不低于百分之二十五。"而在本案中，外方只出资 100 万美元，只占注册的 17%，因而是不合法的。

（3）合营企业的出资方式有何规定？

《中外合资经营企业法》及其《实施条例》对中外合资企业的出资方式作了明确规定："合资企业各方可以现金、实物、工业产权等进行投资。"但是，为了保证合资者出资的合法有效，要求出资者必须依合资经营合同约定的出资方式进行出资，不得在合同履行中随意变更出资方式。而且，出资提供的实物和技术必须是合营者完全拥有所有权的资产。

首先，关于外国合营者的实物出资。我国的《中外合资经营企业法》第 5 条规定："合营企业各方可以现金、实物、工业产权等进行投资。外国合营者作为投资的技术和设备，必须确实是适合我国需要的先进技术和设备。如果有意以落后的技术和设备进行欺骗，造成损失的，应赔偿损失。"同时，《中外合资经营企业法实施条例》第 27 条规定，外国合营者作为出资的机器设备，必须符合下列各项条件：①为合营企业生产所必不可少的；②中国不能生产，或虽能生产、但价格过高或在技术性能和供应时间上不能保证需要的；③作价不得高于同类机器设备的国际市场价格。本案涉及外国投资者以实物出资出售二手设备问题。外国投资者以实物出资方式出售二手设备，或作价过高的做法损害了我国利益。在本案中，外方提供的设备已经使用了四五年，在性能上已不能满足合营企业生产的需要，而且外方的设备报价明显高于同类新设备的国际市场价格。外方以陈旧设备作为新设备向中国投资的行为严重损害了中方的利益。

其次，关于外国合营者的技术出资。我国法律规定，合营者可以用工业产权、专有技术出资。根据《中外合资经营企业法实施条例》的有关规定，作为外国合营者出资的工业产权或专有技术，必须符合下列条件之一：①能生产中国急需的新产品或出口适销产品的；②能显著改进现有产品的性能、质量，提高生产效率的；③能显著节约原材料、燃料、动力的。而且该项技术必须是自己所有的并且未设立任何担保特权的工业产权和专有技术，应具有所有权和处置权的有效证明，提交工业产权或专有技术的有关资料。外国合营者用以出资的工业产权或专有技术，必须经中国合营者的企业主管部门审查同意，报审批机构批推。外国合营者如果有意以落后的技术进行欺骗、因而造成损失的，应赔偿损失。在本案中，如果外方用陈旧过时的技术和设备进行投资致使中方遭受重大损失，中方有权要求赔偿。

案例二：中外合资公司出资争议仲裁案[①]

一、案情

1992 年 7 月 18 日，申请人与被申请人于中国××签订了合资合同，合同规定，合资经营的目的是进行房地产开发，经营开发范围是在××市及××经济技术开发区进行房地产开发，经营进出口贸易，从事国家允许的一切商业贸易经营活动。合同还规定，双方投资总额为 500 万美元；双方出资额为 250 万美元作为合营公司的注册资本，其中，被申请人以土地使用权折合 50 万美元出资，占注册资本的 20%，申请人以现汇 200 万美元出资，占注册资本的 80%。××省人民政府于 1992 年 8 月 7 日以外经贸×府×区字〔1992〕1337 号文批准成立该合营公司，中华人民共和国工商行政管理局于 1992 年 8 月 29 日颁发了该合营公司的营业执照。

在履行合营合同的过程中，申请人与被申请人发生争议，经协商未能解决，申请人遂向仲裁委员会申请仲裁，并提出如下仲裁请求：①裁决被申请人赔偿因其未履行合同约定出资义务，未完全交纳土地使用权出让金，导致合资公司位于××开发区 2-6 小区的 19 910.013 平方米土地使用权被××开发区建设环保土地局收回，而给申请人造成的经济损失 2 229 921.44 元人民币；②裁决被申请人赔偿申请人因已建成别墅由于被申请人未能办理土地使用权证而不能正常经营以致错过销售时机所遭受的经济损失 1 898 296.72 元人民币；③裁决被申请人赔偿申请人因合资公司解散而损失的管理费及利息共计 542 414.02 元人民币；④裁决被申请人赔偿申请人因土地被收回而损失的前期开发费及利息共计 295 074.18 元人民币；⑤由被申请人承担仲裁费、律师费 158 600.00 元人民币及申请人为本案支出的其他费用。

申请人称：被申请人未交纳剩余的土地使用权出让金，结果导致土地使用权被收回和申请人已投资建成的别墅不能及时销售的严重后果。就此，被申请人应

---

① 参见中国国际经济贸易仲裁委员会：《中国国际经济贸易仲裁委员会仲裁裁决书选编》（1995～2002）（投资争议卷），法律出版社，2002 年，第 521～530 页。

承担未履行出资义务的责任，并应赔偿申请人所受到的一切经济损失。被申请人则称：被申请人未按合同规定交纳第二批土地使用权出让金的行为是申请人抽逃合营公司的全部资金首先违约而造成的；土地主管当局解除其与合营公司签订的土地使用权出让合同并收回土地使用权的原因，其一是合营公司未依约开发和建设该土地，其二是未依约交纳土地使用权出让金，这说明，此事的责任首先在于申请人。申请人则称：申请人向合营公司投入的资本符合合营公司合同的规定，申请人的出资完全在合营公司董事会的控制之下，购买钢材是双方共同的行为。最后，被申请人提出违约者是申请人，根据合营合同第 38 条"只有守约方才有权要求违约方赔偿经济损失"的规定，申请人根本没有权利向被申请人主张损失赔偿，请求仲裁庭驳回申请人的仲裁请求。

仲裁庭注意到：①被申请人说它未依约交纳第二批土地使用权出让金的理由是它发现申请人将其投入合营公司的注册资金 200 万美元抽逃至香港。不过，尽管本案被申请人是可以暂时中止履行其交纳第二批土地使用权出让金的合同义务，但是被申请人从未通知过申请人，因此，被申请人应承担其未依约交纳第二批土地使用权出让金而导致土地被收回的责任。②申请人承认，他投入合营公司的资金 2 000 009.48 美元已全部汇到香港购买钢材，但是他说这不是申请人单方的行为，而是申请人和被申请人双方共同的行为。但是，被申请人三名董事中的一位董事名章盖在将合营公司注册资本汇到香港购买钢材的单据上并不能说明被申请人同意此事。而且，2 000 009.48 美元是合营公司注册资本总额的 80%，也是合营公司流动资金的总额，合营公司其余的 20% 注册资本是以土地使用权折价而成的，不是流动资金，所以，2 000 009.48 美元全部汇走后，合营公司根本就无法依约依法在取得土地使用权的土地上进行开发和建设，这是合营公司的重大事宜，属于该条款规定的须经董事会全体成员一致通过方可作出决定的"企业注册资本的增加或转移"范围的事项，而合营公司董事会从来没有召开董事会会议讨论过此事，更没有董事会全体成员一致通过而对此事作出的任何决定。③合营合同虽然就规定合营公司的经营开发范围包括"经营进出口贸易……从事一切国家允许的商业贸易经营活动"，但是合营合同十分明确地规定，"合资经营的目的是进行房地产开发"，因此，本案以合营公司名义进行钢材贸易并未获得中国对外经贸部的批准，是超出合营公司的经营范围和违反中国外贸的规定的。④××经济技术开发区建设环保土地局关于解除×开地会字（92）086 号《国有土地使用权出让合同书》的有关决定说明，《国有土地使用出让合同书》被解除和有关土地被收回的原因是：合营公司没有在确定的建设周期内进行和完成施工建设，对此，本案申请人应承担责任，因为他的单方行为将合营公司的全部流动资本汇到香港购买钢材，导致合营公司没有资金去进行土地开发并在确定的建设周期内进行和完成施工建设；此外，被申请人没有依约向土地局缴付合营公司应缴付的土地使用权出让金，对此，被申请人依约应承担责任。

综上所述，仲裁庭认为：①将合营公司的全部 2 000 009.48 美元汇到香港购买钢材是申请人单方的违约、违法的行为。②不按约按期向土地局缴付土地使用权出让金是被申请人单方的违约行为。③上述一、二项所述行为，从出资的含义上讲，申请人由于将其投入合营公司的 2 000 009.48 美元全部汇回香港购买钢材，历时 6～7 年之久，没有见到一吨钢材，也没有把钱汇回合营公司，实属出资未到位；被申请人由于未缴付土地使用权出让金而未取得土地使用权作为其出资，也实属出资未到位。双方在出资方面均属违约。④申请人和被申请人应对土地使用权出让合同被解除和土地被收回共同承担责任。⑤因此，仲裁庭对本案申请人的五项仲裁请求，均不能予以支持。⑥本案仲裁费应由申请人承担 60%，由被申请人承担 40%；申请人和被申请人因办理本案而支出的其他费用包括律师费、差旅费等，应各自承担。最后，仲裁庭作出如下裁决：①驳回申请人的全部仲裁请求；②本案仲裁费由申请人承担 60%，由被申请人承担 40%。

二、问题

(1) 中外合资经营企业的经营管理机构有何规定？

(2) 中外合资经营企业的出资义务问题如何理解？

(3) 本案中外合资经营双方的违约责任如何理解？

三、评析

(1) 中外合资经营企业的经营管理机构有何规定？

在本案中，外方与中方是按照《中外合资经营企业法》及其《实施条例》组建成为中外合资有限责任公司的。根据上述法律，中外合资有限责任公司的权力机构是董事会，董事会根据平等互利的原则决定合营企业的一切重大问题。在具体实践中，董事会的权力和决策一般由公司章程和合营合同作出具体规定。

在本案中，双方的合资经营合同第 15 条规定："董事会是合营公司的最高权力机构，决定合营公司的一切重大事宜，下列事项须董事会一致通过，方可作出决定：①合营公司的章程修改；②批准财务年度报表、收支预算、年度利润分配方案；③总经理、主要经营管理人员的聘用；④企业注册资本的增加或转移；⑤决定企业停止、终止或解散；⑥合营公司与其他经济组织合并；⑦合营公司产品销售及价格的确定。其他事项应经双方全体董事会成员 2/3 以上通过方可作出决定。"本案中的中外合资经营公司董事会是由八名董事组成，其中，被申请人委派三人，申请人委派五人，董事长由申请人一方担任。

双方争议的一个问题在于申请人通过合营公司并以国外购买钢材的名义将其出资的 200 万美元全部汇回香港的行为究竟是通过正常的董事会决定而进行的合

营公司合法行为，还是申请人一方违反合营合同且未经董事会决定同意的单方抽逃资金的行为。对此，应该认为，公司总经理张某某只是被申请人方三名董事中的一位董事，他无权代表被申请人。而且，申请人并未拿出充分的证据证明购买钢材及对外付款的事宜经过了董事会的通过，所以，这只是一种推论。更为重要的是，即使是符合了合营合同规定经过了董事会的同意，但是，将公司流动资金全部汇走且购买钢材交易本身的有关事实表明，购买钢材本身仅仅是申请人为达到抽逃资金的目的而进行的子虚乌有的虚假交易而已，其实质不过是申请人的单方面抽逃资金的行为。而且，这在合营公司而言，实际上就是"注册资本的增加或转移"范围的事项，因此，就必须经过董事会全体一致通过，对此，申请人并无充分证据证明董事会开会讨论过此事，也无法证明经过了董事会全体一致通过。因此，申请人的主张不能成立。

（2）中外合资经营企业的出资义务问题如何理解？

在中外合资经营企业尤其是中外合作经营企业的实践中，经常是由外方以现金出资，而中方则以土地使用权出资。土地使用权如已为中国合营者拥有，则可由中国合营者将其作为合营企业的出资，其作价金额应与取得同类场地使用权所缴纳的使用费相同。

在本案中，被申请人就是以土地使用权折合 50 万美元出资，占注册资本的20%，而申请人则以现汇 200 万美元出资，占注册资本的 80%。申请人至 1994年 4 月 19 日为止，向合营公司如期完成了出资义务。被申请人在形式上也如期办理了土地使用权手续证明完成了约定的出资义务。但是，实际上，被申请人并未完全按期向土地管理部门缴纳土地使用权出让金，这成为后来土地管理部门解除与合资公司签订的国有土地使用权出让合同的重要理由之一。从这一点上看，被申请人明显违反了出资义务。对此，《中外合资经营企业合营各方出资的若干规定》第 7 条规定，合营一方未按照合营合同的规定如期缴付或者缴清其出资的，即构成违约。守约方可以依法要求违约方赔偿因未缴付或者缴清出资造成的经济损失。这就意味着被申请人应该承担违约责任。根据上述若干规定，在这种情况下，守约方甚至可以向原审批机关申请批准解散合营企业或者申请批准另找合营者承担违约方在合营合同中的权利和义务。但条件是，守约方应当催告违约方在一个月内缴付或者缴清出资，逾期仍未缴付或者缴清的，视同违约方放弃在合营合同中的一切权利，自动退出合营企业。

（3）本案中外合资经营双方的违约责任如何理解？

在本案中，被申请人未能如期缴纳土地使用权出让金，构成违约，并成为导致土地管理部门解除国有土地使用权出让合同的理由之一，因此，仅仅从这一点上看，被申请人违约且应该承担违约责任。但是，问题在于，被申请人提出，其之所以未如期缴纳土地使用权出让金，是因为申请人单方面抽逃资金而为了防范风险和保护自己的利益才导致的。对此，如上所述，申请人确实构成了单方面抽逃资金，因此，也就构成了违约和违法的行为，应该承担违约违法的责任。不过，这里存在着一个合同法上的履行抗辩问题。根据我国《涉外经济合同法》第17条的规定，"当事人一方有另一方不能履行合同的确切证据时，可以暂时中止履行合同，但是应当立即通知另一方……"。因此，本案被申请人是有权暂时中止履行其交纳第二批土地使用权出让金的合同义务，但是被申请人应当立即通知申请人。然而，被申请人从未通知过申请人，因此，被申请人的行为不符合我国《中华人民共和国涉外经济合同法》（以下简称《涉外经济合同法》）的规定，也构成了违约，被申请人应承担其未依约交纳第二批土地使用权出让金而导致土地被收回的责任。正是因为对于导致合营企业国有土地使用权被解除以及导致其他各种违约的后果，申请人和被申请人都存在违约行为，也都应该承担违约责任。仲裁庭裁定驳回申请人的各项请求。

案例三：合作经营和承包酒店合同争议仲裁案[①]

一、案情

1992年9月20日，申请人作为甲方，被申请人作为乙方，签订合作合同，设立××大酒店有限公司（下称合作公司），投资总额为2 800万元人民币，注册资本为2 800万元人民币，并对双方在合作公司设立过程中各自应完成的事宜、利润分配及亏损承担、设备及用品的采购、经营期限、争议解决等作出明确约定。

1993年7月5日，双方签订"××大酒店有限公司承包经营协议书"（下称1993年承包协议），约定由乙方负责酒店的承包经营，享有和承担承包期间的债权债务。

1996年4月24日，双方又签订了"××大酒店有限公司承包经营协议书"（下称1996年承包协议），约定酒店转由甲方承包经营，承包经营期间所发生的一切费用及盈亏概由承包方负责，1993年承包协议于本协议书签订生效之日起同时失效。

在上述合同的履行过程中，双方发生争议。1998年4月24日，申请人根据合作合同中的仲裁条款向中国国际经济贸易仲裁委员会深圳分会申请仲裁。经两次变更仲裁请求后，于1999年2月27日将仲裁请求整理为要求解除合作合同、赔偿因没按期投入港元投资额的违约金等14项仲裁请求。

---

① 参见中国国际经济贸易仲裁委员会：《中国国际经济贸易仲裁裁决书选编》（1995～2002）（投资争议卷），法律出版社，2002年，第653～691页。

仲裁庭根据《涉外经济合同法》的有关规定及双方当事人在合作合同中的约定，适用中国内地法律审理了此案。

仲裁庭认为，合作合同和协议书是双方当事人经平等协商签订的，是其真实意思表示的体现，并且已经政府主管部门批准，是合法有效的。

（1）被申请人是否足额出资问题。根据双方于 1992 年 9 月 20 日签订的合作合同及 1994 年××国家经济贸易委员会对合作公司增资申请的批复，申请人的出资（占 38%）应在企业领取营业执照之日起三个月内投入，被申请人的出资（占 62%）应在企业领取营业执照之日起六个月内投入，并办理相应的验资手续。

合作公司于 1993 年 6 月 15 日领取了营业执照，双方第一次投资应在 1996 年 12 月 15 日之前到位；1994 年在增资申请得到批准后，合作公司于同年 9 月 5 日更换了营业执照，双方增资部分应于 1995 年 3 月 5 日前投入。在第一次投资期限届满后，合资公司没有办理验资手续，双方也没有对投资进行确认。增资后，受合作公司委托，××市××会计师事务所于 1994 年 12 月 16 日出具了验资报告，表明截至 1994 年 10 月 30 日，合作公司已实收资本 5 500 万元人民币，完成出资任务。其中，申请人投资 20 286 916.45 元人民币，被申请人出资等值人民币 34 713 083.55 元，双方已出资到位。双方于 1996 年 4 月 30 日签订了双方投资额及承包额结算情况并签订了双方投入资金确认书，双方对投入资金的确认，应视为对结算结果的认可，申请人和被申请人均已出资到位。对申请人以对方未投足出资额为由要求对方赔偿违约金的请求，仲裁庭不予支持。

（2）关于被申请人以人民币出资的问题。根据××市人民政府 1994 年 9 月 1 日颁发的第××号《××市中外合作经营企业变更批准书》，被申请人以等值人民币 3 410 万元出资是得到当地政府批准的，并且申请人当时并未对此表示任何异议；并且，合作公司自开业之时就采取了由被申请人承包的方式进行经营，没有证据证明被申请人以等值人民币 3 410 万元出资影响到了合作公司的运营，申请人也未出示任何证据证明以等值人民币出资对其造成实际损失。

另据双方签订的 1993 年承包协议和 1996 年承包协议的规定，被申请人以港币投资部分可以按投入时外汇调剂市场的价格折算成人民币，而且合作公司自成立时起就由被申请人承包经营。该折算约定是双方意思的真实表示。申请人以被申请人以等值人民币出资和兑换率为由要求被申请人赔偿因未按期投入港币投资额的违约金的主张，仲裁庭不予支持。

（3）关于土地使用证问题。根据合作合同规定，申请人以折价人民币 16 万元的土地使用权出资。经查明，在合作公司开业后，没有将投资给合作公司使用的酒店的土地使用证变更到合作公司名下。申请人有义务将酒店的土地使用证变更到合作公司名下。

(4) 关于被申请人以其在合作公司的产权作为银行贷款抵押的问题。被申请人以其在合作公司62％产权的70％部分作为××经济特区×公司向中国银行××分行办理贷款的抵押，共贷款2 250万元人民币，是经申请人同意的。尽管被申请人在办理抵押时将其62％产权的全部用作了贷款抵押，但经查实被申请人62％产权的70％部分已超过了贷款数额，并且合作公司从××公司转贷来的此笔贷款全部用于解决因合作公司亏损而造成的经营资金困难，事实上这只是合作公司与××公司之间的一种借贷关系，申请人以此为由主张被申请人抽逃资金不能成立。

根据被申请人1996年4月30日出具的说明，合作公司主楼及附楼房屋所有权的正本由被申请人代为保管。另被申请人以其在合作公司62％产权的70％部分用于办理贷款抵押是经申请人同意的，因此申请人声称被申请人无理扣押房产证缺乏事实依据。但仲裁庭注意到，被申请人在办理贷款抵押时将房产证抵押给了银行，因未及时偿还贷款而尚未从银行取回房产证，致使申请人承包经营合作企业时无法将房产证交由申请人，故被申请人应迅速归还贷款，追回用作抵押的房产证副本，返还合作公司。

(5) 关于被申请人购买残次设备的问题。申请人指控被申请人在承包经营期间购进价值83万元人民币的残次设备。经查明，上述残次设备购买于1993年，使用至1996年11月12日时，××省进出口商品检验局受被申请人委托对该设备进行了检验，证明设备在检验时仍处于正常运转状态，因此申请人声称被申请人购买残次设备不能成立。

(6) 关于被申请人擅自处理合作公司设备财产问题。申请人声称被申请人在合作公司建设期间及承包经营期间擅自处理合作公司部分设备财产，但申请人未能提出有力证据，故对申请人的第8项仲裁请求不予支持。

(7) 关于被申请人对合作公司设施的改造问题。被申请人对合作公司的设施进行改造时，申请人当时并未对此提出反对意见。1996年4月30日，被申请人将合作公司移交给申请人承包经营时，申请人对将合作公司××酒店附楼桑拿健身中心二、三楼改为电子厅表示接受，还补偿被申请人改建装修费8万元人民币。该改建行为是在合作公司的经营管理过程中为开展业务的需要并得到对方认可的行为，据此申请人的第7项请求不能成立。

(8) 关于申请人请求因被申请人多处违约、过错而对其造成的经济损失予以赔偿的问题。合作公司成立后，申请人即将其在合作公司中拥有的经营管理权交给被申请人，由被申请人承包经营，申请人只从被申请人处取得一定的承包利润，其他收益均由被申请人享有。而且申请人的此项请求中有很大一部分属于重复计算，缺乏事实根据和法律依据，不应予以支持。

(9) 关于借款和进口免税物资非法牟利问题。申请人称被申请人向其借款

40 万元人民币，仲裁庭认为此项争议属于申请人与被申请人之间的借贷关系，与本合同争议无关，据此驳回申请人的第 13 项仲裁请求。

(10) 1996 年承包协议的效力。仲裁庭认为，双方于 1996 年签订的承包协议，尽管未经原审批部门审批和登记，未能生效，但根据合作合同第 12 条的规定，报批的义务应由申请人承担，被申请人作为合作公司的外方并不负责合同的报批手续，因此，即使承包协议因未经报批无效，也应由申请人承担过错责任。申请人无权以自己未履行报批义务主张协议无效作为其免除责任的理由。1996 年承包协议是双方自愿、平等协商的结果，是双方的真实意思表示，而且该承包协议已经履行了三年多，承包协议中的有关权益应根据公平合理、等价有偿原则受到法律保护。

(11) 关于解除合作合同的问题。综上所述，鉴于双方就××酒店的经营存在严重分歧和争议，且申请人未履行承包协议已历时长久，合作公司无法正常经营，无法达到合作的目的，仲裁庭裁决终止双方签订的合作合同书，合作公司应依法进行清算。

仲裁庭最终裁决：①终止双方签订的合作合同书，合作公司应依法进行清算；②申请人折价 16 万元人民币作为出资的土地使用权应转到合作公司资产名下，纳入合作公司的清算；③被申请人迅速归还贷款，取回用作抵押的房产证正本，返还合作公司，纳入合作公司的清算；④双方签订的 1996 年承包协议因未报主管部门批准未能生效，申请人应承担过错责任；⑤驳回申请人的其他仲裁请求。

二、问题

(1) 如何理解中外合作经营企业的出资方式与企业的注册资本？
(2) 如何理解合作企业的经营风险及其负担？

三、评析

(1) 如何理解中外合作经营企业的出资方式与企业的注册资本？

根据《中外合作经营企业法》的有关规定，中方出资时可以只提供土地使用权、厂房等，不出现金；提供的实物需要作价，但不折算成股份；外方也不折算成股份，而且没有上限规定。出资方式的多样性考虑到了中外合作者提供出资或者合作条件的能力，给予各方选择以何种财产出资的自由权，便于维护各方的投资利益，也有利于增加各方合作的概率。

企业的注册资本，是投资者作为出资向企业实际投入的或认缴的资本，是企业对外承担债务的前提。1995 年 9 月 4 日发布的《中外合作企业法实施细则》第 16 条对注册资本的定义是：合作企业的注册资本，是指为设立合作企业，在工商行政管理机关登记的合作各方认缴的出资额之和。合作企业的注册资本是投资者的认缴资本,因此合作企业的注册资本制是授权注册资本制。授权注册资本制的特点是:注册资本是名义资本或核定资本,是指公司依照章程规定有权筹集的全部资本。由于注册资本并不要求发起人或股东全部认足,实际上它本身还不是公司的真正资本,只不过是公司预计的发展规模和政府允许公司发行的最高限额。显然它具有便于公司迅速成立、降低公司设立成本的优点,特别是在公司增资时,可随时发行新股募集,无须变更章程,也不必履行增资审批程序,符合现代市场经济对经济活动迅速、高效的要求。但是,授权注册资本也有其内在缺陷,容易导致公司资信不足,也易于损害债权人的利益,且使合作者在公司设立过程中有进行欺诈活动的可乘之机,甚至因而损害到公司其他投资者的利益。除了前述认缴资本制本身内在制度缺陷带来的种种弊端之外,还导致下述几个问题。

第一,容易造成出资不实、资金不到位的现象。由于实行授权注册资本制,合作企业登记设立时并不要求投资者实缴出资,在领取营业执照之后,往往有投资者由于种种原因未能按期缴纳出资或出资不足,其后果是使企业和债权人蒙受损失。

第二,容易引起中外双方投资者权利与义务的不对等。企业要进行生产经营,就必须有一定的资金作为基础,实践中当外方资金尚未到位时,往往是由中方先行垫付。中方和外方投入资金的时间不同,外方在尚未投入资金的情况下即可分享中方先期投资产生的效益,而且《中外合作经营企业法》规定外方有先行回收投资的权利,这显然有违背平等互利原则之嫌,在实际操作上可能导致双方权利义务不对等。

第三,因国内企业实行实缴资本制,企业设立成本较高,而合作企业实行认缴资本制,享有"先登记后出资"的优惠,实际上是享有一种超国民待遇。这与现代市场经济注重各类企业平等竞争的要求不符,导致内资企业与合作企业竞争地位不平等,不利于内资企业的发展。

(2) 如何理解合作企业的经营风险及其负担?

从字义上分析,合作企业是国际合营企业(joint venture)的一种形式,"joint venture"本义就是"共担风险"。合作企业的风险主要表现为债务和经营亏损,其中,生产经营亏损是最常见的风险。此外,外方合作者为了与中方合作而贷款,通常却以合作企业的财产作抵押,虽然我国《中外合作经营企业法》禁止这种做法,要求"中外合作者用作投资或者合作条件的借款及其担保,由各方自行解决",但"由各方自行解决"含糊不清,使得这种不合理现象仍然大量存在。而且中外双方签订的合作合同中甚至有所谓的"保底条款",即约定不论企业的经营状况如何,合作一方可以获得固定收入;如果企业亏损,则由另一方给予补偿。这明显违反了合作经营企业"共同出资，共同管理、共负盈亏"的要求，致使合作各方的权利和义务严重失衡。解决这一问题，需要合作各方在合作合同中根据合作企业的主体资格、风险产生的具体原因、各方有无过错等因素作出具体约定，并且注意落实外方应承担的义务和责任，避免本应由其承担的义务和责任转由中方承担。

合作企业一般建立在合作各方相互高度信任的基础上。各方的权利和义务由合作合同规定，这种合同责任应诚实信用、严格忠实地履行。合作各方有权要求他方及时、严格地履行出资义务，参与企业的管理、分配利润，当一方违反合同约定或在一方未告知对方的情况下为其私利取得财产利益时追究对方的违约责任，或诉请清算财产。

案例四：香港永昌利公司诉裴朝霞股权转让侵权纠纷案①

一、案情

1993 年 12 月，为开发建设"瓷贸大厦"大厦项目，景德镇瓷贸大厦公司投入土地，新加坡公司投入货币，合资成立景德镇中新房地产开发有限公司（以下简称中新公司）。1994 年 9 月，新加坡公司撤资，中方瓷贸大厦公司垫资收购外方全部股权。1994 年 12 月，香港永昌利公司授权其子公司南昌金昌利公司与瓷贸大厦公司签订合作开发合同，并全面管理与处置合作开发瓷贸大厦工程中的各项工作。1994 年 12 月，裴朝霞代表南昌金昌利公司与瓷贸大厦公司代表签订正式合同，约定南昌金昌利公司（乙方）负责瓷贸大厦设计、施工、经营管理，并在景德镇市注册分支机构具体实施，南昌金昌利公司承担中新公司前期开发费用后，接受中新公司的全部股权。1995 年 6 月，香港永昌利公司持该份合同和成立南昌金昌利公司时的验资报告向外贸管理部门申请批准为中新公司合作外方。获准后，香港永昌利公司又向工商管理部门申请了变更登记，后因手续不全，工商管理部门未予登记，但对中新公司进行过年检。1996 年，兴瓷会计师事务所对中新公司进行过验资，证明南昌金昌利公司注入中新公司融资款 10 961 109元，其中，香港永昌利公司业主洗炎深个人投入 109 万元，裴朝霞投入 87 万元。

1997 年 6 月 18 日，由于房地产市场萧条，南昌金昌利公司董事长洗炎深与裴朝霞签订合同，约定南昌金昌利分公司建设的瓷贸大厦，由裴朝霞投资经营管理，并拥有分公司全部股权，涉及债权、债务、合作者物业分配等均由分公司全部承担，南昌金昌利公司不承担任何责任。洗炎深投资景德镇分公司的现金由裴

---

① 参见万鄂湘：《中国涉外商事海事审判指导与研究》，人民法院出版社，2003 年第 3 卷（总第 6卷），第 139～147 页。

朝霞归还。协议签订后,裴朝霞先后付清了冼炎深投资本息,对中方合作者进行了物业分配(中方合作者瓷贸大厦公司明确表示不再主张产权),对南昌金昌利公司的融资款也在逐步清偿。1998年9月25日,南昌金昌利公司召开董事会,决定将中新公司更名为景德镇金昌利置业有限公司(以下简称置业公司,外商独资企业,董事长总经理裴朝霞),原南昌金昌利景德镇分公司撤销,其财产全部拨付给置业公司,其全部股权转让给港商吕春辉持有。同日,冼炎深受南昌金昌利公司的委托与吕春辉签订了股权转让协议。1999年1月27日,吕春辉又与裴朝霞签订股权转让合同,约定裴朝霞受让吕春辉持有置业公司的全部股权。在股权转让的过程中,吕春辉没有实际支付对价,只是帮助冼炎深与裴朝霞完善从中新公司变更为置业公司的审批登记手续。1999年8月,兴瓷会计师事务所给置业公司出具验资报告,载明投入置业公司的资产中有1 433.2万元是原中新公司合作方香港永昌利公司的全部股权(这部分股权资金系1996年该事务所对南昌金昌利公司验资的融资款转化而成)。

2001年12月18日,香港永昌利公司诉称:裴朝霞从1997年6月起,先后以欺骗手段骗得其信任,签订了两份转让南昌金昌利景德镇分公司的协议,将中新公司非法变更为置业公司,并占有中新公司及其资产,其行为侵犯了香港永昌利公司的企业产权,请求判令被告停止侵害,返还企业产权并赔偿损失。一审判决认为,中新公司虽然形式上申办了变更手续,也取得了政府颁发的中新公司合作外方的批准证书,但最终并未取得变更后的营业执照,没有经营任何项目,也没有银行账号与财务账,是一个有名无实的空壳公司。因此,原告香港永昌利公司提出被告裴朝霞侵占了中新公司及其资产的诉讼请求不能成立。遂判决驳回原告香港永昌利公司的诉讼请求。宣判后,香港永昌利公司不服,上诉称:①景德镇市对外经济贸易局已经批准了香港永昌利公司作为中新公司的合作外方,工商部门也对中新公司进行了年检,一审判决对我公司在中新公司的法律地位未予认定是错误的。②根据1996年兴瓷会计师事务所验资报告,证明中新公司的注册资金为10 961 109.75元,而南昌金昌利公司从1995年4月到1999年4月为我公司独资经营的外资企业,南昌金昌利公司在景德镇分公司没有投资,裴朝霞也没有投资。中新公司的资金实为香港永昌利公司的资金。③根据1999年兴瓷会计师事务所出具的验资报告证明,置业公司的资产就是由香港永昌利公司在中新公司的股权构成的。原判确认置业公司是接受景德镇分公司的资产,而不是接受中新公司的资产的认定与该验资报告不符。请求二审撤销原判,改判中新公司资产股权归其所有,并判令裴朝霞归还其财产并赔偿损失。裴朝霞答辩称:"为了避免投资风险,冼炎深抽回投资,要我接下景德镇房地产项目,双方通过1997年6月18日合同明确由我负责归还其投资,负责经营管理并拥有分公司全部股权。根据1998年9月南昌金昌利公司董事会决议,将中新公司变更为置业公司,景德镇分公司撤销，为了保留外资企业的名称，吕春辉作为港商帮助完善审批登记所需的手续，并通过 1998 年 9 月 25 日合同以及 1999 年 1 月 27 日合同将股权转让我所有。香港永昌利公司诉我侵权没有事实根据。原审判决正确，应予维持。"

二审法院认定本案是一起涉外股权转让侵权纠纷，并且根据我国《民法通则》第 146 条规定，适用中国的法律作为本案的准据法。

香港永昌利公司授权其独资经营的企业南昌金昌利公司开发房地产项目，并于 1994 年 12 月，由裴朝霞代表南昌金昌利公司与瓷贸大厦公司签订正式合同，约定南昌金昌利公司（乙方）负责瓷贸大厦设计、施工、经营管理，并在景德镇市注册分支机构具体实施，南昌金昌利公司承担中新公司前期开发费用后，接受中新公司的全部股权，系双方当事人的真实意思表示，上述内容并未违反法律、行政法规的强行性或者禁止性规定，该合同依法有效。上诉人香港永昌利公司在原中新公司合资外方新加坡公司撤资后根据这份基础合同和成立南昌金昌利公司时的验资报告向外贸管理部门提出成为中新公司合作外方的申请并获得批准，因此香港永昌利公司主张其为中新公司合作外方的主张应予以支持。上诉人香港永昌利公司与瓷贸大厦公司的合作关系即得以确立，上诉人申请工商管理部门对中新公司作出变更登记而工商部门未予登记并不会对上述合作关系产生任何影响。根据 1994 年合作开发合同的约定，南昌金昌利公司承担中新公司前期开发费用后，有权接受中新公司的全部股权。在本案中，由于南昌金昌利公司接受香港永昌利公司的授权与瓷贸大厦公司签订合同，是香港永昌利公司的受托人，因此开发合同中的权利义务依法应当由委托人香港永昌利公司承担，南昌金昌利公司在中新公司拥有的股权即为香港永昌利公司的股权，故上诉人认为中新公司的资金实为香港永昌利公司的资金的主张应予以支持。

1996 年兴瓷会计师事务所对中新公司的验资实际上是南昌金昌利公司注入中新公司的融资款。根据《中外合资经营企业合资各方出资的若干规定》第 2、3 条的规定，合营各方按照合营合同的规定向合营企业认缴的出资，必须是合营者自己所有的资金，不得用以合营企业的名义取得的贷款、合营者以外的他人财产作为自己的出资。本案中，香港永昌利公司主张以南昌金昌利公司注入中新公司的融资款为其出资，因这些融资款不是自己所有的资金，也没有登记为中新公司的注册资金，融资款事后由裴朝霞逐步还清，因此香港永昌利公司的主张不能成立。1999 年该所对置业公司的验资资金中有吕春辉按股权转让协议接受香港永昌利公司持有的中新公司的全部股权，这部分股权与南昌金昌利景德镇分公司的股权是重叠的。上诉人以 1999 年验资报告为据主张中新公司与景德镇分公司指向的是不同的资产与事实不符。

根据 1997 年 6 月 18 日南昌金昌利公司董事长冼炎深与裴朝霞签订的合同，

南昌金昌利分公司建设的瓷贸大厦，由裴朝霞投资经营管理，并拥有分公司全部股权，涉及债权、债务、合作者物业分配等均由分公司全部承担，南昌金昌利公司不承担任何责任。对此，法院认为，南昌金昌利公司是香港永昌利公司的独资经营的企业，冼炎深作为南昌金昌利公司的董事长（法院另查明冼炎深还是香港永昌利公司的东主），将瓷贸大厦项目及其资产转让给裴朝霞这一处分行为应是有效的。

综上所述，上诉人香港永昌利公司虽然拥有中新公司的股权，但中新公司的股权对应的投资权益除瓷贸大厦项目及其资产外，没有其他财产权益。香港永昌利公司既然已经将瓷贸大厦项目及其资产转让给裴朝霞，确认由裴朝霞投资经营管理，并拥有分公司全部股权，却又起诉裴朝霞侵犯其在中新公司的股权没有事实根据。原审判决对香港永昌利公司作为中新公司的合作外方的事实未予认定，属于部分事实认定不清，但原审判决认定被上诉人没有侵害上诉人在中新公司的股权是正确的，判决结果并无不当。因此，二审法院判决驳回上诉，维持原判。

二、问题

(1) 法院是否应当确认香港永昌利公司作为中新公司的合作外方的法律地位？

(2) 未经审批登记的股权转让合同是否具有法律效力？

(3) 如何理解验资与资金注册性质上的区别？

(4) 如何认定股权转让合同订立后通过实际履行行为的合同变更？

三、评析

(1) 法院是否应当确认香港永昌利公司作为中新公司的合作外方的法律地位？

在本案中，既然香港永昌利公司已于 1995 年 6 月持合作开发合同和成立南昌金昌利公司时的验资报告向外贸管理部门提出批准其为中新公司合作外方的申请并获外贸管理部门批准，就应当认定其合作外方的地位，只要当事人申请变更登记，且具备核准登记的条件，工商管理部门就没有理由不予登记。虽然工商管理部门因手续不全未核准变更登记，但对中新公司进行过年检这一事实，应当认定香港永昌利公司作为中新公司的合作外方的法律地位。

(2) 未经审批登记的股权转让合同是否具有法律效力？

本案股权转让涉及三份股权转让合同，这三份合同都未办理有效的审批和变更登记。根据《外商投资企业投资者股权变更的若干规定》第 3 条的规定，企业投资者股权变更应遵守中国有关法律、法规，并按照本规定经审批机关批准和登记机关变更登记。但是，本案当事人投资的是房地产项目，当事人通过合同处分投资经营的资产股权尽管没有履行审批手续，但这种处分行为并未违反法律、法规的规定，在当事人已按合同约定履行了义务的情况下，认定三份合同有效更适当，如果以未经审批为由否认当事人的实际履行行为，不利于生产秩序的稳定。至于变更登记，应该认为，无论是公司变更登记还是工商变更登记，都不是股权转让合同的法定要件，只要股权转让合同不违反法律禁止转让的规定，就具有法律效力。《合同法》是审查股权转让协议效力的基本法律依据。首先，《中华人民共和国公司法》（以下简称《公司法》）并未像《中华人民共和国担保法》（以下简称《担保法》）将抵押登记作为抵押合同生效条件那样，明确把公司变更登记作为股权转让合同（行为）的成立或生效条件。由此可见，办理公司变更登记手续不是我国《合同法》第44条第2款所说的法律、行政法规规定合同生效应当办理的登记手续。从股权转让合同（行为）的性质来看，属于私法上的自治行为，只要双方意思表示一致且不违反法律的强行性规定，法律就没有理由再对其行为作出限制。其次，就公司将受让人的姓名或名称、住所在股东名册上记载的意义来看，实质上这是一种股权过户行为，其目的是为了使公司易于确定得以向公司行使股权的股东，是股权受让人以股东身份向公司主张股东权利的前提条件，处理的是股东与公司之间的法律关系，其对股权转让协议的效力本身没有任何实质影响。是否办理股权过户手续，应是股权转让合同的履行问题，应属于物权处分行为，与股权转让协议本身的债权负担行为、协议的效力具有不同的性质。[1] 显然，原本有效的协议不会因为未得到履行而无效，原本无效的协议也不会因为履行而有效，故有效的股权转让协议即使没有进行变更登记也仍然有效，而无效的股权转让协议也不能因为已经进行变更登记而具有法律效力。

（3）如何理解验资与资金注册性质上的区别？

合营企业实行的注册资本制是授权注册资本制。根据《中华人民共和国中外合资经营企业法实施条例》第18条的规定："注册资本，是指为设立合营企业在登记管理机构登记的资本总额，应为合营各方认缴出资额之和。"而授权注册资本制（又称认缴资本制），是指公司设立时，注册资本数额虽已记载于章程，但发起人不必在公司成立时认足和缴足，发起人之认定并缴付注册资本总额中的一部分，公司即可成立；未认定部分，授权董事会在公司成立后，根据业务需要分次发行，在授权资本的数额之内发行新股，不必由股东大会批准。

验资与资金注册是性质不同的两个概念。验资是中介机构对投资者出资的证明，资金注册是工商行政管理行为。根据我国法律规定，资金注册前必须经过验资，验资是资金注册的依据。但验资后，如果不办理注册登记或撤回验的资金，验资的资金就不能当然转化为注册资金。注册资金是合营企业对外承担民事

---

[1] 参见王欣新、赵芬萍：《有限责任公司的股权转让》，《人民法院报》，2001年8月10日。

责任的基础，合营企业在合营期间不得减少其注册资金。因投资总额和生产经营规模等发生变化确需减少的，须经审批机构批准。验资的资金是否转化为注册资金取决于当事人是否办理注册登记，法律也没有验资的资金不得撤回的禁止性规定。兴瓷会计师事务所1996年对中新公司的验资款实际上是南昌金昌利公司投入中新公司的融资款，这些融资款和实物有的裴朝霞已经负责归还了，有的还未实际到位。中新公司的注册资金是瓷贸大厦公司与新加坡公司合资成立时的注册资金，香港永昌利公司取代新加坡公司后，没有证据表明香港永昌利公司有增加注册资金的行为，更不能以验资报告证明香港永昌利公司作为中新公司的合作外方投入了注册资金。

（4）如何认定股权转让合同订立后通过实际履行行为的合同变更？

在实践中，股权转让合同订立后，当事人有时会以实际履行行为变更原合同中规定的部分条款，并可能因此而发生争议。如何认定合同的变更，便成为实践中的一个难题。

首先，在我国的《合同法》中，出于对诚实信用原则的维护，承认实际履行行为对合同订立的效力。《合同法》第36条规定："法律、行政法规规定或者当事人约定采用书面形式订立合同，当事人未采用书面形式但一方已经履行主要义务，对方接受的，该合同成立。"第37条规定："采用合同书形式订立合同，在签字或者盖章之前，当事人一方已经履行主要义务，对方接受的，该合同成立。"应该认为，在合同的变更问题上也应同样遵循诚实信用的原则，应当在严格审查的前提下承认实际履行行为对合同变更的效力。《合同法》第77条规定："当事人协商一致，可以变更合同。"所谓"协商一致"的体现方式，既包括以书面形式签署的变更协议，也包括双方承认的实际履行行为。法律并没有禁止以实际履行行为进行合同变更。例如，合同中约定了股权转让合同的全部转让款的支付以办理完毕工商变更登记为条件等，但双方此后均未办理登记，一方履行了合同的付款义务，而对方又接受了付款，这时就应当认定双方以实际履行行为变更了股权转让合同的全部转让款的支付以办理完毕工商变更登记为条件的约定。如一方以未办理登记主张合同未生效或无效，要求退款，法院不应予以支持，否则有违诚实信用原则。

其次，如何认定股权转让实际履行行为是否构成对合同的变更。应该认为，应当考虑以下几个方面：①当事人是否已实际履行。②实际履行行为本身是否足以构成对合同实质性内容的改变即改变合同主要义务的履行，如付款、变更股东名册等，而且这些履行行为必须是对原有规定限制条件的明确改变。③实际履行行为是否为对方所明示接受（不能是消极的默认），对方是否作出相应的承认行为，即当事人是否协商一致。④对合同的变更不违背法律的强制性规定。

需要注意的是，股权转让协议的生效与股权转让的生效是有区别的。股权转让协议无效或不生效，股权的转让肯定也是不生效的。但是，即便在股权转让协议生效后，股权的转让也可能是不生效的。因为，在股权转让协议生效后，尚需当事人的履行行为，转让股权才能实现，而且当事人在股权转让协议中还可以约定股权转让生效的特别条件。股权转让协议依照法律和约定生效之后，股权转让生效的约定条件不一定同时也得到实现，两者生效的条件是不一样的。如果对这两者不加区别，当事人关于股权转让在办理工商变更登记手续后生效的约定，在执行上可能存在逻辑上的矛盾。办理股东转让股权的工商变更登记手续，其前提是股权转让协议已经发生法律效力，要通过工商变更登记对这个事实加以确认，并公布于众。如果当事人约定，股权转让协议（而不是股权转让）在办理工商变更登记手续后才能生效，那么，办理股权变更工商登记的事实依据便不足了。

案例五：外商投资企业境内投资股权转让合同履行纠纷案[①]

一、案情

2007 年 6 月 8 日原告湘西自治州永顺县永发矿业有限公司（以下简称永发公司）董事长陈小青为甲方与被告中外合作经营企业长沙西澳矿业有限公司（以下简称西澳公司）为乙方签订了《股份转让协议书》，协议中约定甲方陈小青将其持有的永发公司 90％ 的股份转让给乙方西澳公司，转让对价为 8 000 万元人民币，在 2007 年 10 月 6 日之前付清，此外，协议书还对双方的权利义务（包括支付转让对价款项的时间和数额）、违约责任、不可抗力、争议的解决等作了约定。

由于西澳公司的原因，双方并未按股份转让协议书的规定履行该协议。2007 年 8 月 18 日，陈小青与西澳公司又签订了一份《股份转让协议书之补充协议》，对股份转让对价的支付时间和条件进行调整，约定在 2008 年 2 月 28 日之前，付清转让对价。

2007 年 11 月 20 日，西澳公司作为甲方，陈小青作为乙方，又签订了一份《股份转让补充协议书》。协议约定：鉴于 2007 年 10 月 31 日，商务部和国家发展和改革委员会出台了 2007 年《外商投资产业指导目录》，影响了甲方与乙方之间就甲方收购乙方在永发公司 97％ 股份及相关事宜的一系列协议的履行。为顺利履行原协议，甲、乙双方决定改变交易路径，为此双方达成下列协议：①将已经由乙方名下过户到甲方名下的 90％ 永发股份重新过户到甲方受托人曹某，或重新过户到乙方指定方名下，以方便向湘西自治州商务局取得批准，由甲方西澳

①　参见陈某与长沙某公司、英国某公司股权转让合同纠纷一案，http://xxzy.chinacourt.org/public/paperview.php? id＝167401（湖南法院网）；胡基厚；湘西州中级人民法院首次判决涉外商事纠纷案，http://hunanfy.chinacourt.org/public/detail.php? id＝14821（湘西法院网），2009 年 9 月 22 日。

公司的母公司中国好利资源有限公司（China molybdenum limited）（以下简称好利公司）收购永发公司97％股份，并将永发公司改变成一个由乙方和好利公司联合持有的中外合作企业。如果乙方能够作通湘西自治州工商行政管理系统的工作，也可以将该90％保留在甲方名下，在湘西自治州商务局批准后，直接由甲方过户到好利公司名下。②双方明白，甲方母公司好利公司收购永发公司97％股份，实为双方对原协议的履行。一旦经过批准和登记，甲方母公司好利公司对永发公司97％股份的持有就意味着乙方在原协议项下的股份转让义务已经完成。③在取得商务局批准和工商登记的过程中，好利公司将与乙方签署或认可一系列文件，双方同意，这些用于批准和登记的文件所赋予好利公司和乙方的权利和义务，如果与双方已经签署的原协议有冲突的（特别是股权转让对价数额），则以原协议记载为准。但是，已经经过批准的，由好利公司与乙方共同拟定的永发公司章程所记载的好利公司与乙方在公司经营、公司治理中的权利与义务除外。登记完成以后，甲方仍然有原协议项下的股份转让对价余额未支付的，由甲方和好利公司共同支付。④如果因甲方原因，交易不再继续进行的，或因客观原因导致交易无法进行的，甲方保证甲方母公司好利公司或曹某先生（如果因为政策原因，最终不得不由曹某先生持有97％股份的话）能按甲、乙双方所签订的一系列协议所规定的条件向乙方交还永发股份。⑤本协议签订后，双方将通力合作，尽快取得前述政府机构对甲方母公司好利公司收购永发公司97％股份的批准，并尽快完成股份转让登记。⑥本协议自双方签字之日起生效。

　　在陈小青将自己所持有的永发公司97％的股份按协议转让后，2007年11月22日，湘西州商务局批复同意永发公司被依法并购变更为中外合作企业。2007年11月29日，永发公司经湘西州工商局变更登记为中外合作企业。2007年8月22日和同年10月19日，西澳公司分别给陈小青支付股份转让对价款各1 000万元人民币。2008年7月23日，西澳公司给陈小青支付股份转让对价款106.5万美元（折合760万元人民币）。至今，两被告仅向原告支付股份转让价金2 760万元人民币，尚欠5 240万元人民币未付。为此，原告陈小青向本院起诉，请求依法判令两被告共同支付剩余股份转让价金5 240万元人民币，并由两被告承担本案的诉讼费。

二、问题

　　（1）西澳公司与陈小青之间的股权转让就外商投资形式而言具有何种特殊投资特征？

　　（2）西澳公司与陈小青之间的股权转让就外商投资形式而言涉及何种特殊法律问题？

　　（3）本案原告陈小青与被告西澳公司签订的股权转让合同是否合法有效？

（4）本案被告西澳公司及其母公司英国好利公司是否应该承担违约责任？

三、评析

（1）西澳公司与陈小青之间的股权转让就外商投资形式而言具有何种特殊投资特征？

本案原告陈小青与被告西澳公司签订的股权转让属于外商投资企业境内投资。

外商投资企业境内投资既不同于严格意义上的外商投资，也不同于非外商投资中国企业的境内投资，而是一种特殊的涉及外商的投资形式。就此，对外贸易经济合作部与国家工商行政管理局于 2000 年 7 月 25 日发布了《关于外商投资企业境内投资的暂行规定》。根据该暂行规定，外商投资企业境内投资，是指在中国境内依法设立，采取有限责任公司形式的中外合资经营企业、中外合作经营企业和外资企业以及外商投资股份有限公司，以本企业的名义，在中国境内投资设立企业或购买其他企业（以下简称被投资公司）投资者股权的行为。

在本案中，被告西澳公司属于中外合作经营企业，陈小青则是中国境内企业永发公司的投资者，西澳公司根据《股权转让协议书》收购陈小青在永发公司的90%的股份的行为属于外商投资企业境内再投资。

（2）西澳公司与陈小青之间的股权转让就外商投资领域而言涉及何种特殊法律问题？

西澳公司与陈小青之间的股权转让涉及我国《外商投资产业指导目录》有关外商投资领域的专门规定。

西澳公司与陈小青之间的股权转让尽管在法律形式上属于中国法人与中国自然人之间在中国境内的投资交易，但是，由于西澳公司属于中外合作经营企业，西澳公司通过购买陈小青股权所进行的直接投资必然涉及西澳公司内部的外国投资者的投资问题。因此，这里就涉及如何避免外国投资者通过其在中国的外商投资企业来规避中国法律关于外商投资产业范围的法律规定的问题。为此，《关于外商投资企业境内投资的暂行规定》规定，外商投资企业境内投资，应遵守国家法律、法规，外商投资企业境内投资比照执行《指导外商投资方向暂行规定》和《外商投资产业指导目录》的规定，外商投资企业不得在禁止外商投资的领域投资；外商投资企业在限制类领域投资设立公司的，应得到被投资公司所在地省级外经贸主管部门的审批同意。

在本案中，西澳公司与陈小青之间股权转让协议就涉及外商投资企业在限制类领域投资的特殊法律问题。在法律上，就涉及限制类投资领域的情形而言，西澳公司与陈小青之间的股权转让协议行为需要进一步得到永发公司所在地省级外经贸主管部门审批同意，否则，当事人无法办理合法的工商登记变更手续，而且，即使股权转让行为已经履行也应属无效。正是考虑到 2007 年 10 月 31 日商务部和国家发展和改革委员会出台了 2007 年《外商投资产业指导目录》，而此时这笔交易尚未履行完成，所以，西澳公司和陈小青改变了交易路径，西澳公司和陈小青签署的《股份转让补充协议书》对此作出了相应约定。永发公司的投资经营范围涉及采矿业包括钼矿采矿投资经营活动，在《外商投资产业指导目录》（2004 年修订）中，钼矿属于限于合资、合作形式的限制类投资领域，而在《外商投资产业指导目录》（2007 年修订）中，钼矿的勘探、开采已经被列入禁止类投资领域。不过，《外商投资产业指导目录》（2007 年修订）定于 2007 年 12 月 1 日起施行，而在陈小青将自己所持有的永发公司 97% 的股份按协议转让后，2007 年 11 月 22 日湘西州商务局批复同意永发公司被依法并购变更为中外合作企业，2007 年 11 月 29 日永发公司经湘西州工商局变更登记为中外合作企业，这样，就湘西自治州外经贸主管部门的批复同意而言，此项交易似乎并不违反有关外商投资产业指导目录的强制性禁止类投资领域的规定。

不过，严格来说，湘西自治州商务局的批复同意并不是湖南省商务厅的批复同意，因此，这里的股权转让行为的合法性问题还值得进一步探讨。当然，值得进一步思考的问题是，《关于外商投资企业境内投资的暂行规定》虽然规定了股权转让的审批要求，但是，该法律文件只是部门规章而不属于法律或者行政法规，因此，根据《合同法》第 44 条第 2 款和第 52 条第 5 项，它不应作为判断本案合同法律效力的依据。

（3）本案原告陈小青与被告西澳公司签订的股权转让合同是否合法有效？

如果湘西自治州商务局的批复同意得到了有关法律规定或者湖南省商务厅的合法授权，那么，本案原告陈小青与被告西澳公司签订的股权转让合同合法有效。

本案法院审理认定，原告陈小青与被告西澳公司签订的股权转让合同系双方真实意思表示，且不违反法律的强制性规定，合法有效。就合同的订立而言，陈小青与西澳公司之间的股权转让协议符合《合同法》关于合同订立的规定，因此，应该认定合同依法成立。就合同的效力而言，根据《合同法》第 44 条第 2 款，法律、行政法规规定应当办理批准、登记等手续生效的，依照其规定。就此而言，本案外商投资企业西澳公司购买陈小青股权的交易涉及外商投资。假定认为《中外合作经营企业法》及其《实施细则》应该得以适用，那么，根据《中外合作经营企业法》第 5 条，申请设立合作企业，应当将中外合作者签订的协议、合同、章程等文件报国务院对外经济贸易主管部门或者国务院授权的部门和地方政府（以下简称审查批准机关）审查批准。审查批准机关应当自接到申请之日起 45 天内决定批准或者不批准。根据《中外合作经营企业法实施细则》第 9 条，申请设立合作企业，有违反法律、行政法规或者国家产业政策的其他情形的，不予批准。根据《中外合作经营企业法实施细则》第 11 条，合作企业协议、合同、章程自审查批准机关颁发批准证书之日起生效；在合作期限内，合作企业协议、合同、章程有重大变更的，须经审查批准机关批准。据此，西澳公司和陈小青签署的《股份转让补充协议书》及其履行可以视为对于陈小青与西澳公司之间《股权转让协议书》的履行，那么，如果湘西自治州商务局的批复同意得到了有关法律规定或者湖南省商务厅的合法授权，本案原告陈小青与被告西澳公司签订的股权转让合同就可以认为是合法有效的。

此外，尽管《关于外商投资企业境内投资的暂行规定》规定股权转让需要经过省级外经贸主管部门审批同意，但是，该规定仅仅是一个部门规章。尽管《合同法》第 52 条第 5 项规定，违反法律、行政法规的强制性规定的合同无效，但是，在本案中，《外商投资产业指导目录》（2007 年修订）只是一个部门规章，而且，本案当事人之间的股权转让交易符合了其中的限制类投资领域的规定而又不违反其中的禁止类投资领域的规定。

(4) 本案被告西澳公司及其母公司英国好利公司是否应该承担违约责任？

如果认定了陈小青与被告西澳公司签订的股权转让合同合法有效，那么，西澳公司及其母公司英国好利公司应该承担违约责任。

正如本案判决认定的，当事人应当按照约定全面履行自己的义务。在本案中，西澳公司与陈小青补充协议约定：西澳公司的母公司英国好利公司收购永发公司 97％股份，实为双方对原协议的履行。一旦经过批准和登记，西澳公司的母公司英国好利公司对永发公司 97％股份的持有就意味着陈小青在原协议项下的股份转让义务已经完成。登记完成以后，西澳公司仍然有原协议项下的股份转让对价余额未支付的，由西澳公司和英国好利公司共同支付。现原告陈小青已依约履行了自己的义务，而两被告西澳公司和英国好利公司仅支付了股份转让对价 2 760 万元人民币，两被告没有按约定支付全部股份转让对价款，属违约行为，应承担违约责任。

案例六：香港嘉利来集团中外合作房地产开发出资义务履行行政处理纠纷案[①]

一、案情

1994 年 9 月，北京市二商集团、北京恒业房地产公司、香港嘉利来集团签

① 参见湛中乐：《WTO 后过渡期呼唤法治政府——访"嘉利来案"商务部代理人北京大学法学院教授湛中乐》，《中国对外贸易》，2005 年第 4 期，第 20～27 页；湛中乐：《外商投资企业的法律纠纷——香港嘉利来公司不服北京市商务局股权变更行政复议案及相关诉讼、仲裁》，《中国发展观察》，2005 年第 10 期，第 51～56 页。

署合约,成立北京嘉利来房地产有限公司,在北京朝阳区亮马河兴建北京嘉利来世贸中心。三方的股份比例为 32%、8% 和 60%。合作公司于 1995 年 1 月通过北京市商务局批准,投资总额为 3 000 万美元,注册资本 1 200 万美元。3 月,北京市工商局向合作公司发放营业执照。合作公司业务全面展开。香港嘉利来集团投入注册资本逾 1 225 万美元,并另为合作公司从韩国大宇公司筹措贷款资金 3 500 万美元。1997 年下半年,亚洲金融危机爆发,韩国大宇公司出现严重财政困难,无法继续履行贷款义务,北京嘉利来公司随之陷入资金困境,嘉利来世贸中心于 1998 年 11 月被迫停工。2000 年后,北京房地产市场迅速升温。但是,合作三方就工程资金到位及复工问题矛盾越来越尖锐,经过多次磋商终未形成解决方案。

2001 年 8 月 23 日,香港嘉利来突然接到北京市工商局发出的《限期出资通知书》,称鉴于香港嘉利来应认缴的注册资本出资不符合有关出资规定,要求其限期提交人民币利润和投资证明文件,如不能提供,须在 30 日内履行 1 200 万美元的出资义务。紧接着,原先的三份《验资报告》连续被相关单位撤销。9 月 19 日,北京市工商局向香港嘉利来发函说明《限期出资通知书》将于 9 月 24 日期满。9 月 25 日,根据对外贸易经济合作部(现为商务部)和国家工商行政管理总局《中外合资经营企业合营各方出资的若干规定》有关条文,二商集团以香港嘉利来集团"未履行出资义务"为由,向北京市对外经济贸易委员会(现为北京市商务局)申请更换外方股东,并与北京安华公司、香港美邦集团合作,重组北京美邦亚联房地产有限公司,由香港美邦集团取代香港嘉利来集团的股东地位。9 月 26 日,二商集团、北京安华、香港美邦三方签署了合作公司股权变更重组、合同修改、公司章程修改三个协议。9 月 27 日,在香港嘉利来集团并不知情的情形下,北京市对外经济贸易委员会作出 627 号《关于北京嘉利来房地产有限公司更换合作方的批复》,持有 60% 股权的香港嘉利来集团由此出局。9 月 28 日,北京市对外经济贸易委员会发出更名合作公司《批准证书》。9 月 30 日,北京市工商局向重组后的合作公司——北京美邦亚联公司发放营业执照。据北京市工商局办案人员说,香港嘉利来投入合作公司的注册资金中包括 6 500 万元人民币(约合 772 万美元),而且这笔资金是通过广东佛山汇通公司和佛山华强公司汇入的。

2001 年 10 月 25 日,香港嘉利来公司向商务部提起行政复议申请,认为该《批复》明显存在主要事实不清、证据不足、违反法定程序、超越或者滥用职权以及具体行政行为明显不当等违法情形,请求撤销北京市对外经济贸易委员会作出的 627 号《批复》。2001 年 11 月 28 日,北京二商集团依一份复印件合同(《北京嘉利来置业有限公司合同》),在中国国际经济贸易仲裁委员会提起仲裁(案号:V20010382 号)。2002 年 3 月 26 日,香港嘉利来依各方都有原件、并在北京市工商局备案的合同（《北京嘉利来房地产有限公司合同》），在中国国际经济贸易仲裁委员会提起仲裁（案号：V20020094）。①

2002年7月2日，对外贸易经济合作部作出第67号《行政复议决定书》，认定北京市对外经济贸易委员会作出的627号《批复》属认定事实不清，适用法律不正确，依法撤销了627号《批复》，《行政复议决定书》于同月9日送达各方。7月19日，二商集团起诉对外贸易经济合作部，要求法院撤销《行政复议决定书》。与此同时，自行政复议决定生效起（2002年7月9日），香港嘉利来公司多次请求北京市对外经济贸易委员会落实执行《行政复议决定书》，但一直没有任何答复。

2003年7月29日，国务院办公厅下发"国办函〔2003〕51号"《国务院办公厅关于抓紧依法督促执行原对外贸易经济合作部外经贸法函〔2002〕67号行政复议决定的函》的督办函。督办函要求商务部、北京市人民政府依照行政复议法和其他有关法律、法规的规定，指导、督促北京市商务局和有关方面限期依法做好行政复议决定的执行工作。8月14日，商务部向北京市商务局下发特急通知"商法函〔2003〕32号"《责令履行通知书》，要求北京市商务局立即执行行政复议决定，立即下发恢复北京嘉利来房地产有限公司各合作方股东地位的书面通知，重新颁发批准证书，并于9月15日前将履行该行政复议决定结果书面报告商务部。9月12日，北京市商务局向商务部发出《关于申请延期执行外经贸法函〔2002〕67号复议决定的请示》，请求对67号复议决定的执行再给予两个月的期限。12月12日，商务部再次向北京市商务局下发《再次责令履行通知书》，并要求其在12月25日前执行。

2003年12月22日，北京市第二中级人民法院就二商集团诉商务部的行政诉讼案作出一审判决，支持了二商集团的诉讼请求，宣判撤销商务部行政复议决定。2004年1月6日，商务部向北京市高级人民法院提起上诉。2004年3月，中国国际贸易仲裁委员会仲裁庭对0382号仲裁案作出0012号裁决书，裁决北京嘉利来置业公司合同终止，自此香港嘉利来在法律上失去了股东地位。2005年2月21日，北京市高级人民法院下达〔2004〕高行终字第126号行政裁定书，认定一审法院审理作出的判决程序不当，裁定撤销北京市第二中级人民法院〔2002〕二中行初字第151号行政判决，发回北京市第二中级人民法院重审。2月24日，一审原告北京二商集团撤回起诉。2月28日，北京第二中级人民法院

---

① 这两份合同本身的真伪及其合法有效性存有争议。据戴良俊在2005年9月30日《经济观察报》上发表的文章《嘉利来打赢了全部官司》称，二商集团出具的复印件合同被认为是作废无效的。不过，在二商集团诉经济参考报社一案中，2006年10月20日，北京市宣武区人民法院民事判决书（〔2006〕宣民初字第6317号）一审判决经济观察报社由于被告未尽上述完审查核实之义务，导致含有失实文章的报纸在一定区域和范围内被发行转载，主观上显然有过失，已构成对原告名誉权的侵犯。

作出"〔2004〕二中民特字第 10001 号"《民事裁定书》,驳回香港嘉利来公司提出撤销仲裁裁决的诉讼请求。6 月 6 日,北京市商务局作出"京商资字〔2005〕443 号《北京市商务局关于撤回京经贸资字〔2001〕627 号批复的通知》",但通知中并没有恢复原北京嘉利来房地产有限公司各合作方股东地位的内容以及重新颁发批准证书的安排。9 月 20 日,中国国际贸易仲裁委员会仲裁庭对香港嘉利来提起的仲裁请求作出裁决,确认香港嘉利来是北京嘉利来房地产有限公司的股东,享有 60% 的股东权益。11 月 22 日,北京市商务局书面答复香港嘉利来,称已全面执行 67 号行政复议决定,并且已经得到了商务部的认可,但香港嘉利来向商务部查询时发现,商务部并未作出认可。2006 年 1 月 20 日,香港嘉利来向北京市第二中级人民法院起诉北京市商务局行政不作为,诉北京市住房和城乡建设委员会于 2005 年 4 月 28 日向北京美邦亚联公司发放房产预售许可证属违法,1 月 24 日,香港嘉利来向北京市第一中级人民法院状告北京市工商局不作为。1 月 26 日,北京市第二中级人民法院回复香港嘉利来诉北京市商务局一案,认为香港嘉利来提起行政诉讼不符合法律规定的起诉条件,不予立案。2 月 6 日,香港嘉利来向北京第一中级人民法院状告北京市建委行政不作为。3 月 8 日,北京市商务局下发了《北京市商务局关于同意对北京嘉利来房地产有限公司进行特别清算》的通知,批准北京市二商集团提出的对北京嘉利来房地产有限公司进行特别清算的请求。3 月 20 日,北京市第一中级人民法院驳回香港嘉利来诉北京工商局一案,裁定香港嘉利来与项目无利害关系、无起诉主体资格。4 月 11 日,北京市第一中级人民法院驳回香港嘉利来诉北京市住房和城乡建设委员会一案,认为香港嘉利来不具备诉讼主体资格。如今,经由北京美邦亚联公司转让,平安金融中心和金茂威斯汀酒店已经建成运营。据 2008 年 2 月 2 日《第一财经日报》报道,香港嘉利来仍然在向最高人民法院申诉请求解决此案纠纷。

二、问题

(1) 中外合作经营企业合营各方应该承担哪些出资义务?

(2) 中外合作经营企业合营各方违反有关出资义务规定应该承担何种行政法律责任?

(3) 中外合作经营企业合营各方违反有关出资义务规定应该承担何种民事法律责任?

(4) 由审查批准机关和工商行政管理机关处理中外合作经营企业合营各方违反有关出资义务规定的纠纷存在哪些不足?

三、评析

(1) 中外合作经营企业合营各方应该承担哪些出资义务?

《中外合作经营企业法》第 8、9 条及其《实施细则》第 17～19 条以及《中外合资经营企业合营各方出资的若干规定》(中外合作经营企业合作各方的出资参照本规定执行)第 2～4 条对于中外合作经营企业合营各方的出资义务作出了规定。

就出资方式而言，合作各方应当依照有关法律、行政法规的规定和合作企业合同的约定，向合作企业投资或者提供合作条件；中外合作者的投资或者提供的合作条件可以是现金、实物、土地使用权、工业产权、非专利技术和其他财产权利；合营各方按照合营合同的规定向合营企业认缴的出资，必须是合营者自己所有的现金、自己所有并且未设立任何抵押权或者其他形式担保物权的实物、工业产权、专有技术等；凡是以实物、工业产权、专有技术作价出资的，出资者应当出具拥有所有权和处置权的有效证明；合营企业任何一方不得用以合营企业名义取得的贷款、租赁的设备或者其他财产以及合营者以外的他人财产作为自己的出资，也不得以合营企业的财产和权益或者合营他方的财产和权益为其出资担保；中外合作者的投资或者提供的合作条件，由中国注册会计师或者有关机构验证并出具证明；中国合作者的投资或者提供的合作条件，属于国有资产的，应当依照有关法律、行政法规的规定进行资产评估；在依法取得中国法人资格的合作企业中，外国合作者的投资一般不低于合作企业注册资本的 25%；在不具有法人资格的合作企业中，对合作各方向合作企业投资或者提供合作条件的具体要求，由商务部(原对外贸易经济合作部)规定。

就出资期限而言，中外合作者应当依照法律、法规的规定和合作企业合同的约定，如期履行缴足投资、提供合作条件的义务；合营各方应当在合营合同中订明出资期限，并且应当按照合营合同规定的期限缴清各自的出资；合营企业依照有关规定发给的出资证明书应当报送原审批机关和工商行政管理机关备案；合营合同中规定一次缴清出资的，合营各方应当从营业执照签发之日起六个月内缴清；合营合同中规定分期缴付出资的，合营各方第一期出资，不得低于各自认缴出资额的 15%，并且应当在营业执照签发之日起三个月内缴清。

(2)中外合作经营企业合营各方违反有关出资义务规定应该承担何种行政法律责任？

《中外合作经营企业法》第 9 条及其《实施细则》第 20 条以及《中外合资经营企业合营各方出资的若干规定》第 5～7 条对于中外合作经营企业合营各方违反出资义务的行政法律责任作出了规定。

首先，中外合作经营企业合营各方逾期不履行出资义务的，由工商行政管理机关限期履行；限期届满仍未履行的，由审查批准机关和工商行政管理机关依照国家有关规定处理。

其次，合营各方未能在规定的期限内缴付出资的，视同合营企业自动解散，合营企业批准证书自动失效。合营企业应当向工商行政管理机关办理注销登记手续，缴销营业执照；不办理注销登记手续和缴销营业执照的，由工商行政管理机关吊销其营业执照，并予以公告。

再次，合营各方缴付第一期出资后，超过合营合同规定的其他任何一期出资期限三个月，仍未出资或者出资不足时，工商行政管理机关应当会同原审批机关发出通知，要求合营各方在一个月内缴清出资。合营一方未按照合营合同的规定如期缴付或者缴清其出资的，守约方应当在逾期后一个月内，向原审批机关申请批准解散合营企业或者申请批准另找合营者承担违约方在合营合同中的权利和义务。违约方已经按照合营合同规定缴付部分出资的，由合营企业对该出资进行清理。

最后，守约方未按照规定向原审批机关申请批准解散合营企业或者申请批准另找合营者的，审批机关有权撤销对该合营企业的批准证书。批准证书撤销后，合营企业应当向工商行政管理机关办理注销登记手续，缴销营业执照；不办理注销登记手续和缴销营业执照的，工商行政管理机关有权吊销其营业执照，并予以公告。

就本案而言，关键是要判定香港嘉利来是否"未按照合营合同的规定如期缴付或者缴清其出资"。在本案中，香港嘉利来投入合作公司的注册资金中包括了6 500万元人民币（约合772万美元），而这笔款项是通过广东佛山汇通公司和佛山华强公司汇入的。但是，北京市第二中级人民法院的判决只是指出香港的嘉利来跟汇通公司有合作关系，而没有明确认定这笔款项究竟是汇通公司接受委托代香港嘉利来汇入的还是汇通公司与香港嘉利来公司合作作为隐名股东汇入的。如果是前者，那么，香港嘉利来的出资并没有问题，如果是后者，那么，香港嘉利来属于虚假出资套取外资企业优惠待遇。因此，就法院认定的事实而言，不能够认定香港嘉利来"未按照合营合同的规定如期缴付或者缴清其出资"，而只能认为香港嘉利来履行出资义务的行为属于"瑕疵履行出资义务"，就此而言，北京市商务局和北京市工商局作出的导致香港嘉利来从合作公司中出局的行政决定是缺乏严格法律依据的。

（3）中外合作经营企业合营各方违反有关出资义务规定应该承担何种民事法律责任？

根据《中外合作经营企业法实施细则》第21条以及《中外合资经营企业合营各方出资的若干规定》第7条规定，合营一方未按照合营合同的规定如期缴付或者缴清其出资的，即构成违约。守约方应当催告违约方在一个月内缴付或者缴清出资，逾期仍未缴付或者缴清的，视同违约方放弃在合营合同中的一切权利，自动退出合营企业。未按照合作企业合同约定缴纳投资或者提供合作条件的一方，应当向已按照合作企业合同约定缴纳投资或者提供合作条件的他方承担违约责任，守约方可以依法要求违约方赔偿因未缴付或者缴清出资造成的经济损失。

（4）由审查批准机关和工商行政管理机关处理中外合作经营企业合营各方违反有关出资义务规定的纠纷存在哪些不足？

根据《中外合作经营企业法》及其《实施细则》以及《中外合资经营企业合营各方出资的若干规定》的有关规定，中外合作经营企业合营各方逾期不履行出资义务的，由工商行政管理机关限期履行，限期届满仍未履行的，由审查批准机关和工商行政管理机关依照国家有关规定处理。这是从经济行政法上行政管理角度作出的规定，但是，这种规定不可避免地同时牵涉合营各方之间围绕出资产生的争议问题。

与此同时，根据《民事诉讼法》、《中华人民共和国仲裁法》（以下简称《仲裁法》）和《中外合作经营企业法》的有关规定，中外合作者履行合作企业合同、章程发生争议时，应当通过协商或者调解解决，中外合作者不愿通过协商、调解解决的，或者协商、调解不成的，可以依照合作企业合同中的仲裁条款或者事后达成的书面仲裁协议，提交中国仲裁机构或者其他仲裁机构仲裁，中外合作者没有在合作企业合同中订立仲裁条款，事后又没有达成书面仲裁协议的，可以向中国法院起诉。这样，就相同或者相互关联的事实和法律争议及其认定和裁定的内容和效力而言，不可避免地将会涉及行政执法、行政复议、行政诉讼与商事仲裁之间或者行政执法、行政复议、行政诉讼与民事诉讼之间的复杂关系牵连。

在本案中，就出现了这种复杂的法律与事实的认定与裁决及其效力之间的复杂牵连和冲突。第一，中国国际经济贸易仲裁委员会前后两个不同的仲裁庭依据不同申请人及其不同的合作合同文本作出了完全相反的两个仲裁裁决的情形。那么，这两个仲裁裁决的效力冲突应该如何解决就成了一个值得反思的问题。第二，北京市商务局和北京市工商局在处理二商集团提出的请求认定香港嘉利来出资义务履行违法的事关当事人重大权益的行政行为过程中，没有给予香港嘉利来通知，也没有举行听证，没有给予香港嘉利来陈述申辩的机会，是否违反了行政正当程序原则？北京市商务局和北京市工商局本已认可了香港嘉利来存在瑕疵（而非违法出资）的出资义务履行，并且连续多年给予联合验检合格通过，那么，后来作出的截然相反的行政决定是否违反了行政信赖保护原则？进而，北京市商务局和北京市工商局先是拒绝依法履行已经生效的商务部行政复议决定，后又拒绝全面履行法院判决未能认定无效的商务部行政复议决定，这种行为是否违反法律？第三，在作出行政复议决定时，商务部经审查认定，从履行合同角度看，香港嘉利来的出资问题"属履约瑕疵"，"不应导致被取消股东资格的后果"，并指出北京市商务局依据北京市工商局企监处一纸手写便函就认定香港嘉利来"未履行出资义务"的做法是"过于草率和不严肃"的。那么，北京市第二中级人民法院在审理有关的行政诉讼案件时，是否应该尊重商务部对于有关法规和规章的解释权呢？这涉及行政诉讼上的司法尊重（judicial deference）原则，亦即当立法者对某一法律条文的含义并无清楚说明，或立法者的立法意图难以确定时，法院对于行政机关在其行政职权范围内对该法律条文作出的合理的解释应给予充分的尊重。第四，北京市第二中级人民法院和第一中级人民法院都以香港嘉利来缺乏主体资格为由拒绝受理香港嘉利来针对北京市商务局、北京市工商局和北京市住房和城乡建设委员会提起的行政诉讼，这是否违反法律？第五，这起引起巨大争议和复杂反响的香港嘉利来集团中外合作房地产开发出资义务履行行政纠纷案涉及了更深层次的依法行政和司法独立等法治环境的问题，这是值得进一步反思的。

就本案所涉《中外合作经营企业法》及其《实施细则》以及《中外合资经营企业合营各方出资的若干规定》的有关规定而言，赋予行政审查批准机关和工商行政管理机关依照国家有关规定处理合营各方未在规定的期限内缴付出资的争议问题，这种规定本身需要作出修改完善，从而明确规定，合营各方未在规定的期限内缴付出资的争议问题首先应该通过民事诉讼或者商事仲裁解决，行政审查批准机关和工商行政管理机关只能依据有效的法院判决或者仲裁裁决作出有关的行政决定。

案例七：中添公司诉碧纯公司等仿冒其控股的合资公司 知名商品特有名称及装潢不正当竞争侵权案[①]

一、案情

原告（香港）中添国际有限公司（以下简称中添公司）与上海延中实业股份有限公司（以下简称延中实业）及嘉定县戬浜第二工业公司（以下简称戬兵公司）于1992年合资成立上海延中饮用水有限公司（以下简称合资公司），中添公司出资60％、延中实业出资30％、戬浜公司出资10％。合资公司董事会由三名港方董事和延中实业委派的三名沪方董事组成，董事长为沪方董事，副董事长及总经理为港方董事。合资三方在《合资合同》中约定：凡因执行本合同所发生的、或与本合同有关的一切争议，应提交中国国际经济贸易仲裁委员会上海分会进行仲裁。合资公司于1994年起生产、销售的"碧纯"蒸馏水为知名商品，其"碧纯"名称及产品装潢为该知名商品所特有。经评估，"碧纯"品牌价值7 400

---

① 参见中添公司诉碧纯公司等仿冒其控股的合资公司知名商品特有名称及装潢不正当竞争侵权案，http://chinalawedu.com/news/1900/28/2003/6/dc46791143416300236080_3084.htm（法律教育网），2003年6月16日；陈治东：《我国外商投资企业公司制度若干法律问题之剖析》，载陈安：《国际经济法论丛》（第1卷），法律出版社，1998年，第168～173页。

万元人民币。

1995 年 9 月，延中实业以"碧纯"品牌权利人的名义投资成立上海碧纯贸易发展有限公司（以下简称碧纯公司），并委派合资公司董事长王建兼任碧纯公司董事长，合资公司另一名沪方董事李依侠在碧纯公司中出资 5％（为个人股东）。1996 年 2 月，碧纯公司又投资成立上海新延中饮料有限公司（以下简称新延中公司），仍由王建兼任董事长。同年 4 月起，新延中公司开始生产"延中"饮用水，碧纯公司负责销售。经比对：碧纯公司、新延中公司共同使用的"延中"饮用水产品与"碧纯"蒸馏水产品装潢在色彩与文字的排列组合上基本相同，两者在主要部分和整体形象上近似；"碧纯"字样在"延中"饮用水产品的装潢中处于显著的位置。对该产品装潢上的"延中实业"字样，延中实业从未表示异议。自同年 4 月起，三被告碧纯公司、新延中公司和延中实业多次在《新民晚报》等报刊上分别或共同刊登广告及"公司声明"等，主要内容为"十年前我们发行延中股票、三年前我们创造碧纯蒸馏水、今天我们又推出新一代饮用水——延中饮用水"等。此外，被告在向商店及用户散发的广告宣传品中、在被告的运输车辆及上海市 46 路等公交车的车身广告上、在被告设立的"供水亭"处的广告牌上，使用"延中饮用水，碧纯新奉献"等广告语，且将"碧纯"名称与被告企业名称并列使用。

中添公司发现被告的上述行为后，于 1996 年 6 月会同合资公司三名港方董事连续两次致函延中实业及合资公司沪方三名董事，提议于同年 7 月 1 日召开合资公司董事会，讨论碧纯公司与新延中公司侵权一事的解决方法。王建均以"目前不是召开董事会的有利时机"为由予以拒绝。之后，港方三名董事第三次致函王建等沪方董事，表示："如果董事长置本公司被严重侵权的事实于不顾，拒绝出席董事会，我们将视为董事长弃权，董事会将在副董事长主持下如期召开。"同年 7 月 1 日，合资公司三名港方董事在沪召开董事会，并形成下述两项董事会决议：①王建、李依侠因在侵权公司中兼职，违反了《公司法》第 61 条规定，应回避本次董事会，故对本次董事会议拥有表决权的董事为四人，沪方董事汪年成无故缺席，视为弃权；②有表决权的三名董事一致认为，应就碧纯公司及新延中公司侵权一事向法院提起诉讼，并由总经理在诉讼范围内临时行使法人代表之职。同月 5 日，合资公司总经理将盖有合资公司印章的起诉状送交上海市第二中级人民法院，状告碧纯公司、新延中公司不正当竞争侵权，请求法院判令被告停止侵权、赔偿经济损失 1 050 万元人民币等。上海市第二中级人民法院立案受理后，王建以合资公司法定代表人名义，以"起诉未经合资公司董事会及法定代表人同意"为由，向法院申请撤回该起诉。同年 9 月 16 日，中添公司又向上海市第二中级人民法院提起诉讼，状告碧纯公司、新延中公司、延中实业侵权，诉称："碧纯"知名商品所特有的"碧纯"名称和产品装潢的权利人为合资公司，三被告擅自在其生产、销售的"延中"饮用水的产品装潢上及广告等宣传中，突出使用"碧纯"名称并仿冒"碧纯"蒸馏水产品的装潢，造成经销商与消费者的混淆，构成仿冒知名商品特有名称及装潢的不正当竞争侵权。由于合资公司的法定代表人及部分董事系由延中实业委派，且在被告处任职，致使合资公司无法正常行使其权利，并由此造成控股 60％的中添公司的合法权利受到损害。中添公司据此请求法院判令三被告：①停止不正当竞争侵权并销毁侵权产品。②在报刊上公开赔礼道歉、消除影响。③赔偿原告损失 1 000 万元人民币及因本案而支付的合理调查费用 50 万元人民币。④承担本案诉讼费用。碧纯公司、新延中公司均辩称："碧纯"品牌的直接权利人合资公司已经作为原告向有关法院提起诉讼，诉称两被告仿冒"碧纯"知名商品特有的名称及装潢。在"碧纯"品牌的直接权利人已经行使权利的情况下，间接权利人中添公司无权作为原告主张"碧纯"品牌的权利。否则，不仅将造成投资者可以直接对公司财产主张权利的后果，而且将造成直接权利人和间接权利人对两被告的同一行为两次追诉的后果。延中实业答辩称：其与中添公司之间因合资公司所发生的一切争议，应当按照双方在《合资合同》中所约定的仲裁方式予以解决。法院对中添公司与延中实业之间因合资公司所发生的一切争议并无管辖权。延中实业以上述理由提出管辖权异议后，中国国际经济贸易仲裁委员会上海分会表示，人民法院受理本案不受有关合资合同仲裁条款的约束。之后，王建于 1997 年初又以合资公司法定代表人的名义，代表合资公司向上海市第一中级人民法院提起诉讼，诉称新延中公司、碧纯公司两被告侵权，除了请求赔偿的数额为 150 万元之外，起诉的请求事项以及主张的事实和理由与港方董事代表合资公司的起诉内容基本相同。同年 4 月 8 日，上海市第一中级人民法院、第二中级人民法院均以"原告的起诉尚不符合法律规定"为由，分别裁定驳回沪方董事长及港方董事以合资公司名义提出的起诉。于是，法院受理了中添公司作为原告对于碧纯公司等三被告仿冒其控股的合资公司知名商品特有名称及装潢不正当竞争侵权的侵权之诉。

审理期间，公证机关对在上海市三阳食品公司购物的 37 位消费者的抽样调查结果表明：54％的消费者对"碧纯"与"延中"产品发生混淆。经审计，合资公司的直接经济损失为 1 014 万元人民币。原告认为其直接经济损失为其中的60％。此外，原告用于本案的必要费用超过 50 万元。本案在审理过程中，经法院主持调解，原、被告四方当事人自愿达成如下调解协议：①碧纯公司、新延中公司擅自使用"碧纯"蒸馏水知名商品特有名称及装潢的侵权行为损害了中添公司的利益，两被告向原告赔礼道歉；延中实业对两被告的上述行为负有管理等责任，向原告表示歉意；②碧纯公司、新延中公司两被告应于调解生效之日起三个月内，清除上述侵权的广告及产品装潢，并负责及时收回在市场上的侵权产品；③三被告共同赔偿原告经济损失 170 万元人民币；④本案诉讼费、评估费、审计费均由三被告承担；⑤原、被告就本调解协议未尽事宜另达成和解协议（即：第一，合资公司改为合作性质，由中添公司承包经营；第二，合资公司更名为"上海碧纯饮用水有限公司"，碧纯公司更名为"上海延中贸易发展有限公司"或其他名称）；⑥原告放弃其他诉讼请求；⑦各方当事人无其他争执。

二、问题

（1）《中外合资经营企业法》与《公司法》中的有限责任公司的权力机构及其组成有何区别？

（2）《中外合资经营企业法》与《公司法》中的有限责任公司的权力机构的运作机制有何异同？

（3）《公司法》对于公司董事的民商事法律责任与股东诉讼机制作了哪些规定？

（4）本案表明《中外合资经营企业》关于公司权力机构的规定有何缺陷？如何补救这种缺陷？

三、评析

（1）《中外合资经营企业法》与《公司法》中的有限责任公司的权力机构及其组成有何区别？

中外合资经营企业的权力机构是董事会，董事会成员由合营各方协商确定，董事长由合营各方协商确定或由董事会选举产生。《公司法》中有限责任公司的权力机构是股东会，股东会由全体股东组成，设立董事会的，则董事会则是由股东会选举产生、对股东会负责、代表公司并行使经营决策权的公司常设机构。

根据《中外合资经营企业法》及其《实施条例》的规定，合营企业设董事会，董事会成员不得少于三人，其人数组成由合营各方协商，在合同、章程中确定，并由合营各方委派和撤换；董事长和副董事长由合营各方协商确定或由董事会选举产生；董事名额的分配由合营各方参照出资比例协商确定；董事的任期为四年，经合营各方继续委派可以连任；中外合营者的一方担任董事长的，由他方担任副董事长；董事会根据平等互利的原则，决定合营企业的重大问题。董事会是合营企业的最高权力机构，决定合营企业的一切重大问题。董事会的职权是按合营企业章程规定，讨论决定合营企业的一切重大问题：企业发展规划、生产经营活动方案、收支预算、利润分配、劳动工资计划、停业，以及总经理、副总经理、总工程师、总会计师、审计师的任命或聘请及其职权和待遇等。

有限责任公司股东会由全体股东组成。股东会是公司的权力机构，依照《公司法》行使职权。股东会行使下列职权：①决定公司的经营方针和投资计划；②选举和更换非由职工代表担任的董事、监事，决定有关董事、监事的报酬事项；③审议批准董事会的报告；④审议批准监事会或者监事的报告；⑤审议批准公司的年度财务预算方案、决算方案；⑥审议批准公司的利润分配方案和弥补亏损方案；⑦对公司增加或者减少注册资本作出决议；⑧对发行公司债券作出决议；⑨对公司合并、分立、解散、清算或者变更公司形式作出决议；⑩修改公司章程；⑪公司章程规定的其他职权。

（2）《中外合资经营企业法》与《公司法》中的有限责任公司的权力机构的运作机制有何异同？

二者的区别在于：根据《中外合资经营企业法》及其《实施条例》，董事会根据平等互利的原则，决定合营企业的重大问题，对于法律规定的重大事项必须由出席董事会会议的董事一致通过方可作出决议，而《公司法》则规定有限责任公司的股东会会议由股东按照出资比例行使表决权，对于法律规定的重大事项必须经代表 2/3 以上表决权的股东通过。二者的相似之处在于：在中外合资经营企业董事会和《公司法》中的有限责任公司股东会和董事会，通常都由董事长负责召集和主持。

根据《中外合资经营企业法》及其《实施条例》的规定，董事会会议每年至少召开一次，由董事长负责召集并主持。董事长不能召集时，由董事长委托副董事长或者其他董事负责召集并主持董事会会议。经 1/3 以上董事提议，可以由董事长召开董事会临时会议。董事会会议应当有 2/3 以上董事出席方能举行。董事不能出席的，可以出具委托书委托他人代表其出席和表决。下列事项由出席董事会会议的董事一致通过方可作出决议：①合营企业章程的修改；②合营企业的中止、解散；③合营企业注册资本的增加、减少；④合营企业的合并、分立。其他事项，可以根据合营企业章程载明的议事规则作出决议。董事长是合营企业的法定代表人，董事长不能履行职责时，应当授权副董事长或者其他董事代表合营企业。

根据《公司法》，有限责任公司的股东会会议由股东按照出资比例行使表决权；但是，公司章程另有规定的除外。股东会会议作出修改公司章程、增加或者减少注册资本的决议，以及公司合并、分立、解散或者变更公司形式的决议，必须经代表 2/3 以上表决权的股东通过。董事会会议由董事长召集和主持；董事长不能履行职务或者不履行职务的，由副董事长召集和主持；副董事长不能履行职务或者不履行职务的，由半数以上董事共同推举一名董事召集和主持。董事会决议的表决，实行一人一票。

有限责任公司设立董事会的，股东会会议由董事会召集，董事长主持；董事长不能履行职务或者不履行职务的，由副董事长主持；副董事长不能履行职务或者不履行职务的，由半数以上董事共同推举一名董事主持。有限责任公司不设董事会的，股东会会议由执行董事召集和主持。董事会或者执行董事不能履行或者不履行召集股东会会议职责的，由监事会或者不设监事会的公司的监事召集和主持；监事会或者监事不召集和主持的，代表 1/10 以上表决权的股东可以自行召集和主持。

（3）《公司法》对于公司董事的民商事法律责任与股东诉讼机制作了哪些规定？

《公司法》（2004 年修订）规定，公司董事执行公司职务时违反法律、行政法规或者公司章程的规定，给公司造成损害的，应当承担赔偿责任。但是，却没有规定相应的责任追究机制。

《公司法》（2005 年修订）对此作了进一步完善，规定公司董事执行公司职务时违反法律、行政法规或者公司章程的规定，给公司造成损害的，应当承担赔偿责任；有限责任公司的股东、股份有限公司连续 180 日以上单独或者合计持有公司 1% 以上股份的股东，可以书面请求监事会或者不设监事会的有限责任公司的监事向人民法院提起诉讼；监事会、不设监事会的有限责任公司的监事收到股东书面请求后拒绝提起诉讼，或者自收到请求之日起 30 日内未提起诉讼，或者情况紧急、不立即提起诉讼将会使公司利益受到难以弥补的损害的，股东有权为了公司的利益以自己的名义直接向人民法院提起诉讼；他人侵犯公司合法权益，给公司造成损失的，股东也可以此项规定向人民法院提起诉讼；董事违反法律、行政法规或者公司章程的规定，损害股东利益的，股东可以向人民法院提起诉讼。

（4）本案表明《中外合资经营企业》关于公司权力机构的规定有何缺陷？如何补救这种缺陷？

根据《中外合资经营企业》及其《实施条例》，董事会是公司的最高权力机构，有权决定公司的一切重大事项，而合资各方委派董事的人数又并不完全基于各方出资比例而是可以经由合资各方协商确定，这导致了投资各方在董事会的投票权和表决权与各方出资比例并不必然一致。

尤其是，在本案中，公司董事长利用董事会召集和主持职权阻碍乃至拒绝召集董事会会议，利用合营企业法定代表人身份拒绝以合资公司名义对侵权行为人碧纯公司等提起诉讼，乃至当合资企业以自己名义对碧纯公司等提起侵权之诉时又以合资公司对外诉讼必须经其同意和由其代表为由从法院撤回诉讼，进而又利用以合资公司名义对碧纯公司等被告提起诉讼来规避法律试图减轻碧纯公司等被告的侵权责任。当合资企业乃至合营他方合法权益受到碧纯公司等被告侵犯时，又缺乏直接针对公司董事长的救济程序和救济措施。这表明，《中外合资经营企业》及其《实施条例》在权力机构及其运作机制的制度设计上存在着明显的缺陷。其实，就《公司法》而言，也存在着大股东滥用权力侵害小股东利益以及公司董事、董事长滥用职权侵害公司或者公司股东利益的情形，就此，《公司法》

（2004 年修订）也没有能够提供有效的救济程序和救济措施。

但是，这种立法缺陷目前是可以得到法律上的补救的。《公司法》（2005 年修订）规定了股东为了公司的利益或者为了股东自身的利益而以自己的名义提起诉讼的股东诉讼制度。根据《公司法》，外商投资的有限责任公司和股份有限公司适用本法，有关外商投资的法律另有规定的，适用其规定。那么，《中外合资经营企业法》及其《实施条例》没有规定的董事、董事长以及他人侵权的民商事法律责任及其股东诉讼追究责任机制，就可以依据《公司法》的有关规定得到补救。

就本案而言，尽管当时《公司法》并没有规定股东诉讼制度，但是，本案受案法院认可了作为合资公司股东的中添公司以中添公司自己的名义对碧纯公司等被告提起侵权之诉，从而保护和救济了中添公司的合法权益。

案例八：××汇津水务诉××市政府污水处理
特许专营权行政纠纷案

一、案情

2000 年 3 月 8 日，中国××市排水公司（以下简称排水公司）与在英属维尔京群岛登记、英国泰晤士水务公司作为大股东的汇津污水处理有限公司（以下简称汇津公司）签署《合作企业合同》，约定排水公司将××市北郊污水处理设施的在建工程和项目所需的全部土地使用权以 5 000 万元人民币作为出资，汇津公司出资 2.7 亿元人民币，共同出资设立××市汇津污水处理有限责任公司（以下简称××市汇津），负责对汇津污水处理进行专项经营，期限为 21 年。《合作企业合同》约定了保底水量、运营费及其涨幅等事项。同年 7 月 14 日，××市政府颁布《某市汇津污水专营管理办法》（以下简称《管理办法》），《管理办法》明确认可了《合作企业合同》的权利和义务安排，并且进一步承诺政府拨付专项资金补充污水处理费差额等优惠政策。2000 年底，该项目投产后运行正常。

汇津公司称，自 2002 年年中起，排水公司开始拖欠合作公司污水处理费，自 2003 年 3 月起，排水公司开始停止向合作企业支付污水处理费，截至 2003 年底，合作企业欠收污水处理费累计达到约 1 亿元人民币。汇津公司称，为解决争议，汇津公司按照合同邀请某市所属省外经贸厅出面调解。在 2003 年 5 月 28 日的调解会上，汇津公司得知××市政府于 2003 年 2 月 28 日废止了《管理办法》。汇津认为《管理办法》是政府作为支持污水处理企业而作出的行政许可和行政授权行为，废除《管理办法》等于摧毁了合作公司成立及运营的基础，××市政府单方面取消《管理办法》，影响了企业的正常经营权力和利益。2003 年 8 月 21日，合作公司以××市人民政府为被告向××市中级人民法院提起行政起诉。诉状提出了如下主要诉讼请求：①请求法院认定被告××市人民政府废止×府发 [2000] 42 号文《某市汇津污水处理专营管理办法》的具体行政行为①违法并予以撤销；②请求判令被告××市人民政府承担对拖欠污水处理费 77 134 991.71 元人民币及滞纳金 8 441 300.82 元人民币的赔偿责任。2003 年 12 月 24 日，××市中级人民法院一审判决被告××市政府废止《管理办法》的具体行政行为事实认定清楚，主要证据充分，符合法定程序，维持被告××市人民政府 2003 年 2 月 28 日作出的"关于废止《某市汇津污水处理专营管理办法》的决定"，驳回××市汇津要求被告××市人民政府承担行政赔偿责任的诉讼请求。2004 年 1 月 8 日，××市汇津不服一审判决，就此提出上诉。××市所属省高级人民法院二审维持原判。

此后，在××市中级人民法院行政庭的努力下，××市政府与××市汇津达成和解，双方签订了回购协议，回购金额为 2.8 亿元人民币，××市政府分三次支付。

二、问题

(1) 本案××市排水公司和汇津公司之间的中外合作投资具有什么独特性质？

(2) 本案《合作经营合同》约定的水量和污水处理费等的条款是否合法有效？

(3) ××市政府废止《管理办法》的具体行政行为是否合法有效？

三、评析

(1) 本案××市排水公司和汇津公司之间的中外合作投资具有什么独特性质？

本案属于典型的公用基础事业特许专营权外商投资形式。本案涉及的是城市污水处理公用事业投资经营。在本案中，××市排水公司和汇津公司之间订立了《合作经营合同》，成立了专门的中外合作经营企业××市汇津。进而，××市政府通过专门的地方政府规章的形式授予××市汇津以污水处理专营权和优先权，并且作出了一系列承诺和优惠。

公用事业特许专营可以采取多种投资方式。例如，BOT（建设—运营—转让）投资就是典型的公用事业投资方式。在公用事业特许专营投资方式中，政府可以直接与外商签订特许专营权的特许协议，也可以与外商在中国境内设立的外商投资企业签订特许协议，还可以通过特许权立法的方式授予外商或者外商投资

---

① ×府发 [2003] 4 号文。

企业公用事业特许专营权。在本案中，某市政府就是采取了地方政府行政规章的授权方式。

在这种外商投资方式中，外商或者外商投资企业面临着商业和政策双重不确定性问题，尤其是面临着更大的政治风险，因此，在许多国家，这种公用事业特许权投资经营都会约定各种形式的固定回报或者政府保证。同时，对于东道国而言，这种投资方式涉及东道国政府如何更加审慎地进行决策和作出承诺从而有效保护公共利益的问题，也涉及项目所在地公众更大的知情权、参与权等问题。因此，需要在外商投资企业、东道国当地政府和当地公众之间审慎权衡。为此，许多国家都制定了专门的公共事业投资经营立法来解决这些特殊的和复杂的问题。

（2）本案《合作经营合同》约定的水量和污水处理费等的条款是否合法有效？

根据《中外合作经营企业法》及其《实施细则》，合作经营各方可以约定风险及利益的分配和承担方式。就此而言，司法实践和仲裁实践通常认可中外合作经营合同之中约定给予外方固定利润回报条款的效力。

但是，根据国务院办公厅《关于妥善处理现有保证外方投资固定回报项目有关问题的通知》（国办发 [2002] 第 43 号）（2002 年 9 月 10 日）的规定，保证外方投资固定回报不符合中外投资者利益共享、风险共担的原则，违反了中外合资、合作经营有关法律和法规的规定。在当前国内资金相对充裕、融资成本较低、吸引外资总体形势良好的有利条件下，各级地方政府应采取有力措施，妥善处理现有固定回报项目；对于现有固定回报项目处理的基本原则是：按照《中外合资经营企业法》、《中外合作经营企业法》及其他相关政策规定，坚持中外各方平等互利、利益共享、风险共担，从有利于项目正常经营和地方经济发展出发，各方充分协商，由有关地方政府及项目主管部门根据项目具体情况，采取有效方式予以纠正，维护我国吸引外资的良好环境。可见，国务院这一文件认为保证外方投资固定回报的约定违反了中外合资、合作经营有关法律和法规的规定。在本案中，××市政府就是依据国务院这一文件废止了《管理办法》。

就此，××市中级人民法院采纳了被告某市人民政府的意见，判定该项目属于国务院文件认定违反法律法规因而应该予以清理的固定回报项目。

不过，值得进一步思考的是，国务院的通知本身具有何种法律效力？这里的"固定回报"究竟是什么含义？这些都是值得进一步反思的问题。

（3）××市政府废止《管理办法》的具体行政行为是否合法有效？

本案××市汇津污水处理项目在 2000 年 9 月 19 日获得了××市所属省对外贸易经济合作厅批准，合作合同、章程及可行性研究报告均报××市利用外资工作委员会办公室预审，其后通过××市政府上报省对外贸易经济合作厅批准并报对外贸易经济合作部备案，而在此之前，国务院［1998］《关于加强外汇外债管理开展外汇外债检查的通知》及建设部［2000］118 号《城市市政公用事业利用外资暂行规定》中都已经对涉及"固定回报"的问题作出了禁止性规定。

应该说，有关管理部门当时并不认为××市汇津项目违反了关于"固定回报"的禁止性规定，或者说，并未严格执行这一禁止性规定。至于国务院［2002］《关于妥善处理现有保证外方投资固定回报项目有关问题的通知》，则是要加强执行这一禁止性规定。就此而言，东道国政府是有权制定和修改有关利用外资的法律和政策的，但是，在多数国家，这一权力的行使，即使是出于公共利益，如果给私人当事方包括外商投资企业造成了损害，在许多情形下，也是需要给予私人当事方合理赔偿的。

在本案中，××市政府可以行使职权废止被认为违反了国家法律、法规和部委行政规章的地方行政规章。但是，问题在于，××市汇津污水处理项目既然得到了地方政府行政规章的立法认可，得到了地方政府外经贸审批部门的批准，经过了对外经济贸易合作部的备案，那么，可以认为，地方政府和中央政府有关管理部门认可了这一项目并不违反有关"固定回报"的禁止性规定，于是，××市汇津也就合法地产生了合理期待与信赖利益。而且，××市政府废止的法律文件直接涉及××市汇津的合法权益，直接涉及××市政府通过地方行政规章对于××市汇津作出的明确义务承诺，就此，××市政府没有给予事先通知，没有给予事中听证，也没有给予事后告知，可以说是违反了行政正当程序原则的。因此，××市政府虽然有权从事废止该项《管理办法》的具体行政行为，但是，这一权力的行使欠缺程序上的合理性。

案例九：上海飞鹤航空旅游服务有限公司诉上海锦江国际旅游订房中心有限公司、上海锦江旅游有限公司、美国国际订房中心服务合同纠纷一案[①]

一、案情

2003 年 8 月 22 日，上海飞鹤航空旅游服务有限公司（以下简称飞鹤公司）与上海锦江国际旅游订房中心有限公司（以下简称锦江订房公司）签订《协议书》约定：飞鹤公司按照锦江订房公司的要求提供机票，锦江订房公司在每月月

---

① 参见上海飞鹤航空旅游服务有限公司诉上海锦江国际旅游订房中心有限公司、上海锦江旅游有限公司、美国国际订房中心（Hotels Reservation Center Inc.）服务合同纠纷一案，http://www.shezfy.com/spyj/cpws_view.aspx? id＝9788（上海市第二中级人民法院网站）。

底付清机票款，协议期间为 2003 年 8 月 26 日～2004 年 8 月 25 日，协议还约定了优惠方式等内容，但对逾期付款的利率未作约定。该协议的落款处加盖飞鹤公司以及锦江订房公司的公章。

2004 年 12 月 1 日，锦江订房公司向飞鹤公司出具"对账情况说明"明确：经双方核对，截止到 2004 年 11 月 30 日，锦江订房公司尚欠飞鹤公司机票款共计 2 254 827 元人民币。在该说明的落款处加盖飞鹤公司的公章以及锦江订房公司的财务专用章。2005 年 1 月，锦江订房公司向飞鹤公司传真"还款计划"，明确该公司尚欠机票款约 210 万元人民币。在该传真件落款处加盖锦江订房公司的公章。2005 年 9 月 29 日，锦江订房公司向飞鹤公司发出传真确认，该公司尚欠飞鹤公司款项共计 1 551 998.66 元人民币。该函件所附"关于锦江订房欠款情况表"列明所欠款项为 1 551 998.66 元人民币，截止日期为 2004 年 3 月。锦江订房公司在该传真函件上加盖公章。

锦江订房公司系上海锦江旅游有限公司（以下简称锦江旅游公司）和美国国际订房中心（Hotels Reservation Center Inc.）于 1999 年 3 月设立的中外合资经营企业。该公司的注册资金为 20 万美元，其中，锦江旅游公司出资 10 万美元。留存在上海市工商行政管理局静安分局的锦江订房公司的《验资报告》表明，锦江订房公司已经实际收到其股东投入的全部资本金。截止到 2008 年 3 月 5 日，上海市工商行政管理局静安分局的登记材料显示，锦江订房公司的企业状态为吊销未注销。

原告飞鹤公司诉称：飞鹤公司于 2003 年 8 月 22 日与锦江订房公司签订《协议书》，约定有关锦江订房公司向飞鹤公司订购机票的业务事宜。后飞鹤公司依约履行向锦江订房公司提供机票的义务，但锦江订房公司却未及时按期支付机票款。至 2004 年 8 月双方停止业务往来后，锦江订房公司确认尚欠飞鹤公司机票款 1 551 998.66 元人民币。锦江订房公司现已经被吊销营业执照，作为其股东的锦江旅游公司以及美国国际订房中心应当按照相应的法律规定共同承担还款责任。据此，飞鹤公司要求法院判令：①三被告共同向飞鹤公司归还所欠机票款 1 551 998.66 元人民币；②三被告共同向飞鹤公司支付逾期付款利息（以 1 551 998.66 元人民币为本金，自 2004 年 4 月 1 日起至 2006 年 1 月 15 日止，按每日万分之二计付）。

二、问题

锦江旅游公司和美国国际订房中心作为中外合资经营企业锦江订房公司的股东是否应该与锦江订房公司共同承担还款责任？

三、评析

锦江旅游公司和美国国际订房中心作为锦江订房公司的股东，已按约履行了出资义务，故飞鹤公司不能要求锦江旅游公司和美国国际订房中心共同支付尚欠款项及逾期付款利息，而只能要求锦江订房公司承担本案违约责任。这是公司独立法人人格和股东有限责任的本质所在。根据《公司法》（根据 2004 年 8 月 28 日第十届全国人民代表大会常务委员会第十一次会议《关于修改〈中华人民共和国公司法〉的决定》第二次修正）第 3 条第 2 款：有限责任公司，股东以其出资额为限对公司承担责任，公司以其全部资产对公司的债务承担责任。

案例十：确认公司股东权益争议仲裁案裁决书①

一、案情

因担心违反中国内地有关外商投资领域禁止设立贸易企业的规定，香港 X 实业有限公司（以下简称 X 公司）在 1999 年 6 月 2 日以 B 先生和 Y 眼镜厂有限公司（以下简称 Y 公司）的名义向工商管理部门申请设立了 Z 眼镜有限公司（以下简称 Z 公司），Z 公司注册资本为 80 万元，A 先生是其法人代表。Z 公司工商登记上的经营范围为：制造、销售眼镜；批发、零售、代购、代销塑料制品、五金交电。

2004 年 3 月 8 日，A 先生与 Y 公司签署《股权转让协议书》，受让 Y 公司在 Z 公司的全部股权，并在工商管理部门作了变更登记。2004 年 3 月 23 日，X 公司与 A 先生、B 先生、Y 公司签订了《信托合同》，信托 Y 公司持有 Z 公司 75％的股份，《信托合同》约定受托人不得在信托财产（即 Z 公司全部股权）设置任何性质的担保或者设立其他任何权利限制，未经 X 公司书面授权也不得作任何其他处分。不久，X 公司得知国家拟允许外商在国内投资设立贸易类企业，相关法规已经准备出台，于是，在 2004 年 3 月 26 日分别与 B 先生、Y 公司签订了《股权转让协议》，受让 B 先生、Y 公司在 Z 公司的全部股权，A 先生也在两份《股权转让协议》上签名确认。2004 年 3 月 29 日，为进一步明确各方在 Z 公司的权益，X 公司与 A 先生、B 先生、Y 公司签订了《备忘录》，明确了 X 公司是 Z 公司的实际股东，B 先生、Y 公司则只是代 X 公司持有 Z 公司的股权而不是其股东，A 先生在该《备忘录》上签名确认。

就此，X 公司对 A 先生、B 先生和 Y 公司提起仲裁，请求确认 X 公司是 Z

---

① 参见中国国际贸易仲裁委员会：《中国国际贸易仲裁裁决书选编》（2003～2006）（下），法律出版社，2009 年，第 1853 页。

公司的实际出资人，享有在 Z 公司的全部股权。

二、问题

(1) X 公司是否应该被确认为 Z 公司的实际投资者？

(2) X 公司的隐名投资是否合法？

三、评析

(1) X 公司是否应该被确认为 Z 公司的实际投资者？

X 公司与 A 先生、B 先生、Y 公司之间的《备忘录》、《股权转让协议》、《信托合同》是当事人的真实意思表示，这些合同文件合法有效。因此，应该确认 X 公司作为实际投资者的身份和地位。

(2) X 公司的隐名投资是否合法？

无论是在内资公司中还是在外商投资企业中，由于各种不同的原因，都存在着各种形式的隐名投资。外商投资企业中隐名投资的现象可能是考虑到避免外资审批程序的冗长复杂，可能是考虑到规避外资准入的禁限性规定，也可能是考虑到其他不便于公开投资者身份的合法理由。

对此，《第二次全国涉外商事海事审判工作会议纪要》第 87 条规定，外商投资企业股东及其股权份额应当根据有关审查批准机关批准证书记载的股东名称及股权份额确定。但是，更合理处理方式应该是，只要隐名股东的实际投资行为并不违反我国法律法规的强制性规定，在不损害善意第三人权益的情形下，应该根据投资者的实际投资事实和当事人之间真实意思表示的合同约定来确认隐名投资者的实际投资者身份。这是在民商法上的处理。

但是，如果隐名投资者要想取得作为实际投资者对其所投资外商投资企业的全部股权，这实际上就又涉及了外资审批、登记等外资审批和工商管理的规定和程序。为此，就需要由该外商投资企业依照法定程序办理有关变更审批手续。这是在经济法上的处理。

就本案而言，根据 1995 年《外商投资产业指导目录》规定，不允许外商独资经营的内外贸包括商业零售、批发。2002 年修订的《外商投资产业指导目录》规定，批发和零售贸易业及其一般商品的批发、零售、物流配送属于鼓励外商投资产业。因此，X 公司经营范围中批发、零售塑料制品、五金交电的业务似乎属于 1995 年《外商投资产业指导目录》禁止之列。

不过，仲裁庭认为，在本案中并没有充分的法律上有效的证据能够证明 Z 公司在经营范围上是否违反了当时的法律法规。就此而言，仲裁庭认为，即使 X 公司的经营范围是否违反当时的法律法规，也不能否认 X 公司是 Z 公司的实际出资人，也不意味着 A 先生、B 先生和 Y 公司就可以享有 Z 公司的权益，因为这既与事实不符，也有失公允。至于 X 公司的经营范围是否合法有效，则属于行政审批机关的审查权限，就此而言，如果 X 公司要想取得其作为实际投资者对 Z 公司的全部股权，则应依照法定程序，向外资审批机关办理有关变更审批手续，如果审批机关认定当初设立 Z 公司违反了法律法规而且决定给予处罚，那么，有关当事人则应依法承担相应行政处罚责任。

《最高人民法院关于审理外商投资企业纠纷案件若干问题的规定（一）》（征求意见稿）对此作出了如下规定：

第 10 条（委托投资法律关系的处理）　当事人之间约定一方实际投资并享有股东权益，另一方作为外商投资企业名义股东的，在无规避或违反我国法律、行政法规强制性规定以及社会公共利益的情况下，应认定该协议有效。

作为委托人的实际投资者请求确认其在外商投资企业中的股东身份或者请求变更外商投资企业股东的，人民法院不予支持。该实际投资者在一审法庭辩论终结前获得外商投资企业审批机关将其变更为外商投资企业股东的批准的除外。

实际投资者请求作为受托人的外商投资企业名义股东依据双方约定履行相应义务的，人民法院应予支持。

当事人之间在委托投资协议中未约定利益分配，实际投资者请求判令外商投资企业名义股东向其交付从外商投资企业获得的收益的，人民法院应予支持；该名义股东向实际投资者请求支付必要报酬的，人民法院应当酌情予以支持。

第 11 条（解除委托投资协议）　第 10 条所述外商投资企业名义股东不履行其与实际投资人之间的协议，致使实际投资人不能实现协议目的，实际投资人请求解除协议、返还投资款并赔偿损失的，人民法院应予支持。

第 12 条（实际投资者向外商投资企业提出请求）　实际投资者根据其与外商投资企业名义股东之间的协议，向外商投资企业请求分配利润或者行使其他股东权利的，人民法院不予支持。

第 13 条（委托投资协议无效的法律后果）　委托投资协议被认定无效，外商投资企业名义股东名下的股权价值高于实际投资额的，人民法院应当判令外商投资企业名义股东向实际投资人返还投资款，并根据实际投资人的实际投资情况、名义股东参与外商投资企业经营管理的情况对股权收益在双方之间进行合理分配；外商投资企业名义股东名下的股权价值低于实际投资额的，人民法院不应判令外商投资企业名义股东向实际投资人返还投资款，而应根据现有股权的价值确定损失额后，根据当事人过错大小判令双方分担损失。

第 14 条（借名投资法律关系的处理）　实际投资人借用他人名义进行投资，请求外商投资企业向外商投资企业审批机关办理股东变更报批手续，如果其实际参与了该外商投资企业的经营管理或者该外商投资企业其他股东明知其系实际投资者的，人民法院应予支持。

作为被借名人的外商投资企业的名义股东并未进行实际投资，其向外商投资企业请求行使股东权利的，人民法院不予支持。

案例十一：可口可乐并购汇源反垄断审查案①

一、案情

2008 年 9 月美国可口可乐公司（一家在美国特拉华州注册成立的有限公司，以下简称可口可乐）宣布旗下全资附属子公司 Atlantic Industries（一家在开曼群岛注册成立的获豁免有限公司）拟以约 179.2 亿港元收购中国汇源果汁集团有限公司（一家在开曼群岛注册成立的、在香港主板上市的获豁免有限公司，以下简称汇源）全部已发行股份及全部未行使可换股债券，注销汇源全部未行使购股权，每股现金作价为 12.2 港元。在这起并购（以下简称可口可乐并购汇源）交易中，可口可乐是全球最大的饮料公司，汇源则是中国境内最大的果汁饮料生产集团。

2008 年 9 月 18 日，可口可乐向商务部递交了申报材料。9 月 25 日、10 月 9 日、10 月 16 日和 11 月 19 日，可口可乐根据商务部要求对申报材料进行了补充。11 月 20 日，商务部认为可口可乐提交的申报材料达到了《中华人民共和国反垄断法》（以下简称《反垄断法》）第 23 条规定的标准，对此项申报进行立案审查，并通知了可口可乐。由于此项集中规模较大、影响复杂，2008 年 12 月 20 日，初步阶段审查工作结束后，商务部决定实施进一步审查，书面通知了可口可乐。在进一步审查过程中，商务部对集中造成的各种影响进行了评估，并于 2009 年 3 月 20 日前完成了审查工作。2009 年 3 月 18 日，中国商务部发布 2009 年第 22 号公告，裁决禁止可口可乐收购汇源。

二、问题

(1) 可口可乐与汇源之间的并购交易具有什么独特性质？

(2) 可口可乐并购汇源是否违反《反垄断法》？

(3) 可口可乐并购汇源是否涉及国家安全问题？

三、评析

(1) 可口可乐与汇源之间的并购交易具有什么独特性质？

首先，这是一起具有跨国因素的并购交易。对于跨国并购交易，各国通常都

---

① 参见苏倩：《浅析"可口可乐收购汇源"案》，《法制与社会》，2009 年第 16 期，第 103 页。

有一些专门的法律规定，尤其是跨国并购的反垄断审查和国家安全审查规定。

其次，这是一起两个外国公司之间的并购交易。Atlantic Industries 和汇源都是依据英属开曼群岛的法律并且在该英属开曼群岛注册成立的有限责任公司。根据国际私法，这两家企业都是英国公司。因此，从法律形式上来看，Atlantic Industries 并购汇源实际上是两个外国公司之间的并购投资，而不是外国投资者并购中国法人的并购交易。

最后，这起并购交易的并购活动实际上发生在中国境内。尽管是两个外国公司之间的并购交易，但是，汇源是一家资产在中国境内而在香港上市的离岸公司，这起并购指向的也是中国境内的汇源的附属公司，因此，这起并购交易实际上发生在中国境内。根据《反垄断法》第 2 条规定："中华人民共和国境内经济活动中的垄断行为，适用本法。"因此，这起并购交易受中国《反垄断法》管辖。

（2）可口可乐并购汇源是否违反《反垄断法》？

可口可乐并购汇源属于经营者集中的交易情形。根据《反垄断法》，可口可乐并购汇源的交易应该进行反垄断审查申报并接受反垄断审查。

在程序上，经营者集中达到国务院规定的申报标准的，经营者应当事先向国务院反垄断执法机构申报，未申报的不得实施集中。经营者集中达到下列标准之一的，经营者应当事先向国务院商务主管部门申报，未申报的不得实施集中：①参与集中的所有经营者上一会计年度在全球范围内的营业额合计超过 100 亿元人民币，并且其中至少两个经营者上一会计年度在中国境内的营业额均超过 4 亿元人民币；②参与集中的所有经营者上一会计年度在中国境内的营业额合计超过 20 亿元人民币，并且其中至少两个经营者上一会计年度在中国境内的营业额均超过 4 亿元人民币。

经营者向国务院反垄断执法机构申报集中，应当提交法律规定的文件、资料；国务院反垄断执法机构应当对申报的经营者集中进行初步审查，作出是否实施进一步审查的决定，并书面通知经营者。国务院反垄断执法机构作出决定前，经营者不得实施集中；国务院反垄断执法机构作出不实施进一步审查的决定或者逾期未作出决定的，经营者可以实施集中；国务院反垄断执法机构决定实施进一步审查的，应当作出是否禁止经营者集中的决定，并书面通知经营者，作出禁止经营者集中的决定，应当说明理由，审查期间，经营者不得实施集中；对不予禁止的经营者集中，国务院反垄断执法机构可以决定附加减少集中对竞争产生不利影响的限制性条件。

在实体上，审查经营者集中，应当考虑下列因素：①参与集中的经营者在相关市场的市场份额及其对市场的控制力；②相关市场的市场集中度；③经营者集中对市场进入、技术进步的影响；④经营者集中对消费者和其他有关经营者的影响；⑤经营者集中对国民经济发展的影响；⑥国务院反垄断执法机构认为应当考虑的影响市场竞争的其他因素。

就此，根据《反垄断法》第 29 条，商务部从如下几个方面对此项经营者集中进行了全面审查：①参与集中的经营者在相关市场的市场份额及其对市场的控制力；②相关市场的市场集中度；③经营者集中对市场进入、技术进步的影响；④经营者集中对消费者和其他有关经营者的影响；⑤经营者集中对国民经济发展的影响；⑥汇源品牌对果汁饮料市场竞争产生的影响。审查工作结束后，商务部依法对此项集中进行了全面评估，确认集中将产生如下不利影响：①集中完成后，可口可乐有能力将其在碳酸软饮料市场上的支配地位传导到果汁饮料市场，对现有果汁饮料企业产生排除、限制竞争效果，进而损害饮料消费者的合法权益。②品牌是影响饮料市场有效竞争的关键因素，集中完成后，可口可乐通过控制"美汁源"和"汇源"两个知名果汁品牌，对果汁市场控制力将明显增强，加之其在碳酸饮料市场已有的支配地位以及相应的传导效应，集中将使潜在竞争对手进入果汁饮料市场的障碍明显提高。③集中挤压了国内中小型果汁企业生存空间，抑制了国内企业在果汁饮料市场参与竞争和自主创新的能力，给中国果汁饮料市场有效竞争格局造成不良影响，不利于中国果汁行业的持续健康发展。就此，商务部与可口可乐就附加限制性条件进行了商谈，经过评估，商务部认为可口可乐针对影响竞争问题提出的救济方案，仍不能有效减少此项集中产生的不利影响。

最终，根据《反垄断法》第 28、29 条，商务部认为，此项经营者集中具有排除、限制竞争效果，将对中国果汁饮料市场有效竞争和果汁产业健康发展产生不利影响。鉴于参与集中的经营者没有提供充足的证据证明集中对竞争产生的有利影响明显大于不利影响或者符合社会公共利益，在规定的时间内，可口可乐也没有提出可行的减少不利影响的解决方案，因此，决定禁止此项经营者集中。

从法律上来看，商务部的审查及其裁决是符合《反垄断法》的规定的。但是，《反垄断法》相关规定还不够具体和明确，商务部的裁决理由也不够详尽和充分，这些都是有待于进一步完善的。

（3）可口可乐并购汇源是否涉及国家安全问题？

根据《反垄断法》，对外资并购境内企业或者以其他方式参与经营者集中，涉及国家安全的，除依照该法规定进行经营者集中审查外，还应当按照国家有关规定进行国家安全审查。根据《商务部主要职责内设机构和人员编制规定》，国家发展和改革委员会、商务部会同有关部门建立外国投资者并购境内企业安全审查部际联席会议，商务部负责统一受理并答复外国投资者并购境内企业申请，其中，属于安全审查范围内的并购行为，由外国投资者并购境内企业安全审查部际联席会议进行安全审查。

就本案而言，许多人包括一些学者认为，可口可乐并购汇源意味着汇源将会被外国企业控制，这将会损害并且威胁民族品牌、支柱企业、民族产业乃至产业安全，因此，应该对此项并购进行国家安全审查。这种观点实际上泛化了国家安全概念。国家安全一般是指从领土、主权、政治、军事、国防、反恐等角度考虑的国家安全，就此，可能对于领土、主权、政治、军事乃至国防安全产生重大威胁的能源、资源、重工、基础设施、信息、技术、金融、环境乃至生态等也被纳入国家安全考虑范畴。就此而言，并购民族产业显然并不当然威胁国家安全，而果汁饮料的外资并购更不能被认为是威胁到了国家安全。在其他国家，一般也不泛化和滥用国家安全审查。在本案中，商务部没有启动国家安全审查。

案例十二：Doe 诉 Unocal 案^①

一、案情

1992 年，缅甸军政府设立的国家石油公司授权许可法国道达尔（Total S. A.）开发、运输和销售缅甸海岸亚纳达地区的天然气资源。道达尔公司为此设立了附属公司——缅甸道达尔公司，这个开发项目具体由天然气生产合资企业和天然气运输公司组成。同年，尤尼科（Unocal）及其全资子公司加州联合石油公司（以下统称尤尼科）加入该项目并且从道达尔公司那里获得了该项目 28% 的利益，为此，尤尼科设立了缅甸尤尼科公司用以持有天然气生产合资企业 28% 利益，同时设立了尤尼科国际管道公司用以持有天然气运输公司 28% 的利益。此外，缅甸石油公司和泰国石油勘探开发管理局也在该项目中持有利益。尤尼科、道达尔在该项目中与缅甸军政府合作，在缅甸农村地区修建一项天然气管道工程。

尤尼科公司向缅甸政府支付款项，作为政府提供劳工和安全措施的报酬。在管道修建过程中，负责工程安全的缅甸军队和警察对当地居民实施了包括强制搬迁、强迫劳役、强奸、拷打和谋杀在内的一系列暴行。例如，1994 年 12 月，原告之一 Jane Doe I（非真实姓名）——一个刚刚成为妈妈的缅甸妇女——正在村子上自己的家里烧火煮饭，怀里抱着刚刚出生不到两个月的孩子。缅甸士兵来到她家里找她的丈夫（逃脱了缅甸军政当局强令在管线工程之中的强制劳动），这些士兵对 Jane Doe I 还没按照要求离开管线项目地域而迁到政府指定地区而感到气愤，就上前狠踢 Jane Doe I，Jane Doe I 抱着孩子倒在了火里，被撞得失去了知觉，孩子也受到严重烧伤，尽管随后几天 Jane Doe I 努力给孩子进行救治，但是由于伤势过重，孩子还是死去了。

1996 年，受害者（由地球权利国际、宪法权利中心等非政府组织和其他个

①　参见 John Doe I et al. v. Unocal Corp. et al.，395 F. 3d 932 (9 Cir. 2002)，September 18, 2002.

人作为诉讼法律顾问）在美国加州联邦地区法院基于《外国人侵权索赔法》（Alien Tort Claims Act，ATCA）起诉尤尼科公司等侵犯人权[1]，控诉缅甸军方为了管线施工，以酷刑、谋杀、强奸等方式恐吓和强迫村民迁离管线经过的土地。原告指控，军方的迫害行为是为了尤尼科的利益，并在尤尼科知情之下进行的，这种行为就是默许纵容缅甸政府的侵犯人权行为，并从强迫劳动和强迫搬迁中得益，并且，缅甸军政府的迫害行为和尤尼科的合谋行为违反了联合国人权宣言、国际劳工组织禁止强迫劳动公约等万国法，因此，被告应该对受迫害村民承担侵权损害赔偿责任。美国小布什政府介入本案，司法部认为本案不利于美国外交关系和国家利益，尤其是会对美国反恐斗争造成不利影响。后来，加州联邦地区法院基于国家豁免、非属人联系等理由排除了其他被告，并决定继续对尤尼科的案件进行审理。2000 年 3 月，加州联邦地区法院认为原告指控证据不足而取消了案件。原告上诉到第九巡回上诉法院，巡回上诉法院于 2002 年 9 月部分地推翻了初审判决，并对尤尼科作出了认定加州联邦地区法院对于违反万国法（亦即国际法）的强制劳动、谋杀和强奸的指控具有管辖权以及尤尼科对此有可能承担在《外国人侵权索赔法》之下的责任的即决判决（summary judgment）。与此同时，原告又基于巡回上诉法院的认定，向加州高等法院依据加州法律提起诉讼。2004 年 8 月，小布什政府的法律顾问向第九巡回上诉法院提交了书面意见，反对尤尼科承担侵权责任。2004 年 9 月，加州高等法院最终拒绝了尤尼科提出的取消案件的动议，并认为该侵权诉讼应适用加州法律。2004 年底，尤尼科公司决定和解，并于 2005 年 4 月 2 日正式决定和解，同意赔偿原告损失，并通过赔偿基金改善管线经过地区居民的生活、医疗和教育条件以及保护人权。法院接受了当事人的和解，该案也于 2005 年 4 月 13 日正式结束。

二、问题

（1）跨国公司从事跨国投资应该遵守哪些国家的法律义务？

（2）跨国公司从事跨国投资是否应该遵守国际法义务？

（3）在本案中，美国第九巡回上诉法院为何判定加州联邦地区法院对本案具有管辖权以及尤尼科对此可能承担责任？

三、评析

（1）跨国公司从事跨国投资应该遵守哪些国家的法律义务？

---

[1] 2002 年 4 月，四位缅甸国民在比利时法院基于普遍管辖权对道达尔公司提起诉讼，该案在 2008 年 10 月最终被驳回。2002 年 8 月，八位缅甸国民在法国法院对道达尔公司提起诉讼，后因非政府组织 Sherpa 代表该案缅甸国民与道达尔在 2005 年 11 月 29 日达成和解，道达尔出资设立了赔偿和人道基金，因此该案于 2006 年 3 月 10 日被正式取消。

　　跨国公司在从事跨国投资活动中，首先而且主要应该遵守东道国的法律义务，这是东道国国家主权及其属地管辖权的要求。东道国法律通常都会通过一般的法律或者专门的法律对外国投资包括跨国公司投资活动规定一系列法律义务，包括政治、经济、社会、文化、环境保护等方面的刑事、行政和民事义务及其责任。为此，跨国公司应该遵守这些东道国的法律法规义务。

　　同时，跨国公司也应该遵守母国对于本国投资者从事海外投资活动所规定的有关法律义务，这是母国属人管辖权的要求。许多国家尤其发达国家越来越多地对本国投资者的海外投资活动规定了一系列从刑事、行政到民事法律的义务和责任。例如，要求遵守竞争法义务、证券监管法义务、禁止海外商业贿赂义务等。为此，跨国公司还必须遵守这些母国法上规定的义务。

　　（2）跨国公司从事跨国投资是否应该遵守国际法义务？

　　作为法律实体的跨国公司是国内法上的法人，只具有国内法主体地位而不具有国际公法主体地位。一般认为，国际法通常只是规定国家以及政府间国际组织等传统国际公法主体之间的权利、义务和责任，因此，跨国公司只承担遵守包括东道国法和母国法等国内法上的义务而不承担国际公法上的义务。

　　但是，就跨国公司而言，越来越多的国际软法文件开始直接规定跨国公司的国际软法上的义务。例如，经济合作与发展组织（OECD）《多国企业行为指南》就直接规定了跨国公司及其内部所有实体在信息公布、劳资关系、环境、打击行贿、消费者利益、科学技术、竞争、税收等主要领域的一般义务和特别义务。

　　（3）在本案中，美国第九巡回上诉法院为何判定加州联邦地区法院对本案具有管辖权以及尤尼科对此可能承担责任？

　　在本案中，Jane Doe I 等对尤尼科提起的诉讼以及第九巡回上诉法院判定加州联邦地区法院对本案具有管辖权的依据主要是《外国人侵权索赔法》。该法最初体现为美国 1789 年联邦《司法法案》第 9 节关于外国侵权索赔的联邦管辖权条款，其中规定：联邦"地区法院也应该察知——与几个州法院或者根据情况也可能是巡回法院——在外国人就违反万国法或美国的条约而仅仅因侵权提起诉讼的所有因由"，这项规定目的在于实施《美国宪法》第 1 条第 8 款所规定的国会权力即"界定并惩罚海盗罪、在公海所犯的重罪和违反万国法的罪行"。这项规定经过少许变动也规定在《美国法典》第 1350 节，即"对于外国人就违反万国法或美国的条约而仅仅因侵权提起的民事诉讼，联邦地区法院应该享有原初管辖权"（28 USC §1350）。根据这里的规定可以看出，这个法律其实是关于联邦和州法院在外国人就违反万国法和美国的条约而提起的跨国侵权民事赔偿诉讼的并行管辖权的规定。

　　第九巡回上诉法院在本案判决中认定，《外国人侵权索赔法》不仅仅就违反万国法的侵权诉讼赋予联邦地方法院以管辖权，而且也同时创造了违反万国法侵权之诉的诉因。禁止强制劳动（一种现代奴役形式）以及与此相关的谋杀、强奸、酷刑构成了国际法强行规范，强制劳动以及与此相关的谋杀、强奸、酷刑则构成了严重违反万国法的行为。强制劳动以及与此相关的谋杀、强奸、酷刑行为并非必须是国家行为，也可以是私人行为。在本案中，第九巡回上诉法院认为，尤尼科公司可能会因为协助和教唆缅甸军队实施强制劳动以及与此相关的谋杀、强奸而被认定为违反万国法，从而可能应该承担责任，因此，加州联邦地区法院应该继续审理此案。

案例十三：印度博帕尔毒气泄漏案[①]

一、案情

　　1984 年 12 月午夜刚过，在印度博帕尔市北部的一家化工厂发生了举世震惊的有毒化学气体泄漏惨案，造成数千人死亡，20 多万人受害，家畜残废，环境污染，商业中断。这家博帕尔化工厂于 1934 年成立，由美国联合碳化公司持股 50.9% 的联合碳化印度有限公司所拥有和经营，其中，印度政府持有和控制 22% 股份，其余股份则由 2 万多印度人持有。该公司主要制造化学品、塑胶、化肥、杀虫剂等，在印度有 14 个工厂，其中，博帕尔工厂是经批准制造农药杀虫剂的。

　　从 1984 年 12 月 7 日开始，美国律师代表数千名受害的印度人在美国联邦法院对联合碳化公司提起了 140 多起法律诉讼。1985 年 2 月，这些诉讼被合并由纽约南部联邦地方法院审理。1985 年 4 月，鉴于印度法院对联合碳化公司没有管辖权，印度政府依据其刚刚颁布的一项立法也代表印度受害人在纽约南部联邦地方法院对联合碳化公司提起诉讼。与此同时，也有大量针对联合碳化印度有限公司的法律诉讼在印度被提起。1985 年 7 月，联合碳化公司请求法院以不方便法院为由驳回所有这些诉讼，印度政府等原告则反对这项动议。1986 年 6 月 24 日，纽约南部联邦地方法院以不方便法院为由附条件驳回原告的诉讼。印度政府等原告就此提起上诉。1987 年 1 月 14 日，美国联邦上诉法院修改了地方法院的附加条件之后维持原审裁定。此后，原告又向美国联邦最高法院提起上诉，但也于 1987 年 10 月 5 日被拒绝。在此期间，1986 年 9 月，印度政府代表所有受害求偿人在印度博帕尔地方法院对美国联合碳化公司和联合碳化印度有限公司提起诉讼。鉴于印度政府和美国联合碳化公司开始谈判庭外和解，博帕尔地方法院于 1987 年 12 月 17 日裁决联合碳化公司提供 2.7 亿美元的临时救济。联合碳化公司就此向印度中央邦高等法院上诉，此后，印度政府和联合碳化公司又分别向印

---

　　① 参见姚梅镇、余劲松：《国际经济法成案研究》，武汉大学出版社，1995 年，第 1～39 页；李祥俊：《从印度博帕尔毒气泄漏案看不方便法院原则》，《中国青年政治学院学报》，2001 年第 5 期，第 46～51 页。

度最高法院提起上诉。1989 年 2 月，印度政府与联合碳化公司达成赔偿协议，由联合碳化公司为其子公司造成的毒气泄漏惨案赔偿 4.7 亿美元，印度政府则免于追究联合碳化公司的其他连带责任，这一协议得到印度最高法院确认，从而结束了在印度进行的民事诉讼程序。不久，联合碳化公司支付了 4.7 亿美元的赔偿。此后，直至 2009 年初，多起基于博帕尔事故提起的人身伤害诉讼和财产损害诉讼继续在美国纽约联邦地方法院受理，但基本上都被驳回，就此提起的上诉也被美国第二巡回上诉法院驳回。

二、问题

(1) 跨国公司母子公司之间债务责任关系如何？

(2) 美国法院最终以什么理由拒绝受理本案诉讼？

三、评析

(1) 跨国公司母子公司之间债务责任关系如何？

从法律形式上看，跨国公司母公司和子公司分别是具有不同法人资格的独立法人，按照公司法人的有限责任理论与立法，母公司和子公司分别都对各自自身的债务承担独立的法律责任，母公司通常不应承担子公司的债务责任。

但是，母公司和子公司各自独立法人资格和独立有限责任的理论与实践并不是绝对的。根据各国立法和实践，在有限情形下，母公司也应对其子公司的债务承担法律责任。其中，一种是基于母子公司独立人格和有限责任，根据子公司被母公司不适当的操控、母公司利用公司作为规避法定或者契约义务的手段从而滥用公司的法律形式、公司的投资不足、母公司的恶意行为以及子公司是母公司的代理人等，依据揭开公司面纱原则，要求母公司对于上述原因造成的损害承担连带责任；一种是基于母公司和子公司之间的统一企业实体，依据多国企业的整体责任、特定领域的单一实体责任、有关公司集团法的直接规定等，直接追究母公司的统一企业实体的责任。

不过，总体上看，母公司对于子公司承担债务责任只是子公司独立有限责任这一一般规则的例外。

(2) 美国法院最终以什么理由拒绝受理本案诉讼？

在本案中，美国法院以不方便法院管辖为由拒绝了在美国法院提出的诉讼。具体而言，这包括三个方面的考虑。

首先，就本案诉讼的私人利益和公共利益两方面分析而言，认定美国法院是不方便法院。从私人利益方面看证人和原始证据几乎全在印度，印度证人不受美国强制程序的约束，让自愿的证人在美国出庭的费用过高，在美国审理不便于现场勘验等表明美国法院为不方便法院；从公共利益方面看事故发生地在印度，本案适用的准据法是印度法，在美国审理会给美国法院造成行政管理的困难，印度具有重大利益等也表明美国法院为不方便法院。原告方就此提起上诉，上诉法院认为初审法官在本案中没有滥用自由裁量权，从而裁定维持原裁决。

其次，在本案中，存在一个充分可替代法院。一般而言，充分可替代法院要求被告至少有义务服从两个法院的管辖。其中，充分可替代法院必须是对案件具有管辖权的法院，本案中联合碳化公司是美国国民，印度法院对其不具有属人管辖权，但是，联合碳化公司自愿接受印度法院的管辖，从而使印度法院具有了管辖权。并且，通过对私人利益和公共利益两方面因素的比较分析来看，印度法院与本案诉讼的关系更为密切。此外，尽管本案由印度法院审理将会对原告不很有利，但是，对于原告可能承受不利的法律改变的考虑不应过分。

最后，为了确保能够有一个充分可替代法院从而对原告提供有效的救济，撤销或中止诉讼可能附加有关条件。在本案中，初审法院附加了三项条件，上诉法院最终维持了第一项条件，亦即，联合碳化公司必须同意服从印度法院的管辖，继续放弃基于时效法的抗辩。

案例十四：麦森尼诉美国 NAFTA 投资国民待遇案

一、案情

麦森尼诉美国（Methanex v. The United States）是一个比较具有代表性的保护投资者权益和维护东道国环境、健康和安全管制措施的案例。Methanex 是一个总部设立在加拿大的生产、运输和销售甲醇的公司，在加拿大、美国、新西兰等国都有公司机构，其中在美国拥有几家公司的投资股权。因为生产甲醇使用的一种材料是汽油添加物甲基三丁基醚（methyl tertiary-butyl ether，MTBE），这种材料含氧化物，会使尾气中氮氧化合物排放量增加，特别是未完全燃烧的部分会污染地下水，进而会危害人体健康、安全和环境，美国加州州长戴维斯于 1999 年 3 月签署法令，禁止使用制造甲醇所用的 MTBE。Methanex 则认为，美国加州供水系统之所以存在 MTBE，是因为美国国内环境法包括美国清洁水法案本身的规制没有效力以及没有有效执行的原因造成的。

1999 年 12 月 3 日，Methanex 提请设立仲裁机构，指控美国违反了北美自由贸易协定（NAFTA）第 1102 条的国民待遇等条款，请求裁判美国赔偿（连同利息和费用加在一起的总额）大约 9.7 亿美元。美国则对于仲裁庭的管辖权和 Methanex 的指控论点都提出了反驳，认为仲裁庭没有管辖权，认为 Methanex 的指控不成立。仲裁庭经过漫长的五年多的仲裁审理过程，对于案件的主要争点作出了裁判。

就美国违反 NAFTA 第 1102 条国民待遇的指控而言，Methanex 主张借鉴关税及贸易总协定和世界贸易组织（GATT/WTO）裁判之中对于"相似产品"的广义解释，认为所谓"在相似情况下"给予外国投资者及其投资以"国民待遇"，就是指对于包括乙醇在内的与甲醇存在竞争的产品给予高于甲醇的待遇，仲裁庭认为，美国国内同样存在大量生产和供应甲醇的企业，因此，在本案之中，应该比较的不是对甲醇和对乙醇的不同处理方式——实际上美国在国内投资者方面对待甲醇和乙醇也是不同的，而应该比较与 Methanex 情况"一致（identical）"的美国自己的甲醇生产商，加州的法律同样适用于美国自己的甲醇生产商，因此，这里不存在优惠国内投资者及其投资而歧视外国投资者及其投资的情况。进一步而言，仲裁庭认为，从 NAFTA 的谈判过程和条款表述来看，可以明显看出，缔约国并不想把贸易法中的"相似产品（like goods）"的概念运用到投资法之中来，因此，投资法中的"相似情形（like circumstances）"不同于贸易法中的"相似产品"，也不能像贸易法那样做"具有竞争关系的产品"的广泛解释。因此，美国的措施并不违反 NAFTA 第 1102 条国民待遇义务。

二、问题

（1）NAFTA 第 11 章对于国民待遇作了何种规定？
（2）投资协定与货物贸易协定中的国民待遇有何区别？
（3）投资协定与货物贸易协定中的国民待遇在解释上是否可以直接借用？
（4）美国加州的环保法令是否违反 NAFTA 第 11 章有关国民待遇的规定？

三、评析

（1）NAFTA 第 11 章对于国民待遇作了何种规定？

NAFTA 第 11 章第 1102 条规定了投资条约上的国民待遇。其中，第 1、2 款具体表述如下：①每一缔约方在相似情形下应赋予缔约他方投资者在投资的建立、取得、扩展、管理、经营、运作、销售以及其他处置方面以不低于其所赋予本国投资者的待遇；②每一缔约方在相似情形下应赋予缔约他方投资者的投资在投资的建立、取得、扩展、管理、经营、运作、销售以及其他处置方面以不低于其所赋予本国投资者投资的待遇。

（2）投资协定与货物贸易协定中的国民待遇有何区别？

国民待遇也是货物贸易协定的重要待遇标准之一，例如，《关税与贸易总协定》第 3 条第 4 款规定，任何缔约方境内产品在进入另一缔约方时所给予的待遇，在影响其国内销售、供应、购买、运输、分配或使用的所有法律、规章与细则方面，在优惠上不得低于原产于本国的相同产品的待遇。不过，货物贸易协定中的国民待遇与投资协定中的国民待遇是有区别的。

货物贸易协定国民待遇适用于与货物贸易有关的税费和规章等措施，而投资协定则适用于与投资者及其投资有关的规章措施。在货物贸易协定中，对于原产自其他缔约方进口产品与原产于进口国本国产品之间国民待遇的比较标准是"相似产品"，而在投资协定中，对于本国投资者及其投资与外国投资者及其投资之间国民待遇的比较标准一般是"在相似情形下（in like circumstances）"。

（3）投资协定与货物贸易协定中的国民待遇在解释上是否可以直接借用？

在货物贸易协定中，"相似产品"一般被理解为相同的、直接竞争的或者可替代性的产品，在解释上则通常参考产品的物理特性、市场最终用途、消费者偏好和关税数目等因素。但是，投资协定和货物贸易协定之中国民待遇的适用对象、比较标准和条款表述存在着许多区别，因此，投资协定与货物贸易协定中的国民待遇在解释上一般不可以简单借用。

（4）美国加州的环保法令是否违反 NAFTA 第 11 章有关国民待遇的规定？

在本案中，美国认为贸易法上国民待遇的表述方式和解释方法不应照搬到投资法领域，强调应该比较的是一致（identical）投资者及其投资的国民待遇，也就是与美国本国的甲醇生产商比较而言，作为外国甲醇生产商的 Methanex 是否获得了国民待遇。

仲裁庭认为，加州的禁令没有在汽油添加物 MTBE 的外国生产商和本国生产商之间有所歧视。而且，仲裁庭进一步指出，即使考虑甲醇和乙醇之间是否处于"相似情形"，那么，NAFTA 有关条款对于货物贸易和投资领域国民待遇的表述有所不同，在货物贸易有关条款之中，规定了相同、直接竞争或者具有替代关系的判断标准，而在投资上的国民待遇条款之中并没有作出此种规定，因此，应该比较的是作为甲醇生产商的外国投资者和本国投资者之间的待遇（而非作为外国投资者的甲醇生产商与美国本国乙醇生产商之间的待遇），就此而言，该法令也没有在甲醇生产领域的外国投资者与本国投资者之间有所歧视。

因此，加州法令没有违反 NAFTA 第 11 章的国民待遇规定。

案例十五：CMS 诉阿根廷之投资条约危急情况抗辩案[①]

一、案情

CMS 是一家设在美国的天然气传输公司。在 1989 年以来阿根廷政府推行的私有化、市场化和自由化改革过程中，1995 年，根据阿根廷政府请求而由投资咨询公司准备的要约备忘录以及根据政府法令拟定的许可权示范文本规定的条件，CMS 参与了阿根廷国有天然气运输公司 TGN 的私有化投标，获得了

[①] 参见 CMS Gas Transmission Company v. Argentine Republic（ICSID Case No. ARB/01/8），http://icsid.worldbank.org/ICSID/FrontServlet。

TGN29.42%的股份。根据阿根廷政府颁发的许可证，TGN 等公司以美元计价缴纳许可使用费，并且根据当时 1 比 1 的汇率以比索向消费者收取费用，以美元计价的使用费可以根据美国通货膨胀价格指数（PPI）每半年调整一次。但是，从 20 世纪 90 年代末期开始，阿根廷遭受了严重的经济危机。为此，阿根廷政府先后在 1999 年后期和 2000 年 7 月与所有天然气公司达成协议，暂停每半年一次根据美国通货膨胀价格指数调整使用费的做法，阿根廷政府就此承诺将会对这些公司的损失给予赔偿而且将不会改变当初的法律框架，这些协议得到了阿根廷规制当局的批准。但是，2008 年 8 月 18 日，在一起指控美国通货膨胀价格指数调整机制合法性的诉讼中，阿根廷联邦法官发出禁令，要求暂停政府与天然气公司达成的协议和政府有关法令。有关公司、政府和规制当局对此项禁令裁决提起申诉，但是，这些申诉都遭到了拒绝。于是，规制当局接连作出决定，持续冻结美国通货膨胀价格指数调整机制。就此，2001 年 7 月 12 日，CMS 向国际投资争端解决中心（ICSID）提起仲裁请求。

在仲裁庭审理过程中，CMS 指出，它正是凭着信赖阿根廷政府作出的承诺和保证，尤其是美元计价和通货膨胀价格指数调整机制才作出投资的，而阿根廷政府在 1999～2002 年及其以后采取的包括《经济紧急状态法》等措施给它的投资带来了灾难性的后果并且造成了严重的损失，阿根廷违反了 1991 年美国和阿根廷之间投资条约所有主要的投资保护义务包括征收及其补偿规定、公平公正待遇、禁止武断与歧视措施以及保护伞条款等。阿根廷政府则提出了一系列抗辩，其中包括危急情况（necessity）抗辩，阿根廷认为，阿根廷采取的是合法措施而并未违反投资条约义务，而且，即使是违反了条约义务，但是，因为阿根廷的经济、社会与政治危机构成了国家紧急情况，因此，有权享有国际法上和投资条约上的责任豁免。

就一般习惯国际法而言，阿根廷具体指出，阿根廷国内面临的是严重而且迫切的风险；这种风险影响到了其关键基本利益；阿根廷并未在实质上促成该危急情况的发生；阿根廷采取的这些措施是能够保护阿根廷关键经济利益的唯一措施；作为阿根廷条约义务受益者的其他国家或者国际社会共同体的关键利益并没有受到影响，而且外国投资者并没有受到歧视待遇。CMS 则认为，危急情况抗辩必须叠加符合所有严格条件，具体而言，阿根廷并未面临严重而且迫切的危机；危机主要是内部原因导致的，而阿根廷没有能够证明它未在实质上促成这种危机；阿根廷未能证明这些措施是应对危机的唯一可行措施；而且，危急情况是否成立不能仅仅由阿根廷自行判断。对此，仲裁庭认为，就是否涉及阿根廷关键基本利益而言，阿根廷确实面临着严重的危机情势，但是，这并不能够当然排除阿根廷行为的不法性；就危机是否严重而且迫切而言，阿根廷危急情况的困难程度可以构成阿根廷采取措施防止情势恶化进而防止整体经济崩溃的正当理由，但是，这也不能排除阿根廷行为的不法性；阿根廷采取的措施并不是唯一可行的措施；阿根廷的措施并未违反其对国际社会共同体的义务，但是，阿根廷是否违反了其对投资条约他方国家的义务则应该依据条约本身来分析；阿根廷长期奉行的国内措施及其缺陷在很大程度上造成了目前的经济危机；而且，所有这些条件必须叠加得到满足才能够豁免责任，但是，阿根廷显然无法满足所有这些条件，因此，不能据此免除责任。

在投资条约上，投资条约第 11 条规定，本条约不应禁止任何缔约方为维持公共秩序、履行其在维持或恢复国际和平或安全方面的义务或者保护其本国基本安全利益而采取的必要措施。就此，CMS 认为，本案投资条约保护投资者权益的规定排除了危急情况抗辩从而本案不能援用国际法委员会国家责任条款草案的有关规定；第 11 条不是自行判断的，而应由仲裁庭来判断阿根廷是否处于基本安全利益受到危及；经济危机不属于基本安全利益范畴；第 11 条本身并不能够豁免阿根廷的责任。对此，阿根廷认为，投资条约的目的和宗旨并没有排除危急情况的援用；根据缔约方的意图，第 11 条应该作广义解释；安全利益包括经济利益；仲裁庭有权判定阿根廷是否善意采取了应对经济危机的措施。仲裁庭认为，根据投资条约的目的和宗旨，即使在经济困难时期，投资者权益也要得到保护，在本案情形下，危机并未达到经济或者社会崩溃的严重程度，因此，条约的规定优先于危急情况的抗辩；在本案中，其他有关国家的基本利益并没有因为阿根廷采取的措施而受到损害；基本安全利益应该包括了经济利益，但问题在于这种经济危机究竟严重到何种程度；除非条约做出明确规定，否则，缔约方为维护基本安全利益采取的措施并不是自行判断的，本案阿根廷采取的措施就不是自行判断的，因此，应该由仲裁庭来对危急情况抗辩进行实质审查，既包括审查是否满足了危急情况的条件，也包括审查是否能够排除违法性，而非仅仅审查有关措施是否善意为之；只要排除违法性的危机情况不再存在，主张危急情况抗辩的国家就必须恢复履行国际义务；危急情况抗辩并不排除损害赔偿。

最终，仲裁庭驳回了阿根廷提出的危急情况抗辩，裁决阿根廷支付损害赔偿。

二、问题

(1) 投资条约上规定的缔约国保护外国投资者的义务一般包括哪些内容？

(2) 投资条约上规定的缔约国保护外国投资者的义务是否必须绝对无条件遵守？

(3) 危急情况抗辩需要满足哪些条件？一旦抗辩成立其法律后果如何？

(4) 本案阿根廷提出的危急情况抗辩为何没有得到仲裁庭支持？

三、评析

（1）投资条约上规定的缔约国保护外国投资者的义务一般包括哪些内容？

在现代投资条约中，一般规定了广泛而且严格的保护外国投资者及其投资的义务。

具体来说，投资条约首先规定了受到保护的投资者及其投资的定义和范围，其次规定了国民待遇、最惠国待遇、公平公正待遇、征收及其补偿待遇、外汇兑换承诺、保护伞条款乃至禁止对于投资者及其投资施加履行要求等实体性义务，最后则规定了投资者与缔约国之间争端解决的权利和义务承诺。

（2）投资条约上规定的缔约国保护外国投资者的义务是否必须绝对无条件遵守？

投资条约上规定的缔约国保护外国投资者及其投资的义务并不是必须绝对无条件遵守的。

投资条约通常规定了承担保护义务的具体判断条件，例如，国民待遇义务必须是在"相似情形下"进行比较。

投资条约还规定了特定例外条款，例如，本案之中为保护基本安全利益采取措施的例外。

投资条约还越来越多地规定了类似 GATT 第 20 条的一般例外条款，例如，规定只要此类措施不构成投资者及其投资的任意或不合理歧视或者对于国际贸易或投资造成变相限制，那么，投资条约的义务规定不得被解释为阻止缔约国采取为保护人类、动物或者植物的生命或健康的必要措施等。

（3）危急情况抗辩需要满足哪些条件？一旦抗辩成立其法律后果如何？

根据国际法委员会《国家责任条款草案》第 25 条，一国不得援引危急情况作为理由解除不遵守该国所负某项国际义务的行为的不法性，除非：①该行为是该国保护基本利益、对抗某项严重迫切危险的唯一办法；②该行为并不严重损害作为所负义务对象的一国或数国的基本利益或整个国际社会的基本利益。但是，一国绝不得在以下情况下援引危急情况作为解除其行为不法性的理由：①有关国际义务排除援引危急情况的可能性；②该国促成了该危急情况。

危急情况抗辩一旦成立，其法律后果是解释一国不遵守该国所负某项国际义务的行为的不法性。

（4）本案阿根廷提出的危急情况抗辩为何没有得到仲裁庭支持？

在一般国际法上，采取危急情况作为违反一国国际义务的理由的情形是极其罕见的，而且，在实践中，一般也都强调要对危急情况抗辩规定严格的限制条件，以免被滥用。不过，值得指出的是，传统危急情况抗辩一般主要是指国家政治、领土和国防等领域遇到的基本安全利益受到了严重迫切的威胁，但是，在当代经济全球化情形下，经济危机乃至生态危机等则成了新兴的国家安全利益，为此，需要国家实践发展这些新兴基本安全利益领域的危急情况抗辩的国际法。尽管如此，这种危急情况抗辩也还是不能被随意滥用。

仲裁庭认为，缔约国可以对基本安全利益作出自行判断的约定，否则，国际裁判机构就有权对基本安全利益进行实质性的司法审查。就本案而言，虽然基本安全利益应该包括经济利益，而且，阿根廷国内经济危机确实严重，但是尚未构成危及基本安全利益的程度，也不构成严重而且迫切的情势；而且，阿根廷采取的措施并不是唯一可行的措施，同时，阿根廷国内政策措施不当在很大程度上促成了这种危机。阿根廷并未满足危急情况抗辩的所有条件，因此，阿根廷的抗辩被驳回。值得指出的是，有些投资条约明确规定投资条约仲裁庭无权就缔约国采取安全例外措施决定本身的争议进行司法审查。

但是，本案仲裁庭的裁判本身仍然存在着一些缺陷，尤其是仲裁庭过于倚重一般习惯国际法尤其是国际法委员会《国家责任条款草案》第 25 条的规定来裁判本案纠纷，而没有充分地依靠本案系争投资条约及其条约解释来进行论证说理。对此，负责审查本案裁决撤销申请的专门委员会认为，本案仲裁庭在依据条约第 11 条进行解释论证方面说理不够充分，但是不能说是"没有述明理由"，进而，本案仲裁庭主要从一般习惯国际法和《国家责任条款草案》第 25 条来作出解释和裁判，而没有主要从条约本身的规定来进行解释，从而没有能够注意到二者之间存在的许多差异，因此，应该说在法律适用、法律解释等法律问题上是错误的，但是，根据 ICSID 公约规定，专门委员会不是投资条约仲裁案件的上诉审机构，因此，专门委员会也无权就此撤销本案裁决。

此外，在针对阿根廷提起的投资条约仲裁案件中，多数仲裁庭否定了阿根廷的危急情况抗辩，但是，也有仲裁庭支持了危急情况抗辩。例如，LG&E 诉阿根廷案仲裁庭主要从投资条约本身的规定入手，认为阿根廷经济危机使得阿根廷社会公共秩序和国家基本安全利益受到了严重威胁，而且，阿根廷在 2001 年 12 月 1 日到 2003 年 4 月 26 日期间采取的应对危机措施构成了危急情况，因此，应该免除阿根廷在此期间采取的违反双边投资协议（BIT）义务的责任，而且，LG&E 公司就此受到的损失也应该自行承担。

案例十六：SGS 诉巴基斯坦投资条约保护伞条款案[①]

一、案情

在 SGS 诉巴基斯坦案中，SGS 与巴基斯坦签署了装船前检验服务合同，合

---

① 参见林笑霞：《国际投资仲裁中危急情况的适用——以阿根廷所涉国际投资仲裁为例》，《国际经济法学刊》，2009 年第 16 卷第 3 期，第 251～254 页。

同约定一切合同纠纷如果不能友好协商解决则都应依据巴基斯坦仲裁法在巴基斯坦仲裁解决。合同实施不久，巴基斯坦终止了合同，双方就合同的效力、履行和终止发生纠纷。SGS 向瑞士日内瓦一审法院起诉，指控巴基斯坦违反终止了合同，一审法院基于当事人之间存在仲裁协议而驳回了 SGS 的请求。SGS 向瑞士三审法院提起诉讼，请求阻止巴基斯坦诉诸合同仲裁，结果都败诉。巴基斯坦则请求巴基斯坦法院发出强制合同仲裁令，并且最终获得许可，而 SGS 在巴基斯坦三审法院程序中的请求也都败诉。

　　期间，2001 年 10 月 12 日，SGS 向 ICSID 提出仲裁申请，指控巴基斯坦违法终止了合同，剥夺了 SGS 合同上的利益和机会，而且没有支付所欠款项，因此，违反了 BIT 中关于投资待遇、征收及其补偿和保护伞条款（"任一条约缔约方都应持续保证遵守其对其他条约方投资者之投资的承诺"），也违反了合同。随后，依据合同仲裁的仲裁员被任命，但该仲裁员同意等待 ICSID 仲裁庭针对管辖异议的裁决。2002 年 10 月 18 日，巴基斯坦向合同仲裁庭提出请求，请求裁定 SGS 违反合同并支付赔偿。在 ICSID 仲裁庭，SGS 主张保护伞条款具有"镜像效果"（mirror effect），它将单纯违反契约的请求"提升为"、"反映为"违反国际法的条约请求，巴基斯坦则提出反对和管辖权异议。仲裁庭在裁决中认定本案争议构成投资争议，仲裁庭对条约请求具有管辖权，至于合同请求则因合同另有其他约定而无权管辖，对于保护伞条款应该审慎解释，它不能将合同请求当然转换成条约请求，除非通过 BIT 作出更加具体的明确规定，否则，保护伞条款本身并不能够将违反合同的请求提升为违反国际法，它的意义在于东道国应该制定法律实施其对外国投资所做承诺，或者，在东道国实质性的阻碍或者拒绝合同约定的国际仲裁等例外情形下，东道国违反国家契约确实可能虽不违反 BIT 其他实体条款但却违反持续保证遵守合同的保护伞条款义务。仲裁庭最终裁定对 SGS 指控巴基斯坦违反 BIT 的请求有管辖权，对双方相互的合同指控无管辖权，拒绝巴基斯坦关于 ICSID 仲裁庭应该等待合同仲裁裁决的请求，仲裁庭将在后续仲裁程序中仲裁违反 BIT 的实体争议。此后，双方当事人达成和解，分别撤销了在 ICSID 和在巴基斯坦的仲裁程序。

二、问题

　　（1）什么是投资条约上的保护伞条款？

　　（2）保护伞条款一般要求缔约国必须遵守哪些义务？

　　（3）保护伞条款具有何种法律效果？

　　（4）本案中仲裁庭对于保护伞条款的解释是否正确？

三、评析

（1）什么是投资条约上的保护伞条款？

保护伞条款通常规定，每一缔约方应遵守其对"另一缔约方的投资者（investor of the other party）"及其投资所做的任何承诺。

目前，在全球将近 2 500 个双边投资条约之中，大约 40％规定了"保护伞条款"，其中，多数 OECD 成员国家对外签订的双边投资条约都有采纳保护伞条款的实践，只有加拿大对外签订的双边投资条约之中没有采纳保护伞条款。这样，与 OECD 国家签署双边投资条约的许多发展中国家接受了保护伞条款。进而，也有一些发展中国家在其与其他发展中国家对外签订的双边投资条约之中也规定了保护伞条款。

（2）保护伞条款一般要求缔约国必须遵守哪些义务？

通常认为，保护伞条款适用范围（scope of coverage）包括了东道国对特定的外国投资作出的四种基本类型的承诺或义务，即：①东道国通过国家契约（investment contracts）而对外国投资者承担的合同上的具体承诺或义务；②东道国通过投资授权（investment authorizations）而对外国投资者承担的许可上的具体承诺或义务；③东道国通过投资立法（investment legislations）而对外国投资者承担的立法上的具体承诺或义务；④东道国通过国际条约（international agreements）而对外国投资者承担的条约上的具体承诺或义务。但是，国际条约一般极少会规定针对特定具体投资的承诺或义务，而几乎都是针对各种投资和财产所规定的一般待遇标准、承诺和义务，而且，国际条约上的承诺或义务完全可以通过最惠国待遇条款得以传导和援引，而没有必要通过保护伞条款来主张。因此，可以认为，保护伞条款的真正价值其实是在于投资合同、投资授权和投资立法方面的特定承诺和义务。鉴于国家契约能否受到国际法调整和保护乃至救济则历来是国际法上争议很大的问题，即使能够获得国际法上的直接保护，也必须符合很高的测试标准和举证要求，所以，结合保护伞条款的历史起源，也可以认为，通过条约要求东道国必须遵守国家契约上对外国投资者所作出的特定承诺和义务，这应该是保护伞条款适用范围中最重要的部分。

（3）保护伞条款具有何种法律效果？

保护伞条款要求条约缔约国应该遵守其对缔约他方投资者及其投资承担的任何特定的义务承诺尤其是国家契约上的义务承诺，从而将信守约定原则上升为投资条约义务，将违反国家契约上升为违反投资条约，进而引起违反条约义务的国家责任。

保护伞条款使国家契约受到契约准据法和投资条约双重保护。保护伞条款使得外国投资者可以选择直接诉诸私人投资者和缔约东道国之间的投资条约争端解决机制寻求救济。保护伞条款只适用于东道国对外国投资者的特定具体投资所承担的与投资有关的特定具体的具有法律约束力的义务承诺而非一般意义上的任何国内法和国际法义务。

但是，保护伞条款本身并未向东道国施加绝对遵守任何特定承诺的国际法义务，东道国可以依据不可抗力、情势变更、合同受挫等理由，主张排除或者减免国家责任。

（4）本案中仲裁庭对于保护伞条款的解释是否正确？

本案仲裁庭认为，东道国违反国家契约确实可能虽不违反 BIT 其他实体条款但却违反持续保证遵守合同的保护伞条款义务，但是，保护伞条款本身并不能够将违反合同的请求提升为违反国际法，它的意义在于东道国应该制定法律实施其对外国投资所做承诺，或者，在东道国遭遇实质性的阻碍或者拒绝合同约定的国际仲裁等例外情形下。仲裁庭对于保护伞条款的条约解释并不符合 1969 年《维也纳条约法公约》（VCLT）关于条约解释的习惯国际法规则。因为，根据VCLT，条约应依其用语按其上下文并参照条约之目的及宗旨所具有之通常意义，善意解释之；当意义仍属不明或难解或所获结果显属荒谬或不合理时，为确定其意义起见，得使用解释之补充资料，包括条约之准备工作及缔约之情况在内。保护伞条款应该依其用语按其上下文并参照条约之目的及宗旨所具有之通常意义作出善意解释。据此，保护伞条款本身的表述已经非常具体明确了，它的含义就是如其所述的那样要求条约缔约国应该遵守其对缔约他方投资者及其投资承担的任何特定的义务承诺尤其是国家契约上的义务承诺，它的效果就是要求东道国遵守投资国家契约，就是把违反国家契约当然上升为违反条约并且要求东道国承担违反国际法的国家责任。本案仲裁庭不适当地限制了保护伞条款的适用范围及其法律效果，这种解释和裁判没有任何条约文本的依据也没有任何条约解释的依据。

客观地说，保护伞条款确实提出了如何审慎反思投资条约、如何审慎解释投资条约尤其是如何审慎平衡东道国国家主权及其社会公共利益与外国投资者私人财产权利及其经济自由的复杂问题。进而，根据保护伞条款与国际投资法的历史演进，由于没有能够认真审慎对待投资条约及其私人国际直接出诉权机制的法律后果，投资条约东道国尤其发展中国家确实并没有预料到保护伞条款的深远法律效果。就此，有学者认为对于保护伞条款既不要过于宽泛地解释，也不要过于狭窄地解释，而应该把保护伞条款限定在东道国以主权者身份而非单纯商业交易者身份对于国家契约的违反或者非法干预。应该说，这种思路是更加中道平衡的。但是，严格来说，这却并不符合条约文本及其解释习惯。因此，还是应该通过缔约国相互之间解释或者修改投资条约保护伞条款的方式达到重新平衡才更为妥当。

案例十七：艾尔西公司案[①]

一、案情

艾尔西（ELSI）是意大利西西里的一家公司，美国两家公司拥有艾尔西公司的全部股份。该公司在巴勒莫有一生产电子元件的工厂。1964～1966年公司的经营利润不足以偿清。1967年，美国的控股公司开始采取措施，努力使该公司能够自足。同时意大利政府和艾尔西公司之间也召开了数次会议，讨论为该公司寻找有经济实力的意大利合作伙伴和利用政府支持的可能性。但最后双方未达成一致意见。美国的控股公司准备关闭和清算艾尔西公司，以减少损失。根据其财务主任作出的资产分析，预计艾尔西公司到1968年3月31日时在册的资产为1 864 000万里拉，在1967年9月30日，公司的全部债务是13 123 900万里拉，如果进行有秩序的清偿债务，即在艾尔西自己的管理控制下变卖公司的财产，偿还债务，要比以后破产好。

1968年3月28日，艾尔西公司决定停止经营。意大利政府继续与该公司会谈，向公司施加压力，不要关闭公司和解雇工人。1968年3月29日，公司向职工发出解雇函。1968年4月1日，公司所在地市长发布命令征收艾尔西的工厂及其财产6个月。命令发布后，工人们立即占据了工厂。1968年4月19日，艾尔西公司向巴勒莫地方长官提起对征收的行政申诉。同年4月26日，艾尔西公司申请破产，指出征收是公司对工厂失去控制的原因。1968年5月16日，巴勒莫法庭颁发破产令。同年8月22日，巴勒莫地方长官对艾尔西公司的行政申诉作出裁定，取消了征收令。1970年6月16日，公司的破产财产管理人为征收所受的损害向巴勒莫法庭对意大利内务部和巴勒莫市长起诉。巴勒莫上诉法院对由于在征收期间不能使用工厂而造成的损失裁决应付赔偿。1985年11月，破产诉讼终结，美国的两个公司作为艾尔西公司股份持有者未得到任何变卖财产所得的资金。

1987年2月6日，美国向国际法院对意大利提起诉讼。美国主张意大利对艾尔西公司所做的行为违反了1948年2月2日在罗马签订的美意友好通商航运条约和1951年9月26日缔结的该约的补充协定。美国和意大利双方同意将该案提交国际法院分庭审理。1987年3月，法院任命了五名法官组成分庭审理该案。意大利对法院受理该案提出反对，意大利认为两个美国控股公司未用尽它们在意大利可使用的当地救济，美国不能代表该两公司向国际法院起诉，因

[①]　梁淑英：《国际法教学案例》中国政法大学出版社，1999年，第149～153页。

此法院不能受理此案。美国认为意大利政府违反了依美意友好通商航行条约及其补充协定所承担的国际法律义务，尤其是该条约的第 3、5、7 条和补充协定第 1 条。理由是，意大利政府非法征收艾尔西的工厂，使艾尔西公司的工人占据该厂；意大利不合理地拖延了 16 个月，直至该工厂、设备、生产线全部被另一公司取得后，才作出对征收是否合法的决定；意大利政府干预艾尔西公司破产程序，使意方实现了其以前表示的要以大大低于公平市场价的价格获得艾尔西的意图。

其中，就违反充分地保护和安全而言，美国认为，意大利允许艾尔西公司的工人占领工厂，这种占领得到了地方当局的默许，地方当局没有努力采取措施防止或者结束这种占领，从而给艾尔西公司造成了损害。对此，意大利并不否认这种占领的发生，意大利法院也认定地方当局宽容了这种占领，尽管如此，这种占领却是和平地占领，而且，很难认为这种和平占领给艾尔西公司造成了严重损害。持续的保护和安全不能被解释为保证艾尔西公司的财产不受任何占领和侵扰，不能合理地指望 800 多人的解雇不会产生任何抗议。无论如何，工厂处境的恶化不能归咎于工人们的抗议，而且，也不能认为地方当局能够不仅保护工厂而且能够保证工厂继续生产，地方当局提供的保护不能认为是低于国际法所要求的充分地保护和安全。

就违反不受任意武断的或歧视性地对待而言，美国主张，接管法令是任意武断的和歧视性的。法庭认为，接管令不是基于股东国籍做出的，有许多类似的接管令是直接针对意大利全资公司作出的，在本案中也没有证据表明这种接管是为了意大利接管方谋取私利的。美国认为，接管令是基于不合理和不适当的理由作出的，而且在意大利国内法上也正是以这种理由被认定为是非法的。就此，法庭认为，首先应该强调指出的是，一个公共当局的行为可能在国内法上是违法的，但这并不意味着这种行为在国际法上也是违法的；一项行为在国内法院被认定为是违法的，这确实与该行为在国际法上是否是任意武断的有关，但是，国内法院认定其违法本身并不意味着该行为是任意武断的，或者说，违法并不能与任意武断画上等号；法庭认为，初审法院认定接管法令本身合法但是其间的事实依据存在缺陷，上诉法院认为初审法院的认定本身已经表明接管法令本身已经构成了违法行政行为，但是，这两个法院的裁决本身都不意味着地方当局的行为是不合理的（unreasonable）或者任意武断的（arbitrary）；进而，根据当时的情形，地方当局采取的措施本身不能说是不合理的或者反复无常的，而且接管令本身阐明了理由和法律依据，尽管被两个法院裁定为无效，但是，地方当局并没有违反行政法上的权限，此外，地方当局采取的行为是在一个法律实施系统之内作出的，这个系统具有正常的申诉和司法评审机制。法庭认为，任意武断与其说是违反了某一具体法律规则，不如说是违反了法治。它意味着对于法律的正当程序的故意不尊重，或者某种违反正常司法感的令人震惊或者至少令人惊讶的行为。但是，根据两个法院的裁决来看，本案地方当局的行为并非如此。

因此，意大利并没有违反充分的保护和安全以及不得任意武断和歧视性对待的义务。最后分庭判决意大利未以美国认定的方式违反意美友好通商航运条约，同时驳回原告要求赔偿的请求。

二、问题

(1) 充分的保护和安全是何含义？意大利在本案中是否违反了这项义务？

(2) 不得任意武断和歧视对待是何含义？意大利在本案中是否违反了这项义务？

三、评析

(1) 充分的保护和安全是何含义？意大利在本案中是否违反了这项义务？

充分的保护与安全（full protect and security）是多数投资条约规定的重要待遇条款，这项待遇标准是一项绝对待遇标准，有时包含在公平公正待遇之内，有时独立于公平公正待遇；有时结合国际法予以规定，有时则独立于国际法予以规定。

充分的保护与安全的含义是：保护投资者免于各种物理意义上的暴力侵害，也包括保护投资免于各种物理意义上的暴力侵害；保护投资者的权利免于东道国实施法律和规章的侵犯，亦即享有一个安全的投资环境。但是，这个标准并不提供防止物理的或者法律的侵犯的绝对保护；进而，东道国也并不承担防止这种物理或者法律侵犯的严格责任的义务。它要求东道国必须采取"适当注意"并且必须采取合理措施保护外国投资者。

这意味着：其一，东道国自身必须采取适当注意和合理措施，以便防止外国投资者及其投资遭受任何第三方的物理意义上的侵犯；其二，东道国自身不得侵犯外国投资者及其投资，也不得主要促成这种侵犯。

在本案中，友好通商航运条约规定了持续的保护与安全的义务，但是，意大利地方当局的行为并非积极侵害投资者权益，也没有违反适当注意义务，而且，这项义务并不要求对于艾尔西公司提供不受任何侵扰的绝对义务，也不要求对于艾尔西公司承担绝对不受任何侵犯的严格责任。因此，意大利并没有违反这项义务。

(2) 不得任意武断和歧视对待是何含义？意大利在本案中是否违反了这项义务？

许多投资条约规定了不得任意武断和歧视对待外国投资者及其投资。其中，不得歧视是相对待遇标准，而不得任意武断则是绝对待遇标准。

不得任意武断和歧视对待的含义主要是指：每一缔约方不得以任意的或者歧视性的措施侵害投资。就辞典式的解释而言，这意味着不得仅仅依靠个人的主观臆断、偏见或者偏好，而非依据事实的推理采取措施；就法治意义上的解释而言，这意味着不得采取违反法治原则的措施，例如，故意无视正当程序，或者令人震惊或者至少令人惊讶的司法不当行为。

在本案中，友好通商航运条约的议定书规定了不得任意武断和歧视对待的义务。在本案中，根据当时工厂财务困境的情形，意大利地方当局的接管法令确实不能够起到维系公共秩序的效果，但是，接管法令符合地方当局的行政法权限，接管法令并没有歧视对待作为全资股东的美国公司，而且，这种措施给出了事实理由和法律依据并且不违反正当程序原则和法治的基本要求。因此，意大利并没有违反不得任意武断和歧视对待外国投资者及其投资的义务。

案例十八：Metalclad 诉墨西哥政府 NAFTA 投资仲裁案[①]

一、案情

Metalclad（特拉华州法律之下设立）通过其全资企业 ECO（在犹他州法律之下设立）拥有一家墨西哥公司 Econsa 100％的股份。1993 年，Econsa 购买了一家墨西哥公司 Coterin，目的在于取得、发展和运营 Coterin 设在 Guadalcazar 城 Lapedarera 山谷的垃圾废物转换站和处理厂。Coterin 则是垃圾处理厂资产、特许和许可的记录文件上的所有人。1990 年墨西哥联邦政府授权 Coterin 在墨西哥 San Louis Potosi 州（以下简称 SLP 州）Guadalcazar 城 Lapedarera 山谷建设和运营一家危险废物转换站。1993 年 4 月 23 日，Metalclad 与 Coterin 缔结了一项为期 6 个月的选择权合同（option agreement），约定 Metalclad 有权购买 Coterin 及其各种特许权以便建设该危险废弃物处理厂。1993 年，Coterin 分别获得了墨西哥环境、自然资源和渔业联邦秘书处（SEMARNAP）下属的国家生态机构 INE 授予的联邦许可、SLP 州政府授予的州土地使用权许可（但同时声明此项许可受制于有关机关所要求的各种具体规章和技术规范的要求，而且不意味着授权进行具体工程、建设或者商业运营）。SLP 州长认为，如果研究表明该项目是合适的或可行的，并且如果环境影响也与墨西哥标准相符合，那么，州长就会支持这个项目。国家生态机构 INE 主席和 Guadalcazar 市发展和生态秘书处 Sedue 秘书长告诉 Metalclad，除了联邦运营许可之外，该处理厂所有必要的许可都已经被正式颁发了。INE 主席提交的证人证词也表明，如果所有的联邦和州

---

① 参见 ICSID 官方网站发布的关于本案的正式仲裁裁决报告文本，以及加拿大不列颠哥伦比亚省最高法院官方网站的判决文本。

法律规章所要求的许可都被获得的话，危险废弃物处理厂就可以建设了。根据 Metalclad 的主张，Sedue 秘书长还告诉它，获得州和地方社区共同体对该项目的支持的责任在于联邦政府。1993 年 8 月 10 日，INE 授予 Metalclad 联邦运营许可。1993 年 9 月 10 日，Metalclad 行使其选择权买下了 Coterin、处理厂区块和相关的各种许可。根据 Metalclad 所称，如果没有得到联邦和州政府官员的明显的批准和支持，它是不会行使其对 Coterin 的购买选择权的。1994 年 4 月，在经过了几个月的谈判之后，Metalclad 认为它已经获得了 SLP 对于项目的同意和支持。于是，1994 年 5 月，在获得了 INE 授予的联邦建设许可延展 18 个月的期限之后，Metalclad 开始建设处理厂，而且，处理厂建设项目一直是公开的而且是没有受到任何干扰的在进行着，直到 1994 年 10 月。在此期间，许多联邦官员和州政府代表考察了建设厂区，Metalclad 向这些官员提交了各种书面进展报告。但是，就在 Metalclad 购买了 Coterin 之后不久，SLP 州长就着手发动了一系列谴责和阻止该处理厂运营的公众运动、行政行动、司法行动和立法行动。尤其是，1995 年 12 月 5 日，在 Metalclad 提出城市建设许可之后的第 13 个月，该申请被市政府所拒绝，但 Metalclad 却并没有得到任何正当行政程序的知情和保护。

于是，Metalclad 提起了投资条约仲裁。Metalclad 指控墨西哥违反了 NAFTA 第 11 章有关公平公正待遇和征收及其补偿的有关规定。NAFTA 第 1105 (1) 规定，每一缔约方应赋予缔约他方投资者的投资以符合国际法的待遇，包括公平与公正待遇，以及充分的保护和保障。对此，仲裁庭认为，根据 NAFTA 第 102 条第 1 款，NAFTA 的一个基本目标就是要促进和增加跨边界投资机会并确保投资计划的成功实施，为此，缔约方应该确保"透明性"。仲裁庭认为，这意味着，所有与为发起、完成和成功运作既有投资或拟议投资之目的有关的法律要求都必须能够容易为所有受影响的缔约他方投资者所知悉（readily known），而不应留有怀疑或不确定（doubt or uncertainty）的空间；一旦任何缔约方中央政府意识到存在被误解或混淆的任何可能，它就有义务确保立即（promptly）采取正确的立场并清晰的作出表述（clearly stated），以便投资者能够确信投资者是在依据所有相关法律在行事并尽速继续行事。

Metalclad 购买 Coterin 的唯一目的就在于要开发和运营一个在 SLP 州 Guadalcazar 城 Lapedarera 山谷的危险废物处理厂。Metalclad 获得了联邦政府的各种许可，但是，当 Metalclad 在购买 Coterin 之前咨询联邦官员关于是否需要城市许可证时，联邦官员确保说它已经获得了从事处理厂项目的所有手续。事实上，在 Metalclad 购买 Coterin 之后，联邦政府又将其联邦建设许可证扩展了 18 个月。按照墨西哥法，城市的权力仅仅限于建筑许可的管理，并为建设和参与生态保护区的建立和管理而授予特许和许可，州的环境权力限制在那些没被明确赋予联邦政府的问题上。就此，Metalclad 被引导着相信而且事实上它也相信了，联邦政府和州的许可已经允许它建设和运营该处理厂。Metalclad 认为，在这个根本上来说是一个危险废物处理厂的问题上，城市当局基于环境影响考虑而拒绝发出许可证，这是不适当的，同样，城市当局基于任何与该物理建筑或在建设选址上的缺陷无关的其他任何理由而拒绝发出许可证，也都是不适当的。依靠联邦政府的陈述，Metalclad 开始了处理厂的建设，而且是公开的和持续的进行这种建设——直到城市当局于 1994 年 10 月 26 日发出"停工令"，这种建设也是联邦、州和城市政府完全知道的。据说，这个禁令的基础是 Metalclad 没有获得城市的建设许可证。此外，Metalclad 还主张，联邦官员告诉它，如果它提交城市建设许可的申请，城市当局没有任何法律理由拒绝授予许可，因此，授予许可是一个当然的问题。缺乏关于是否需要城市建设许可的明晰规则（clear rule），以及缺乏任何关于处理城市建设许可申请的既定做法或程序（any established practice or procedure），这意味着墨西哥没有能够确保 NAFTA 所要求的透明性。Metalclad 有理由信赖联邦官员的陈述，并有理由认为它有权继续进行处理厂的建设。在听从了这些联邦官员的建议而于 1994 年 11 月 15 日注册了城市许可申请之后，Metalclad 仅仅是在审慎行事而且充分预期着该许可将会被授予。1995 年 12 月 5 日，在 Metalclad 提出申请的 13 个月之后——在此期间，继续着它的公开而明显的投资活动——城市当局拒绝了 Metalclad 的建设许可申请。这项拒绝恰好是发布在该建设实际上已经完成而且也恰恰是在规定处理厂运营问题的 Convenio 发布之后。而且，这个许可是在一次城市城镇委员会的会议上被拒绝的，而 Metalclad 并没有收到有关通知，它也没有收到邀请，它也没有被给予出席的机会。城镇委员会拒绝该项许可是基于如下理由但可能本不限于这些理由：当地居民的反对，该建设在提出申请时已经开始了，1991 年 12 月和 1992 年 1 月已经拒绝了 Coterin 的许可，关于该处理厂对选址地区及其周边社区环境效果和影响的生态考虑。这些理由中没有一个涉及任何有关该处理厂的物理建筑问题或任何物理缺陷问题。因此，仲裁庭认定，建设许可的拒绝没有任何关于建筑物理设施缺陷问题的考虑或者具体参考。同时，仲裁庭认为不能忽视如下事实，即在城市拒绝授予许可之后，它立即又向 Semarnap 注册了一个行政申诉以挑战 Convenio。仲裁庭由此推论，城市当局对于它是否有权仅仅基于缺乏城市许可而拒绝该处理厂许可是缺乏信心的。Semarnap 取消了这项申诉，理由是城市当局缺乏申诉资格，就此城市当局立即注册了一个 Amparo 诉讼，然后，一项禁令被发布，禁止该处理厂被运营直到 1999 年。在 1997 年，SLP 再次进入了画面，并发出了一项生态法令，该法令有效且有效阻止了 Metalclad 投资的使用。正是因为城市当局拒绝了城市建设许可之后所采取的各种行动，加之其拒绝本身存在的程序和实体上的缺陷，仲裁庭认为，城市当局坚持需要建筑许可并且拒绝了建筑许可，这是不适当的。仲裁庭的这个结论不受 NAFTA 第 1114 条——该条允许缔约方确保投资活动应以对环境具有敏感意识的方式进行——的影响。Convenio 的缔结以及联邦许可的授予清楚地表明，墨西哥对于该项目与其环境考虑是相一致的，而且也是对环境具有敏感意识的这一点感到满意。墨西哥没有确保为 Metalclad 的商业计划和投资提供一个透明的和可预测的框架。上述情形总体表明，墨西哥在关于一个缔约方的投资者——该投资者本着它能够被依照 NAFTA 而获得公平和公正的对待的期待而行事——问题上缺乏有序的过程和及时的处理。而且，州和城市当局的行为——因此也就是墨西哥的行为——没有符合或遵守 NAFTA 第 1105（1）条款所要求的赋予缔约他方投资者之投资以符合国际法的待遇，包括公平与公正待遇。鉴于国内法（如城市当局所说的许可要求问题）不能成为不履行条约义务的理由，就更是如此。

仲裁庭因此认为，Metalclad 没有被赋予 NAFTA 项下的公平或公正待遇，进而，Metalclad 在 NAFTA 第 1105（1）项下的请求得到了认可。

二、问题

(1) 如何理解投资条约上的公平与公正待遇？

(2) 本案墨西哥为何被认定为违反了公平与公正待遇？

三、评析

(1) 如何理解投资条约上的公平与公正待遇？

公平与公正待遇标准是传统国际投资法上的一个重要待遇标准，是一项绝对待遇标准。公平公正待遇标准是指东道国对外国投资者的投资及其与投资有关的活动应该给予公平和公正的待遇。绝大多数投资条约都规定了公平公正待遇条款，但是也有少数投资条约没有规定公平公正待遇条款。在不同的投资条约中，公平公正待遇标准的表述并不一致。有的投资条约把公平公正待遇与一般国际法要求结合起来予以规定，要求投资应享有公平公正待遇，应享有充分的保护和安全，并且不得低于国际法的要求。也有的投资条约独立地规定，投资应享有公平公正的待遇。

20 世纪 90 年代以来，投资条约仲裁实践对于公平公正待遇的含义解释主要包括：①适当注意与保护义务。要求东道国对于外资保护必须满足适当注意的义务。②正当程序（包括不得拒绝司法和任意武断）。禁止东道国拒绝司法、程序不当及判决不公，而且还要求对待投资者的行政程序公正合理。③透明性要求。要求东道国对待投资者的法律政策应该具有透明性，应该给予外国投资者提供稳定的、可预见的法律与商业环境。④善意诚信（包括尊重投资者基本的合法预期、透明性和不得任意武断）。要求东道国不得侵犯投资者对于投资的基本的合法预期。

长期以来，对于公平与公正待遇的含义及其与符合国际法上的要求之间的关系一直是没有明确的结论。一般认为，公平与公正待遇属于"符合国际法要求"的内在组成部分，而"符合国际法要求"又是指符合习惯国际法，因此，公平与公正待遇也是习惯国际法的要求。美国、加拿大对外缔结的投资条约包括《北美自由贸易协定》第11章（投资）规定给予外国投资者的投资及其与投资有关的活动公平公正的待遇，并且不得低于国际法的要求。传统上，一般认为，公平公正待遇就是传统习惯国际法上的"国际最低待遇标准"。但是，从表面理解，而且也有仲裁庭认为，"不得低于国际法的要求"意味着不得低于任何渊源类型的国际法要求，而不仅仅限于习惯国际法上国际最低待遇标准。对此，美国和加拿大晚近投资条约作出了限制，明确规定，公平公正待遇以及充分的保护和安全并不要求给予多于或者超出习惯国际法关于外国人最低待遇的标准，而且，美国和加拿大晚近投资条约作出了限制，明确规定，公平公正待遇义务包括在刑事、民事及行政司法程序中，不得拒绝给予世界主要法律制度都包括的正当程序所要求的司法公正的义务。

（2）本案墨西哥为何被认定为违反了公平与公正待遇？

在本案中，仲裁庭根据 NAFTA 协定的基本目标之一"透明性"来解释公平与公正待遇标准的含义，认为它意味着给国际投资提供一个透明的、可预测的国际商业环境，并结合具体案件事实，认为墨西哥在关于一个缔约方的投资者——该投资者本着它能够被依照 NAFTA 而获得公平和公正的对待的期待而行事——问题上缺乏有序的过程和及时的处理。而且，州和城市当局的行为——因此也就是墨西哥的行为——没有符合或遵守 NAFTA 第 1105（1）条款所要求的赋予缔约他方投资者之投资以符合国际法的待遇包括公平与公正待遇。在这里，透明性是否应该被解释成为公平与公正待遇的含义，仍然是一个有争议的问题。但是，本案仲裁庭的解释已经得到了不少学说和仲裁判例的支持。

案例十九：CGE（Vivendi）诉阿根廷案

一、案情

1995 年 3 月 18 日，法国公司 CGE（Compagnie Générale des Eaux）（1998年，公司改名为 Vivendi）及其阿根廷附属企业 Compañia de Aguas del Aconqui ja，S. A（以下简称 CAA）与阿根廷图库曼省签订一项为期 30 年的特许合同。①根据该合同，CGE 及其附属公司 CAA 在图库曼省投资开发水资源分配及建设下水道设施。

1995 年 7 月 22 日，CGE 开始水资源和地下水道设施的运营。这些设施有许多技术和商业上的缺陷，主要包括设施不足、年久失修、收费不足以反应成本投入以及用户交费问题等运营困难。CGE 认为，从特许合同履行之初，就受到了来自各种法令、决议和法规等诸多阻挠。图库曼省当局还通过一系列行动推动对于 CAA 和该项目的攻击以及促使用户不交纳费用。CGE 认为图库曼省的这些做法阻挠并干预了合同的履行。阿根廷认为，合同不能正常履行及履行中出现的问题是由于 CGE 自身经营失败所致；图库曼省当局的各种反应和行动并不是阿根廷所指导和鼓励的，因此与阿根廷国家本身无关。

1996 年 5 月 2 日，阿根廷表示要帮助成功地完成合同的重新谈判。但直到该项目被接管，CGE 与图库曼省就合同重新谈判问题仍未达成令人满意的协议。

1997 年 8 月 27 日，CGE 通知图库曼省，由于该省违约，CGE 决定终止合同。9 月 27 日，图库曼省拒绝了 CGE 的通知，并且声称由于 CGE 违约因此该省终止合同，但要求 CGE 继续提供水资源和水道设施的供应和服务直到有接管者为止。CGE 对此表示强烈抗议，但是它还是在此后的 10 个月内继续维持了水资源供应和水道污水处理系统。

基于上述争议，1996 年 12 月 26 日，CGE 向 ICSID 提起仲裁申请，指控阿根廷违反了美国和阿根廷投资条约上的公平与公正待遇和征收及其补偿的规定，请求判令阿根廷支付损害赔偿 30 亿美元。

本案第一仲裁庭认为，仲裁庭对于单纯的合同请求没有管辖权但是对于条约请求有管辖权。但是，在实体问题上，仲裁庭裁定，由于在本案中特许合同的规定与阿根廷是否违反 BIT 的问题之间具有重大关联，因此，除非本案申请人已先行根据特许合同之规定，将争端提交图库曼省行政法院进行审理以维护其权

---

① 在缔结特许合同时，CGE 持有 CAA36%的股权资本，一个西班牙公司 Dycasa 和一个阿根廷公司 Roggio 各持 27%股份。在 1996 年 6 月，CGE 总共获得了 CAA 总股权资本的 68.33%所有权，并收购了 CAA 总股权资本的 16.67%的受益所有权。被申请人认为 CGE 不应被视为一个法国投资者，因为在 CGE 与图库曼省发生争议之时，CGE 的收购还未发生。CGE 则主张，为了适用 ICSID 公约第 25 条（2）（b）之目的，并且在 ICSID 公约的解释先例指导下，确定 CGE 是否控制了 CAA 的关键日期应该是同意仲裁的日期，而这个日期就是 CGE 在 1996 年晚期提请仲裁的日期。双方都承认，在 1996 年晚期 CGE 已经购得了 Dycasa 的股份。进而，申请人主张，在其从图库曼省依据特许合同获得了图库曼省水资源分配及建设下水道设施特许权之时起，法国公司 CGE 就已经控制了 CAA，因此，它完全满足了 ICSID 公约第 25 条（2）（b）的要求。为了解决本项裁决所处理的问题之目的，仲裁庭认定，从特许合同生效之日起，CGE 控制了 CAA，并且，CGE 应该被认为是法国投资者。为此，裁决之中在提到 CGE 和 CAA 共同负责运作水资源分配及建设下水道设施特许项目的时候，使用的是"CGE"和"申请人（claimants）"。

利，而其应有的权利在程序上或在实体上被否定，否则，阿根廷不得被认为应对此负责，且如果不考察特许合同之履行问题，仲裁庭则无法判定图库曼省的行为何者属于公权力的行使而何者又属于合同上的行为，这都是合同履行的解释和适用问题，而合同当事人又就此约定了排他的国内法院管辖条款。因此，除非申请人已经将此合同履行的解释和适用问题提交图库曼省行政法院解决，而且，该行政法院又存在着违反 BIT 的拒绝司法或司法不公，否则，申请人不得就此针对阿根廷提出指控。2000 年 11 月 21 日仲裁庭作出裁决，裁定驳回申请人对阿根廷提出的请求。

本案裁决撤销专门委员会认为，既然促裁庭根据法阿投资条约认定其有权审理基于该条约的实体规定所提出的请求，就不应该以该项请求为由或应由国内法院审理为由而予以驳回，并且，仲裁庭进行审理时，不受任何国内法的问题或当事人依据国内法所签订的契约所影响，进而，一个国家不得以某项契约所订立的排他性管辖权条款为由借以规避该国所应担负国际责任。专门委员会认为，根据《法国—阿根廷双边投资协定》第 8 条第 4 项规定，仲裁庭解决投资争端应根据本条约的规定、作为争端当事方的缔约国的法律、针对投资所签订的特许协议的条款以及可以适用的国际法规则。因此，仲裁庭有权根据特许协议作出裁定，至少在事关有无违反条约实体规定的必要范围内仲裁庭有权予以裁定。专门委员会认为仲裁庭驳回申请人针对图库曼省的作为所提出的请求，事实上并未裁定是否该省的作为违反《法国—阿根廷双边投资协定》，在此，仲裁庭忽略了十分重要的一点，即申请人系基于法阿投资条约提出的请求而非基于特许协议，结果，仲裁庭没有就《法国—阿根廷双边投资协定》第 3、5 条的规定进行解释，而在仲裁庭欲驳回申请人针对实体问题所提出的请求之前，这种解释是非常必要的。由于仲裁庭有权裁定申请人针对图库曼省的作为所提出的请求，然而却没有对此进行裁定，因此，专门委员会判定该部分裁决明显逾越权限，裁定撤销此一部分的仲裁裁决。

本案第二仲裁庭认为，合同约定将合同纠纷提交当地法院排他管辖，其中的表述是，仅仅"为了本合同的解释和适用的目的"，这实际上就给仲裁庭留下了开放的空间，也就是说，如果仲裁庭认为为了分析是否存在违反投资条约的情形所必要，那么，它就可以解释合同并且确定是否存在合同当事人双方违反合同的情形，这样做并不是适用合同从而解决合同纠纷，相反，这里是解释合同并且确定是否存在违反条约。是否违反合同与是否违反条约是两种不同的考察。《法国—阿根廷双边投资协定》第 3、5 条与国内合同问题无关，相反，它们确立了独立的标准。一个国家可能违反了条约但却没有违反合同，也可能违反了条约同时也违反了合同。就这后一种情况而言，仲裁庭就有权考察关于违反合同的指控，其目的不是为了确定国内法上的责任问题，而是为了确定是否违反条约所必要的。尽管如此，仲裁庭认为，为了得出是否违反条约的结论，没有必要明确确定任何一方当事人是否违反了合同，因为，大量的诸多政府机构及其作为政府依据职权的干涉行为干扰和破坏了投资运营既违反了公平与公正待遇，也构成了非法终止合同或者强迫重开谈判的征收行为。因此，仲裁庭裁决，阿根廷违反了投资条约有关义务，应该支付赔偿。

二、问题

(1) 如何理解违反国家契约与违反投资条约之间的关系？
(2) 如何理解投资条约上的征收及其补偿规定？
(3) 如何理解投资条约上损害赔偿的计算方式？

三、评析

(1) 如何理解违反国家契约与违反投资条约之间的关系？

首先，一般而言，国家契约有其自身的准据法，通常是东道国国内法，因此，缔约国是否违反了国家契约通常应该依据国家契约的国内准据法来判断。同时，缔约国是否违反了投资条约则应该根据投资条约本身和可以适用的其他国际法规则来判断。就此而言，违反国家契约与违反投资条约是两个不同的法律问题。

其次，违反国家契约与违反投资条约又可能密切相关。这是因为，许多投资条约的投资定义、待遇标准、具体保护乃至争端解决条款都规定了对于投资领域国家契约的法律保护。这样，违反国家契约的行为本身同时也可能构成违反投资条约。为此，投资者就违反国家契约的行为提出了违反投资条约的请求，那么，就应该依据投资条约的有关规定来进行裁判，亦即，具体认定和裁判缔约国的违反或者干涉国家契约的行为或者措施本身是否违反了公平与公正待遇、征收及其补偿规定等，从而最终裁决缔约国是否违反了投资条约。如果是为判定是否违反投资条约所必要的，那么，投资条约仲裁机构也有权对于合同及其履行的本身进行解释和认定。

在本案中，第一仲裁庭就是一方面在管辖上正确地区分了合同请求和条约请求的不同，但是，另一方面，在实体上却又混淆了违反合同与违反条约之间的微妙关系，于是，对于本应依据投资条约裁判违反国家契约的行为本身是否同时构成了违反投资条约进行独立裁判，但却错误地认为只有当出现了国内法上合同请求的拒绝司法的情形才能够继续受理案件。比较而言，第二仲裁庭则正确地理解了违反合同和违反条约之间的区别与联系，最终依据投资条约本身，根据对于阿根廷的行为和措施的认定，判定阿根廷违反了投资条约。

(2) 如何理解投资条约上的征收及其补偿规定？

征收或国有化是指东道国对于外国投资者的投资及其财产权的直接或者间接

的剥夺措施。投资条约普遍规定了征收及其补偿条款，但是，不同条约的规定和表述存在一定差异。一般而言，征收及其补偿条款通常规定，征收必须是为了公共利益，必须是非歧视性地，必须遵守法律的正当程序，必须给予补偿。不过，对于补偿的标准而言，有些投资条约规定了美国等发达国家主张的充分、即时和有效的补偿标准，有些条约则规定了多数发展中国家坚持的适当、合理、相应等补偿标准，晚近发展中国家投资条约的实践越来越向发达国家所主张的充分补偿标准妥协。此外，征收既包括传统直接剥夺外资财产权的直接征收，也包括实质上阻碍外资财产有效行使的间接征收，征收的财产对象既包括有形财产权也包括无形财产权（如合同）。

对于征收的判断标准，既包括行为效果标准：其一，东道国政府管理措施对外国投资所造成的影响的强烈程度，例如，剥夺了投资财产权的实质部分，或者使之归于无用，或者使之无法合理使用；其二，东道国政府的管理措施是否损害了外国投资者对投资的合法期待。也包括行为性质（目的）标准：不但考虑政府行为对于投资经济价值所产生的负面影响，以及对于投资者合理期待的干预程度，而且也要考虑政府行为的性质。晚近，许多国家如美国、加拿大等国开始强调，除非在极少的情形下，缔约一方的一项或一系列措施依其目的是如此的严重，以至于它们不能被合理地认为是基于善意和非歧视而采取或适用，否则，旨在和用于保护合法的公共福利之目标，如健康、安全、环境等，不构成间接征收。

在本案中，仲裁庭认定，该省的运动措施并不是合法的规制行为，而是非法终止合同或者强迫重开谈判的行为。阿根廷违反公平公正待遇的行为实际上袭击了申请人投资活动的经济心脏并且使其丧失了活动能力。这些措施对于投资合同的生存能力造成了毁灭性的影响。CAA 的回收能力骤然下降，20％与 89％～90％形成了巨大的反差。这些措施汇聚起来，使得特许协议依然没有价值，并且迫使申请人遭受了难以维系的损失。这不仅仅是单纯的投资价值的减少问题，而且是激进地剥夺了特许权利的经济使用和享有。申请人最终别无他法只能废止协议。阿根廷援引的判例并不能够支持它的主张。在国际法上，包括判例上，也包括国家责任条款草案，都认为即使单一行为不足以构成违反国际义务，但是，一系列的或者累积性的行为也可以构成。本案情形就是。此外，仲裁庭进一步论证，申请人所主张的损害赔偿，并不是单纯的对于私有化和对于申请人提供的服务的不满意引起的，而是违反投资条约的措施所引起的。从而确立了因果关系。

（3）如何理解投资条约上损害赔偿的计算方式？

投资条约一般主要规定征收补偿的损害赔偿及其计算方式，而很少规定违反其他待遇或者义务造成损害赔偿的计算方式。应该说，二者并不应该完全相同，但是，二者的基本原则却具有共通之处。

关于损害赔偿的法律原则,许多投资条约规定,这种措施应该允许支付立即的和充分的补偿,补偿的数额应该根据受到影响的投资的实际价值进行计算,应该根据任何剥夺威胁的前一刻起而且根据通常的经济情况进行评估,这种赔偿、其数额和支付方法应该在最晚近的剥夺之日起开始。这种赔偿应该能够有效得以实现,<u>应该无迟延地支付</u>,<u>应该可以自由转让</u>,应该包括利息,直到支付之日为止,利息应该在适当利率基础上计算。具体而言,征收补偿的计算方式应该区分非持续盈利企业和持续盈利企业,对于前者,只是对于实际投资的价值或者具体有形的财产进行估值计算即可,而对于后者,则涉及整体估值、预期收益以及无形资产等估值计算问题。对于持续盈利企业,发展中国家通常强调账面价值方法,而发达国家则通常强调现金流折现法(DCF),把实际投资价值(直接损失)与预期未来盈利(间接损失)都计算在内。

在本案中,申请人主张根据利得损失计算公平市场价值,被申请人并没有就此提出异议而只是反对申请人的方法和计算。公平市场价值与条约文本第5条规定的实际价值也是一致的。根据本案事实,本案可以,至少部分地,适当采用公平市场价值的方法。申请人主张采用现金流折现法,被申请人反对这种计算方法并认为该系项目并不是一个具有确定盈利能力的企业。仲裁庭认为,未来利润损失是一个适当的方法,但是,随着假设和计划越来越是想象之中的,那么,这种净现值方法也就越来越不适当了。在本案中,仲裁庭认为,它面临着巨大的挑战,它不能充分确定地认定这个特许协议将会赢利。但是,缺乏盈利的历史记录并不能够绝对排除贴现现金流的估价方法,不过,这要求申请人根据其面临的具体情形提出令人信服的盈利能力证据,但是,申请人没有能够提供令人充分信服的证据。为此,需要寻找替代方法,这包括账面价值、投资价值、重置价值和清算价值。其中,投资价值最为接近,也最为能够实现消除政府行为后果的效果。被申请人提出的账面价值方法不具有合理性。在本案情形下,投资价值(侵害行为发生前的实际投资的价值)必须通过近似估值来确定。损害赔偿的计算并不是一门精确的科学。在1997年8月27日,征收发生之时,申请人投资价值为1.05亿美元。支付利息是一项既定法律原则,而且,根据晚近发展,支付复合利息已经不是例外。利率按照6%计算。被申请人应该支付申请人在这些仲裁程序的各自管辖阶段的合理成本和顾问费用,实体阶段的成本和费用各自承担,仲裁员的费用和报酬以及ICSID秘书处的成本以及仲裁设施的使用费用双方均摊。

案例二十:英伊石油公司(英国诉伊朗)案

一、案情

1933年,伊朗政府与英伊石油公司(Anglo-Iranian Oil Company,AIOC)

签署了一份特许协议。在该协议执行过程中，面临着各种矛盾，后来，经过不断谈判，在 1949 年 7 月 17 日，伊朗与英伊石油公司签署了补充协议。但该补充协议在提交审批之时，遇到了伊朗国内一些民族主义人士的强烈政治抵制。1951年，穆罕默德·摩萨台（Mosaddeq）领导了"民族阵线"的伊朗政治运动。1951 年 4 月，伊朗议会通过了石油产业国有化法律，希望以此实现真正的独立。这些法律导致伊朗与该公司之间发生争端。英伊石油公司认为这些法律违反了以前与伊朗政府签订的有关契约。英国政府支持该公司的主张，并以行使外交保护权的名义，于 1951 年 5 月 26 日以单方申请形式在国际法院对伊朗提起诉讼。1952 年 7 月 22 日，国际法院作出判决：它对本案没有管辖权。

在本案中，英国政府提出，伊朗于 1933 年与英伊石油公司签订的特许权协议可以提供法院管辖权的根据。英国政府主张，1933 年特许权协定具有双重性质，它既是一项契约，又是两国之间的条约。为此，英国还举出该特许协议是在万国联盟的友好斡旋的条件下达成的。对此，国际法院拒绝接受。法院认为，虽然在签订这项协议前，两国政府间进行过谈判，但协议本身只能被认为是一国政府和外国法人之间的一项特许合同，英国政府并非契约的当事人，英国政府同伊朗政府无契约上的法律关系。伊朗政府既不能根据契约对英国提出任何权利要求，而只能向该公司提出要求，也不对英国政府负担任何契约上的义务，而只对该公司负担义务。协议文件由伊朗政府与英伊石油公司双方签署，唯一的目的是规定伊朗政府同公司之间有关特许协议的关系，绝不是调整两国政府间的关系，因此，英国政府不能援引 1933 年协定，要求伊朗对其承担国际法上的义务。

二、问题

(1) 如何理解特许协议的法律性质？
(2) 如何理解跨国公司的法律地位？

三、评析

(1) 如何理解特许协议的法律性质？

特许协议是国内法和国际法上都存在的一种特殊合同，国际法上的特许协议是指东道国政府与外国私人（多数情况下为跨国公司）之间签署的由东道国授予外国私人以特许权并由外国私人向东道国支付特许税费或收益的一种国际法上的国家契约形式。

在法律性质上，国际特许协议是合同而非条约。尽管特许协议在签订方式、合同内容、法律适用和争端解决方面存在许多特殊之处，尤其是可能赋予外国私人投资者以很大的特权，例如，通过稳定条款来固定外国私人的合同权利，尽管特许协议可能使得东道国政府与外国私人投资者在合同意义上处于一种大体平等的地位，但是，这些都不能改变特许协议的合同本质。特许协议本质上仍然是一种合同安排，规定的是当事人之间的合同上的权利和义务乃至责任内容。法院在该案中对以英伊石油公司为一方，伊朗政府为另一方所订立的特许权协议的性质的理解，正是建立在此基础上的。因此，任国家都不能以一个契约为根据对另一个国家提出权利请求。如本案的情况，伊朗不能以该特许权契约要求英国承担国际法上的义务，反之，英国也不能以其为根据要求伊朗承担国际法上的义务，两国之间不存在条约关系。外国私人只在合同意义上可能具有大体与东道国政府平等的法律地位，但是，东道国政府仍然保有主权者和管理者的特殊身份和特殊法律地位，而且，无论如何，外国私人并未取得与东道国政府在国际法权利义务上的平等地位。这样，适用于国际条约的法律即国际法就不能自然适用于特许合同。

（2）如何理解跨国公司的法律地位？

特许协议本身在性质上不同于国际条约，也不产生基于国际条约的国际法权利和义务关系，在这种意义上，跨国公司作为国际特许协议并不能使得跨国公司成为国际法主体。但是，特许协议的特别内容安排、特别法律适用和特别救济程序也使得跨国公司不同于传统的纯粹私法意义上的国内法主体，而成为一种具有特殊地位的国内法主体，因为传统纯粹国内法的契约甚至是特许契约通常只是适用国内私法充其量可能会适用国内行政法，但国际特许协议则会适用国际法渊源中的一般法律原则，尽管这里的一般原则也通常体现为各国私法中的一般原则，但选择适用一般法律原则作为合同准据法一般不会出现在纯粹传统的国内法合同之中，也很少会出现在一般的国际商事合同之中。

国际投资条约中所规定的缔约方之间相互给予符合条件的对方投资者以最惠国待遇、国民待遇、公平公正待遇、充分的保护与保障、国际法待遇以及履行要求和征收和国有化方面的义务等，本来是缔约方国家之间的国际法权利、义务乃至责任，是私人投资者国家对东道国国家的国际法上的权利，但是，由于投资条约中争端解决条款直接赋予私人投资者国际仲裁选择权，这种国家对国家的国际法权利甚至可以理解为私人投资者对东道国国家直接依据国际条约所享有的国际法权利，因为，私人可以直接选择国际仲裁机制、直接依据国际条约实体内容提出国际请求。

因此，跨国公司（在这里并不是指由不同性质和地位的法律实体或经济实体所组成的跨国公司的企业集团，而是指跨国公司的单个法律实体尤其是跨国公司之中的母公司）是依据国内法设立并具有权利能力和行为能力，在各国国内从事跨国经营活动并主要直接参与各种国内法律关系，主要是一个国内法主体，但却是一个具有涉外因素或跨国因素的特殊国内法主体。在跨国公司依据国际条约而获得国际出诉权的情况下，跨国公司的国际出诉权是直接依据国际条约而获得的，它可以直接的、独立的并以自己的名义来参与国际仲裁、提出国际请求，在这种有限的情况下和有限的程度上，跨国公司是国际人格者也是国际法主体。

案例二十一：巴塞罗那电车公司案[①]

一、案情

巴塞罗那电车、电灯和电力有限公司（Barcelona Traction, Light and Power Company, Limited）是一家总部设在加拿大多伦多并由加拿大人控股的公司，该公司的目的是在西班牙卡泰罗尼亚制造和发展电力生产及运送系统。为此目的，该公司设立了许多附属公司，其中，有三个是依据加拿大法律设立的，其余的则是依据西班牙法律设立的。在各个相关时期以及在第一次世界大战之后不久，巴塞罗那公司的很大部分股本被比利时国民（包括自然人和法人）所持有和控制。

该公司发行过几种债券，其中，有些是比塞塔（西班牙）币债券，但主要是英币债券，1936 年因西班牙发生内战，债券暂停支付。1940 年该公司恢复了比塞塔债券的利息支付，但拒绝以外币支付英币债券，后来，英币债券的利息支付始终没有恢复。1948 年 2 月，三个刚刚取得巴塞罗那公司英币债券的西班牙持有人（据比利时后来提出的一些证据证明这几个人与西班牙的一些政府人物是有个人关系的），以不能支付债券利息为由，请求西班牙一家地方法院宣告该公司破产，该地方法院于 1948 年 2 月 12 日作出判决，宣告该公司破产。据此，一个临时破产特派员取得了巴塞罗那公司及其他两家子公司的资产，并立即解雇了这两家子公司的经理而由西班牙董事接替。不久之后，起诉人还控制了其他的子公司。1949 年，西班牙法院指定了破产公司的委托人，他为这些子公司开设新股，把西班牙境外的一切股份取消，并进而把以加拿大为基地的子公司的两个总部办事处从多伦多搬到巴塞罗那。最后，管理人在 1951 年得到法律上的认可，以新设股份的形式把附属公司的全部公司资本出卖，这些股份以公开拍卖方式卖给了一家新近成立的西班牙公司，该公司于是取得了在西班牙境内的这个大企业（即巴塞罗那公司）的控制大权。

---

① 参见姚梅镇：《国际投资法成案研究》，武汉大学出版社，1989 年，第 33～46 页；陈致中：《国际法案例选》，陈致中、李斐南译，法律出版社，1986 年，第 354～360 页；《国际法院巴塞罗那电车案判决》，《国际法律资料》，1970 年第 9 卷第 2 期，第 227～358 页；Lillich R B，Metzger S D：Two perspectives on the barcelona traction case，American Journal of International Law，1971，Vol. 65，Issue 3，pp. 522～541.

在整个上述过程中，根据西班牙法律规定，巴塞罗那公司在被宣告破产之后就丧失了管理其财产的能力和作为任何诉讼（除破产诉讼外）当事人的能力，而由破产管理人全权拥有有关公司的财产。但是，巴塞罗那公司在加拿大仍然拥有自己的董事会，加拿大法院后来任命了一个接受人，而安大略省最高法院则明确拒绝承认西班牙的破产诉讼。与此同时，巴塞罗那公司和其他有关当事人都向西班牙法院起诉，反对那项宣告破产的判决和有关的决定，但都没有成功。

在西班牙许多法院进行的一系列诉讼和英国、加拿大、美国、比利时等国政府代表巴塞罗那公司向西班牙政府提出的抗议，都无法取得圆满的解决。该公司所属国加拿大曾一度行使外交保护权，但也于 1955 年停止行使。于是，比利时政府依据 1927 年《比利时——西班牙和解、司法解决和仲裁条约》，于 1958 年9 月 15 日书面请求国际法院，要求西班牙对"因西班牙国家机关所作违反国际法的行为"而使巴塞罗那公司受到的损害对比利时国籍股东给予赔偿，损害行为包括"剥夺权利享受"和导致"整个巴塞罗那集团被侵吞"。在此期间曾经有过停止诉讼而进行庭外解决的努力，但没有成功。比利时于 1962 年 6 月提出新的请求书开始了第二阶段的讼诉。对此，西班牙政府提出了四点初步反对意见，其中，前两点分别主张比利时既已停止诉讼就无权重新提起新的诉讼，以及根据1927 年条约约定由当时的国际常设法院管辖而国际法院对本案没有管辖依据。[①]在实体问题上，西班牙主张比利时无权代表其国民出庭干预或者行使外交保护权，因为这些国民只是加拿大公司的股东而非比利时公司的股东，而且还认为尚未用尽当地救济。

法院认为，一国为行使外交保护，提出国际请求，首先就必须确定它有这样做的权利，关于这一问题的规则取决于两个条件：①被告国违反了对国民所属国关于其国民方面所负有的义务；②只有该国民的国籍国才能对这种违反国际义务提出请求。因此，关于比利时是否享有此种外交保护权利的问题决定了比利时是否享有诉讼资格和权利能力的问题。接着，法院认为，这种权利必须限定在只代表本国国民进行干预的范围内，因为在没有特别协定存在的情况下，国籍是国家和个人间的纽带，它赋予国家以外交保护权。具体到了公司或法人的外交保护领域中，则要求国际法承认在国际领域中具有重要影响的国内法制度，即国际法必须承认法人实体为国家在其内国管辖范围内创设的组织。同时，与公司和股东待遇有关的国家的权利所产生的任何法律问题，由于国际法对此尚未确立自己的规则，也必须参考有关的国内法规则，而按照各国国内法普遍接受的规则，可以认为，在有限责任公司中，公司与股东在法律人格和法律权限上是有区别的，一般而言，一项不法行为对于公司的权利造成损害并不意味着对其股东的权利也造成

---

① 国际法院对此程序异议都一一予以驳回，并最终决定对本案拥有管辖权。

了损害，即使股东确实因此受到了利益损失，只有股东自己独立的权利受到了损害，才能够直接救济股东权利，而这只能参考国内法对股东权利的规定，因为国际法并未提到这种权利，从而，一般很难作有利于股东的解释。因此，对公司的外交保护一般只能由公司国籍国行使，而不能由股东的国籍国行使。

至于公司的国籍问题，法院认为，就外交保护而言，判定公司的国籍应该以公司的成立地和住所地为标准，这两项标准已被长期的实践和许多国际文件所肯定。那么，只有公司法人依某国法成立和在其域内有注册办事处，该国才有对该法人实体行使外交保护的权利，而公司的成立地和住所地并不在比利时，所以，在本案中，比利时对巴塞罗那公司不享有外交保护权。

不过，法院也认为这个普遍国际法原则可能有例外的情况，例如，当该公司已不存在或该公司的国籍国没有能力行使这个权利的场合。但法院又指出，本案不存在这些例外情况，因为，该公司国籍国即加拿大停止行使保护，不是任何法律障碍的结果，而巴塞罗那公司在法律上还具有自己的人格和能力并且也通过这种法律能力行使了保护自己和股东利益的权利。同时，法院也拒绝了这样一种可能，即依据"有效或真实联系"原则，揭开法人的面纱，进而，根据控制情况来确定是否在国家和公司之间存在着这种有效联系，它同样拒绝类比适用诺特波姆案中的"真实联系"原则而对公司实体进行外交保护的主张。

此外，法院也认为，在本案中不存在比利时作为国家自己的权利受到侵犯而有权提出国际请求的理由，法院还拒绝依据"公平的考虑"而不要求股东国籍国享有保护的权利就可以行使外交保护的主张。

因此，法院在1970年2月5日作出了本案实质问题的判决，以"出席法院的权利没有确立"为由驳回了比利时政府的请求。同时，由于对西班牙的这个第三项初步反对作了判决，法院认为没有必要对关于当地救济方法的西班牙的这个第四项反对主张和案件的其他方面，例如，比利时提出的西班牙政府侵害进而侵吞巴塞罗那公司财产的请求等问题作出判决。

二、问题

(1) 如何理解公司国籍国对公司行使外交保护的问题？

(2) 如何理解股东国籍国对公司股东行使外交保护权的问题？

三、评析

(1) 如何理解公司国籍国对公司行使外交保护的问题？

法院在该案中处理的一个重要问题就是公司国籍的确定标准问题。按照法院观点，在一般情况下，只有公司国籍国才能行使外交保护权，那么，这里的公司国籍问题该如何判定呢？法院认为，在为了外交保护的目的而把公司实体分配给不同国家的时候，国际法是建立在——但仅仅是在有限的程度上——与管辖自然人国籍的规则的类比之上。传统的规则将公司实体的外交保护权归属于该公司在其法律之下得以设立以及该公司在其领土之内拥有注册的办公室的那个国家。这两个标准已经为长期的实践和大量的国际文件所确认。尽管如此，为了确定外交保护权的存在，有时据说还要求有进一步的或者不同的联系。事实上，一些国家的长期做法是，只有当公司的本座、管理或者控制中心位于它们的领土内的时候，或者只有当公司股份的大多数或者实质性比例为有关国家的国民所拥有的时候，这些国家才给予在其法律之下设立的公司以外交保护。一般认为，只有在这时，公司与有关国家之间才存在着真实的联系。然而，在公司实体外交保护这个特定领域，并没有普遍接受的测试"真实联系"的绝对标准。这些测试标准具有相对性，有时，与一个国家的联系必须和与其他另外国家的联系相权衡。在这方面，经常参考的是诺特波姆案，但根据本案的法律与事实，二者并不具有可类比性。

尽管法院强调的是传统标准即公司设立地和公司注册办公地的标准，而且法院还强调"真实联系"标准本身也不是绝对的而只是相对的，但法院还是进一步分析认为，巴塞罗那公司与加拿大具有更加"真实的联系"。法院指出，在本案中，该公司是在加拿大设立的，并且在该国拥有注册办公地，这一点是没有争议的。公司在加拿大法律之下设立是一种自由选择的行为。不仅是公司的设立人意图在加拿大法律下设立公司，而且，公司在50多年的时期里一直是在该国法律之下。它仍然维持其在加拿大的注册办公地、账户和股份登记。董事会会议多年在加拿大召开，它一直被列在加拿大税务机关的纳税名单上。因此，一个密切的和长久的联系已经在过去半个多世纪确立起来。这种联系绝不会被公司从一开始就在加拿大之外从事商业活动所削弱，因为，那是它当初就宣布的目的。如此，巴塞罗那公司与加拿大之间的联系是多重的。同时，该公司具有加拿大国籍也已经通过英国、美国、比利时、加拿大就此案所进行的交涉以及本案诉讼过程而获得了一般承认。

公司国籍问题是一个国际投资法上的重要问题，它既涉及国际私法上的涉外民商事法律适用问题，涉及各国行使税收、环境等方面的管辖权问题，还涉及本案中的公司外交保护问题。但是，法院在本案中似乎更多的是强调公司设立地和公司注册办公地这两个传统标准，至于其他的标准则只是辅助的或者说是进一步的判断因素。事实上，还可能存在着这样的情况，即尽管公司的设立地和注册办公地在一个国家，但是，它与这个国家仅仅具有形式上的联系，却与另外的国家具有更加真实的、更加有效的、更加实质的联系。在这种情况下，如何判断公司的国籍就将更加复杂。

（2）如何理解股东国籍国对公司股东行使外交保护权的问题？

既然确定了在一般情况下必须由公司国籍国来行使外交保护权，那么，也就意味着股东国籍国一般不具有行使外交保护权的资格。这是法院在本案中的观点。法院认为，根据各国公司法的一般规则，在公司实体中，公司与其股东是不同的法律人格者，公司具有自己独立的财产、权利、能力和人格，股东是公司的受益人，公司权利受到损害时，股东只是利益受到损害而不是其自己的权利受到影响，因此，行使外交保护的权利属于公司国籍国而不是股东国籍国。只有股东在公司中的独立权利遭到损害时才涉及股东国籍国的外交保护问题。当然，法院认为这个普遍国际法原则也可能有例外的情况，例如，当该公司已不存在或该公司的国籍国没有能力行使这个权利的场合。但是，这样也会带来一个问题，即如果公司国籍国出于各种因素考虑而不行使外交保护权，或者如本案中加拿大那样没有始终坚持行使外交保护权，或者如本案中加拿大与西班牙之间那样没有条约依据来诉诸国际法院行使外交保护权，那么，这个时候，那些具有与公司国籍不同的国籍的股东的权益保护就无法得到有效救济。此外，法院在本案中还认为不适合通过国际法中的"公平考虑（considerations of equity）"来保护股东的利益和赋予比利时出庭资格。法院在解释不能由股东国籍国行使外交保护的理由时，还指出，如果法院对此开了大门，那么，各国竞相提出外交保护请求就将会导致国际经济关系的混乱和不稳定，尤其是考虑到当代公司股权的分散化和不断变更的事实。

在1971年《美国国际法学刊》第65卷第3期的编辑评论中，R. B. Lillich指出，在本案中，法院正确地认为，关键问题在于确定外交保护的一般规则问题，而且必须考虑到国际法的不断发展，然而，法院却并未能够认真严肃地分析在这个问题上的习惯国际法的存在及其构成问题，而简单地确认国际法不存在关于股东请求的规定，并进而得出结论，"无论什么时候产生了关于国家在公司和股东待遇的权利这一法律问题，只要国际法还没有确立起关于这种权利的自己的规则，那就必须诉诸于国内法的相关规则"。但是，从国家实践、条约安排、"一次性总括解决协议"和仲裁裁决来看，国际法中确实那么肯定地不存在此类习惯和规则吗？有学者批评法院在这个问题上的判决是太"敷衍塞责（perfunctory）"了、太概念主义了、太狭隘了、太文本主义了，是一种僵化的概念主义司法风格，而未能够把握住机会通过法律现实主义的方法、目的论解释的方法来行使其发展国际法的功能。这种做法最终可能既毁损了法律的声誉也毁损了国际裁判过程的声誉。①

这里的一个问题是，当公司国籍国拒绝基于公司受到损害而行使外交保护权

---

①　但是，也有学者认为，"对国际法院判例的评价，不应该基于肤浅的概括，把具体判决描述为保守或激进必须依据所采取的有关法律观点"。参见［英］伊恩·布朗利：《国际公法原理》，曾令良、余敏友等译，法律出版社，2003年，第795页。

的时候，如果股东国籍国仍然无法行使外交保护权来保护其国民利益，那么，作为公司的股东（尤其是当公司的绝大部分股份为另外一个国家的国民所持有和控制的情况下）的利益又该如何保护呢？在这里，仅仅适用一种形式主义的公司国籍判断原则而不通过揭开公司面纱来发现真正的控制因素和利益因素，是否真正是合理的呢？反之，如果公司国籍国与公司之间没有"有效的或者真实的联系"的话，由公司国籍国来行使外交保护权又是否合适呢？对此，杰塞普法官在该案的个人意见中就指出，诺特波姆案①判决与公司的外交保护有关，若在公司与请求国间事实上没有真实联系，那么，被请求国可以予以拒绝。他认为，没有什么法律规则和原则禁止另一国将其外交保护扩及持有公司股份并在公司进行实际管理和控制的属于该国国民的股东利益。②

　　周成新教授指出，"成立地标准的优点在于它具有精确性和稳定性，便于在实践中运用。缺点是它未能考虑公司同保护国之间应具有真实有效的联系，因为成立地国未必也是公司股东所属国，当公司受到他国侵害时，成立地国可能因在公司中无实际利益而不热心行使保护权，而与公司有利害关系的国家却又无资格保护公司，如巴塞罗那案便是如此"③。

案例二十二：MIGA 就美国安然公司与印度尼西亚之间政治风险纠纷代位求偿案④

一、案情

　　1995 年，美国安然公司与印度尼西亚国家电力公用事业公司签订了一项在东爪哇省 Surabaya 港口城市合资建设电厂的投资合同，并且就此安然爪哇电力公司项目向 MIGA 投保了征收和类似措施险、战争和内乱险、汇兑转移限制险，担保合同的理赔金额达到 1 500 万美元。该项目于 1996 年开工建设，不久，东亚金融危机爆发，印度尼西亚当局的时局动荡和混乱，苏哈托政府垮台。随后，1997 年，印度尼西亚政府在国际货币基金组织等的认可下，发布法令，对包括

---

　　① 在该案中，法院以诺特波姆与列支敦士登之间虽有国籍关系但却没有真实联系为由，拒绝了列支敦士登基于外交保护权要求危地马拉归还诺特波姆财产并予赔偿的请求。

　　② 塞普法官同意法院的判决结论，但是不同意作出此项判决的推理方式。他认为，比利时在国籍"持续规则"所要求的关键期间范围内并没有证明存在着实质数量的股份具有比利时因素，也没有能够证明决定公司人格意志及其政策的集团具有比利时国籍，因此，比利时未能证明其与该公司具有"有效的和真实的联系"，因而，应该判决比利时败诉。

　　③ 余劲松：《国际投资法》（第二版），法律出版社，2003 年，第 320 页。

　　④ 参见陈安：《国际经济法学专论》（第二版）（下编 分论），高等教育出版社，2007 年，第 686～687 页；[美] 劳伦·S. 威森费尔德：《多边投资担保机构的十五年发展历程》，徐崇利译，载陈安：《国际经济法学刊》（第 9 卷），北京大学出版社，2004 年，第 228～231 页。

安然公司项目在内的许多电厂项目和电价安排，以重新严格审查为由予以中止，而中止令中没有任何给予业主补偿和解决纠纷的安排。对此，安然公司按照担保合同正式通知了 MIGA，同时，安然公司为了其在印度尼西亚的经济利益希望首先通过协商谈判与印度尼西亚政府解决纠纷。在担保合同规定的 365 天等待期和 180 天的赔付决定期届满后，虽然安然公司多次同意 MIGA 展期，但是，印度尼西亚始终没有给予充分回应。于是，安然公司只好选择要求 MIGA 赔付。MIGA 根据担保合同向安然公司进行了赔付。此后 MIGA 推动的安然公司与印度尼西亚之间的和解谈判也无果而终。在给予安然理赔之后，MIGA 就其向该案投资者赔付的全部损失赔偿额向印度尼西亚政府提出代位求偿权。2001 年年初，MIGA 和印度尼西亚达成协议，印度尼西亚同意向 MIGA 支付全额赔偿，但可以采取分期等额支付的方式，利率适中。2003 年 6 月，MIGA 收到印度尼西亚最后一期赔偿支付，从而最终解决了这一 MIGA 历史上罕见的同时也是第一起正式理赔和正式代位求偿案件。与此同时，MIGA 也开始恢复对于在印度尼西亚的外国投资的多边政治风险担保业务。

二、问题

（1）MIGA 承保的政治风险包括哪些种类？本案具体涉及 MIGA 承保的何种政治风险？

（2）MIGA 政治风险担保机制具有哪些优点？本案体现了 MIGA 机制的何种优点？

三、评析

（1）MIGA 承保的政治风险包括哪些种类？本案具体涉及 MIGA 承保的何种政治风险？

MIGA 承保的政治风险主要包括货币汇兑险、战争与内乱险、征收与类似措施险以及政府违约险。

在实践中，投资者向 MIGA 报告的问题多数都不是货币禁兑险或者传统类型的征收与国有化险，而更多的是政府违约险。尽管 MIGA 设立了独立的政府违约险险种，但是，却极少有投保政府违约险的情形。这主要是因为，MIGA 单独签发违约险担保合同的前提是，要求投资者应援引其与东道国政府订立的投资协议中的仲裁救济条款，然后再赢得对东道国政府的仲裁裁决，只有在东道国政府阻挠仲裁程序的进行并且使之无法完成，或者即使仲裁程序已经完成但是东道国政府拒不履行对其不利的仲裁裁决时，MIGA 才承担赔付的责任，这实际上是要求存在"拒绝司法"才能够给予赔付，而作为征收险的承保险种则没有这些限制。

正因如此，多数投资者都选择投保范围更广的征收与类似措施险，因为根据MIGA担保合同的格式条款，这个险种包括了能够构成征收的政府违约险。在本案中，安然公司项目直接涉及的就是这种征收与类似措施险。在此，需要注意，只有当政府违约构成了征收，才符合这里的征收险的承保范围；这里的政府违约通常表现为政府取消了合法的投资合同或者严重侵犯了投资合同，因此，一般表现为间接征收。在本案中，印度尼西亚政府通过法令取消了电厂项目合同，构成了对于征收险承保范围的违约。

（2）MIGA 政治风险担保机制具有哪些优点？本案体现了 MIGA 机制的何种优点？

MIGA 机制体现了南北两类国家之间的相互妥协和利益平衡，一方面，发展中国家在一定程度上自我限制了本国在外国投资政治风险及其担保方面的主权，基于多边公约，承认了 MIGA 与外国投资者之间担保合同在一定条件下对于东道国具有法律约束力，承认了 MIGA 对东道国的代位求偿权，比之于其他私人机构或者母国单边或者双边政治风险担保机制更加有利于对于外国投资者的国际法保护，同时，也强调了外国投资者对于东道国政治主权和经济主权的尊重义务，强调外国投资者必须遵守东道国法律法规以及外国投资应该促进东道国的经济和社会发展，比之于其他私人机构或者母国单边或者双边政治风险担保机制，也更加有助于改善东道国的投资环境。

本案表明，发展中国家作为 MIGA 机制的成员既通过认缴 MIGA 股金份额的方式在 MIGA 的事先理赔之中直接赔偿了外国投资者，又通过 MIGA 事后的代位求偿权追偿的补偿方面间接赔偿了外国投资者，尤其是通过多边体制的身份和压力增强了对于东道国的事前和事后的政治风险合理制约。在本案中，这些法律义务和多边影响的考虑成为促使印度尼西亚政府最终友好解决有关争议的重要因素。

案例二十三：MIGA 调解 Italtrade 与斯里兰卡之间国际仲裁裁决履行案[①]

一、案情

1990 年，一家设在直布罗陀的公司 Italtrade 与国有企业斯里兰卡水泥公司（SLCC）签订了供应 310 000 吨炉渣作为制造水泥的原材料的合同。Italtrade 通过投标过程赢得了这项合同，提供了履约担保，而且交付了原材料履行了交货义

---

① 参见 Agency Helps Resolve Decade-Long Dispute in Sri Lanka over Arbitral Award，http://www.miga.org/guarantees/index_sv.cfm?stid=1576#con3。

务，但是，SLCC 却没有支付价款，SLCC 反而指控 Italtrade 违约，而且支取了
Italtrade 作为履约担保提供的 475 000 美元担保金。在接下来的七年中，Ital-
trade 努力要求斯里兰卡当事方支付价款和偿还担保金，但都毫无结果。1997
年，Italtrade 在用尽了所有非正式的解决途径之后宣告破产，与此同时，Ital-
trade 开始根据合同约定在国际商会仲裁规则之下对斯里兰卡国有企业提起仲裁
请求。在斯里兰卡的这项国际仲裁最终裁决斯里兰卡当事人偿还 475 000 美元担
保金、赔偿违约损失 1 325 000 美元，并且支付有关利益和程序费用。斯里兰卡
当事人没有对裁决提出撤销之诉，仲裁裁决具有了法律效力。但是，斯里兰卡当
事人没有履行仲裁裁决。在申请执行这项裁决的诉讼中，斯里兰卡当地裁判机构
以破产清算机构的程序主体资格为由拒绝了执行申请。在此期间，斯里兰卡开始
对水泥行业实行私有化，Holcin Lanka 最终买下了 SLCC，从而成了在法律上承
担 SLCC 资产和责任的法人实体。这时，MIGA 介入了此案争端。考虑到仲裁裁
决的可执行性是涉及投资保护的一个关键因素，MIGA 进行了两年的努力，把
有关当事方拉回到谈判桌上。2002 年 9 月，所有各方同意开始进行谈判。在此
期间，发生了一系列政府接管事件，而且，为了改善投资环境促进经济发展，政
府也都承诺通过调解解决争端。为了顺利达成和解，Italtrade 同意大幅度减少索
赔数额，而 Holcin Lanka 也同意履行裁决，从而不必需要政府提供支付资金。
就此，MIGA 当时的法律副总裁和总顾问 L. Dodero 说，"如果达不成和解，我
们就很难促进在该国的外国直接投资，因为仲裁裁决难以得到执行"，而这项争
端的和解"将会帮助该国政府促成有吸引力的、友好的和可预测的投资环境"。

二、问题

（1）MIGA 的投资促进业务包括哪些又有何意义？
（2）本案体现了 MIGA 的何种职能和优势？

三、评析

（1）MIGA 的投资促进业务包括哪些又有何意义？

投资担保是 MIGA 的一项主要职能，而 MIGA 的投资促进活动（invest-
ment promotion），则是促使投资保证业务健康发展的不可或缺的辅助手段，这
类促进活动包括开展跨国投资研究，交流有关国际投资的情报信息，向成员国提
供技术性建议和援助以改善其境内的投资环境，与国际金融公司等促进国际投资
的机构进行协调，消除发达国家和发展中国家间开展协作的障碍，推动成员国间
分别缔结双边投资条约，等等；此外，MIGA 本身还应努力同发展中国家成员
国分别缔结有关担保投资待遇的协议。

这些投资促进业务对于改善发展中国家的投资环境、促进在发展中国家的外

国直接投资以及促进发展中国家的经济发展，具有重要作用。

（2）本案体现了 MIGA 的何种职能和优势？

根据 MIGA 公约第 23 条投资促进的规定，MIGA 应鼓励投资者和东道国友好解决纠纷。就此而言，MIGA 既可以在自己作为担保人的外国直接投资项目中促成发展中东道国与外国投资者之间在发起正式诉讼或者仲裁之前友好解决争端，也可以在自己并未参与政治风险担保的外国直接投资项目乃至可能影响东道国投资环境的其他经济争端中通过斡旋、调解鼓励和促成发展中东道国与外国当事人之间友好解决争端。在这方面，MIGA 有着丰富的实践经验和丰富的法律专业人才。

本案就是 MIGA 履行这项鼓励投资者和东道国友好解决纠纷职能的成功一例。在本案中，MIGA 帮助促成了 Italtrade 和斯里兰卡当事人之间的谈判和解，促成了久拖不决的国际仲裁裁决的履行，尽管这里调解的并不是一起外国投资者与东道国政府之间的外国直接投资争端而是一起外国供货商与东道国国有企业之间围绕国际商事仲裁裁决履行的争端，但是，这里也涉及了东道国以并不重要的程序瑕疵拒绝执行国际仲裁裁决的问题，从而也有助于改善斯里兰卡的外国直接投资环境。

案例二十四：加拿大《外国投资审查法》案[①]

一、案情

1974 年，加拿大颁布了《外国投资审查法》（FIRA），授权加拿大政府对于外国直接投资进行审查，要求外国投资者符合该法规定的基本审查标准，尤其是，要求对于加拿大具有重大利益的外国投资应该通过书面承诺接受加拿大政府依据该法提出的投资措施要求。

1982 年，美国就此申诉，GATT 为此设立了专家组审理此案。美国提出，根据 FIRA，美国投资者必须接受三种形式的书面承诺，即购买承诺、制造承诺和出口承诺。美国认为，购买承诺和制造承诺违反了 GATT 第 3 条第 4、5 款的国民待遇义务、第 11 条第 1 款的一般地取消数量限制义务、第 17 条第 1 款第 3 项有关国营贸易的义务，出口承诺也违反了 GATT 第 17 条第 1 款第 3 项有关国营贸易的义务。进而，这些违反构成了 GATT 第 23 条所规定的"对成员国利益的取消和损害"。

专家组否定了美国的许多诉由，但最终认定 FIRA 的确违反了 GATT 第 3

---

① 参见刘笋：《再论对 TRIMs 协议的理解》，《法商研究》，2001 年第 2 期，第 120～126 页。

条第 4 款之国民待遇义务。专家组认为，要求企业作出必须购买原产于加拿大产品的承诺，将使从外国进口的类似产品处于不利地位：无条件购买来源于加拿大产品的承诺排除了投资者购买合适的进口类似产品的机会，使进口产品处于劣势。专家组进一步认为，即使承诺的作出以加拿大产品具有"可竞争性"或"合理性"为条件，也违反了 GATT 第 3 条，因为企业对加拿大产品的选择仍然必须优先于进口产品。

专家组裁决在 GATT 理事会通过后，加拿大很快就修改了其投资法，使之与 GATT 第 3 条国民待遇义务相符。

二、问题

（1）作为调整货物贸易法律规则体系的 GATT 为什么有权管辖投资措施争议？

（2）WTO 和其他投资条约对于投资措施的规定又有何进一步的发展？

三、评析

（1）作为调整货物贸易法律规则体系的 GATT 为什么有权管辖投资措施争议？

加拿大 1974 年的 FIRA 虽然规定的是外国投资者投资加拿大所必须接受的投资措施承诺，但是，这些投资措施承诺要求直接涉及的是对于外国投资者的货物进出口。尤其是，要求外国投资者承诺购买原产于加拿大的产品，这将意味着，在有关货物的进出口方面，其他国家出口商没有得到不低于加拿大当地相同产品的国民待遇。就此而言，这样的投资措施扭曲了贸易流向，也违反了 GATT 有关国民待遇的规定，因此，GATT 对此有管辖权，GATT 专家组对此项争议也有管辖权。

（2）WTO 和其他投资条约对于投资措施的规定又有何进一步的发展？

在 1986 年发起的关贸总协定部长级会议"乌拉圭回合"谈判和多边贸易谈判中，美国等发达成员方提出了关于投资措施的新谈判议题，最终达成了适用于可能引起（货物）贸易限制和扭曲作用的投资措施的《与贸易有关的投资措施协议》（TRIMs 协议）。TRIMs 协议禁止缔约国采取与《关税及贸易总协定》（以下简称《关贸总协定》）第 3 条第 4 款和第 11 条第 1 款相违背的投资措施。《关贸总协定》第 3 条第 4 款是有关国民待遇的规定。按 TRIMs 协议的附件，与国民待遇不符的投资措施具体地说有两种：①当地成分要求；②贸易平衡要求。而《关贸总协定》第 11 条第 1 款则是有关取消数量限制的规定。按 TRIMs 协议附件，与这一规定不符的投资措施有三种：①贸易平衡要求；②进口用汇限制；③国内销售要求。

　　除此之外，OECD 的多边投资协议（MAI）谈判更进一步列出了禁止采用的 12 项作为投资措施的业绩要求，但是，MAI 谈判最终流产。不过，美国和加拿大等国的双边投资条约基本上搬用了 MAI 关于消除业绩要求的基本内容。但是，绝大多数投资条约并没有关于投资业绩要求的规定。

第四章　国际技术贸易法案例

案例一：原告耿某某、泰国××有限公司与被告
重庆××有限公司专利转让合同纠纷案[①]

一、案情

原告耿某某、泰国××有限公司共同诉称，2006 年 2 月 10 日，原告与被告签订《PCT 国际专利在泰国转让合同》[②]，约定：被告将其所拥有的型材螺旋缠绕管专利在泰国的专利申请权及专利权以 150 万美元的转让费转让给耿某某和泰国××有限公司。专利转让费采用分期付款方式支付，在合同生效之日起 3 日内支付 1.5 万美元，转让方在收到受让方支付的第一笔转让费后的 7 日内向受让方交付包括向国际局（中国专利局）递交的全部 PCT 专利申请文件的复印件、国际局（中国专利局）出具的有关证明文件、指定局（泰国国家专利局）的授权文件在内的相关资料等条款。同年 5 月 16 日双方对原合同条款作出了修订和补充，签订了两份补充协议书。原告为了实现该合同目的和受让专利价值，在协议签订同时及之后，在泰国设立了泰国××有限公司，并于 2006 年 1 月 25 日向被告支付了第一笔专利转让费 1.2 万美元。但合同签订至今，被告未履行合同约定，未交付原告任何相关资料。原告经查实，型材螺旋缠绕管专利的专利权人系陈某某而非被告，被告与原告签订合同系无权处分行为，合同应当归于无效。并且，按照《中华人民共和国专利法》（以下简称《专利法》）及其实施细则的相关规定，中国单位或者个人向外国人转让专利申请权或者专利权的，必须经国务院主管部门批准。被告从未履行相关批准手续，合同因违反法律法规的强制性规定也应当归于无效。被告应当对合同无效给原告造成的损失，即泰国××有限公司创办至今所产生的营运费用承担全部责任。请求判令：①确认双方签订的《PCT 国际专利在泰国转让合同》及两份补充协议无效；②被告返还专利转让费 1.2 万美

[①]　参见中国知识产权裁判文书网，http://ipr. chinacourt. org/public/detail _ sfws. php? id＝21746，2009 年 12 月 26 日访问，在引用时作了非实质性改动。

[②]　PCT 为 Patent Cooperation Treaty（专利合作协定）的简写，从名称上可以看出，专利合作条约是专利领域的一项国际合作条约。它主要涉及专利申请的提交、检索及审查以及其中包括的技术信息的传播的合作性和合理性的一个约约。PCT 提出建立一种国际体系，从而使以一种语言在一个专利局（受理局）提出的一件专利申请（国际申请）在申请人在其申请中（指定）的每一个 PCT 成员国都有效，但 PCT 不对 "国际专利授权"。PCT 的申请人要求至少有一个申请人的国籍或居所是 PCT 成员国。

元，折合人民币 99 600 元；③被告赔偿原告经济损失 4 394 120 泰铢，折合人民币 976 471 元，两项合计 1 076 071 元人民币；④被告承担本案全部诉讼费用。

被告重庆××有限公司辩称：①合同系其与泰国××有限公司签订。耿某某是作为泰国××有限公司的代表人在合同上签字，并非合同相对方，不是本案适格原告。②合同所涉专利原申请人系重庆××有限公司的股东陈某某，但陈某某同意将其专利转给重庆××有限公司，合同应属有效。合同未履行的原因在于泰国非 PCT 成员国，但我方已配合泰国××有限公司在泰国直接申请专利，泰国××有限公司亦已在泰国实施该专利技术获利。③合同约定专利转让费首期应当支付 1.5 万美元，但原告仅支付了 1.2 万美元，应属违约行为。④原告泰国××有限公司的营运费用与合同无关，更与我司无关，不应当由我司承担。请求驳回原告的诉讼请求。

法院经审理查明：2006 年 2 月 10 日，原告与被告签订了《PCT 国际专利在泰国转让合同》，该合同首页载明："转让方名称：重庆××有限公司"、"受让方名称：CGG THAILAND CO. LTD 代表人：耿某某。"合同前言载明："鉴于本合同转让方拥有型材螺旋缠绕管专利，国际专利申请号：PCT/CN2004/001350，申请人档案号：HENGXIN002，申请日 24.11.2004，发文日 29.09.2005，申请人陈某某。""鉴于本合同受让方对上述专利的了解，希望在泰国获得该专利的申请权并成为专利权人。""鉴于转让方同意将其所拥有的前述专利在泰国的专利申请权及专利权转让给受让方。"合同内容约定：转让方在收到受让方支付的第一笔转让费后的 7 日内向受让方交付包括向国际局（中国专利局）递交的全部 PCT 专利申请文件的复印件、国际局（中国专利局）出具的有关证明文件、指定局（泰国国家专利局）的授权文件在内的全部专利资料；双方在资料交付后的 20 日内到泰国专利局办理著录事项变更；专利转让费以美元计算，采用分期付款方式支付，在合同生效之日起 3 日内支付 1.5 万美元，在转让方交付全部资料后 30 日内支付 45 万美元，在双方完成著录事项变更后 90 日内，受让方将其余转让费支付给转让方。同年 5 月 16 日双方对原合同条款作出了修订和补充，签订了两份补充协议书。其中补充协议书（一）约定：由转让方向受让方无偿提供缠绕机样机一台，该设备出口及在中国境内产生的费用由转让方承担，在泰国境内的进口及运输等费用由受让方承担等条款。在上述协议签订之后，泰国××有限公司在泰国成立。此外，2006 年 1 月 25 日耿某某向被告支付了第一笔专利转让费 1.2 万美元。但合同签订至今，被告除向原告交付了缠绕机样机一台外，未向原告交付合同约定的任何专利相关资料。庭审中双方共同认可，由于泰国不是 PCT 成员国，双方变更了合同，由被告配合原告在泰国直接以泰国××有限公司的名义申请专利。但关于合同变更后的履行情况，被告称已协助泰国××有限公司进行了申请并且该专利在泰国正处于公告期；原告称由于被告提供的手续不全等原因，该专利申请在泰国已被驳回，由于合同已无法履行，原告遂诉至法院。

另查明，陈某某已将其涉案国际专利申请在中国的申请权过户给重庆××有限公司，国家知识产权局于 2007 年 9 月 7 日向重庆××有限公司发出了国家申请号通知书。

庭审中，经法院释明，原告同意如果法院认定合同为有效合同，则原告要求解除合同，并坚持其 2～4 项诉讼请求。

综上，法院判决为：根据《民法通则》第 115 条，《合同法》第 8、44、94、97 条，最高人民法院《关于适用〈中华人民共和国合同法〉若干问题的解释（一）》第 9 条，《民事诉讼法》第 108、128 条的规定，判决如下：①《PCT 国际专利在泰国转让合同》（包括双方协议变更后的合同）及两份补充协议自本判决生效之日起解除；②被告重庆××有限公司于本判决生效之日起 5 日内返还原告泰国××有限公司 1.2 万美元（按照原告向被告交付该款项当日的人民币对美元汇率折算人民币予以返还）；③驳回原告耿某某的全部诉讼请求；④驳回原告泰国××有限公司的其他诉讼请求。

二、问题

（1）本案中的合同主体应如何界定？

（2）本案合同的效力应如何认定？

（3）本案合同是否应当解除以及相应的法律后果应如何承担？

三、评析

（1）本案中的合同主体应如何界定？

专利转让是指专利权人作为转让方，将其发明创造专利的所有权或将持有权移转受让方，受让方支付约定价款所订立的合同。通过专利权转让合同取得专利权的当事人，即成为新的合法专利权人，同样也可以与他人订立专利转让合同、专利实施许可合同。本案原告认为专利转让协议系耿某某个人以及尚在筹备中的泰国××有限公司共同与重庆××有限公司签订的；而被告则认为协议系其与泰国××有限公司签订，耿某某是作为泰国××有限公司的代表人在合同上签字，并非合同相对方。法院认为，根据《PCT 国际专利在泰国转让合同》首页载明"受让方名称：CGG THAILAND CO. LTD　代表人：耿某某"，应当认定专利转让协议主体系重庆××有限公司和泰国××有限公司。耿某某在协议上的受让方处签字以及向重庆××有限公司支付首笔专利转让款的行为，均应认定为作为筹备中的泰国××有限公司股东，代表泰国××有限公司所为，后泰国××有限公司依据泰国法律注册成立为股份有限公司，专利转让协议的权利义务关系即在重庆××有限公司和泰国××有限公司之间产生。耿某某并非合同相对方，不享有合同实体权利义务，故其依据合同对重庆××有限公司提出的诉讼请求，法院依法予以驳回。

（2）本案合同的效力应如何认定？

原告认为涉案专利的专利权人系陈某某而非本案被告，因此被告与原告签订合同系无权处分行为，合同应当归于无效。根据《合同法》第51条："无处分权的人处分他人财产，经权利人追认或者无处分权的人订立合同后取得处分权的，该合同有效。"但不能取得追认的无权处分合同是否当然无效，理论上存在争议。法院认为，无权处分合同涉及权利人、无权处分行为人、合同相对人三方利益，体现了民事权益稳定性的静态安全与民事交易稳定性的动态安全的冲突关系。因此，认定无权处分合同的效力应当以现代民法的鼓励交易和利益平衡原则为基本精神，区分第三人的善意与恶意而分别作出评判。就本案而言，《PCT 国际专利在泰国转让合同》首页已明确载明专利权人为陈某某以及受让方对该情况明知，且庭审中被告陈述由于陈某某是重庆××有限公司第一大股东，其对专利转让协议知情并认可，因此双方签订合同时的真实意思应是由陈某某将其所拥有的涉案专利申请权及专利权转让给重庆××有限公司，再由重庆××有限公司转让给泰国××有限公司。由于双方在签订合同时对于无权处分的状态均无异议，且不构成《合同法》第52条第2项所称"恶意串通，损害国家、集体或者第三人利益"的行为，因此被告的无权处分行为不影响双方专利转让协议的效力。

《专利法》第10条第2款规定："中国单位或者个人向外国人转让专利申请权或者专利权的，必须经国务院有关主管部门批准。"① 《中华人民共和国专利法实施细则》第14条规定："中国单位或者个人向外国人转让专利申请权或者专利权的，由国务院对外经济贸易主管部门会同国务院科学技术行政部门批准。"本案中专利转让协议的受让方泰国××有限公司为一外国法人，该转让协议必须经国务院有关主管部门批准，否则，按照《合同法》第44条第2款以及最高人民法院《关于适用〈中华人民共和国合同法〉若干问题的解释（一）》第9条规定："依照合同法第四十四条第二款的规定，法律、行政法规规定合同应当办理批准手续，或者办理批准、登记等手续才生效，在一审法庭辩论终结前当事人仍未办理批准手续的，或者仍未办理批准、登记等手续的，人民法院应当认定该合同未生效。"本案中，双方均认可由于泰国非 PCT 成员国而导致《PCT 国际专利在泰国转让合同》无法履行，从而双方变更了合同中的具体履行方式，但变更前后的专利转让协议双方均至今未办理相关批准手续，应当认定该协议未生效。按照

---

① 本案的裁判日期是 2008 年 5 月，2008 年《专利法》（修正案）尚未通过（2008 年 12 月 27 日通过，2009 年 10 月 1 日起施行），因此仍适用 2000 年《专利法》的规定。

《合同法》第 8 条规定，"依法成立的合同，对当事人具有法律约束力。当事人应当按照约定履行自己的义务，不得擅自变更或者解除合同"，由于原告已明确表示即使合同有效亦要求解除合同，因此法院在合同未生效的基础上，审查该依法成立但未生效的合同，判决予以解除。

（3）本案合同是否应当解除以及相应的法律后果应如何承担？

法院认为，合同未生效是对合同的动态的、阶段性的评价，而非静态的、最终的法律评价。如果双方协商一致并配合办理相关批准手续，且有关部门对该合同予以批准同意，合同可能成为有效合同。本案合同至今未办理批准手续，而且，被告重庆××有限公司虽称涉案专利的专利权人陈某某对专利转让协议知情并同意，但其提交的《国家申请号通知书》只能证明重庆××有限公司取得了涉案专利在中国的申请权，至今无证据证明其已经取得履行专利转让协议的相应处分权，原告现要求解除合同，法院对其主张依法予以支持。

合同解除后，原告已经支付被告的专利转让费 1.2 万美元，理应由被告返还原告。至于原告要求被告赔偿经济损失 4 394 120 泰铢，由于原告提交的大部分单据为外文资料而未提交完整的中文翻译件，从而得不到有效证据的支持；其中的中文单据系国内产生的交通费、油费等，原告不能证明该费用与本案专利转让协议具有直接的因果关系，因此法院对原告的该项诉请不予支持。

案例二：美国××资本有限公司与被告聊城××新型 建材有限公司专利实施许可合同纠纷案①

一、案情

原告美国××资本有限公司（以下简称美国××公司）诉称：原告成立于 2001 年 6 月 18 日，注册地为美国纽约州，系被告股东之一。2005 年 5 月 8 日，原告与山东××公司签订《聊城××公司合同》，约定：原告与山东××公司合资成立聊城××新型建材有限公司（以下简称聊城××公司），即被告，注册地为山东省聊城市；原告与山东××公司均以现金方式出资，原告出资折合人民币 292.5 万元，占 45％的股份，山东××公司出资 357.5 万元人民币，占 55％的股份；原告与山东××公司应在被告领取营业执照后 15 日内，投入各自出资额的 40％，之后 60 日内投入剩余的 60％。另外，该合资合同还附有一份《专利使用权协议书》，约定：原告将自己拥有的 12 项实用新型专利使用权提供给被告聊城××公司使用，专利使用费为 70 万元人民币，支付时间为原告与山东××公

---

① 参见中国知识产权裁判文书网，http://ipr.chinacourt.org/public/detail_sfws.php?id=13810，2009 年 12 月 26 日访问，在引用时作了非实质性改动。

司首期资金到位后 10 天内支付 40 万元人民币,之后 40 天第二批资金到位后再付 30 万元人民币。该协议书与合资合同具有同等的法律效力。2005 年 6 月 13 日,被告取得营业执照,正式成立。此后原告依约履行了自己的义务,但被告始终未向原告支付专利使用费。被告的行为严重侵害了原告的合法权益,请求人民法院判令被告:①支付专利使用费 70 万元人民币;②承担原告为本案诉讼支出的律师费 3 万元人民币,调查费 2 000 元人民币。

被告聊城××公司未进行答辩。

原告为支持自己的主张提交如下证据:①〔2006〕纽领认字第 0009123 号、第 0013098 号、第 0037716 号认证书,以证明原告系合法成立的美国公司;②与山东××公司签订的合资合同及专利使用权协议书,以证明原告与山东××公司合资成立被告及协议被告购买涉案专利使用权的情况;③12 份实用新型专利证书及 2 份专利使用合同书,以证明原告对涉案专利具有合法的使用权及转让权;④验资报告及银行证明,证明原告、山东××公司对被告的出资均已到位。

上述证据①~④系原件,证据之间相互印证,法院对其真实性予以采信。

法院经审理查明:2002 年 1 月 8 日和 2004 年 1 月 6 日,原告分别与龙口××技术研究所和杨某签订专利使用权转让合同,取得了涉案 12 项专利的使用权及将上述专利许可其下属公司、合资公司使用的权利。2005 年 5 月 8 日,山东××公司与原告签订《聊城××公司合同》一份,约定:双方共同在山东省聊城市投资设立聊城××公司,注册资本为 650 万元人民币,山东××公司现金出资 357.5 万元人民币,占 55%股份;原告现金出资 292.5 万元人民币,占 45%股份(如以外币出资,按照缴款当日的中国国家外汇管理局公布的外汇牌价折算成人民币);合资公司在领取营业执照后 15 天内双方将各自投入 40%的现金注入合资公司账户,之后 60 天内投入剩余的 60%现金;同意由合资公司出资购买原告所拥有的 12 项专利使用权,该使用权作价 70 万元人民币,具体条款参照双方签订的《专利使用权协议书》。同日,山东××公司(甲方)与原告(乙方)签订《专利使用权协议书》,约定:甲、乙双方一致同意合资公司出资 70 万元人民币购买乙方所拥有的 12 项专利使用权及相关的技术服务,双方首期资金到位后 10 天内先付 40 万元人民币,之后 40 天第二批资金到位后再付 30 万元人民币,本协议作为合资公司合同的附件与合资合同具有同等的法律效力。2005 年 6 月 13 日,被告取得了批准号为商外资鲁府聊字〔2005〕1068 号的中华人民共和国外商投资企业批准证书,该证书载明被告注册资本为 650 万元人民币,其中,山东××公司出资 357.5 万元人民币,原告出资 292.5 万元人民币。同日,被告取得了企业法人营业执照。2005 年 7 月 5 日,原告向被告聊城××公司投入99 980美元;2005 年 7 月 18 日,原告通过济南××公司支付给被告 300 万元人民币,此后被告退回 150 万元人民币;2005 年 11 月 1 日,原告向被告投入 99 940 美元。上述两笔美元投入按缴款当日中国人民银行公布的外汇牌价折算成人民币后，原告共向被告出资 3 136 400 元人民币。2005 年 9 月 20 日，山东××公司向被告出资 3 581 980 元人民币。2005 年 10 月 8 日，被告开机投产，但至今未向原告支付专利使用费。

综上，法院认为：被告聊城××公司由原告美国××公司与山东××公司两股东组成，两股东协议作出的由被告聊城××公司出资购买原告专利使用权的意思表示真实，其约束力及于被告聊城××公司。被告聊城××公司理应按协议约定在两股东投资全部到位后向原告支付 70 万元人民币的专利使用费。2005 年 11 月 1 日，两股东对被告聊城××公司的投资已全部到位，而被告聊城××公司一直未支付上述专利使用费。因此，原告要求其支付 70 万元人民币的专利使用费符合法律规定，法院予以支持。原告要求被告聊城××公司支付为本案支出的律师费、调查费，但未提供相应的证据，对该诉讼请求不予支持。依照《合同法》第 60 条第 1 款、第 107 条，《民事诉讼法》第 130 条的规定，判决如下：①被告聊城××公司于本判决生效之日起 10 日内支付原告美国××公司 70 万元人民币；②驳回原告美国××公司其他诉讼请求。

二、问题

(1) 国际专利实施许可合同的有效要件是什么？

(2) 专利实施许可合同的内容有哪些？

三、评析

(1) 国际专利实施许可合同的有效要件是什么？

根据专利法的规定，发明和实用新型专利权被授予后，除专利法等法律另有规定的以外，任何单位或者个人未经专利权人许可，都不得实施其专利，即不得为生产经营目的制造、使用、许诺销售、销售、进口其专利产品，或者使用其专利方法以及使用、许诺销售、销售、进口依照该专利方法直接获得的产品；外观设计专利权被授予后，任何单位或者个人未经专利权人许可，都不得实施其专利，即不得为生产经营目的制造、销售、进口其外观设计专利产品。可见，非专利权人若想实施专利权人的专利，必须经过专利权人的实施许可，否则将要承担一定的侵权责任。专利实施许可一般是通过专利实施许可合同来实现的，即许可方（如专利权人）和被许可方要签订专利实施许可合同。任何单位或者个人实施他人专利的，应当与专利权人订立书面实施许可合同，向专利权人支付专利使用费。被许可人无权允许合同规定以外的任何单位或者个人实施该专利。专利实施许可合同是指专利权人、专利申请人或者其他权利人作为让与人，许可受让人在约定的范围内实施专利，受让人支付约定使用费所订立的合同。此外，专利实施许可还有两种特殊的形式，即强制实施许可与推广应用许可。在我国，强制实施许可是为了促进专利的实施与推广，违背专利权人的意愿由国务院专利行政部门强制许可他人实施专利权人的专利；而推广应用许可则是国有企业事业单位、集体所有制单位和个人的发明专利，对国家利益或者公共利益具有重大意义的，经国务院有关主管部门和省、自治区、直辖市人民政府报经国务院批准，可以决定在批准的范围内推广应用，允许指定的单位实施。

同一般民商事合同的有效要件一样，国际专利实施许可合同也有四个有效要件：①合同当事人具有相应的民事权利能力和民事行为能力。需要强调的是，专利实施许可合同的让与人（许可人）应当是合法专利权人或专利申请人或者其他权利人。一项专利或专利申请有两个以上的共同专利权人或者专利申请人的，让与人应当为全体专利权人或专利申请人。②合同当事人意思表示真实。③合同不违反法律或者社会公共利益。④具备法律、行政法规规定的合同生效必须具备的形式要件。在我国，根据国家知识产权局制定的《专利实施许可合同备案管理办法》的规定，当事人应当自专利合同生效之日起三个月内办理备案手续，但备案不是合同生效的条件，不过备案与否对于被许可人的权利保护会产生影响。根据2002年1月1日起施行的《中华人民共和国技术进出口管理条例》的规定，将技术进出口分为自由进出口、限制进出口和禁止进出口三种。对属于自由进出口的技术，实行合同登记管理。对属于自由进出口的技术，合同自依法成立时生效，不以登记为合同生效的条件；对属于限制进出口的技术，实行许可证管理，未经许可，不得进出口，取得进出口许可证合同才生效；对属于禁止进出口的技术，不得进出口。因此以禁止进出口的技术为许可标的的，合同无效。

具体到本案，许可方是依美国法成立的美国公司，其分别与龙口××技术研究所和杨某签订专利使用权转让合同，取得了涉案12项专利的使用权及将上述专利许可其下属公司、合资公司使用的权利。被许可方是一家依照我国法律成立的合资公司，因此合同主体合格。从案情看，合同当事人意思表示真实，也不违反法律或者社会公共利益，且该专利不属于限制或禁止进出口的专利，符合有关法律法规的规定。因此，本案专利实施许可合同有效。

（2）专利实施许可合同的内容有哪些？

从内容上讲，专利实施许可合同一般包括以下几个部分：①专利的基本情况，如专利名称、专利申请人、专利权人、申请日、申请号、专利号、专利有限期限和专利权的保护范围等；②专利实施许可的授权性质，即在合同中明确授权性质是独占实施许可、排他实施许可或普通实施许可，对于产品发明或者实用新型专利，可以采取生产许可、使用许可或销售许可等形式；③专利实施许可的授权范围，即授权的技术实施范围，包括授权的地域范围、期限范围、使用方式范围等；④转让方的主要义务，如支付专利年费的义务、提供技术资料和技术指导的义务、技术性能担保义务、专利权完整担保义务；⑤受让方的主要义务，如支付许可使用费的义务，按一定期限、范围和方式实施专利的义务等；⑥转让方和受让方的违约责任；⑦专利后续改进的分享办法、专利产品的质量验收办法；⑧保密条款、侵权条款等。

在本案中，虽然没有提及专利实施许可合同的全部内容，但合同主体明确、许可标的和范围及有关技术服务明确、许可费及支付期限也明确，具备合同的基本条款，是有效合同。因此，合同当事人就应按照约定全面、适当、诚信履行合同。但被许可方未按合同约定支付许可使用费，所以法院判决被告支付原告美国××公司 70 万元人民币专利使用费。

案例三：原告上海××技术有限公司诉被告香港××有限公司、上海××电路板有限公司技术服务合同纠纷案①

一、案情

原告上海××技术有限公司诉称：原告与被告香港××有限公司于 2006 年 1 月 16 日签订一份采购订单，约定由原告向被告上海××电路板有限公司提供"安装防火墙程序、供应商开发支持"的技术服务，金额为 50 000 美元，付款方式为"一切付款将通过银行间电汇进行"，付款期限为原告出具发票后 30 天内付款。同日，原告根据其与被告上海××电路板有限公司对合同具体条款多次商洽后的约定，并根据被告上海××电路板有限公司的要求，向被告香港××有限公司发出报价、具体服务内容、提供服务的人数及职务等书面文件，由被告香港××有限公司确认。原告自 2005 年 12 月 8 日起开始向被告上海××电路板有限公司提供服务。2006 年 3 月 15 日，原告与被告香港××有限公司又签订一份采购订单，主要内容与前一份基本相同。合同签订后，原告根据约定履行了服务义务，实际服务的时间均由被告上海××电路板有限公司确认。根据约定的收费标准，两被告应向原告支付 126 479.57 美元。原告已向被告提供其开户银行、账号以及全额发票，但被告仅支付 58 857.39 美元，尚欠原告 67 622.18 美元。原告委托律师曾于 2007 年 3 月、2008 年 3 月发函给被告催讨欠款，但未果。为此，原告请求法院判令两被告：①支付欠款 67 622.18 美元；②支付自 2006 年 7 月 6 日起至判决生效之日止的逾期付款利息，暂计至起诉之日为 4 193.98 美元。

被告香港××有限公司未作答辩。

被告上海××电路板有限公司辩称：采购订单系原告与被告香港××有限公

① 参见中国知识产权裁判文书网，http://ipr.chinacourt.org/public/detail_sfws.php? id=30198，2009 年 12 月 26 日访问，在引用时作了非实质性改动。

司所签，原告的发票也开给被告香港××有限公司，履行付款义务的应是被告香港××有限公司并非被告上海××电路板有限公司，故请求驳回原告对被告上海××电路板有限公司的诉讼请求。

法院经审理查明：2006年1月16日，原告与被告香港××有限公司签订采购订单一份。该订单约定：原告为被告上海××电路板有限公司提供"安装防火墙程序及供应商开发支持"的技术服务，服务开始时间为2005年12月8日，该项服务流程必须符合被告上海××电路板有限公司的要求和技术规格，订单金额为50 000美元，服务账单出具给被告香港××有限公司，一切付款将通过银行间电汇进行，每两周出具一次账单，交付后30天付款，其他条款参照附件。该采购订单的附件对服务的具体步骤、技术规格、项目持续时间、定价条件及差旅费用要求等进行了详细约定。主要包括：①原告提供的技术服务包括监视××电路板的最终检验、安装制程质量管理系统、安装内部引导程序、复验等；②此服务项目于2005年12月8日开始，并持续大约3个月；③定价条件：防火墙操作人员为6.30美元/小时，防火墙监督员为25.20美元/小时，当地项目经理为45美元/小时；④差旅与费用要求：差旅时间（仅适用于项目经理）为工作时间的50%，加班、夜班均为工作时间的25%，操作人员每日津贴为3.80美元，监督员为6.30美元，膳宿等按照供应商的账单计算。合同签订后，原告按合同约定开始提供技术服务。2005年12月8日～2006年3月31日，原告向被告上海××电路板有限公司提供的技术服务合计费用为119 662.73美元。原告确认被告香港××有限公司已支付的技术服务费为58 857.39美元，尚欠服务费应为60 805.34美元。上述事实，有原告提供的采购订单、交付报告、发票、付款凭证等证据以及当事人的陈述予以证明。

综上，法院认为，本案系涉港技术服务合同纠纷，因诉争当事人对法律适用未作约定，且该合同的履行地在中国上海，故根据最密切联系原则，本案纠纷的处理应适用中国内地的法律。原告与被告香港××有限公司之间签订的采购订单及其附件，系双方当事人的真实意思表示，并无违反法律规定，应为合法有效，双方当事人均应按约履行义务。原告按约履行了提供技术服务的义务，但被告香港××有限公司未依约向原告支付全部技术服务费，被告香港××有限公司的行为违反了双方约定，其应承担相应的民事责任。原告要求被告香港××有限公司支付拖欠的技术服务费及逾期付款利息的请求，于法有据，法院予以支持。但原告出具给被告香港××有限公司的发票中载明的服务时间与其实际提供服务的时间存在误差，故法院根据原告实际提供服务的时间，结合采购订单附件中的定价条款来计算被告应付的技术服务费。上述发票中的电话费，因订单并未约定由被告香港××有限公司负担，故电话费不应计入被告应付的技术服务费。被告上海××电路板有限公司并非涉案采购订单的当事人，原告也未能证明被告上海××

电路板有限公司承诺该采购订单项下的款项由其支付，故原告要求其承担民事责任的请求，没有事实和法律依据，法院不予支持。据此，依照《民事诉讼法》第64条第1款、第130条，《合同法》第107、109条的规定，法院判决如下：①被告香港××有限公司于本判决生效之日起10日内支付原告上海××技术有限公司技术服务费60 805.34美元；②被告香港××有限公司于本判决生效之日起10日内支付原告上海××技术有限公司逾期付款利息4 193.98美元；③驳回原告上海××技术有限公司的其余诉讼请求。

二、问题

　　(1) 本案技术服务合同主体应如何界定？
　　(2) 技术服务合同应如何签订？
　　(3) 技术服务费应如何确定？

三、评析

　　(1) 本案技术服务合同主体应如何界定？

　　技术服务是国际技术转让的一种方式，是指受托方应委托方的请求，运用所掌握的专业技术知识和经验，就解决特定技术课题为委托方提供的知识性服务。国际技术服务比较复杂，涉及事项较多，应当签订书面合同，全面、具体、明确地规定技术服务有关事项和各方权利义务及责任。合同关系的主体，又称为合同当事人，包括债权人和债务人。债权人有权请求债务人依据法律和合同的规定履行义务；而债务人则依据法律和合同负有实施一定的行为的义务。在合同法上，有合同相对性原理。合同作为一种民事法律关系，其不同于其他民事法律关系（如物权法律关系）的重要特点，在于合同关系的相对性。所谓合同关系的相对性，在大陆法中通常被称为债的相对性，它主要是指合同关系只能发生在特定的合同当事人之间，只有合同当事人一方能够向另一方基于合同提出请求或提起诉讼；与合同当事人没有发生合同上权利义务关系的第三人不能依据合同向合同当事人提出请求或提起诉讼，也不应承担合同的义务和责任；非依法律或合同规定，第三人不能主张合同上的权利。概括起来，其主要包含合同主体的相对性、内容的相对性和责任的相对性三方面的内容。根据合同相对性原理，合同只在合同当事人之间发生效力，换言之，合同只对合同当事人具有约束力，而对第三人不发生效力。

　　在本案中，签订合同的主体即当事人是原告上海××技术有限公司和被告香港××有限公司，而且约定技术服务费由被告香港××有限公司支付。虽然合同约定是为被告上海××电路板有限公司提供技术服务，但其并不是合同主体，而是合同中的第三人，本案合同涉及第三人利益的合同。因此，法院认为，被告上海××电路板有限公司并非涉案采购定单的当事人，原告也未能证明被告上海××电路板有限公司承诺该采购定单项下的款项由其支付，故原告要求其承担民事责任的请求，没有事实和法律依据，法院不予支持。技术服务费只应由被告香港××有限公司支付。

（2）技术服务合同应如何签订？

技术服务比较复杂，其合同签订需认真对待，主要应注意三方面的问题。第一，做好前期准备。要选择合适的技术服务机构，拟定服务任务书，对报价或投标书进行比较或评标，磋商技术服务条件，然后才签订技术服务合同。第二，妥拟技术服务条款。技术服务合同的主要条款有：①主题与范围。该条款主要规定服务的主题和范围、成果形式、进度、期限和应达到的技术要求、技术指标和技术参数。②委托方的责任。例如，说明服务的主题和提供技术项目背景、有关技术数据；在受托方实地考察中，委托方应提供必要的协助；接受工作成果；支付约定的服务费等。③受托方的责任和义务。例如，受托方应按合同规定的期限，完成技术服务任务；保证服务工作的质量；解答委托方提出的问题；完成服务成果的验收等。④服务费。技术服务费的构成一般包括基本费用和附加费用；服务费的计价方式，常用的有计时收费方式、按工程投资百分比计算、固定收费或一揽子收费、固定费用加利润分成等；服务费的支付，主要规定支付货币、支付时间和支付单证等。⑤各方的保证与违约责任。第三，签订技术服务合同还应注意明确区分技术服务与技术咨询的界限，明确规定服务时间，建立工作联系制度，税费的规定应符合有关国家税法。本案技术服务合同就有关主要问题都作出了约定。

（3）技术服务费应如何确定？

技术服务受托方的主要目的是获取技术服务费，技术服务费是受托方的主要权利，也是委托方的主要义务。所以，技术服务费是技术服务合同的主要条款之一。如前文所述，技术服务费的构成一般包括基本费用和附加费用两部分。基本费用具体构成包括专家服务费、直接费用、间接费用和预期利润。专家服务费包括专家的基本工资、附加工资、福利费（包括健康保险、人寿保险、退休金、社会福利金等）、出国津贴、家属分居津贴、工作环境和工作条件津贴等。直接费用，是指直接从事服务、咨询工作专家的差旅费、生活费、住宿费、通信费、交通费、资料费、办公费和税收等。间接费用，是指受托方的管理人员和一般服务人员的工资、费用以及服务机构的办公费，如电费、办公用品折旧费等。服务费的计价方式，常用的有计时收费方式、按工程投资百分比计算、固定收费或一揽子收费、固定费用加利润分成等；服务费的支付则主要规定支付货币、支付时间和支付单证等。

本案合同就技术服务费规定得较为具体，规定了间接费用，服务费的计价方式是计时收费；也规定了直接费用如差旅费、膳宿费、津贴。服务费的支付币种是美元，支付方式是银行间电汇，支付时间是出具账单交付后 30 天。这些规定为原告胜诉创造了有利条件。

案例四：中国××公司与被上诉人美国××公司注册商标许可使用纠纷案[①]

一、案情

上诉人（原审被告、反诉原告）：中国××公司。

被上诉人（原审原告、反诉被告）：美国××公司。

原审法院审理查明：2001 年 5 月，美国××公司经与中国××公司协商，许可中国××公司在 VCD 机等影音产品上使用"捷成"商标，期限为 2001 年 6 月 1 日至 2004 年 5 月 31 日止；同时约定，中国××公司还须在使用前交纳售后服务费押金 10 万元。合同适用中国法律。合约达成后，美国××公司于 2001 年 5 月 10 日出具收据，注明"收到中国××公司 6 月份利润伍万元"；同日，又立据收取中国××公司售后服务押金 10 万元。美国××公司在收取上述费用后，给中国××公司出具了一份《授权书》，授权中国××公司为"捷成"牌视听产品全国总经销，授权期限为 2001 年 6 月 1 日至 2004 年 5 月 31 日。同年 5 月 28 日，美国××公司又出具一份《委托书》，委托中国××公司具体办理"捷成"牌 OEM 产品生产等相关事宜，授权时间与《授权书》相同。中国××公司在获得上述授权后，即在相关产品上使用"捷成"商标，并以 OEM 的形式生产 VCD 等产品。后因双方在使用费的问题上发生分歧，又不能协商一致，故美国××公司于 2002 年 12 月向原审法院起诉，要求中国××公司：①立即停止使用"捷成"商标；②中国××公司偿付美国××公司 100 万元；③由中国××公司承担本案的全部诉讼费用。2003 年 2 月，中国××公司向原审法院提起反诉，要求美国××公司：①退还售后服务费押金 10 万元；②赔偿中国××公司直接经济损失 78 360 元；③由美国××公司承担反诉费用。

原审法院审理认为：《合同法》第 44 条规定，"依法成立的合同，自成立之日起生效。法律、行政法规规定应当办理批准、登记等手续生效的，依照其规定"。该条是对合同生效时间的规定。一般而言，合同自成立时生效。但法律、行政法规规定应当办理批准、登记等手续生效的，依照相关规定。本案中，美国××公司、中国××公司双方口头约定由美国××公司许可中国××公司使用"捷成"商标，并约定了许可使用费。依照《中华人民共和国商标法》（以下简称

---

① 参见刘亚军、马乐：《国际特许经营中商标独占使用权保护的困境与选择——由一起商标商品平行进口案例引发的思考》，《当代法学》，2006 年第 4 期，第 107～112 页。

《商标法》第 40 条第 3 款的规定，商标使用许可合同应当报商标局备案。该备案
程序是一种行政管理活动，对当事人之间的合同效力没有直接的影响，即不能影
响到合同的成立、生效。依最高人民法院《关于审理商标民事纠纷案件适用法律
若干问题的解释》第 19 条的规定，商标使用许可合同未经备案的，不影响许可
合同的效力；未经备案的商标使用许可合同，不得对抗善意第三人。中国××公
司提出双方没有书面合同，也没有报商标局备案，违反了法律的强制性规定，是
无效的合同的反驳理由不能成立，原审法院不予采纳；美国××公司、中国××
公司双方约定的许可协议并未违反国家法律的禁止性规定，该协议已成立生效，
依法应受法律保护。由于双方没有签订书面协议，且双方对使用费争议较大，属
约定内容不明，由此产生的后果双方均有过错。对于许可费的认定，原审法院只
能以双方提交的相关证据和合同法的有关规定加以分析认定。《合同法》第 61 条
规定："合同生效后，当事人就质量、价款或者报酬、履行地点等内容没有约定
或者约定不明的，可以协议补充；不能达成补充协议的，按照合同有关条款或者
交易习惯确定。"该法第 120 条规定："当事人对合同条款的理解有争议的，应当
按照合同所使用的词句、合同的有关条款、合同的目的、交易习惯以及诚实信用
原则，确定该条款的真实意思。"依照该条规定，在双方约定的合同内容有争议
时，应当对合同内容进行合同解释。从美国××公司、中国××公司双方提交的
由美国××公司于 2001 年 5 月 10 日出具的《收据》内容分析，该份《收据》注
明："今收到中国××公司 6 月份利润伍万元正"。对于《收据》中使用的利润即
为使用费的事实，双方没有异议，故对利润的性质为商标使用许可费原审法院予
以确认。该《收据》中的"6 月份"的含义的理解，从一般人的认识角度，应当
理解为"6 月份一个月"而不能理解为一年。美国××公司认为，该《收据》体
现的是一个月的商标使用费，符合合同解释的意思，原审法院予以采纳；中国
××公司认为"6 月份利润"即为 2001 年全年的使用费，不符合常人的理解，且
没有其他证据加以印证，故对中国××公司的这一主张，原审法院不予采信；双方
提交给法院的《授权书》、《委托书》，均约定了授权委托期限为 3 年。故对双方的
协议期限为 3 年的事实，原审法院予以确认；故此，中国××公司除已支付第一个
月的使用费外，应自 2001 年 7 月起到美国××公司要求解除双方的协议之日止按
每月使用费 5 万元的标准支付美国××公司的使用费共 18 个月计 90 万元。美国
××公司要求中国××公司 100 万元的使用费过高，原审法院不予支持；造成双方
的许可行为不能履行的原因在于中国××公司拖欠许可使用费。由于中国××公司
长时间拖欠许可使用费，至使本协议无法履行，根据本案的实际情况，双方已无继
续实施许可协议的可能，故对美国××公司要求解除双方的协议的请求，原审法院
予以准许；自本判决生效之日起，中国××公司应停止使用"捷成"商标；由于双
方对许可费约定不明确，引起纠纷，双方均有过错，双方没有继续许可合作的可

能，中国××公司支付美国××公司的售后服务押金应返还给中国××公司，该款应从中国××公司付给美国××公司的许可使用费中予以扣除。对于中国××公司反诉的理由依据不充分，不予支持。因为造成该协议不能履行，中国××公司也有过错，故中国××公司反诉请求不予支持。依据《民法通则》第 106、111、134 条第 1 款第 4 项，《合同法》第 44、61、125 条的规定，原审法院判决如下：①解除双方的许可协议，自本判决生效之日起，中国××公司立即停止使用"捷成"商标；②中国××公司自本判决生效之日后 10 日内支付美国××公司商标使用费 90 万元；③美国××公司自本判决生效之日起 10 日内退回中国××公司的售后服务押金 10 万元。上述第②和③项相抵后，中国××公司还应支付美国××公司使用费 80 万元。本案本诉案件受理费 15 010 元，由美国××公司承担 7 505 元，中国××公司承担 7 505 元；反诉费 5 070 元，由中国××公司承担。

一审判决后，中国××公司不服原审判决，向二审法院提起上诉称：①一审判决认定事实不清，证据不足。第一，一审判决将《收据》中"利润"认定为"商标使用许可费"是完全错误的。首先，根据《商标法》第 40 条、《企业商标管理若干规定》第 6 条以及《商标使用许可合同备案方法》第 2 条的规定，中国××公司与美国××公司没有签订书面商标使用许可合同，故应适用缔约过失责任原则，应当认定双方商标使用许可关系不成立。其次，美国××公司提供的证据中没有"商标使用许可费"的表述，即双方对商标使用许可费没有任何约定。再次，《收据》上表明"6 月份利润伍万元"，按照字面解释应当是：美国××公司将第九类"捷成"商标许可中国××公司使用，所获利益为中国××公司的部分利润。同时也表明双方对使用商标所获利润的分配方式达成一致，有利润就予以分配，无利润也就不存在支付的问题。最后，按照客观情况，第九类"捷成"商标绝非美国××公司所称的"驰名商标"。美国××公司所称"1 个月商标使用费伍万元"是明显无证据的。第二，一审判决对"2001 年 6 月 13 日美国××公司发给中国××公司单方解除合作关系的传真函"不予认定是错误的。从该份证据可以看出双方在合作不到一个月的时间里，美国××公司两次发函要求解除合同关系，构成单方违约。第三，一审判决认定"18 个月的使用费"更是认定事实不清。中国××公司只生产至 2001 年 8 月，一审判决认定中国××公司一直生产到美国××公司起诉之日没有依据。②一审判决适用法律错误。第一，一审判决根据《合同法》不能认定双方商标使用许可合同关系成立。合同虽然可以以口头形式成立，但商标使用许可合同属于一种特殊合同，它的成立必须符合特别法也即《商标法》等法律规定。第二，虽然商标使用许可合同未经备案不影响许可合同的效力，但本案中双方之间的商标使用许可合同关系无任何载体来表明，该合同最基本的要求都不具备，故不能认定该合同成立。③由于美国××公司预期违约，导致双方合作提前终止，美国××公司应承担相应的民事责任，除退还中国××公司 10 万元押金外，还应赔偿中国××公司的经济损失。综上，请求撤销原审判决第一、二判项，变更为驳回美国××公司的诉讼请求；判决维持原审判决第三判项；判决美国××公司赔偿中国××公司直接经济损失 78 360 元；一、二审诉讼费由美国××公司负担。

美国××公司答辩称：原审判决认定事实清楚，证据确凿充分。中国××公司在一审中明确告知法庭双方约定的使用费是 5 万元，现中国××公司主张双方对使用费没有约定是没有事实根据的。第九类"捷成"商标的价格与本案没有直接关系。中国××公司的上诉理由不能成立，请求二审法院予以驳回。

经二审审理查明，原审法院认定事实属实，二审法院予以确认。另查明：美国××公司在提交给原审法院的代理词中，明确表示其主张从 2001 年 7 月至起诉时止共计 18 个月的商标使用费，共计 100 万元。

综上，二审法院认为：中国××公司的上诉请求均不能成立，本院依照《民事诉讼法》第 153 条第 1 款第 1 项的规定，判决如下：驳回上诉，维持原判。

二、问题

(1) 两公司之间的商标许可使用合同是否成立和生效？

(2) 本案应如何确定商标许可使用费用？

(3) 如何确定本案当事人的违约责任？

(4) 本案应如何确定商标许可使用期限？

三、评析

(1) 两公司之间的商标许可使用合同是否成立和生效？

商标许可就是商标权人通过签订商标许可合同授予被许可人使用其商标。在合同期间，被许可人有权在自己的产品上使用许可人的商标，同时向许可人支付一定的使用费。商标许可使用合同，是指商标权人许可他人在约定的时间、地域和以约定的方式，在法律核准的产品上，使用其商标所签订的有约束力的书面文件。

本案中，根据原审判决查明的事实，美国××公司和中国××公司对双方没有订立书面合同是没有异议的，但对该合同关系是否成立以及生效持不同意见。美国××公司认为该合同已成立且已部分履行，而中国××公司则认为该合同没有成立。二审法院认为：虽然双方没有签订书面的商标许可使用合同，但中国××公司为使用第九类"捷成"商标向美国××公司支付了 10 万元押金及"6 月份利润伍万元"，美国××公司向中国××公司出具了《授权书》和《委托书》，授权中国××公司在约定的期限内使用第九类"捷成"商标。从上述情况来看，美国××公司有将其注册商标许可中国××公司使用的意思表示，中国××公司也有为此支付相应对价的意思表示，而且双方当事人确实也部分履行了口头约定的合同，故原审判决将双方的合同关系确定为商标许可使用合同关系是正确的。该商标许可使用合同的双方当事人具备相应的民事行为能力，意思表示真实，内容和形式均符合法律的规定，应当认定该合同已成立并已具备生效要件。《商标法》第40条第3款虽然规定商标使用许可合同应当报商标局备案，但该规定并不是合同生效的条件，故中国××公司以此主张其与美国××公司之间的商标使用许可合同不成立是没有依据的，二审法院不予支持。

（2）本案应如何确定商标许可使用费用？

美国××公司和中国××公司对商标许可使用费用产生分歧，美国××公司认为使用费应为每月5万元，中国××公司认为应为每年5万元。如何理解《收据》中注明的"收到中国××公司6月份利润"的真实意思表示，可借助《合同法》第125条的规定进行解释：当事人对合同条款的理解有争议的，应当按照合同所使用的词句、合同的有关条款、合同的目的、交易习惯以及诚实信用原则，确定该条款的真实意思。本院认为：首先，双方订立的合同为商标许可使用合同，故"6月份利润"的性质应认定为商标许可使用费用。其次，"6月份"应确定为6月份这一个月，而不是一年。双方口头约定商标许可使用期限为3年，即2001年6月1日～2004年5月31日，第一年度应为2001年6月1日～2002年5月31日。也就是说，"一年"的期限是跨年度的一年而并非2001年度或2002年度的全年，从人们习惯的表达方式看，如果是指一年的使用费，其表述应该是"第×年度"或"×年度"费用，鲜有用"×月份"指代某年度的情形。最后，中国××公司为使用"捷成"商标已向美国××公司支付了10万元押金，如果商标许可费用为每年5万元，三年的费用总和也只是15万元，中国××公司支付的押金数额高达许可费用的2/3，这显然不符合常理。故"6月份利润"应当认定为6月份这一个月的商标许可使用费用。

（3）如何确定本案当事人的违约责任？

从双方约定的合同内容看，美国××公司的主要义务就是在规定的期限内许可中国××公司在指定商品上使用其注册商标，而中国××公司的主要义务则是按时支付商标许可使用费用。因此，中国××公司未按约定支付许可费用，已构成违约。中国××公司声称美国××公司单方解除合同构成预期违约的主张，因其证据系复印件，美国××公司又不予认可，因而不能单独作为认定案件事实的依据，中国××公司也没有其他的证据证明其主张，故二审法院不予支持。

（4）本案应如何确定商标许可使用期限？

美国××公司出具的《授权书》和《委托书》上均载明为3年，中国××公司对此也没有异议。美国××公司主张中国××公司实际使用商标的期限是从2001年7月计至美国××公司起诉时止，共计18个月，商标使用费为100万元。中国××公司则主张其于2001年8月就停止使用"捷成"商标，故无须支付18个月的使用费。对此,二审法院认为,美国××公司和中国××公司明确约定了商标许可使用的期限,在此期间内,任何一方当事人均应按合同约定履行义务,除非双方达成一致的解除合同或终止履行合同的意思表示,方可终止履行义务。因此,中国××公司在双方约定的商标许可使用期限未届满之前,在没有解除或终止合同的情况下,不履行支付商标许可使用费的义务,就已构成违约;美国××公司已按约定许可中国××公司在指定商品上使用"捷成"商标,中国××公司是否实际使用商标是自由处分其权利的意思表示,不能以此作为不支付商标许可使用费的理由。故原审法院认定中国××公司应支付 18 个月 90 万元的商标许可使用费用是正确的,二审法院予以维持。至于中国××公司主张对第九类"捷成"商标的价值进行评估的问题,由于双方对使用费用已有约定,故无须进行评估。

案例五:北京法华毅霖商贸有限责任公司诉世纪恒远公司、太平洋百货公司特许经营案[①]

一、案情

(法国)AN'GE 股份有限公司享有"AN'GE"商标专有权,2000 年 10 月 30 日,原告北京法华毅霖商贸有限责任公司与(法国)AN'GE 股份有限公司签订了商业许可合同,依据合同约定,原告有权以不确定的方式使用(法国)AN'GE 股份有限公司专有的"AN'GE"商标和有关特殊标识,并取得了在中国北京、重庆等地特定地域内销售"AN'GE"牌服装的独家经营权,包括(法国)AN'GE 股份有限公司在内的任何其他公司和个人均无权在上述城市经销"AN'GE"牌服装。迄今为止,(法国)AN'GE 股份有限公司未曾许可除原告以外的其他公司在中国内地使用"AN'GE"商标标识并经销"AN'GE"牌服装。被告北京世纪恒远科贸有限公司自 2001 年 4 月至今在被告重庆大都会广场太平洋百货公司开设专柜销售"AN'GE"牌服装,其销售的"AN'GE"牌服装是由重庆机械设备进出口有限公司代理由香港瑞金公司进口的。香港瑞金公司为香港销售"AN'GE"牌服装的经销商。

本案中,原告认为两被告的行为侵犯了其"独家经营权",请求法院判定被告停止不正当竞争行为,赔偿经济损失并公开赔礼道歉,被告则以原告取得的独家经营权不能对抗特许经营合同以外第三人作为抗辩事由并辩称其进口"AN'GE"牌服装的行为合法,不存在不正当竞争。

一审法院经审理确认了原告在授权地域内对"AN'GE"牌服装的独家经营

---

① 参见刘亚军、马乐:《国际特许经营中商标独占使用权保护的困境与选择——由一起商标商品平行进口案例引发的思考》,《当代法学》,2006 年第 4 期,第 107~112 页。

权，二审法院在此基础上进一步确认了原告对"AN'GE"商标的独占使用权。然而，两级法院却一致认定被告的进口行为正当合法，既不存在侵权因素又不构成不正当竞争因而对原告的诉求未予支持。

二、问题

（1）什么是特许经营？特许经营与商标商品的平行进口之间是什么关系？
（2）从本案看如何保护特许经营人的商标权？

三、评析

（1）什么是特许经营？特许经营与商标商品的平行进口之间是什么关系？

特许经营作为一种经营活动或经营模式在当代已成为一种重要的资源配置手段，就其性质而言各国通常将其界定为一种合同关系。特许人与特许经营人分别具有独立的法律人格，在特许经营协议约定的特定时空范围内，特许经营人获得授权以使用特许人的商标、服务标志、商业名称及经营模式等无形财产来从事经营并因此向特许人支付一定费用。

特许经营权并不是某种单一的权利，而是一个"权利束"。特许经营权的内容丰富，单从特许经营协议的内容就可见一斑，有学者甚至将特许经营权所包含的具体权能总结有 10 余种。[①] 但一般而言，特许经营人通过获得特许经营权均能享有一定的知识产权。就商标商品的国际特许经营而言，特许经营人实际获得了由特许经营协议所确定的特定时空范围内对该种商标的独占使用权，所谓"独占"意味着既能对抗特许人即商标专有权人，亦能对抗第三人，而对于特许经营人而言，这项独占性商标使用权或许是其通过特许经营获得的最为珍贵的一项权利，同时也是其最期待获得的权利。

商标商品的平行进口已如前述案例所示，简单来说即指进口商未经本国商标注册权人或商标使用权人许可，从其他国家以合法渠道进口相同商标商品并在本国销售的行为。商标商品平行进口的最大特征在于进口并销售的商品是经过商品商标所有人或商标使用人制造或许可制造的正牌商品，但该商品的进口、销售未经该商标所有人或商标使用人的同意，因此平行进口在国际上也被称为"灰色市场"。究其根源，主要是由于在世界范围内，尤其经济全球化浪潮下，除了汇率的波动，各国供需变化之外，劳动力、原材料等价格的不同导致不同区域相同商品的价格有所差别，产生商品从低价位国家流向高价位国家的情况，正是这种不同国家之间巨大的价格差给平行进口商带来了丰厚的利润。

[①]　See Kaufman D J：An introduction to franchising and franchise law，Commercial Law and Practice Course Handbook Series，Practicing Law Institute，1992，Vol. 603，No. A4-4367.

（2）从本案看如何保护特许经营人的商标权？

实际上，本案是一起典型的与国际特许经营有关的商标商品平行进口案件，原告北京法华毅霖商贸有限责任公司通过与（法国）AN'GE 股份有限公司签订的商业许可合同可视为一项国际特许经营协议，而其通过许可合同取得的在中国北京、重庆等地特定地域内销售"AN'GE"牌服装的独家经营权和对该商标的独占使用权构成了特许经营权的重要内容。被告通过合法渠道进口"AN'GE"正牌服装并在未得到商标使用权人许可的情况下予以销售的行为是比较典型的商标权领域的平行进口行为。

首先，就与特许经营有关的商标商品平行进口而言，由于平行进口商的介入，特许经营人在特定时空范围内的商品市场份额被挤占，利益遭受了损失。换言之，权利人（特许经营人）遭受了现实损害并且这种损害与平行进口行为存在法律上的因果关系。其次，对于平行进口商而言，其享有的是对商标商品的所有权，其当然可以对其商品进行处分，但对附属于商品上的商标其仅仅是持有人。因此，当其使用该商标的销售行为危害到合法商标权人（特许经营人）对该商标的知识产权（商标独占使用权）时，应当对该行为给予否定性评价，即"加害行为之所以被法律非难而具有违法性，乃因其肇致对权利侵害的'结果'"。然而，在此我们只能认定平行进口行为对特许经营权造成了侵害（infringement），而不能直接认定该行为构成侵权（tort）。

如何保护特许经营人的商标权？对此，一些学者提出不妨寻求一种合同上的救济方式。即只要特许经营合同双方明确约定由特许人保证特定时空范围内的商标独占使用权仅归特许经营人享有，一旦发生如前述案例中的平行进口时，特许经营人就有权要求特许人排除这种对其权利的侵害，否则特许人将承担违约责任。如果这一设想能够顺利实现，毫无疑问将会有效保护特许经营人的权利。然而，这种救济途径存在诸多理论与现实上的障碍。首先，由于平行进口在世界范围内还是个有争议的问题，特许人阻止该行为显然缺乏明确的法律依据，难以保护受损特许经营人的利益。其次，如果特许经营人商标独占使用权的保护是以牺牲特许人的利益（承担违约责任）为对价，那么一项特许经营行为对一个理性的特许人而言恐怕不再具有实施的价值，因为对其而言签订一份特许协议风险太大。此外，由于特许经营一般具有跨国性，特许经营人的维权成本也是个不可忽视的问题。

既然违约救济难以实现，不妨将目光转向侵权责任的追究。综观我国立法现状，由于特许经营权并非一项法定权利且不具有对世性，这给侵权的认定带来很大障碍。即使能够将其法定化也会因前文所述主观要件的欠缺而难以追究平行进口人的侵权责任。对此，有学者提出应当适用无过错责任原则。然而，这样的制度设计是否会导致新的乃至更严重的利益失衡是我们必须首先考虑的问题。因此，在我国现有立法体制下，不妨借鉴现行《商标法》及《商标案件适用法律的解释》中关于"商标许可使用合同备案"的规定的立法经验，引入一种"国际特许经营协议登记公示"制度，即通过赋予行政部门（如工商行政管理部门）一定职能使得特许经营权能够为第三人所知。特许经营协议一经登记公示相当于提前告知潜在的平行进口人其竞争对手所享有的特许经营权，如果进口人仍实施平行进口行为，那么就可以合理推定其具有侵权的故意从而追究其侵权责任。这一制度设计不仅节省了立法资源而且能够有效地针对国际特许经营领域的平行进口行为，对平行进口商而言起到了风险预警的作用，而对于特许经营人则大大降低了其寻求侵权责任救济的举证成本。

第五章　国际经济法案例争端解决

案例一：焦炭交货争议仲裁案①

一、案情

申请人五金矿产进出口公司（卖方）于 1988 年 11 月 30 日与被申请人香港 B 有限公司（买方）签订了 1 万吨焦炭出口《售货合约》，并于 1989 年 1 月 26 日，双方通过电传协商达成了附加条款。《售货合约》和附加条款规定：①买方信用证于 1989 年 1 月 25 日前到达卖方银行。②买方所派船只定于 2 月 18～25 日抵达天津新港，2 月 28 日前将卖方货物装在"FENG PING"船上。③合约另外规定："如果买方未能如期开出信用证或如期派船，由此发生的一切损失均由买方来负担。"④"商品检验、产地证明书或由中国进出口商品检验局（CCIB）所签发的品质、数量/重量检验证，作为品质数量/重量的交货依据，附加条款明确商品检验，依据合同规定中国 CCIB 为准"。

合约订立后，申请人将 1 万吨焦炭由申请人的代表（某开发区公司）于 1989 年 1 月 31 日前全部运集天津新港。而被申请人未按合约规定如期开出不可撤销信用证，未如期派船接货，单方面变更商检条款，基于上述原因，致使合约不能正常履行，申请人遂于 1989 年 2 月 28 日，提出终止合约，对此，被申请人予以确认。合约履行纠纷产生之后，申请人委托其代理人与买方交涉赔偿事宜，并于 1989 年 7 月 10 日向被申请人出具了索赔书，但被申请人以签约后申请人未遵守被申请人关于"申请人所售货物必须严格符合被申请人与其海外买方所订合约"为由，拒绝履行付款义务，致使协商不成。申请人遂于 1989 年 12 月 28 日向仲裁委员会提出仲裁申请。申请人在仲裁申请书中要求裁决被申请人承担违约责任，赔偿申请人为履行合约所遭受的经济损失 329 100 美元以及由被申请人支付本案仲裁费用。中国国际经济贸易仲裁委员会（以下简称仲裁委员会）根据申请人五金矿产进出口公司和被申请人香港 B 有限公司于 1988 年 11 月 30 日签订的《售货合约》中的仲裁条款和申请人于 1989 年 12 月 28 日向仲裁委员会提交的仲裁申请书，受理了本案。

---

① 参见《裁决选编》，http://cn. cietac. org/information/read. asp? hangye＝7&ptype＝5&ptitle＝%B2%C3%BE%F6%D1%A1%B1%E0&stitle＝%B2%C3＋%BE%F6＋%CA%E9＋%CE%E5，中国国际经济贸易仲裁委员会网站，1991 年 11 月 15 日。

申请人委托本会主任指定某某为仲裁员。仲裁委员会将申请人提交的仲裁申请请求及有关证据材料于 1990 年 3 月 3 日通过挂号邮寄给被申请人，并要求被申请人按期指定仲裁员，提交书面答辩，根据邮政挂号回执证明，被申请人于 1990 年 3 月 12 收到上述材料，但并未在规定的期限内指定仲裁员，提交答辩材料。仲裁委员会根据其仲裁规则第 16 条的规定，为被申请人代为指定某某某为仲裁员，与申请人委托本会主任指定的仲裁员某某和仲裁委员会主任指定的首席仲裁员某组成仲裁庭，审理本案。

仲裁庭审阅了申请人提交的书面申请及其证据材料，被申请人未提交书面答辩。1990 年 10 月 23 日，仲裁庭在北京开庭审理了本案，听取了申请人的口头陈述，并就本案案情详细询问了申请人。开庭前，仲裁庭根据仲裁规则的规定及时将开庭通知通过电传通知了被申请人，但被申请人没有出席开庭审理，也未就不能出庭的原因及本案的事实给予陈述或答辩。现仲裁庭根据中国贸仲委 1988 年规则第 29 条规定，于 1991 年 11 月 15 日对本案作出缺席裁决。

申请人提出，1989 年 1 月 6 日，申请人开始与被申请人接洽，1989 年 1 月 23 日，被申请人电传，传真至申请人，表明同意接受要约。关于合约的附加条款，是被申请人于 1989 年 1 月 13 日首先提出的，经过双方的直接对话，反复磋商，至 1989 年 1 月 26 日，合约的附加条款经双方一致确认生效。

仲裁庭认为，申请人与被申请人之间的合约系经香港 B 有限公司法定代表人签字并盖章和五金矿产进出口公司签字而告成立的，合约对双方当事人具有约束力。合约的附加条款经双方于 1989 年 1 月 16～26 日协商达成协议，应视为合同的不可分割的一部分，与合约具有同等的法律效力，双方的权利，义务都是基于合约及其附加条款的有关规定而产生的。所以被申请人向申请人提出不存在 1988 年 11 月 30 日的合约是无根据的。

仲裁庭认为，《售货合约》的付款条款明确规定买方在 1989 年 1 月 25 日之前通过中国银行××分行将不可撤销信用证直接开给卖方。被申请人未按合约规定如期开出不可撤销信用证，只逾期将不可撤销信用证申请书和简证通知给申请人，后由其自行取消。被申请人在逾期后曾分别以传真、电传形式许诺于 1989 年 2 月 10 日、15 日、25 日重新开出信用证，并要求申请人将货物保留给他。但被申请人后来却以自己的英国买家和开证银行的问题为借口，不履行承诺，至合约终止时，被申请人始终未通过中国银行××分行将不可撤销信用证直接开给申请人。被申请人的行为违反合约规定，应承担责任。

仲裁庭认为，《售货合约》附加条款第 12 条明确规定："买方所派船只定于 1989 年 2 月 8～25 日抵达天津港，2 月 28 日前将卖方货物装在 'FENG PING' 船上。"但被申请人未能按合约规定，如期派船接货，且始终未履行接货义务。被申请人的行为已构成违约，应承担由此给申请人造成的损失。

关于商品检验申请人提出，《售货合约》第 5 条规定，"商品检验，产地证明书或由中国进出口商品检验局（CCIB）所签发的品质、数量/重量检验证，作为数量/重量交货依据"，被申请人擅自更改合约规定，于 1989 年 2 月 15 日突然提出要申请人答应 SGS 在装货港检验，申请人同意由 CCIB 和 SGS 在装货港联检或被申请人在卸货港复检，但被申请人又于同年 2 月 23 日，再次提出要求，"SGS 要得到 CCIB 负责人书面答复有否合格实验室才答应到天津联检，否则 SGS 只有把样品寄去美国或澳洲检验"，并以此为借口，不开信用证，对此申请人未予承诺。2 月 24 日，被申请人以申请人未承诺其变更合约商检条款为理由，宣布不能履行合约。在此期间申请人仍执行合约商检规定，委托 CCIB 对货物进行检验。

仲裁庭认为，由于合约规定，商检以 CCIB 为准，所以被申请人单方面提出修改合约规定要 SGS 在装货港检验没有根据，仲裁庭不予支持。在申请人作出让步同意由 CCIB 和 SGS 在装货港联检或由 SGS 在目的港复检后，被申请人又提出 SGS 只能在得到 CCIB 负责人书面答复有合格实验室方答应到天津联检，否则 SGS 只有把样品寄去美国或澳洲检验，并以此为借口不开信用证的行为，应视为被申请人未经申请人同意单方面变更合约条款，构成对合约的违约，应承担责任。

由于被申请人的违约，导致合约不能履行，后经双方协议终止合约。申请人为减少损失，在合约终止后的一段合理时间内，采取了补救措施，由申请方的申请代理人于 1989 年 6 月底前以合理的方式把该 1 万吨焦炭就地转卖。仲裁庭认为，被申请人应赔偿申请人按合约价格与转卖价格（即处理销售收入）之间的差价损失，即合约价格 720 000 美元，处理收入为 3 056 494 元人民币，按美元与人民币比价 1∶6.5 计算为 470 230 美元，差价 249 770 美元，另加上仓租杂费 31 200 美元和 330 万元人民币贷款超期利息按 1.5％计算为 22 830 美元，共计 303 800 美元。差旅费和退税均证据不足，故不予考虑。由于被申请人违约，损害了申请人的合法利益，申请人提起仲裁的仲裁费由被申请人承担。

二、问题

（1）仲裁与其他争议解决方式比较有何优点？

（2）有哪些常设的仲裁机构，仲裁庭如何组成？

（3）在被申请人未参加仲裁程序，未指定仲裁员的情况下，由仲裁庭指定仲裁员，仲裁程序对于被申请人是否公正有效？

三、评析

（1）仲裁与其他争议解决方式比较有何优点？

仲裁一直是解决商事争议的首选方式。与其他争议解决方式相比，仲裁具有以下优点：

第一，当事人意思自治。在仲裁中，当事人享有选定仲裁员、仲裁地、仲裁语言以及适用法律的自由。与法院严格的诉讼程序和时间表相比，仲裁程序更为灵活。

第二，一裁终局。仲裁裁决不同于法院判决，仲裁裁决不能上诉，一经作出即为终局，对当事人具有约束力。法院裁定撤销或不予承认和执行的理由是非常有限的，在涉外仲裁中通常仅限于程序问题。

第三，仲裁具有保密性。仲裁案件不公开审理，从而有效地保护当事人的商业秘密和商业信誉。

第四，裁决可以在国际上得到承认和执行。《承认及执行外国仲裁裁决公约》（1958 年《纽约公约》）现有缔约的国家和地区 142 个，根据该公约，仲裁裁决可以在这些缔约国得到承认和执行。此外，仲裁裁决还可根据其他一些有关仲裁的国际公约和条约得到执行。《纽约公约》于 1987 年对中国生效。

（2）有哪些常设的仲裁机构，仲裁庭如何组成？

常设的国际商事仲裁机构有联合国国际贸易法委员会、国际商会仲裁院、解决投资争议国际中心、瑞典斯德哥尔摩商会仲裁院等。我国有中国国际经济贸易仲裁委员会等。各仲裁机构都制定有仲裁规则。中国国际经济贸易仲裁委员会是中国国际商会下属的一个民间性常设仲裁机构。总部设在北京，并在上海、深圳设有分会。1988 年 9 月通过的《中国国际经济贸易仲裁委员会仲裁规则》，受理案件范围扩大到国际经济贸易中发生的一切争议。

根据仲裁委员会的仲裁规则，仲裁庭分为独任仲裁庭和合议仲裁庭两种，独任仲裁庭由一名仲裁员组成，合议仲裁庭由三名仲裁员组成。适用简易程序的案件，由一名仲裁员组成独任仲裁庭予以审理。对于其他大部分适用普通程序的案件，除非当事人另有约定，一般由三名仲裁员组成的合议仲裁庭审理。当事人也可以约定仲裁庭的组成形式。

（3）在被申请人未参加仲裁程序，未指定仲裁员的情况下，由仲裁庭指定仲裁员，仲裁程序对于被申请人是否公正有效？

仲裁是一种受各国法律保护的自愿选择的争议解决的方式，对于仲裁在哪里进行、适用什么法律、使用什么语言，当事人均可约定。各国法律都允许当事人自主决定仲裁庭的组成，我国法律也不例外。仲裁委员会的《仲裁规则》规定，当事人可以约定仲裁庭的组成形式以及仲裁人员。同时仲裁的程序受到仲裁程序法的约束。当事人选择将争议提交特定的仲裁机构，就意味着适用该机构的仲裁规则。如果当事人没有对仲裁条款的适用法律作出约定，一般适用仲裁地国的法律来确定。本案中，当事人在协议中约定由我国仲裁委员会进行仲裁，就意味着双方当事人同意遵守仲裁委员会的仲裁规则。

仲裁委员会的仲裁规则第 22 条规定：

第一，申请人和被申请人应当各自在收到仲裁通知之日起 15 天内选定一名仲裁员或者委托仲裁委员会主任指定。当事人未在上述期限内选定或委托仲裁委员会主任指定的，由仲裁委员会主任指定。

第二，首席仲裁员由双方当事人在被申请人收到仲裁通知之日起 15 天内共同选定或者共同委托仲裁委员会主任指定。

……

第四，双方当事人未能按照上述规定共同选定首席仲裁员的，由仲裁委员会主任指定。本案中在被申请人未在规定的期限内指定仲裁员时，由仲裁委员会指定仲裁员进行仲裁是合乎仲裁委员会的仲裁规则的。

案例二：新斯堪迪克诉大连橡胶厂案[①]

一、案情

1990 年 12 月 20 日，大连橡胶厂与瑞典的注册号为 556195-5187 的斯堪迪克轮胎公司于大连签订了合资经营大连诺迪克轮胎有限公司（英文简称为 DNT）的合同（DNT-1-1）和章程（DNT-1-2）以及子午线乘用胎成套设备和技术购买合同。大连诺迪克轮胎有限公司（以下简称为大连诺迪克）于 1991 年 6 月 12 日登记注册后成立。大连橡胶厂的盛渝厂长被聘为总经理。根据合同 DNT-1 和 DNT-2 的规定，大连诺迪克的注册资本为 1 000 万美元，其中，大连橡胶厂出资占 70％；斯堪迪克轮胎公司以机械设备作价 300 万美元作为出资，占 30％。大连橡胶厂按此规定于 1991 年 7 月 30 日及时将 700 万美元投入了大连诺迪克。合同还规定，大连诺迪克购买斯堪迪克轮胎公司拥有其在瑞典布罗斯的子公司诺迪克轮胎公司（以下简称瑞典诺迪克）年产 100 万条子午线乘用胎成套二手设备和技术，总价格为 1 650 万美元，瑞典诺迪克以其中的 300 万美元作为向大连诺迪克的投资。

因遭受不断增长的财政压力困难，瑞典诺迪克被宣告破产。斯堪迪克轮胎公司的所有者弗兰克，在预见到瑞典斯堪迪克轮胎公司的破产必将进一步导致斯堪迪克轮胎公司破产的情况下，决定以其妻英格丽特的名义新成立一个注册号 556432-2518 的斯堪迪克轮胎公司（以下简称前述注册号为 556195-5187 的斯堪迪克轮胎公司为老斯堪迪克，注册号为 556432-2518 的斯堪迪克轮胎公司为新斯

---

① 参见金建民：《瑞典斯德哥尔摩商会仲裁院应诉纪实》，《中国律师》，1995 年第 1 期

堪迪克)。1991 年 9 月 28 日, 由盛渝先生代表大连诺迪克, 英格丽特代表老斯堪迪克于斯德哥尔摩签订了一份协议 (以下简称斯德哥尔摩协议)。该协议规定: "如果根据瑞典法律, 注册号为 556195-5187 的斯堪迪克轮胎公司被宣布破产, 则 1991 年 12 月 20 日签订的合同 DNT-1 及附件将被转让给注册号为 556432-2518 的斯堪迪克轮胎公司。"

1991 年 10 月 25 日, 斯德哥尔摩地方法院发布通告: 注册号为 556195-5187 的斯堪迪克轮胎公司被宣布破产。

1991 年 12 月 17 日, 香港大连国际发展有限公司以 875 万美元买下了年产 100 万条子午线乘用胎成套设备。

1992 年 3 月 30 日, 鉴于老斯堪迪克轮胎公司未投入注册资本并已被宣布破产, DNT 的批准证书被撤销并被工商部门注销。不久, 大连橡胶厂与香港大连国际发展有限公司共同在原 DNT 的厂址建立了大连国际诺迪克轮胎有限公司。加 "国际" 两字以区别于原大连诺迪克。

就在大连国际诺迪克轮胎有限公司筹建期间, 根据合同 DNT-1 第 53 条 "凡因执行本合同所发生的或与本合同有关的一切争议, 合资各方应通过友好协商解决。如果协议不能解决, 应提交斯德哥尔摩商会仲裁院 (SCC), 根据该院的仲裁程度进行仲裁。仲裁裁决是终局的, 对各方都有约束力" (以下简称仲裁条款) 的规定, 英格丽特女士于 1992 年 3 月 6 日, 代表新斯堪迪克以大连橡胶厂为被申请人, 向斯德哥尔摩商会仲裁院 (以下简称仲裁院) 申请仲裁。

(一) 仲裁庭设立前程序上的争议及仲裁院回复

大连橡胶厂委托律师作为仲裁案的代理人。被申请人对申请人的请求没有作实体答辩, 而从程序上予以反驳。1992 年 4 月 15 日, 被申请人以传真致函仲裁院沃尔夫 · 弗兰克先生 (仲裁院秘书处成员), 对新斯堪迪克的申请人的资格提出异议, 并作出如下陈述: "根据《涉外经济合同法》第 5 条第 2 款规定, 在中国境内履行的中外合资经营企业合同适用中国法律。因此, 合同 DNT-1 应适用中国法律。1983 年 9 月 24 日由中国政府发布的《中华人民共和国中外合资经营企业法实施条例》第 24 条规定, 合营企业注册资本的增加、转让以其他方式处置, 应由董事会会议通过, 并报原审批构批准, 向原登记管理机构办理变更登记手续。1991 年 9 月 28 日《斯德哥尔摩协议》的所谓转让没有经过大连诺迪克董事会会议通过, 又没有报原审批机构大连对外经济贸易委员会批准, 更没有向原登记管理机构大连工商行政管理局办理变更登记手续, 因此转让无效。新斯堪迪克不是合同的一方当事人。换言之, 大连橡胶厂与新斯堪迪克之间不存在任何具有仲裁条款在内的合同关系。新斯堪迪克不具有申请人的资格, 斯德哥尔摩商会仲裁院也就不应或无权受理本案。"

仲裁院于 1992 年 5 月 7 日传真回复被申请人，仲裁院认为本院有权受理此争议，并要求被申请人指定的仲裁员的姓名和地址，如果未指定，将由仲裁院来指定。被申请人于 5 月 13 日再次致函仲裁院，主张如下：

（1）英格丽特女士深知 DNT 合同的转让需经大连诺迪克董事会的批准。因此，她仅向仲裁院提供了与转让 DNT 合同有关的三个文件中的一个文件，对仲裁院故意作了虚假的陈述。

（2）未经大连诺迪克中方股东——大连橡胶厂的授权，盛渝先生无权签署任何转让 DNT 合同的协议（英格丽特女士提不出有关授权的证据）。因此，由盛渝先生签署的前两个文件均属无效。

（3）由弗兰克先生起草的大连诺迪克董事会决议中明确规定，根据申请并核对了新斯堪迪克成立的文件之后，方能同意转让或不同意转让，而这个文件弗兰克先生迟于 1991 年 11 月 6 日才提供的。此后，董事会根本未予批准。

被申请人认为，由弗兰克先生一手起草的与转让 DNT 合同有关的三个文件均未生效，DNT 合同的转让并未成立，因此，新斯堪迪克不具有以大连橡胶厂为被申请人提起仲裁的资格。要求仲裁院严格审议这一程序性问题并驳回申诉。

1992 年 5 月 20 日，仲裁院传真被申请人，认为仲裁院有权受理此争议。然而强调这只是仲裁院根据规定作出的一个初步决定，而关于是否有管辖权的决定将由仲裁庭作出。同时要求指定仲裁员。

（二）仲裁庭仲裁过程及判决

1992 年 11 月 16 日，仲裁庭开庭。

申请人在庭审中主张：首先，DNT-1 合同的转让没有改变合同中的条款和双方的权利义务，因此，这种转让不属对合同的重大变更；其次，盛渝先生的所有签名都同时代表新斯堪迪克。

仲裁庭主席认为，申请人既然没有投资，就不存在转让注册资本的问题，也就不存在需董事会讨论的问题。

被申请人主张：由老斯堪迪克和大连诺迪克在斯德哥尔摩签置的这份协议无效。

第一，《斯德哥尔摩协议》导致了 DNT-1 合同及其附件的主体的变更和注册资金认缴权利的转让。因此，这个协议是对 DNT-1 合同及其附件的重大变更。根据《涉外经济合同法》第 33 条"中华人民共和国法律、行政法规规定应当由国家批准成立的合同，其重大变更应当经原批准机关批准"和《中华人民共和国中外合资经营企业法实施条例》第 17 条"合营企业协议、合同和章程经审批机构批准后生效，其修改时同样"的规定，《斯德哥尔摩协议》应呈交合同审批机构——大连市对外经济贸易委员会审批。但是，该协议从未报审批机构批准。因此，它是无效的。

第二，大连橡胶厂是 DNT-1 合同及其附件的一方。因此，合同的权利和义务由老斯堪迪克转让给新斯堪迪克应得到大连橡胶厂的同意。但大连橡胶厂对此转让一无所知。新斯堪迪克从未授权其任何雇员签署《斯德哥尔摩协议》。1991年 6 月 19 日，盛渝被免去新斯堪迪克厂长职务后，大连橡胶厂从未授权他签署上述协议。《斯德哥尔摩协议》既不是由新斯堪迪克公司雇员，也不是由大连橡胶厂的授权代表签署的，因此，该协议是无效的。

第三，《斯德哥尔摩协议》将导致认缴注册资金权利的转让。该转让协议根据 DNT-1 合同第 22 条规定，应提交董事会讨论并经董事一致同意后才能成立。

故被申请人认为，新斯堪迪克及其成员从未参与过签订《斯德哥尔摩协议》的任何活动。此协议未经 DNT 董事会会议一致通过和报经审批机关批准而无效。因此，老斯堪迪克在 DNT-1 合同及其附件的权利和义务的转让没有成立。新斯堪迪克即申请人未成为合同 DNT 的一方。申请人与被申请人之间既无合同又无仲裁协议。新斯堪迪克不具有申请人的资格。

1993 年 1 月 7 日，三名仲裁员于 1992 年 12 月 28 日在斯德哥尔摩签署的仲裁裁决，判决如下：

新斯堪迪克是否是这些程序中恰当一方，也即它是否有资格作为申请人，根据 DNT-1 合同第 53 条对被申请人提起仲裁是一个法律问题。尽管斯德哥尔摩协议明确地规定了 DNT-1 合同的转让。但根据其清晰的语言，履行该协议的中方应是大连诺迪克，而不是被申请人新斯堪迪克。

再者，很明显申请人认为，必须得到大连诺迪克董事会对于协议的批准，申请人未能向仲裁庭成功说明，由盛先生代表一方达成的一个协议，便使被申请人成为斯德哥尔摩协议一方。

既然是这样，仲裁庭没有必要去涉及按中国法律盛先生是否能够合法地约束被申请人这一问题。仲裁庭也没有必要去考虑被申请人为证明其论点而提出的其他证据。仲裁庭因此裁决新斯堪迪克不是这些程序中恰当的一方。由于这些原因，仲裁庭作出以下裁决：

仲裁庭对斯堪迪克轮胎公司（瑞典公司注册号：556432-2518）在本次仲裁中向大连橡胶厂提出的申请无管辖权。

二、问题

（1）选择 SCC 进行仲裁的原因有哪些？

（2）被申请人主张是否成立？

三、评析

(1) 选择 SCC 进行仲裁的原因有哪些？

选择 SCC 仲裁的原因：首先，斯德哥尔摩商会仲裁院解决国际争议的优势在于其国家的中立地位，特别以解决涉及远东或中国的争议而著称。瑞典作为中立国家与国际社会的协调关系，能够使斯德哥尔摩商会仲裁院仲裁在多数国家得以实现，其他具有明显政治倾向立场的国家就不那么普遍了。

其次，SCC 没有仲裁员名单，当事人可自由指定任何国家，任何身份的人作为仲裁员。通常他们选择自己国家的国民作为仲裁员，不同国家的可各选一名，共同选择第三名仲裁员，组成三人仲裁庭。这样当事人对仲裁在开始就比较符合自己意识，从而为仲裁效力作了保证。相比那些指定仲裁员的机构，总是有些仲裁员的认可问题，而 SCC 在开始就解决了这个问题，从而提高了仲裁的速度和效力。

(2) 被申请人主张是否成立？

本案中被申请人主张未经大连诺迪克中方股东大连橡胶厂的授权，盛渝先生无权签署任何转让 DNT 合同的协议不能成立。根据被申请人主张在中国境内履行的中外合资经营企业合同适用中国法律。《合同法》第 49 条规定："行为人没有代理权，超越代理权或者代理权终止后以被代理人的名义订立合同，相对人有理由相信行为人有代理权的，该代理行为有效。"盛渝先生作为大连诺迪克的总经理，新斯堪迪克有理由相信他有代理权，因此，签署的转让 DNT 合同的协议可以因其表见代理行为有效。但是该协议未提交合同审批机构——大连市对外经济贸易委员会审批，仍是无效的。

案例三：加拿大特达企业诉北欧亚公司及南美公司案[①]

一、案情

2000 年 6 月 14 日，原告加拿大特达企业有限公司与案外人河北省辛集进出口公司签定 4 800 箱鸭梨进口合同，CIF 多伦多每箱 13.5 美元。其中，3 600 箱货物由被告智利南美轮船公司（以下简称南美公司）承运。2001 年 2 月 3 日，天津外轮代理公司代表承运人南美公司签发了 NOE004344 号提单，提单记载托运人为河北省辛集进出口公司，收货人凭指示，装运港为天津新港，卸货港为 VANCOUVER，交货地为 TORONTO。2001 年 2 月 24 日，托运人

---

① 参见 http://www.ccmt.org.cn/shownews.php? id=5584，中国涉外商事海事审判网，2004 年 12 月 2 日。

请求承运人南美公司（被告）电放货物，2月28日，南美公司在装货港的代理人北欧亚公司（被告）发出电放货物通知，告知南美公司目的港代理"发货人已于新港交付原始提单，请不用见原始提单只需见提单复印件及保证函即行发货"。3月7~9日原告收到上述货物，收货时集装箱没有温度记录盘且货物受损，原告遂申请检验机构对受损货物进行了检验，检验机构认为："集装箱外观良好，无任何不当，由于缺少温度记录盘，我们无法就问题的原因是从包装时还是运输中造成的作出判断，像是产品内在瑕疵原因。"原告为减少损失，不得已降价销售受损货物，共遭受货款损失273 831.6元人民币，检验费损失10 126.9元人民币。

2001年11月15日，加拿大特达企业有限公司就上述损失对被告北欧亚公司提起诉讼，法院于2002年5月17日开庭进行审理。庭审时，北欧亚公司主张其为承运人在装港的代理人，对原告的损失不应承担责任，原告遂申请追加南美公司作为被告参加诉讼。

本案原、被告的争议焦点在于：原告的诉讼请求是否超过诉讼时效。

原告认为，由于托运人请求电放货物，因此承运人未签发提单，原告在北欧亚公司披露承运人后追加承运人参加诉讼，应适用时效中断的规定，因此本案未超过诉讼时效。两被告认为，原告诉讼的依据是南美公司NOE004344号提单副本，该提单右下角已注明南美公司为承运人。托运人要求放货的指示函是给南美公司的，在该函中又再次确认南美公司2001年2月3日所签的正本提单附上，请求放货。天津特达公司转船公司的函也证明是向南美公司定舱。上述事实可以证明原告知道南美公司是承运人，北欧亚公司是代理人。原告称被告没有签发提单是没有依据的，托运人要求放货的函及北欧亚公司的电放通知都否定了原告这一主张。我国海商法规定："就海上货物运输向承运人要求赔偿的请求权，时效为一年，自承运人交付或者应当交付货物之日起计算。"原告向被告南美公司提出诉讼请求的时间是2002年8月，而原告提取货物的时间是2001年3月，已经超过一年的诉讼时效。两被告是两个完全独立的法人，原告选错诉讼对象不能作为诉讼时效中断的理由。

天津海事法院认为，本案系海上货物运输合同货损纠纷，被告南美公司为承运人，原告为收货人。依据我国海商法的规定，承运人对集装箱装运的货物的责任期间，从装货港接收货物时起至卸货港交付货物时止，货物处于承运人掌管之下的全部期间。在承运人的责任期间，货物发生损坏，承运人应当负赔偿责任，除非能够举证证明其享有免责事由。就本案而言，由于货交原告时没有温度记录盘，检验机构无法就货损的真正原因作出明确判断，被告南美公司也未举证证明其在运输过程中将温度控制在约定范围以内，因此被告南美公司对原告的经济损失应承担赔偿责任，被告南美公司以"货损系货物内在缺陷造成的"为由，主张其不应承担赔偿责任缺乏事实依据，本院不予支持。

我国海商法规定，就海上货物运输向承运人要求赔偿的请求权，时效为一年，自承运人交付或者应当交付货物之日起计算。涉案货物交付时间是2001年3月，原告向被告南美公司提出诉讼请求的时间是2002年8月，已经超过一年的诉讼时效。被告北欧亚公司的电放通知和原告发给被告北欧亚公司的传真均提到签发提单的事宜，且被告当庭提供了正本提单，因此可以认定被告南美公司于2001年2月3日签发了正本提单。收货人在目的港凭提单副本和保函提货系航运惯例，因此可以认定原告在收货前已经见到了提单复印件，而提单复印件上已经明示被告南美公司为承运人，这一点从原告下属子公司天津特达企业有限公司给托运人的传真中能得到印证，该传真有"我公司经你代订CSAV船公司的……"的内容，而CSAV正是被告南美公司的英文缩写，因此原告对被告南美公司系涉案运输的承运人是明知的，不存在被告北欧亚公司未披露承运人的问题。

被告北欧亚公司系被告南美公司在北中国地区的代理人，其代理被告南美公司从事部分业务操作并不能取代承运人的法律地位，原告也未举证证明被告北欧亚公司对其货物损失具有过错，因此原告要求被告北欧亚公司承担赔偿责任没有法律依据。

综上，依据《民法通则》第106条第1、2款、《海商法》第257条的规定，判决驳回原告加拿大特达企业有限公司对被告北欧亚船务代理有限公司、被告智利南美轮船公司的诉讼请求。

原告不服一审判决提起上诉，被告南美公司向高级法院补充了经公证认证的南美公司总代理的证言，称其收到原告的传真，欲证明原告在起诉北欧亚公司时已经知道南美公司是承运人。

高级法院认为，南美公司补充的证据不是"新证据"，在原告不认可且无其他证据佐证的情况下不予认定。由于托运人要求电放货物，因此提单未放给托运人，而是直接由承运人收回，原告持有的提单系未经签发的提单，且不是本案提单的复印件，不具有提单的法律性质，不能依此要求原告判断谁是承运人。原告在不能明确判断谁是承运人的情况下，在一年的诉讼时效内向北欧亚公司提起诉讼，根据最高法院适用《民法通则》第173条第2款的规定，向债务人的代理人主张权利的可以认定时效中断，因此应认定原告对北欧亚公司提起诉讼时，其对南美公司的请求权的诉讼时效即已中断，原告起诉南美公司并未超过诉讼时效。最高法院判决：①撤销天津海事法院的民事判决；②南美公司偿付原告损失273 831.6元人民币，检验费损失10 126.9元人民币，并偿付上述款项的利息损失；③驳回原告对被告北欧亚公司的诉讼请求。

二、问题

（1）什么是国际海事诉讼？它有什么特点？

（2）我国海事诉讼的管辖权是怎样规定的？

（3）原告是否明知南美公司为承运人？如果原告明知南美公司为承运人，在最初仅起诉欧亚公司是否构成时效中断？

三、评析

（1）什么是国际海事诉讼？它有什么特点？

随着各国之间国际经济交流的增多，争端也随之增多，诉讼作为解决经济争端的重要方法，作用不容忽视。海事诉讼作为一种特殊的诉讼，是海事法院在海事争议当事人和其他诉讼参与人的参加下，依法审理和判决海事争议案件的全部活动过程。而国际海事诉讼则是具有涉外因素的海事诉讼。

国际海事诉讼由特定的法院管辖。美国宪法将海事管辖权赋予联邦法院。英国海事案件由商事庭组成的海事庭审理。我国为海事法院。面对国内及涉外海事、海商案件日益增多的形势，为行使我国海事司法管辖权，及时审理这些案件，我国在沿海港口主要城市专门设立了 10 个海事法院。我国海事法院是国家审判机关的组成部分，是处理海事案件的专门性法院，管辖国内及涉外的第一审海事、海商案件。对海事法院判决的裁定不服的上诉案件，由海事法院所在地的高级人民法院管辖。

（2）我国海事诉讼的管辖权是怎样规定的？

根据最高人民法院发布的《关于海事法院受案范围的规定》，海事法院受理我国法人、公民之间，我国法人、公民同州国或地区法人、公民之间，外国或者地区法人、公民之间的下列案件：①海事赔偿纠纷案件；②海商合同纠纷案件；③港口作业纠纷案件，海运、海上作业中重大责任事故案件等其他海事、海商案件；④海事执行案件；⑤海事请求保全案件等。

我国海事法院依据民事诉讼法和 1999 年 7 月 1 日颁布并实行的《中华人民共和国海事诉讼特别程序法》（以下简称《海事诉讼特别程序法》）的规定审理各类海事案件。

（3）原告是否明知南美公司为承运人？如果原告明知南美公司为承运人，在最初仅起诉北欧亚公司是否构成时效中断？

如果原告凭提单副本和保函提货，则可以认定原告知道南美公司是承运人。但是本案没有直接证据证明原告是凭提单副本提货。根据我国关于证据规则方面的规定，下列情况，可以作为人民法院判断证据力的参考因素：①证人是否为当庭陈述，以及接受交叉询问的情况；②证人或者提供证据的人，与当事人有无利害关系或者利害关系度……被告在二审时补交的证据是南美公司总代理作为证人证明原告知道南美公司是承运人。此证人证言利害关系度高，而且原告不认可其证言，也无其他的证据相辅佐，此证据证明力低。原告持有的提单系未经签发的提单，且不是本案提单的复印件，不能依此要求原告判断谁是承运人。因此不能得出结论认为原告明知南美公司为承运人。

即使原告知道南美公司是承运人，起诉北欧亚公司也构成时效中断。一方面，《民法通则》第173条作为一般法，能够适用于海上运输案件。第173条规定"债权人向债务人的代理人主张权利可以构成对债务人的时效中断"，原告向南美公司的代理人北欧亚公司提起了诉讼。另一方面，我国《海商法》规定的时效制度和《民法通则》有明显不同，在审理海上运输案件时应依据《海商法》的特别规定。《海商法》第267条规定：时效因请求人提起诉讼、提交仲裁或者被请求人同意履行义务而中断。请求人基于与托运人的运输合同对托运人的代理人提起诉讼，符合《海商法》规定的请求人提起诉讼的条件，因此可以构成时效的中断。

案例四：克勒克纳公司诉喀麦隆政府案①

一、案情

克勒克纳公司与喀麦隆政府签订了一项投资协议规定：由克勒克纳公司建造和提供一座化肥厂给喀麦隆，该化肥厂由一家名为索卡莫的合资企业（其中，克勒克纳公司拥有15％的股份，喀麦隆政府拥有49％的股份）负责经营。后来政府通过一项交钥匙合同将其根据投资协议产生的一切权利和义务转让给索卡莫公司，索卡莫公司因此替代政府成为该交钥匙合同中克勒克纳公司的共同立约人。在此后发生的争端中，根据喀麦隆政府与克勒克纳公司订立的，包含了一项基于《解决国家与他国国民间投资争端公约》的仲裁条款的《协议纪要》，克勒克纳公司以喀麦隆政府和索卡莫公司为被申请人向"中心（ICSID）"提交了仲裁申请。

《华盛顿公约》第42条规定了"中心"仲裁应适用的准据法：①仲裁庭应依据当事人双方协议的法律规范解决争端。如无此种协议，仲裁庭应适用作为争端当事国的缔约国的法律（包括它的冲突规范）以及可适用的国际法规范。②仲裁庭不得借口法律无明文规定或含义不清而暂不作出裁决。③第1款和第2款的规定不得损害仲裁庭在双方同意时依据公平善良原则解决争端的权力。根据此条规定，仲裁庭认为本案应适用东道国喀麦隆法。同时仲裁庭认为，基于相互信任而

① 参见陈安：《国际投资争端案例精选》，复旦大学出版社，2001年，第274页。

参加契约关系的当事人应以真实、忠诚和公正的态度对待其伙伴，是东道国法中的一项基本原则并且的确也是仲裁庭所了解的其他国家的一项法律基本原则。仲裁庭仅适用这一基本原则而未参照具体的法律规范作出了不利于原告的裁决。

克勒克纳公司与喀麦隆政府一共签订了三份合同：1971 年的《协议纪要》、1972 年的《化肥厂交钥匙合同》和《管理协议》。仲裁过程中，克勒克纳公司对仲裁庭的管辖权提出异议，但被驳回。仲裁裁决作出后，克勒克纳公司不服，遂向"中心"专门委员会提出撤销仲裁的申请，理由如下：①虽然 1971 年的《协议纪要》第 22 条规定，"因协议的解释、适用所发生的争端均应提交'中心'仲裁"，但是 1972 年的《管理合同》则规定其争议提交国际商会仲裁院，因此"中心"对本案形式管辖权属于"明显的越权行为"；②"中心"未适用本应适用的法律也属"明显的越权行为"；③仲裁庭严重背离基本的程序规则，特别是未经真正审议即作出裁决；④裁决所依据的理由陈述不当，同时还没有对提交它的所有问题作出裁决。

依《华盛顿公约》成立的特别委员会根据该公约第 52 条第 1 款以及克勒克纳公司的申请审查以下问题：

（1）仲裁庭有无明显越权。

克勒克纳公司与喀麦隆政府于 1971 年签订的《协议纪要》中含有"中心"仲裁条款，1977 年由克勒克纳与索卡莫公司（喀麦隆方控制）签订的《管理协议》则约定将与该协议有关的争议交付 ICC（国际商会）仲裁。《协议纪要》第 9 条规定，克勒克纳负责索卡莫公司的技术与商业管理，这一责任由一份《管理协议》（即前述 1977 年协议）落实。争议发生后，喀麦隆基于《管理协议》提出几项反诉请求。而克勒克纳认为，既然《管理协议》订有 ICC 仲裁条款，那么"中心"对这些请求就不享有管辖权。该案仲裁庭裁定，各项协议有很强的内在联系与相互依赖性，《协议纪要》统领全局，因此不能否认"中心"的管辖权。在裁决撤销程序中，克勒克纳坚持认为原仲裁庭无权对与 1977 年《管理协议》有关的争议行使管辖权。特设委员会认为只要仲裁庭的裁决言之有理，管辖权方面稍有瑕疵则是无伤大雅的，而且原仲裁庭对《管理协议》行使管辖权是"站得住脚的（tenable）"和"非武断的（not arbitrary）"，因此不构成"明显"越权，并不当然构成撤销裁决的理由。

特设委员会审查仲裁庭是否"明显越权"的另一内容是仲裁庭对法律的适用。特设委员会认为，仲裁庭在适用东道国法的基本原则时，既未参照任何法律条文，又未参照任何判决或学者观点，裁决适用的法律是友谊仲裁中的公平与正义原则而没有适用应该适用的东道国法，因而特设委员会判定该仲裁庭在适用法律问题上违反了第 42 条的规定，这种法律适用是无效的。同时，特设委员会对于应适用的争端当事国之缔约国的法律以及可适用的国际法准则的关系做如下解释：国际法准则有双重作用，一是补充，二是纠正。前者用于国内法没有规定之时，而后者则是国内法不合乎国际法规定的情况下适用。而且，在上述两种情况下，仲裁员只有审查和确定国内法的内容以及适用国内法后，方可援用国际法。特设委员会因此认定，原仲裁庭在适用国际法时没有合乎这一规定，从而推论原仲裁庭在适用法律方面越权。

（2）裁决是否严重背离根本的程序规则。

一般来讲，平等对待双方当事人、听取双方当事人的陈述并给予它们以充分的申辩机会，就属于"根本规则"。本案中，克勒克纳认为仲裁庭对其心存不善（hostile），待其不公（partial）。特设委员会指出，如果确是这样，则无疑构成严重背离根本的程序规则。但是，特设委员会在分析原裁决后指出，尽管原裁决存在一些问题，比如没有引述具体的法律条文，过多讨论克勒克纳方的义务而未给予喀麦隆政府方的义务以足够重视等，但这些并不能证明仲裁庭有恶意或不公之处，因此也就不构成撤销理由。

同时特设委员会认为，仲裁庭必须进行合议也是一条根本的程序规则。不过，由于"中心"仲裁的秘密性，仲裁庭是否进行了严肃认真的合议只能从"中心"秘书处的会议记录和裁决对异议仲裁员（即少数派仲裁员）的引述中加以判断，当事方则一般很难"证据确凿"地以此为由请求撤销裁决。

（3）裁决是否说明其所依据的理由。

"裁决应当说明理由"，在"中心"仲裁机制中是一条强行法规则。特设委员会认为裁决未说明依据的理由包括以下几种情形：①裁决未说明任何理由；②裁决陈述的理由相互矛盾；③理由是不确定的或者是假设的；④提供的理由不相关；⑤提供的理由不足或不当。在"裁决陈述理由"的要求方面，特设委员会认为陈述的理由绝不仅仅是陈述一些理由，而是必须"充分"陈述理由使第三人能够知道仲裁庭的论证。而仲裁庭未充分陈述理由，因此裁决应予撤销。

基于如上理由，特设委员会撤销了"中心"的仲裁裁决。

二、问题

（1）ICSID 是什么机构？

（2）ICSID 的仲裁规则是怎样的？

（3）在国际仲裁实践中，对于国际仲裁裁决是否可以进行审查，对裁决撤销或宣告裁决无效？如果进行审查，审查标准是什么？

三、评析

（1）ICSID 是什么机构？

由于私人海外投资的急剧发展，特别是由于发展中国家参与订立的投资或开发特许协议的特点，使得以往的各种商事仲裁机构及其仲裁规则往往不能适应国际投资的需要，不能达到合理解决投资争议的目的。因此，建立一个专门处理投资争议的国际机构和制定相配套的仲裁规则，实为规范国际投资市场秩序的所需。在这种背景下，根据 1965 年《关于解决各国和其他国家的国民之间解决投资争议的公约》（又称《华盛顿公约》）设立了 ICSID。ICSID 是世界银行集团的一个附属机构，设在华盛顿，这是一个专门处理国际投资争议的国际性的常设仲裁机构，制订有相应的仲裁规则。ICSID 设立的目的是为各缔约国和其他缔约国的国民之间的投资争议解决提供便利，促进相互信任的气氛，借以鼓励私人资本的国际流动。

（2）ICSID 的仲裁规则是怎样的？

ICSID 仲裁实行"一裁终局"的原则，并且根据《华盛顿公约》规定，成员国有必须遵照执行"中心"金钱性裁决的义务，如同该判决是该国法院的最后判决一样。尽管如此，ICSID 还设置了仲裁监督机制，即当事方可以根据《华盛顿公约》规定的五项法定理由，向 ICSID 秘书长提出撤销裁决的书面请求，ICSID 行政理事会主席从仲裁员名单中遴选三人组成特设委员会对该请求作出处理。《华盛顿公约》第 52 条第 1 款列举了这五项撤销裁决的法定理由：①仲裁庭的组成不适当；②仲裁庭明显越权；③仲裁庭成员有受贿行为；④严重背离根本的程序规则；⑤裁决未陈述其所依据的理由。在裁决的作出满足五条件中任意一个的情况下，特设委员会就会作出撤销仲裁裁决的决定。

另外根据《华盛顿公约》规定，任何当事方无权向国内法院寻求撤销 ICSID 的裁决，也就是说，当事方只能利用 ICSID 特设委员会这样的监督机制来争取实现撤销裁决的目的。

1993 年 2 月 6 日我国正式成为《华盛顿公约》缔约国，并通知"中心"拟将国有化或征用引起的补偿问题争议提交"中心"管辖。这表明了我国政府企图进一步改善外商投资法律环境，对外资采取积极的鼓励与保护态度。

（3）在国际仲裁实践中，对于国际仲裁裁决是否可以进行审查，对裁决撤销或宣告裁决无效？如果进行审查，审查标准是什么？

一般的国际民商事仲裁裁决，即主要是私人之间争端的仲裁裁决以及国家作为普通民商事主体身份和地位的国际民商事裁决，在某个具体国家得到承认和执行时，一般该国法院会根据国内的法律对该裁决进行审查，包括对仲裁协议、仲裁事项、仲裁程序等方面的审查，然后作出撤销，宣告无效或承认和执行的判决。但是 ICSID 的仲裁裁决具有特殊性，它作出的裁决为最终裁决，受到《华盛顿公约》规定的特设委员会审查机制的审查，不受各国国内法院的审查。特设委员会对案件的审查不是从根本上对案件进行重新审查，也不是全面重新审查仲裁庭的裁决，而是基于《华盛顿公约》第 52 条规定的几种具体情形进行审查，这几种具体情形主要是程序方面的审查，而不涉及实体内容的审查。撤销裁决程序不是上诉程序，撤销机构——特设委员会也不是上诉机构，因此，撤销机构与上诉法院不同，它无权审查案件的是非曲直，无权改变裁决结果，只能审查撤销理由是否存在并作出撤销裁决或者不撤销裁决的决定。本案中的基于克勒克纳公司的申请设立了特设委员会，对仲裁庭的仲裁进行了第 52 条规定的五种具体情形的审查，在仲裁裁决违反了其中的具体情形时，仲裁裁决被全部撤销。在撤销之后，当事人可以将未能最终解决的原有争端提交新的 ICSID 仲裁庭仲裁，新案仲裁庭完全可以不考虑撤销决定的认定结果，自行论断。

案例五：东芝域名纠纷案①

一、案情

本案投诉人是 Kabushiki Kaisha Toshiba D/B/A Toshiba Corporation，被投诉人是 Cixi Jiasheng Electrical Appliance Corporation，争议的域名是〈hkdongzhi. com〉。

投诉人成立于 1875 年，在电子、工业和家用电器产品领域中居于世界领先地位。投诉人使用其 TOSHIBA 商标和贸易名称已经 60 多年。投诉人以 TOSHIBA 商标和贸易名称设计、制造、营销和销售种类繁多的产品，包括家用电器、消费者电子产品、电信设备、医疗电子设备、电子元件和材料以及电力系统和工业设备。投诉人每年在世界各地花费数百万美元刊登广告，旨在提高其注册商标 TOSHIBA 的知名度，促销 TOSHIBA 品牌的产品与服务。投诉人通过许多网站介绍其获奖产品与服务，包括"www. toshiba. com"和"www. toshiba. co. jp"网站。

长期以来，投诉人在被投诉人所在的中国一直保持大量业务。投诉人的 TOSHIBA 名称和商标在中文里是"东芝"，在中国用拉丁文字母书写的拼音是"dongzhi"。投诉人通过其全资拥有的子公司 Toshiba（China）Co.，Ltd. 在中国的另外 33 家子公司和关联公司以及设在中国的四家制造厂在中国保持强大的业务阵容。1984 年，投诉人在北京建立了第一个家用电器维修服务中心。此后，投诉人在中国建立了无数个服务中心，其中一部分分布于上海市、广东省广州市、吉林省长春市、陕西省西安市、陕西省太原市和河南省郑州市。投诉人通过这些服务中心修理洗衣机及其他多种家用电器。投诉人的中文网站介绍了其产品与服务，包括家用电器，该网站的域名是"www. toshiba. com. cn"。在被投

---

① 参见 http://www. wipo. int/amc/en/domains/decisions/html/2003/d2003-0460. html，2003 年 8 月 14 日。

人于 2002 年 7 月 25 日注册域名〈hkdongzhi. com〉之前，投诉人的中文网站已经使用多年。在其中文网站的左上角，投诉人的"东芝"商标显示为"TOSHI-BA 东芝"。

投诉人在世界上 150 多个国家注册了 TOSHIBA 商标或该商标的不同版本。而投诉人在中国的商标注册包括 TOSHIBA、TOSHIBA and Design 和"东芝"，投诉人在中国注册的"东芝"商标包括下列各项："国际类别 7"中的家用电器，如洗碗机；"国际类别 9"中的电子产品、"国际类别 11"中的家用电器，如水冷机、电扇和取暖机；"国际类别 16"中的纸类产品及"国际类别 21"中的家庭用品。数十年来，投诉人一直通过 TOSHIBA 和"东芝"商标向广大消费者广泛促销，此等商标代表的唯一企业是投诉人，它们象征着投诉人的巨大商誉，是价值极高之产权。

被投诉人于 2002 年 7 月 25 日所注册的域名〈hkdongzhi. com〉包含了投诉人的"东芝"商标的中文拼音以及两个英文字母"HK"，文字的组合是"HK"在前"dongzhi"在后。投诉人的"东芝"商标之发音是"dongzhi"，其拼音形式或拉丁文译音在中国是"dongzhi"。被投诉人除了在域名中使用了投诉人的"东芝"商标之译音以外，还在其网站上的一个商标名称中显示投诉人的"东芝"商标，该贸易名称在被告的网站上以英文形式出现为"HK Toshiba Appliances Limited"。除此之外被投诉人的"www. hkdongzhi. com"网站促销及/或提供被告的洗衣机、水纯净器/冷却机、取暖机和电扇，此等产品与投诉人所提供的家用电器直接竞争或密切相关，因为投诉人多年来一直在中国出售和维修家用电器。

世界知识产权组织（WIPO）仲裁与调解中心（以下简称"仲裁与调解中心"）于 2003 年 6 月 13 日收到投诉书。2003 年 6 月 16 日，"仲裁与调解中心"向争议域名注册机构 OnlineNIC，Inc. 发出电子邮件，请其对争议域名所涉及的有关注册事项予以确认。2003 年 6 月 18 日，OnlineNIC，Inc. 通过电子邮件发出确认答复。OnlineNIC，Inc. 确认被投诉人是该域名的注册人，并提供行政联系人、缴费联系人和技术联系人的详细联系办法。2003 年 7 月 18 日，"仲裁与调解中心"向投诉人发出投诉书缺陷的通知，投诉人在收到中心的投诉书缺陷通知后，于 2003 年 7 月 23 日提交了修正本。2003 年 7 月 1 日，"仲裁与调解中心"确认，投诉书符合《统一域名争议解决政策》（以下简称《政策》）、《统一域名争议解决政策细则》（以下简称《细则》）及《世界知识产权组织统一域名争议解决政策补充细则》（以下简称《补充细则》）规定的形式要求。

根据《细则》第 2 条（a）项与第 4 条（a）项，"仲裁与调解中心"于 2003 年 7 月 1 日正式向被投诉人发出投诉书通知，诉讼程序于 2003 年 7 月 1 日开始。根据《细则》第 5 条（a）项，提交答辩书的截止日期是 2003 年 7 月 21 日。被投诉人没有作出任何答辩。"仲裁与调解中心"于 2003 年 7 月 24 日寄出被投诉人缺席的通知。2003 年 8 月 1 日,"仲裁与调解中心"指定 Susanna H. S. Leong 为独任专家审理本案。专家组认为其已适当成立。专家组按"仲裁与调解中心"为确保《细则》第 7 条得到遵守所规定的要求,提交了《接受书和公正独立声明》。

当事人双方的主张包括以下几方面内容。

投诉人的主要主张为:

(1) 域名与投诉人的商标相似,容易混淆。域名〈hkdongzhi.com〉与投诉人的"东芝"商标相似,容易混淆,因为域名的主要部分是"dongzhi",这是投诉人在中国使用的"东芝"商标的拼音形式以及拉丁文书写形式。另外,被投诉人加上地理名称缩写"HK"并不能使域名区别于投诉人的"东芝"商标。最后,投诉人指出被投诉人在其网站上把投诉人的商标用作贸易名称"HK Toshiba Appliances Limited"的一部分,进一步加强了域名与投诉人之间的联系。这项举动更显示被投诉人的意图正是要使互联网用户把域名及被告网站上介绍的产品与投诉人联系。

(2) 被告对域名不拥有权利与合法利益。投诉人认为被投诉人注册和使用域名侵犯了投诉人就"东芝"商标享有的权利,利用了投诉人的商誉进行交易,窃取了互联网上旨在寻找投诉人的用户,所以被投诉人注册和使用域名不构成也无法构成《政策》第 4 条 (c) 项 (ⅰ) 目定义之真正的提供商品或服务之行为。投诉人指出被投诉人现在和过去均未因域名而普遍知名,被投诉人使用的贸易名称包括"东芝",直接抄袭了投诉人的著名"东芝"商标,这并不以任何方式表明被投诉人对域名拥有合法权利。被投诉人不能仅仅通过把域名用作贸易名称或企业名称的一部分就可以为在域名中窃用投诉人的著名"东芝"商标提供合理证据。如果能够这样做,互联网上的侵权者就可以采用同样方法,即通过把有争议的名称用作其域名,而随意盗用他人的商标。投诉人也进一步指出被投诉人没有以合法的非商业形式使用或公平使用域名,在这种情况下被投诉人为谋求商业利益而蓄意误导和引开消费者或损坏投诉人"东芝"商标的声誉的可疑性就加大了。

(3) 根据政策被投诉人有欺骗行为。投诉人认为被投诉人注册和使用域名符合《政策》第 4 条 (b) 项 (ⅳ) 目段定义的欺骗行为。具体而言,被投诉人的做法使其域名可能与投诉人的"东芝"商标混淆,使人对被投诉人网站及该网站做广告、促销及/或销售的产品之来源、赞助机构、隶属关系及/或支持产生误解,即故意使用域名为其网站吸引互联网用户,以便谋求商业利益。此外,投诉人也认为被投诉人注册和使用域名符合《政策》第 4 条 (b) 项 (ⅲ) 目定义之欺骗行为。被投诉人注册和使用域名销售与投诉人直接竞争及或密切相关的产品，以欺骗手法损坏了投诉人的业务。投诉人主张被投诉人的行为构成欺骗，因为当被投诉人注册域名并使用域名利用投诉人的商誉进行贸易时已经了解到投诉人对"东芝"商标拥有之权利。由于被投诉了解投诉人的"东芝"商标，其为谋取商业利益未经授权使用域名的做法构成投机性欺骗行为，因为投诉人的"东芝"商标和名称使用广泛，享有盛誉。

被投诉人未对投诉人的主张作出答辩。

最后，在考量本案的资料和附具后，行政专家组认为，投诉人成功证明被投诉人符合《政策》第 4 条（b）项（iv）目定义，对于本案争议域名的注册和使用具有恶意。众所皆知，投诉人的商品以及投诉人的注册商标 TOSHIBA 和"东芝"皆是享有国际声誉的，在中国内地和香港都具有很高的公众知晓程度，这一点不容置疑，因此除非被投诉人提出强有力的理由和证据解释他决定注册和使用争议域名，否则行政专家组便可以推定被投诉人注册争议域名的时候是知道投诉人的注册商标的存在，而被投诉人注册和使用争议域名纯粹为的是利用投诉人的商誉进行贸易，谋求商业利益。再者，被投诉人在争议域名中不拥有权利或合法利益，基于这点被投诉人在知道投诉人的商品和商标文字的存在仍然注册可以造成与其混淆的争议域名，而争议域名与投诉人有着明显的相关性，任何与投诉人无关的人使用这一域名的行为都足以构成恶意。专家组命令将域名〈hk-dongzhi.com〉转让给投诉人。

二、问题

（1）WIPO 是什么组织？

（2）WIPO 主要解决什么问题？

（3）选择 WIPO 仲裁有哪些优点？

（4）本案中，投诉人的转移域名的投诉请求获得支持的条件是什么？如何根据具体情况分析和认定？

三、评析

（1）WIPO 是什么组织？

WIPO 是世界知识产权组织（World Intellectual Property Organization）的简称，是一个政府间的组织，于 1970 年 4 月在瑞士日内瓦成立。1974 年 12 月成为联合国组织系统下专门机构之一。WIPO 的前身是 1893 年成立的保护知识产权联合国际局。其宗旨是通过国与国之间的合作，并在适当的情况下，与其他国际组织进行协作，以促进在全世界范围内保护知识产权；保证各有关国际条约同盟的行政合作。

（2）WIPO 主要解决什么问题？

网际网络（Internet，简称网络）于 20 世纪 90 年代开始风行全球后，已成功地创造了所谓的虚拟世界。在虚拟世界的频繁的互动过程中，争议也自然发生。以仲裁解决纷争的机制，也因此被引进。在众多种类的争端当中，网域名称的争执甚为普遍，即利用他人著名之商标或名称登记为网域名称，谋取利益，或向该商标或名称所有人要求支付金钱，以移转网域名称或停止使用。而以仲裁解决此类争议的情形，有日渐普遍的趋势。目前，WIPO 被认为系解决网域名称争议最权威的组织。

（3）选择 WIPO 仲裁有哪些优点？

一般认为，选择 WIPO 仲裁的原因如下：①仲裁较法院（尤其是美国法院）便宜。由于仲裁的提付及进行都在网络上，因此程序上的许多费用得以省却。②仲裁的准备及进行程序简单。所有程序都在线上进行及完成。WIPO 在其网站上提供申诉表格，填后回传即可，申诉事实亦得以电子邮件附件方式寄给 WIPO。③仲裁程序较法院的诉讼程序快速。申请人提交仲裁后，被告将接获通知，并有 20 日的期间准备答辩。20 日经过后，争议双方各自提出仲裁人名单供 WIPO 选任。仲裁庭组成后，将迅速处理争议。④WIPO 的仲裁判断具拘束力。WIPO 仲裁庭作成判断后，负责网域名称登录的业者皆会遵照判断而执行。

至于费用方面，则取决于系争网域名称的数量及仲裁人的人数。一般而言，WIPO 仅指定一人为仲裁。但当事人得要求由三人组成仲裁庭。

（4）本案中，投诉人的转移域名的投诉请求获得支持的条件是什么？如何根据具体情况分析和认定？

根据《政策》第 4 条（a）项的规定，投诉人的转移域名的投诉请求获得支持的条件是必须证明其投诉同时满足以下三个要素：①被投诉人的域名与投诉人享有权利的商品商标或服务商标相同或混淆相似；②被投诉人对争议域名不享有权利或合法利益；③被投诉人注册和使用域名具有恶意。

首先，相同或混淆性相似。本案争议域名为〈hkdongzhi.com〉。组成争议域名的九个英文字母里，后半部包含了投诉人在中国使用的"东芝"商标的拼音形式以及拉丁文书写形式"dongzhi"。本行政专家组在之前的 Kabushiki Kaisha Toshiba d/b/a Toshiba Corporation v. Liu Xindong，WIPO Case No. D2003-0408 中曾针对投诉人 Toshiba 的另一域名争议案作出裁决，投诉人的注册商标 TOSHIBA 在中国为"东芝"，而"东芝"以汉语拼音的形式用英文字母书写既是"dongzhi"。如今在此争议案中，情况是完全一样的，因此本行政专家组认为域名中的"dongzhi"与投诉人在中国的注册商标"东芝"完全吻合。至于争议域名前部分所加上的另外两个英文字母"HK"所产生的影响，本行政专家组认为在一般人的理解当中，"HK"就是香港英文的短称，而被投诉人在其网页上也以中文列出"香港东芝电器有限公司"的公司名称，更进一步确认"HK"用于此域名中具地理名称的作用。但是，加入地理名称并不能使域名区别于投诉人的"东芝"商标，投诉人所引用的案例清楚地指出这一点。基于以上的理由，行政专家组认为争议域名和投诉人在中国的注册商标"东芝"混淆性相似。投诉人的注册商标"东芝"在中国享有法律权益，这一点是不容置疑的。

其次，权利或合法利益。《政策》第 4 条（c）项规定了被投诉人如何能有效表明在争议域名中的权利或利益：如果行政专家组认为尤其但不限于下列情形的任何一种情形在评价基础上被得以证明，那么将表明被投诉人就第 4 条（a）项（ii）目对域名拥有权利或合法利益：①在将该争议通知被投诉人之前，被投诉人在与诚意提供商品或服务方面使用或有证据显示准备使用该域名或相同与该域名的名字；②被投诉人（作为个人、企业或其他组织），已因该域名而被公众所知，即使被投诉人尚未获得商品商标或服务商标的权利；③被投诉人合法非商业性或正当的使用该域名，无意获得商业利益，也无意误导消费者或损害该商品商标或服务商标。

投诉人在投诉书中主张被投诉人对于争议域名不享有权利或拥有合法利益，其理由说服力强，被投诉人在这种情形下，绝对有必要作出适当的回应，为本身的立场辩护，并提供必要的证据说明在争议域名中的权利或利益。但是被投诉人在接获投诉书后并没有呈递答辩书主张他对争议域名拥有权利或享有其他合法权益，也没有提供证据证明他在收到有关本案域名争议的通知前已正当合法的使用争议域名或与争议域名相对应的其他名称，被投诉人也没有提供证据证明他因该域名而广为人知或他正在合理合法且非营利性的使用该争议域名。《细则》第 14 条规定，如果被投诉人未对投诉人的投诉书提出答辩意见，行政专家组将有权针对被投诉人缺席审理的行为作出她认为合理的推定。

以上的论点足以认定被投诉人对于争议域名不享有权利或拥有合法权益，但为求完整性，行政专家组现针对被投诉人在其网页上使用"香港东芝电器有限公司"作为其贸易名称的做法发表意见。其实，被投诉人未经投诉人的许可或授权并采用投诉人的"东芝"商标在法律上已可构成侵权的举动，因此无法表明被投诉人对域名拥有任何合法权益，这一点是肯定的。

鉴于此，行政专家组认定，被投诉人对争议域名不享有权利或拥有合法权益。

最后，恶意注册和使用域名。根据《政策》第 4 条（b）项，（特别但不限于）下列情形将被认为构成恶意注册或使用域名的证据：①说明被投诉人注册或获得该域名的主要目的是将这一域名以高于被投诉人可证明的就该域名所支出的实际费用的价格出售、出租或以其他方式转让给实为该商品商标或服务商标所有人的投诉人或其竞争方；②被投诉人注册该域名以阻止该商标或服务标识的所有人在相当的域名中体现该商标，如果被投诉人已进行了该等行为；③被投诉人注册该域名的主要目的是扰乱竞争对手的业务；④通过使用该域名，被投诉人通过将被投诉人的网址或位置或网址上的产品或服务就其来源、赞助、关联或背书保证等与投诉人的商标混淆，故意企图以此吸引互联网用户访问被投诉人的网站或其他在线位置以牟取商业利益。行政专家组在 Telstra Corporation Limited v. Nuclear Marshmallows，WIPO No. D2000-0003 中认为，就《政策》第（4）条（a）项（ⅲ）目而言，投诉人除需证明恶意注册外还要证明恶意使用。

基于如上理由，专家组命令将域名〈hkdongzhi.com〉转让给投诉人。

案例六：香港三菱公司诉湖北三峡公司、三联工程公司案①

一、案情

1994 年 1 月 25 日，香港三菱商事会社有限公司（以下简称三菱公司）（卖方）与三峡投资有限公司（以下简称三峡公司）（买方）、湖北三联机械化工程有限公司（以下简称三联工程公司）（最终用户）签订了 ML001-A 号和 ML001-B 号两份购销合同，约定由三菱公司向三峡公司出售一批机械设备，价格条件为 CIF 上海，两份购销合同货款总计 14 663 425.10 美元。合同对有关付款、交货等问题均作了明确的约定。两份合同第 11 条均明确约定："由本合同产生的或与本合同有关的所有分歧、争议或违约事项，应当在香港依据国际商会的仲裁规则进行仲裁，仲裁裁决是终局的，对双方都有约束力。"合同第 12 条约定，该合同"适用中华人民共和国的法律"。上述三方当事人均在两份合同上加盖了公司印章。

葛洲坝三联实业公司（简称三联实业公司）于 1994 年 1 月 22 日在向三菱公司出具的担保函中承诺："根据三峡投资公司与三菱商事（香港）有限公司所签订的关于建筑设备合同（合同编号 ML001），我公司签发不可撤销和无条件的担保函给三菱公司。我司担保三峡公司在上述合同里所有的付款和责任。如果三峡公司到期不能按照上述合同履行责任，我司将根据贵司公文要求支付贵司任何和所有的到期款项，总数不多于 15 048 425.10 美元加利息和合同项下其他的费用。"该担保函对于发生纠纷的解决方式未作约定。

因在履行合同中发生纠纷，三菱公司遂以三峡公司、三联工程公司、三联实业公司为被告，向湖北省高级人民法院提起诉讼，请求判令被告支付尚欠货款 11 434 185.65 美元，并承担诉讼费及财产保全费。

---

① 参见最高人民法院民事裁定书［1999］经终字第 426 号，http://www.110.com/panli/panli-47833.html，2004 年 4 月 26 日。

　　三峡公司在答辩期内提出管辖权异议，认为本案合同中的仲裁条款合法有效，本案纠纷应通过仲裁解决。

　　湖北省高级人民法院经审理认为：本案当事人在合同的仲裁条款中约定，在香港依据国际商会的仲裁规则进行仲裁。按仲裁地香港的法律，该仲裁条款是有效的、可执行的。该案纠纷不属于受诉人民法院管辖，三菱公司的起诉不符合法定条件，应予驳回。该院依照最高人民法院《关于适用〈中华人民共和国民事诉讼法〉若干问题的意见》第 139 条第 1 款和《民事诉讼法》第 140 条第 3 项的规定，裁定：驳回三菱公司的起诉。本案诉前财产保全费 16 165.77 美元、案件受理费 56 866 美元，由三菱公司负担。

　　三菱公司不服湖北省高级人民法院一审裁定，向最高人民法院提起上诉称：本案所涉的两个合同中虽订有仲裁条款，但内容极不明确。本案在程序方面应适用中国法。而根据最高人民法院《关于审理涉港澳经济纠纷案件若干问题的意见》第 2 条第 6 款和《仲裁法》第 18 条的规定，该条款应属不明确条款而无效。请求最高人民法院撤销一审裁定，裁定湖北省高级人民法院审理本案。

　　三峡公司答辩称：①决定本案仲裁协议的效力，应依据 1958 年《纽约公约》，而不是中国的仲裁法或其他任何司法解释；②上诉人得出了错误的结论即《仲裁法》关于仲裁协议的规定是中国法院用来决定一切仲裁协议效力的依据，不管当事人约定的仲裁地，或仲裁裁决作出地是哪里，也不管当事人是否选择仲裁协议的准据法。湖北省高级人民法院所作裁定正确，请求最高人民法院驳回三菱公司的上诉。

　　三联实业公司和三联工程公司未作书面答辩。

　　最高人民院经审理认为：本案当事人在购销合同中约定"由本合同产生的或与本合同有关的所有分歧、争议或违约事项，应当在香港依据国际商会的仲裁规则进行仲裁，仲裁裁决是终局的，对双方都有约束力"。由于当事人未对判定合同中仲裁条款效力适用的法律作出明确约定，按照《承认及执行外国仲裁裁决公约》第 5 条第 1 项（甲）中体现的原则，对于仲裁协议效力的认定，应适用当事人约定的仲裁地的法律，虽然该公约是有关承认及执行外国仲裁裁决的公约，但该公约第 5 条第 1 项（甲）的规定，体现了国际上在判定确认仲裁条款效力所适用法律时的一般原则，该原则应适用于本案，故本案应适用当事人约定的仲裁地香港特别行政区的法律对该仲裁条款效力作出认定，三菱公司关于本案应适用中国法律对仲裁条款效力作出认定的上诉请求不能成立，本院不予支持。

　　本案合同中的仲裁条款有明确的仲裁意思表示和明确的仲裁事项，当事人亦选择了适用的仲裁规则即国际商会仲裁规则。依据该仲裁规则，当事人可以在香港特别行政区进行仲裁。根据仲裁地香港特别行政区的法律，该仲裁条款是有效可以执行的。按照《承认和执行外国仲裁裁决公约》第 2 条第 1、3 款的规定，以及《民事诉讼法》第111条第2项"依照法律规定,双方当事人对合同纠纷自愿达成书面协议向仲裁机构申请仲裁,不得向人民法院起诉的,告知原告向仲裁机构申请仲裁"的规定,对于三菱公司以三峡公司和三联工程公司为被告提起的购销合同纠纷之诉,人民法院无管辖权,三菱公司应通过仲裁方式解决三菱公司与三峡公司和三联工程公司的纠纷。

三联实业公司在其出具的担保函中,因未明确约定纠纷解决方式,且其并非购销合同的当事人,因此,三菱公司与三联实业公司的担保合同纠纷不应受购销合同仲裁条款的约束。三菱公司以三联实业公司为被告提起的担保纠纷之诉,符合《民事诉讼法》第108条规定的起诉条件,人民法院应予受理。《民事诉讼法》第22条第2款规定:"对法人或者其他组织提起的诉讼,由被告住所地人民法院管辖。"依照上述规定,湖北省高级人民法院对三联实业公司为被告提起的担保纠纷之诉具有管辖权。

最终,最高人民法院裁定:①驳回香港三菱商事会社有限公司对三峡投资有限公司、葛洲坝三联机械化工程有限公司的起诉;②香港三菱商事会社有限公司与葛洲坝三联实业公司之间的担保纠纷,由湖北省高级人民法院立案审理。

二、问题

(1) 什么是国际商事仲裁?

(2) 仲裁庭取得仲裁管辖权的法律基础是什么?

(3) 什么是仲裁条款的独立性?

(4) 如果仲裁协议是包含在国际商事合同中的仲裁条款,在该合同中已有适用法律条款,则该法律适用条款是否对仲裁条款亦适用?

(5) 本案中的仲裁协议是否有效?

三、评析

(1) 什么是国际商事仲裁?

国际商事仲裁,是指在国际经济交往中,争议当事人双方依据事前或事后达成的仲裁协议,自愿将争议提交给国际商事仲裁机构进行审理,由仲裁机构作出对争议当事人双方均有约束力的仲裁裁决的一种制度。

(2) 仲裁庭取得仲裁管辖权的法律基础是什么?

仲裁庭取得仲裁管辖权的法律基础是一项有效仲裁协议的存在。

国际商事仲裁协议一般有两种表现形式:合同中的仲裁条款和专门的仲裁协议书。仲裁条款一般必须包括以下内容:①将争议提交仲裁裁决的意思表示;②提交仲裁的事项;③仲裁庭的组成或仲裁机构。当事人还可以就其他事项作出约定。但是一项不完善的仲裁协议并不等于一项无效的仲裁协议。一般来说,一项仲裁协议只要具备了提交仲裁的双方当事人真实的意思表示和仲裁事项合法两项基本条件，就应视为有效。

（3）什么是仲裁条款的独立性？

仲裁条款的独立性是指仲裁条款作为主合同的一个条款，尽管其依附于主合同，但其仍然可以与主合同的其他条款分离，独立于它所依附的主合同而存在。即仲裁条款不因主合同的无效、终止或被撤销而无效，也不因主合同的变更而受到影响。当主合同发生无效、终止、变更等情形时，合同的当事人依然可以依据合同中的仲裁条款向仲裁机构申请仲裁，由仲裁机构对他们之间的争议作出裁决。

（4）如果仲裁协议是包含在国际商事合同中的仲裁条款，在该合同中已有适用法律条款，则该法律适用条款是否对仲裁条款亦适用？

国际商事合同中的仲裁条款是否与合同适用同一法律？这一问题的产生是与仲裁条款的独立性理论密不可分的。实践中，有观点认为仲裁条款作为主合同的一部分，应适用当事人在合同中选择适用的法律，即"整体论"。但"分割论"观点主张主合同的适用法律条款不可能当然地推断出仲裁条款适用的法律。因为主合同与仲裁条款的目的不同，主合同是解决当事人之间在民商事中的权利义务关系，而仲裁条款的目的是解决因主合同而产生的纠纷的方式，而且当事人往往又愿意将处理纠纷的仲裁放在一个中间国家或地区解决，以摆脱任何一方有可能对仲裁施加的任何对另一方不利的影响。因此，根据仲裁条款的独立性原则，当事人选择的适用于仲裁协议的法律可以不同于仲裁实体问题适用的法律。以1958年《纽约公约》为代表的国际商事仲裁立法和英国、法国等国的国内立法及商事仲裁实践，对仲裁协议法律适用问题也广泛地采纳了"分割论"的方法。

（5）本案中的仲裁协议是否有效？

我国仲裁立法并未对此作出明确规定。但是在本案中最高人民法院支持了被上诉人三峡公司的观点：第一，合同准据法不是仲裁协议的准据法，不能据以判断仲裁协议之效力；第二，本案所涉合同中仲裁协议的准据法应为仲裁地香港法；第三，依据仲裁协议的准据法香港法及有关国际条约、国际惯例，双方当事人约定"由本合同产生的或与本合同有关的所有分歧、争议或违约事项，应当在香港依据国际商会的仲裁规则进行仲裁"，满足了仲裁协议有效性的条件，因此本案中的仲裁协议应为有效。最高法院的做法，一方面表明了我国对于《纽约公约》的遵守和执行，另一方面也表明了我国对于仲裁条款的独立性及其适用法律的独立性原则和做法的肯定和认同，当然也是最高人民法院向支持仲裁方向迈出的重要一步。

案例七：香港银森轮船有限公司诉华侨银行厦门分行案①

一、案情

原告：香港银森轮船有限公司。

被告：华侨银行厦门分行。

1993年12月11日，香港银森轮船有限公司（以下简称银森公司）与厦门生利经贸发展公司（以下简称生利公司）签订了一份《航次租船运输合约》（以下简称《合约》）。《合约》约定：由银森公司承运生利公司一批货物（毛石），从中国福建福鼎沙程港运至阿联酋的迪拜港。《合约》运费条款规定：租船人需向船东出具全部运费的银行保函。《合约》争议解决条款约定：在合同履行期间发生的争议，应本着平等友好的精神，以本合同条款为依据，友好协商解决，或在香港依英国法律进行仲裁。同日，银森公司和生利公司还签订了一份《运费支付协议》（以下简称《协议》）。《协议》约定：本运费承担、保证/保函受香港法律管辖，对在此项下引起的任何争议，香港高等法院拥有排他的管辖权。1993年12月15日，华侨银行厦门分行（以下简称厦门分行）向银森公司出具了《关于运费支付之担保书》（以下简称《担保书》），对《合约》和《协议》中应由生利公司承担的支付运费义务提供担保。合同履行过程中，银森公司和生利公司就运费问题产生纠纷。银森公司向生利公司追索运费未果，遂以担保人厦门分行为被告，向厦门海事法院提起诉讼，要求厦门分行按《担保书》的规定，承担担保人的偿付运费的连带责任，偿付运费。

厦门海事法院受理本案后，向厦门分行送达了起诉书副本。厦门分行在答辩期间提出管辖权异议，认为：本行根据原告与生利公司签订的《协议》，向原告出具了《担保书》。《协议》明确约定本运费承担、保证/保函受香港法律管辖，对在此项下引起的任何争议，香港高等法院拥有排他的管辖权。因此，厦门海事法院对本案没有管辖权，要求驳回原告的起诉。

厦门海事法院经审查此管辖权异议，认为：

（1）本案银森公司与生利公司签订《合约》，由银森公司承运生利公司的货物从中国港口运至阿联酋港口，属于国际海上货物运输合同法律关系，是一种涉外法律关系。根据《民法通则》第145条关于涉外合同的当事人可以选择处理合同争议所适用的法律的规定，以及《民事诉讼法》第244条关于涉外合同的当事人可以选择处理争议的管辖法院的规定，本案当事人在书面协议中作了这种选

---

① 参见林准：《国际私法案例教程》，法律出版社，1996年，第120页。

择，依法律是予以认可的。

（2）银森公司与生利公司签订的《合约》和《协议》中，均提到有担保事项。厦门分行依据《合约》和《协议》，向银森公司出具了《担保书》。《合约》规定争议要在香港依英国法律仲裁，但未明确仲裁机构。《协议》则规定担保事宜由香港高等法院管辖。由于《合约》与《协议》是相互联系的两份契约，《协议》是《合约》的补充，两份契约中分别约定了仲裁和诉讼的争议解决方式，导致其约定无效。因此，原告向本院起诉，被告在本院管辖区域内，本院有权管辖。依据《民事诉讼法》第38条的规定，厦门海事法院于1994年11月10日裁定如下：驳回厦门分行的管辖权异议。

厦门分行不服此裁定，上诉至福建省高级人民法院，称：《合约》规定，合同履行期间发生争议，在香港依英国法律进行仲裁。《协议》约定，担保依香港法律，由香港高等法院管辖。上述这两种选择，均排除了内地法院和中国法律的管辖权。当事人就担保问题特别约定其争议解决的方式，是合理合法的，应受法律保护。因此，本运费担保纠纷应由香港高等法院管辖。

福建省高级人民法院经审查认为：本案《合约》与《协议》之间的关系，可以视为是主合同与从合同的关系，但它们之间又是相对独立的。《合约》作为租船运输合同，运费条款规定租船人需向船东出具全部运费的银行保函，争议解决条款规定合同争议在香港依英国法律进行仲裁。如果当事人之间再没有其他特殊约定，以及担保人以此《合约》为基础出具担保书，则《合约》争议解决条款对担保争议解决有约束力。但是，主合同当事人之间又特别签订了一份《协议》，约定本运费承担、保证/保函受香港法律管辖，对此项下引起的任何争议，香港高等法院拥有排他的管辖权，因而，构成关于运费支付担保争议的特别约定，是对合约运费条款和争议解决条款的一种特别解释，即运费支付担保争议按《协议》解决，其他争议按《合约》解决。厦门分行以该两份协议为基础提供担保，构成相对独立的担保合同关系，受该两份协议的约束。现发生的是担保争议，因而应按关于运费支付担保争议的特别约定来确定管辖权，而不应按租船运输合同来确定管辖权。原审法院排除《协议》的约定管辖，并以《合约》约定的仲裁条款不明确为理由，行使管辖权的做法欠妥。依照《民事诉讼法》第154条的规定，福建省高级人民法院于1994年12月27日裁定撤销一审法院民事裁定；依当事人签订的《协议》的约定管辖。

二、问题

（1）国际民事案件的诉讼管辖权有何特点？

（2）国际民事案件的诉讼管辖权如何确定？

（3）本案中银森公司与生利公司签订的《合约》约定争议在香港依英国法律

进行仲裁后，双方又签订《协议》约定香港高等法院拥有排他的管辖权，合同双方的约定是否满足我国《民事诉讼法》第242条的规定？在两个合同相冲突的情况下，是否认定为约定无效？

三、评析

（1）国际民事案件的诉讼管辖权有何特点？

国际民事案件的诉讼管辖权是指一国法院依照本国法或有关国际条约的规定，受理涉外民事案件的范围和审理涉外民事案件的权限。国际民事管辖权是一种司法管辖权。作为一种司法管辖权，它具有强制性，这跟国际商事仲裁中的仲裁管辖权有着本质的区别。受理国际商事仲裁的仲裁机构或仲裁庭的管辖权来源于争议双方当事人根据意思自治原则达成的仲裁协议，因此不具有强制性。

诉讼管辖权是一个国家主权在诉讼领域的体现，而且审理结果可能会对本国国民的利益产生重大影响，因此，各国都尽力的扩大本国法院的管辖权，尽量避免其他国家的法院管辖。而且在国际民事诉讼中，当事人为了选择有利于自己的法院，经常选择协议管辖，这样就使得"一事两诉"的管辖权积极冲突经常发生。

（2）国际民事案件的诉讼管辖权如何确定？

各国对国际民事案件的管辖权，一般依据属地管辖原则、属人管辖原则、协议管辖原则、专属管辖原则来确定。在国际民商事诉讼中，一般国家允许当事人之间就管辖法院进行约定。但涉外民事案件的当事人双方在通过协议选择管辖法院时受到很多限制。一般而言，协议管辖可以变更平行管辖，而不能变更专属管辖，也不能变更级别管辖。同时，协议管辖只限第一审，至于上诉审中当事人则不能通过协议选择上诉法院。我国《民事诉讼法》第242条就规定：涉外合同或者涉外财产权益纠纷的当事人，可以用书面协议选择与争议有实际联系的地点的法院管辖。选择中国人民法院管辖的，不得违反本法关于级别管辖和专属管辖的规定。

（3）本案中银森公司与生利公司签订的《合约》约定争议在香港依英国法律进行仲裁后，双方又签订《协议》约定香港高等法院拥有排他的管辖权，合同双方的约定是否满足我国《民事诉讼法》第242条的规定？在两个合同相冲突的情况下，是否认定为约定无效？

我国《最高人民法院关于适用〈中华人民共和国民事诉讼法〉若干问题的意见》第24条规定"合同的双方当事人选择管辖的协议不明确或者选择民事诉讼法第二十五条规定的人民法院中的两个以上人民法院管辖的，选择管辖的协议无效。"若根据以上意见的规定，《协议》与《合约》中分别约定了仲裁和诉讼的争议解决方式，相当于选择管辖的协议不明确，那么双方的协议可被认为无效。但是意见的第 24 条是专门用来规定国内协议管辖的，并不一定适用于国际民商事合同中的协议管辖。

根据我国《民事诉讼法》第 242 条的规定，涉外合同或者涉外财产权益纠纷的当事人，在选择法院管辖时，必须用书面协议选择与争议有实际联系的地点的法院管辖，而且不能违反级别管辖和专属管辖的规定。银森公司与生利公司签订的《协议》约定的由香港高等法院管辖，符合《民事诉讼法》第 242 条的规定，因此约定有效。

如果将本案中的《合约》与《协议》视作主合同和从合同，那么两个相互独立的合同产生的争议，由分别约定的争端解决方法解决。那么因运费问题产生纠纷引发的诉讼，就应由《协议》中约定的香港高院管辖。如果将《协议》作为特别约定运费条款的合同，或者将后来签订的《协议》当做对《合约》约定的修改，也可得出结论：香港高院具有管辖权，而不是内地法院具有管辖权。

案例八：SGS 诉巴基斯坦案①

一、案情

本案申请人 SGS 是一家瑞士公司，被申请人为巴基斯坦。1994 年 9 月 29 日，巴基斯坦和 SGS 签署了 1995 年 1 月 1 日生效的"装船前检验协议"（以下简称 PSI 协议），由 SGS 公司对从某些国家出口到巴基斯坦的货物提供"装船前检验服务"，SGS 可以在巴境内开设信息互享类的办事处。巴基斯坦政府则负责保证 SGS 获得必要的移民和工作权利待遇，根据 SGS 提供服务开具的发票支付价款等。协议第 10.6 条规定了巴基斯坦政府有权在首次评估 SGS 工作后提前三个月通知 SGS 终止此协议。协议第 11 条规定了争端解决条款："任何由本协议引发或有关本协议的争端、矛盾或主张，或协议的违反、终止和无效应尽快由双方诚意解决，无法解决的应依巴基斯坦现行仲裁法在巴境内解决。"

1996 年 12 月 12 日，巴基斯坦政府通知 SGS 公司 PSI 协议将于 1997 年 3 月 11 日终止，SGS 强烈抗议，并于 1998 年 1 月 12 日向瑞士日内瓦地方法院起诉，要求认定巴基斯坦政府终止协议的行为违法，赔偿 SGS 公司遭受的一切损失，但被日内瓦地方法院驳回，SGS 上诉，日内瓦上诉法院和瑞士联邦法院审理后

---

① SGS Société Générale de Surveillance S. A. v. Islamic Republic of Pakistan（ICSID Case No. ARB/01/13）；曹丽萍：《从 SGS 案看 ICSID 之管辖权》，http://www.lawtime.cn/info/xingzheng/xzssgxgx-quan/2007041943091.html；赵秀文：《从斯里兰卡 BOT 项目看 ICSID 的管辖权》，《法学评论》，2005 年第 3 期；林濛：《阿姆科诉印度尼西亚案——ICSID 管辖权适用浅探》，http://blog.sina.com.cn/s/blog_4abbd1a401000aaa.html，2007 年 11 月 25 日。

都认为争议应依据协议中的仲裁条款解决，法院不应管辖。

瑞士联邦法院下达终审判决前，2000 年 9 月 11 日，巴基斯坦政府依据 PSI 协议的仲裁条款在巴基斯坦提起了仲裁程序（以下简称 PSI 仲裁）。2001 年 4 月 7 日，SGS 向 PSI 仲裁提出抗辩，同时反请求巴基斯坦政府违反了 PSI 协议。PSI 仲裁尚在进行中，2001 年 10 月 12 日，SGS 公司（申请人）向 ICSID 中心提交了仲裁申请书，并通知了巴方，SGS 提出：SGS 与巴政府间的 PSI 协议应属于双方投资协议范畴，巴方的行为违反了瑞士和巴基斯坦双边投资条约下巴政府对 SGS 的义务，也同时违反了 PSI 协议。瑞士和巴基斯坦之间的双边投资条约（BIT）（以下简称条约）是在 SGS 和巴政府的 PSI 协议之后于 1996 年 5 月生效，而条约约定，因投资引起的争端应提交 ICSID 中心仲裁。此后，SGS 提出中止 PSI 仲裁的申请，被驳回后上诉至巴基斯坦 Lahore 高等法院，再次被驳回后继续上诉，2002 年 7 月 3 日，巴最高法院下达终审判决驳回 SGS 中止 PSI 仲裁的请求，并禁止 SGS 寻求或参与 ICSID 中心仲裁的行为，不久即任命了独任仲裁员审理 PSI 仲裁。SGS 向"中心"仲裁庭申请了临时保护措施，于是向 PSI 仲裁员建议中止其仲裁程序，以等待"中心"对本案管辖权的裁决，得到了 PSI 仲裁员认可。

巴基斯坦反对"中心"拥有此争端的管辖权，基本理由在于：双方当事人在 PSI 协议中已经规定了有关协议的争端都依据现行巴基斯坦仲裁法在巴基斯坦境内仲裁解决，而且这一程序已经启动，实际上阻止了 SGS 再请求"中心"仲裁的可能性。

SGS 强调：一旦双边条约生效，依据条约规定双方因投资发生的争议都可在任何时间提交中心仲裁庭；"中心"的管辖权不仅包括所有违反条约而提起的仲裁，也包括协议方违反 PSI 协议而提起的仲裁。

ICSID 中心认为：《华盛顿公约》第 25 条的规定，ICSID 受理并管辖的案件必须符合一定的条件：①争议双方必须是缔约国（或缔约国指派到 ICSID 的该国任何组成部分或机构）和另一缔约国国民；②争议必须是因为投资而直接引起的；③必须是双方同意将争议提交 ICSID 仲裁裁决，而且必须通过书面形式提交。就本案而言，满足第一个条件当事人适格不存在异议，而第二个条件要求的"投资"需要进一步分析认定，第三个条件的"书面同意"关键不在于"书面"而在于这一书面同意"中心"管辖与另一在先的协议发生冲突时，如何确定此书面同意"中心"管辖的效力。

"中心"判决对本案的管辖权的认定分了九个问题：

（1）"投资"适格性。中心认为，一国海关权利属于国家主权内容，SGS 为巴基斯坦政府提供的海关检验及关税服务属于政府特许协议范畴；SGS 在巴基斯坦境内设立办事处、履行合同规定的行为而享有向巴基斯坦政府主张货币报酬的权利，此两项已经实质性的构成了条约规定的投资，属于"中心"管辖的投资范畴。

（2）"中心"确定管辖权阶段，申请人的仲裁请求的效力。被申请人主张争议只是因违反 PSI 协议而引起，不符合"中心"管辖要求下需违反条约的要求，"中心"不应受理。仲裁庭认为，在决定管辖权阶段，仲裁庭只对申请人的申请做有限的表面审查，不适宜涉及具体事项，而经过表面审查认为，争端已满足了违反条约的规定，仲裁庭可以受理。

（3）仲裁庭对申请人的条约争端的裁定权。仲裁庭是有权裁决违反条约而引发的争端，还是有权裁决违反 PSI 协议引发的争端，或是对两类争端都有管辖权？仲裁庭认为条约是国家之间的协议，而 PSI 只是私人与国家之间的协议。依据一般国际法原理即国家在国际法上的不法行为性质不影响国内法下同样行为的合法性，两种争端的解决应采用不同的法律途径，对于条约争端应适用国际法，依照条约冲突解决；对于特许协议应适用适当的合同法，依据协议规定或者国内法解决。申请人和被申请人以合同订立的排他性的管辖权条款不能阻碍条约管辖权标准的适用。

（4）仲裁庭对申请人合同争议的裁定权。仲裁庭认为，违反条约引发的争端和完全因违反 PSI 协议引发的争端都能被称为条约第 9 条所规定的"投资争议"，对于符合双边条约有关投资的争端，仲裁庭是有管辖权的，但是仲裁庭对于纯粹因 PSI 协议引起的争议没有管辖权。

（5）申请人先前行为与"禁止反悔（estopple）"原则。被申请人着重强调反对"中心"仲裁的一个理由是 SGS 对 PSI 协议争端已经在瑞士诉讼并在巴基斯坦仲裁了，其不能再向"中心"提起仲裁，否则违反了"禁止反悔"原则。仲裁庭认为，瑞士和巴基斯坦的双边投资条约中并没有包括排他性条款，"一旦投资者将争端诉诸合同方的法院或是提交国际仲裁，这一选择将终止其他程序进行"。由此，仲裁庭认为不能随意认定瑞巴双边条约规定排除了申请人对合同争端所寻求的先于条约权利的救济，并且就公约的一般目的而言，仲裁庭不认为存在依据还未实际在其他司法机构审理的条约争端会构成所谓默示的"禁止反悔"。

（6）申请人在瑞士的法律诉讼程序和接受在巴基斯坦的仲裁的行为是否相当于放弃了其双边投资条约下的权利。仲裁庭认为双边投资条约中并没有包括这样的条款要求潜在的申请人为了提起 ICSID 仲裁而禁止向其他机构提起损害赔偿，而 SGS 在瑞士诉讼和 PSI 仲裁都未明确是因巴方违反了双边投资条约而进行的，所以其应仍有权向"中心"提出申请。

（7）"未决诉讼（doctrine of lis pendens）"原则。巴基斯坦抗辩称，在巴境内进行的 PSI 仲裁正在审理中尚未审结，依据"未决诉讼"原则，"中心"应驳回 SGS 的申请。仲裁庭指出，"未决诉讼"原则并不适用本案，由此并不能排除

"中心"对 SGS 因违反条约提起的仲裁申请。

(8) 双边条约要求的协商期限效力。瑞巴双边投资条约第 9 条规定双方因投资发生争端必须进行协商……在 12 月中协商不成,且投资者同意后则可以提交 ICSID 仲裁。仲裁庭表示,12 个月的协商期的要求不能看做是授予管辖权的先决条件。而且在巴方提出终止 PSI 协议后至 SGS 依据条约向"中心"提起书面申请仲裁的相当长时间里,任何一方都没有显示出对争端进行协商谈判的迹象。

(9) 撤销或中止仲裁程序以等待合同争端的解决的必要性。仲裁庭指出,该庭对条约争端有当然的管辖权,而且这一权力的行使不依赖于 PSI 协议仲裁员的裁决。

二、问题

(1) ICSID 是怎样一个机构?

(2) ICSID 受理并管辖的案件需要符合哪些条件?

(3) 巴基斯坦政府与 SGS 签订的 PSI 投资协议第 11 条规定了争端解决条款:"任何由本协议引发或有关本协议的争端、矛盾或主张,或协议的违反、终止和无效应尽快由双方诚意解决,无法解决的应依巴基斯坦现行仲裁法在巴境内解决。"这种东道国国内救济方式是否意味着排除了巴基斯坦和瑞士之间双边投资条约中的国际仲裁管辖机制?两种救济方式之间是什么关系?

(4) 本案中关于投资的界定有何特点?

三、评析

(1) ICSID 是怎样一个机构?

ICSID 是根据 1996 年 10 月 14 日生效的《解决国家和他国国民之间投资争议公约》设立的。ICSID 是一个独立的国际机构,具备缔约,取得和处置财产,进行诉讼等的能力。ICSID 创建的目的是为解决各缔约国和其他缔约国公民之间的投资争议提供调解和仲裁的便利,从而促进私人投资的跨国流动。ICSID 本身不直接承担调解和仲裁工作,而只是为解决争议提供各种设施和方便,为针对各项具体争议而分别组成的调解委员会或国际仲裁庭提供必要的条件,便于他们开展调解或仲裁工作。

(2) ICSID 受理并管辖的案件需要符合哪些条件?

根据《华盛顿公约》第 25 条的规定,ICSID 受理并管辖的案件必须符合一定的条件:①争议双方必须是缔约国(或缔约国指派到 ICSID 的该国任何组成部分或机构)和另一缔约国国民;②争议必须是因为投资而直接引起的;③必须是双方同意将争议提交 ICSID 仲裁裁决,而且必须通过书面形式提交。

凡是双方已经同意提交 ICSID 管辖的案件,要受到四个方面的限制:①当事人任何一方不得单方撤回其同意。②ICSID有排他管辖的效力，除非另有声明，提交ICSID仲裁应视为双方同意排除其他任何救济方法。但是东道国可以要求优先用尽当地的各种救济手段，作为它同意提交ICSID仲裁的条件。③对于已经书面提交ICSID仲裁的争议，投资者国籍所属国家不得另外主张给予外交保护或提出国际索赔要求，除非东道国不遵守和不履行对此项争议所作出的裁决。④裁决结果对双方有拘束力，不得进行上诉或采取任何除本公约规定外的补救措施。

同时，ICSID也受到一定的限制：ICSID受理案件以后，不得借口法律无明文规定或含义不清而暂时不作出裁决。

（3）巴基斯坦政府与SGS签订的PSI投资协议第11条规定了争端解决条款："任何由本协议引发或有关本协议的争端、矛盾或主张，或协议的违反、终止和无效应尽快由双方诚意解决，无法解决的应依巴基斯坦现行仲裁法在巴境内解决。"这种东道国国内救济方式是否意味着排除了巴基斯坦和瑞士之间双边投资条约中的国际仲裁管辖机制？两种救济方式之间是什么关系？

ICSID是依《华盛顿公约》这项国际条约而建立的在国际法层面解决外国投资者和东道国投资争端的机构，公约的适用主体是国家，私人投资者之所以能在"中心"提起对他国的仲裁，也是因为投资者本国是公约缔约国，接受了公约约束，并将国际法上的权利授予了本国的私人投资者。受此限制，ICSID只对因国家间双边投资条约引起的争端行使管辖权，而对私人和东道国之间的投资协议不予管辖，后者应属于国内法调整范围。

但是，本案中，巴基斯坦政府违反投资协议中规定的契约义务，也同时违反了投资条约所规定的国际法的义务。就违反投资条约而言，投资者SGS当然可以提出国际仲裁请求。同时，尽管投资合同规定了争端解决条款，但那仅仅是针对违反投资合同的，它并不排除本案申请人根据双边投资条约之规定而提出国际仲裁请求。即使申请人SGS根据投资合同之规定在巴基斯坦提起仲裁，巴基斯坦也启动仲裁程序，也不应被视为投资者放弃国际仲裁救济。投资协议一方依据投资合同而启动的救济程序，不论是否结束或是正在进行，都不影响其中一方就相关的投资争端依据双边条约向"中心"提起仲裁。因此，本案申请人基于其与巴基斯坦之间的投资、合同履行问题而指控巴基斯坦违反双边投资条约义务，并因此而选择ICSID国际仲裁机制解决争端是可行的。

（4）本案中关于投资的界定有何特点？

本案中另一关注的问题体现在ICSID中心对投资认定的扩大化上。SGS为巴基斯坦政府提供海关检验及关税服务，这家瑞士公司只在巴基斯坦境内的港口以及常有货物运往巴基斯坦的他国港口设立规模很小的办事处。这和一般从事商品生产经营的外国直接投资有很大的不同，SGS主要在为巴基斯坦提供服务，从国际贸易角度看，SGS应属于服务贸易领域的商业存在，由此，"中心"仲裁管辖权所认定的"投资"有从传统外国直接投资逐渐与国际服务贸易一些领域融合的趋势。

案例九：英伊石油公司案①

一、案情

1933年4月，伊朗政府（当时称波斯）与英国一家私有公司——英伊石油公司签订一项协定，授予后者在伊朗境内开采石油的特许权。1951年3～5月，伊朗议会颁布若干法律，宣布对其境内的石油工业实行国有化的原则，并规定了有关程序。这些法律的实施引起了伊朗政府与英伊石油公司间的争端。英国政府支持该英国公司的主张，并以行使外交保护权的名义，于1951年5月26日以单方申请的形式在国际法院对伊朗提起诉讼。

英国政府主张国际法院对该争端有管辖权的主要依据是英伊双方曾发表的接受法院强制管辖权的声明和属于声明范围的伊朗与第三国及与英国缔结的若干协定。根据英国在1857和1903年与伊朗签署的两个包含最惠国待遇条款的条约，伊朗政府有义务根据国际法原则对待英伊石油公司。英政府还指出，1933年伊朗与英伊石油缔结的协定，既是一项特许权契约，又是伊朗与英国之间的国际条约。伊朗违反了该协定规定的义务，即违反了国际条约和国际法。

伊朗政府对国际法院对该争端的管辖权提出反对意见，其主要理由是，伊朗1932年9月19日发表声明表明：伊朗接受的条约和条约所发生的争端，愿意按照《常设国际法院规则》接受常设国际法院的管辖。法院的管辖权限于在该声明发表后伊朗缔结的条约的争端。而英国的要求都是直接或间接的以1932年以前与伊朗缔结的条约为依据的。

1951年7月5日，在法院对争端是否有管辖权的问题还悬而未决的情况下，应英国政府的请求，法院发布临时保全措施的裁决，裁定伊朗政府不得采取措施阻挠英伊石油公司照常进行工业生产和商业活动，这种活动仍然在公司的管理机构控制之下进行，另成立一个监督委员会予以监督。但是国际法院认为，临时保全措施的裁决并不等于法院已经就管辖权问题作出了肯定结论。1952年7月22日，法院以9票赞成，5票反对，作出法院对该案没有管辖权的最终判决，同时宣布终止此前发布的保全措施。

法院作出没有管辖权的依据是，国际法院的管辖权只能建立在争端当事国同意的基础上。在本案中，为各当事国根据《国际法院规约》第36条第2款所作

---

① http://www.scutde.net/t5courses/0504-cgjciccf9k/page/nl31.htm.

的接受法院强制管辖权的声明，即英国 1940 年 2 月 28 日的声明和伊朗 1930 年 10 月所作、1932 年 9 月 19 日所批准的声明。由于法院只能在双方声明相吻合的范围内具有管辖权，因此法院管辖权必须由接受管辖范围更具有限制性的声明来决定，在此为伊朗的声明。根据伊朗政府接受法院强制管辖权的声明，法院仅对有关伊朗所接受的条约或协定的适用问题的争端具有管辖权。伊朗声称，根据声明的措辞，法院的管辖权限于声明批准之后伊朗所缔结的条约，而英国主张伊朗在声明之前所缔结的条约也属法院管辖权的范围。法院认为，它的管辖权不能建立在对伊朗声明纯语法性的解释上，对它的解释只能来自于以自然的合理的方式阅读声明文本，并充分考虑伊朗声明时的意图。因此，法院得出结论：只有伊朗声明批准后伊朗所缔结的条约属于法院管辖权的范围。因为，伊朗有特别的理由可以表明它是以一种非常限制性的方式起草它的声明的，它排除声明前的一切条约。事实上，在伊朗发表接受法院管辖权的声明之前，它刚刚单方宣布废除与外国缔结的有关治外法权制度的所有条约。在这种背景下，它不可能主动提出把有关这些条约的争端提交国际法院裁决。此外，伊朗政府的此等意图亦为伊朗国会批准声明的法律证明。该法律申明，它指的是声明批准以后政府将缔结的条约和协定。因此法院管辖权应只局限于 1932 年声明作出以后的条约争端。

英国方面提出，即使法院的上述解释可以接受，法院仍可以根据英伊两国 1857 年条约第 9 条中的与 1903 年贸易条约第 2 条中的最惠国条款对本争端具有管辖权。英国认为，该条款使它能够援引伊朗在其接受法院管辖权声明之后与第三国缔结的若干条约作为法院管辖权的依据。法院拒绝接受英国的观点。法院指出，伊朗与第三国缔结的条约对英国来说仅仅是与本案无关的第三者的行为，它们不可能在不依赖包含最惠国条款的基础性条约的前提下，在伊朗与英国之间产生任何法律效力。在本案中，这些基础性条约的缔结追溯到 1857 年与 1903 年，即先于伊朗声明，因此，英国不能以此等条约为依据，援引伊朗后来与第三国缔结的条约。

英国政府亦提出，伊朗于 1933 年与英伊石油公司签订的特许权协议可以提供法院管辖权的根据。因为该协议具有双重性质：它不仅是伊朗与该公司的一项特许合同，也是伊朗声明中所指的两国政府间的一项条约。法院同样驳回了英国的这个观点。法院指出，虽然在签订这项协议前，两国政府进行过谈判，但是该特许权协定绝不构成伊朗声明之后的一项条约；事实上，它仅仅是一国政府与一个外国公司之间的一项协议，英国政府不是协议的当事人，英国政府同伊朗政府无契约上的法律关系。伊朗政府既不能根据契约对英国提出任何权利要求，而只能向该公司提出要求，也不对英国政府负担任何契约上的义务，而只对该公司负担义务。协议文件由伊朗政府与英伊石油公司双方签署，唯一的目的是规定伊朗政府同公司之间有关特许协议的关系，绝不是调整两国政府间的关系。因此，英国政府不能援引 1933 年的规定，要求伊朗对其承担国际法上的义务。

鉴于上述理由，法院得出它对该案无管辖权的结论。

二、问题

（1）国际法院的管辖权是如何规定的？

（2）国际法院认定本案中特许权协定不构成国际法上条约的法律与事实依据是什么？

（3）在投资东道国违反了特许协议时，除了追究东道国的违反协议的责任，什么情况下可以追究其国际条约责任？

三、评析

（1）国际法院的管辖权是如何规定的？

联合国国际法院（以下简称国际法院）是联合国的主要司法机关。其中《联合国宪章》第 14 章对国际法院的性质、当事国、咨询意见等作了原则性规定。

国际法院的诉讼管辖权，是指当事国以诉讼方式将争端提交法院解决，法院在有管辖权的前提下，依据国际法作出具有法律约束力的裁决。国际法院的诉讼管辖权分为对人管辖权和对物管辖权。对人管辖权是指可以成为国际法院的诉讼当事方。根据《国际法院规约》第 34 条的规定只有主权国家才能成为诉讼当事国，具体有三种情况：①联合国会员国是国际法院规约的当然当事国；②非联合国会员国可以根据《联合国宪章》第 93 条第 2 款成为《国际法院规约》的当事国；③既非联合国会员国亦非规约当事国，可以根据安理会的决定成为诉讼当事国。国际法院的管辖权以当事国的自愿接受为前提。国际法院的对物管辖权，是指可以成为国际法院管辖的对象的事项。国际法院的对物管辖权非常广泛，包括了当事国各方提交的一切案件及联合国宪章、双边条约和多边条约规定的一切事件。它甚至超越了国际公法的范围，延伸到了国际私法的领域。

国际法院并不像国内法院那样具有强制管辖权。在国际司法实践中，国际法院允许当事国通过多种方式灵活地接受国际法院的管辖权。具体来说有以下四种方式：①通过发表声明接受国际法院的任意强制管辖权。所谓任意强制管辖权是指当事国可以决定是否发表声明决定接受国际法院的管辖权，但一经声明接受，法院便有强制管辖权。目前世界上已经有 60 多个国家接受了国际法院的强制管辖权。②当事国双方向国际法院提交特别协定，从而接受国际法院的管辖。③通过多边国际公约中关于接受国际法院管辖权的条款，从而接受国际法院的管辖。④当事国以默示同意的方式允许国际法院行使管辖权。这些方法在扩大国际法院的管辖权方面取得了积极的效果。

（2）国际法院认定本案中特许权协定不构成国际法上条约的法律与事实依据是什么？

根据维也纳条约法公约，条约是国家之间、国家与国际组织之间、国际组织之间缔结的据以确定相互之间在国际法上的权利、义务乃至责任关系的国际协议。非国际法主体间订立的协议不能构成条约。本案中，伊朗政府只是与英国的一个公司（英伊石油公司）签订的协议，而不是和英国政府签订的协议，故该特许协定不能构成国际法上的条约。事实上，该特许协定不过是一国政府与一个外国法人之间的一个租让合同，英国政府不是合同的当事人，它不能构成英伊两国政府的联系。伊朗不能以该特许协议要求英国承担国际法上的义务，反之，英国也不能以此为依据要求伊朗承担国际法上的义务。两国之间不存在条约关系。

（3）在投资东道国违反了特许协议时，除了追究东道国的违反协议的责任，什么情况下可以追究其国际条约责任？

一般情况下，违反国际特许协议仅仅意味着对于一个特殊的国际合同的违反，但是如果东道国政府的违约行为本身也违反了国际法（包括条约国际法），例如，违反了习惯国际法上的公平和公正待遇从而违反了特许协议，这样就同时违反了特许协议和习惯国际法，从而导致由合同纠纷引起但又独立于合同纠纷的国际法上的纠纷产生。这时一般就产生了东道国国家和外国私人母国之间的国际法上权利、义务的纠纷，从而也就可能诉诸国际法上的外交、司法或仲裁方式来解决由此产生的东道国国家和外国私人母国之间的争端。在当代国际法实践中，国际条约往往赋予外国私人直接基于国际条约上东道国国家对外国私人母国所承担的保护外国私人的国际法义务而选择向国际仲裁机构提起仲裁。同时，在外国私人用尽当地可能和有效的救济后，外国私人母国可以依据国际法向东道国国家提起外交保护或依据其他国家间争端解决途径而要求东道国国家承担责任的问题。

案例十：印度政府与麦道公司发射卫星服务协议纠纷案①

一、案情

1987 年 7 月，原告印度政府与被告麦道公司订立了一项由麦道公司为印度发射卫星的服务协议。协议第 8 条规定，"由于本协议产生的和与本协议有关的一切争议，如不能通过友好的方式解决，应提交由 3 名仲裁员组成的仲裁庭解……仲裁应当按照 1940 年《印度仲裁法》或对该法的任何修改的程序进行。使用的语言为英文"，"裁决以多数仲裁员的意见作出，对当事人双方具有法律上的拘束力。仲裁的'本座（seat）'是英国的伦敦，仲裁的费用由双方共同承担"。同时该协议第 11 条规定，本协议受印度法支配，并按印度法解释。

---

① 参见：http://arb.rucil.com.cn/article/default.asp?id=40，2008 年 6 月 1 日。

双方在协议的履行中发生争议，当事人于 1993 年 1 月 11 日将此争议提交英国法院，请求法院裁定仲裁程序应当适用的法律。本案协议中的仲裁条款（第 8 条）一方面规定了在伦敦进行仲裁，另一方面又规定了仲裁应当按照 1941 年《印度仲裁法》规定的程序进行。那么，该仲裁协议中所规定的适用法律，究竟是仲裁协议本身应当适用的法律，还是仲裁程序应当适用的法律？

法院判决及所依据的理由：

法院判决当事人通过协议所选择的是由英国法支配仲裁程序。

原告诉称，协议中所使用的文字"仲裁依照 1940 年《印度仲裁法》仲裁"十分清楚地说明，当事人已经选择了印度法或至少是 1940 年的印度法支配协议第 8 条项下的仲裁程序。

被告则辩称，协议第 8 条规定仲裁的"本座"在伦敦，也已十分清楚地表明，不仅仲裁应当在伦敦法庭，而且仲裁程序也应受英国法支配。

法院认为，商业中的仲裁条款与本协议中的仲裁条款一样，是一项协议中的协议。当事人在进行商业上的讨价还价时，即交换与交易标的物有关的允诺时，他们还约定了由私人法庭解决他们之间可能产生的问题。当事人可以就他们之间的商事交易所适用的法律作出明示选择，也可以就仲裁协议应当适用的法律作出同样的选择。在本案中，按照协议第 11 条，当事人所选择的印度法不仅用来支配由于他们之间的商事交易而产生的权利与义务，而且还支配由于仲裁协议而产生的权利与义务。因此，从法律上讲，支配商事交易与仲裁协议的法律均为印度法。

然而，合同双方约定印度法作为仲裁协议的准据法，这并不一定意味着支配仲裁程序的法律也是印度法，除非仲裁协议中对此作出明示或默示的规定。换言之，当事人已经约定仲裁解决争议的协议受某一特定的法律支配，而据此协议所进行的仲裁程序可以受另外的法律支配。在与本案相类似的国际商事交易案例中，当事人可以选择支配他们之间商事交易的法律，支配仲裁协议的法律，以及据此仲裁协议所进行的仲裁程序所适用的法律。至少从理论上说，当事人可以从不同的目的出发、选择适用不同的法律。

如果当事人未能就支配他们之间的仲裁所适用的程序法作出明示选择，则应当由法院决定他们是否对此已经作出了默示的选择。在此种情况下，当事人已经就仲裁地点作出约定的事实本身就强有力地说明他们已经选择了仲裁地法作为支配仲裁程序的法律。其中的道理显而易见。当事人选择进行仲裁的国家这一事实本身，就设定了仲裁与这国之间的密切联系。从当事人对仲裁地点的选择中可以作出合理的推定，即当事人双方对仲裁地国的有关法律予以重视，而由这些法律支配在该国进行仲裁。在此案中，被告律师温德（Veeder）先生特别强调了这样的事实：当事人已经明示地选择了伦敦为"本座"，而不仅仅是仲裁地点。温德认为，"本座"一词是一个法律上的用语，意思是进行仲裁程序的法定地点。当事人通过选择进行仲裁程序的法定地点，事实上也就选择了支配仲裁程序的法律。对"本座"地点的选择并不仅仅意味着对进行仲裁的地理位置的选择。

原告律师科尔曼也同意温德的观点：如协议无相反的规定，"本座"的选择意味着仲裁程序受仲裁地的法律支配。但他认为此项结果产生于默示的选择，而非"本座"这一用语本身。他在本案中主张，既然当事人在协议中规定，仲裁应当按照《印度仲裁法》规定的程序进行，当事人已经明示选择了印度法作为仲裁程序应当适用的法律，而且一般而言，这一选择优于其他任何与此不符的默示意思。

法院一定程度上认可原告律师的看法。理论上，英国法是允许当事人选择在一国仲裁，而同时选择适用另一国的仲裁法。但与此同时，也会出现产生极大困难和复杂性的状况。如果本案的法院认可当事人已经选择了适用另一国家的程序法，则法院势必放慢干预仲裁程序的进程。此外，为了避免法院之间对此案的平行管辖，法院可能认定选择适用外国程序法无疑等同于 1979 年《英国仲裁法》第 3 条所指的排除协议。如果是这样，选择与仲裁地法（即本案所在的本法院地法）相悖的国家的程序法，则意味着当事人实际上已经选择了使其仲裁程序受其明示选择和本法院地国法律的管辖。为了防止这种潜在的令人不满意的方法规范本案的仲裁程序，法院判决当事人通过协议所选择的是由英国法支配仲裁程序。

二、问题

（1）什么是意思自治原则？

（2）印度和麦道公司约定适用仲裁解决他们之间的服务协议纠纷，并且约定了"仲裁应按照 1940 年的《印度仲裁法》进行"，以及仲裁地为英国，但是仅仅是与仲裁协议有关的实体问题争议依双方约定的印度法，还是仲裁的程序法也依约定的印度法呢？

三、评析

（1）什么是意思自治原则？

当事人的意思自治体现在国际商事合同的各个方面。从合同的签订到合同的履行、合同的解除，都是合同当事人自愿选择的结果。具体到法律适用方面，当事人的意思自治就是指在国际合同交易关系中允许当事人自愿协议选择合同所应适用的法律。这是合同法律适用的一个最基本的原则，各国一般都允许当事人自主选择合同的准据法，并且，按照意思自治原则的本意，也并不要求必须选择与合同有最密切联系的法律，当事人有非常广阔的选择余地。当然，合同法律适用的意思自治也是有一定限制的，例如，有的国家规定必须是明示选择，而多数国家则要求该选择不得违背有关法律的强制性或禁止性规定。

(2) 印度和麦道公司约定适用仲裁解决他们之间的服务协议纠纷,并且约定了"仲裁应按照 1940 年的《印度仲裁法》进行",以及仲裁地为英国,但是仅仅是与仲裁协议有关的实体问题争议依双方约定的印度法,还是仲裁的程序法也依约定的印度法呢?

在法理学上,程序法属于公法上的问题,不能随便由当事人约定,在一国进行的诉讼程序只能由诉讼所在地国的程序法规范,不发生外国的程序法在内国适用的问题。但是在仲裁中,情况大不相同。根据意思自治原则,当事人既可以选择仲裁协议有关的实体问题适用的法律,也可以选择支配仲裁程序的法律。仲裁程序的法律是指在仲裁的过程中所发生的有关问题应由哪国法律进行解决,包括仲裁庭的组成,仲裁员的指定与回避,证据及其效力等问题。但是本案中,双方约定"仲裁应按照 1940 年的《印度仲裁法》进行"是否代表了当事人明示选择了印度法作为仲裁程序的法律成为争议。仲裁协议的适用法律和仲裁程序的适用法律是两个不同的概念,因此不能认定当事人明确的约定了仲裁程序适用的法律为印度法。

本案的法院将目光集中在双方当事人选择的仲裁地上,当事人选择的仲裁地点对仲裁程序的适用法律具有决定性的意义。双方当事人已经明确选择了在伦敦进行仲裁,这一明示选择本身,就意味着当事人选择了仲裁地所在国的法律,即英国的法律。但是在实践中往往很难对仲裁协议的适用法律与仲裁程序的适用法律作出区分。绝大多数仲裁协议未就仲裁条款的适用法律作出专门规定。一般而言,选择在某个国家仲裁,就意味着适用该国的仲裁法。在支配仲裁程序的法律与仲裁协议的适用法律不相一致时,如何认定仲裁程序的适用法律就要依靠具体审理案件的法院作出的解释。

案例十一:江苏轻工诉江苏环球、美国博联公司无单放货案[①]

一、案情

原告:中国江苏省轻工业品进出口集团股份有限公司(以下简称江苏轻工);被告:中国江苏环球国际货运有限公司(以下简称江苏环球);美国博联国际有限公司(以下简称美国博联)。

1998 年 7～12 月,江苏轻工为履行其与美国 M/S 公司的售货合同,委托江

---

① 参见 2002 年 3 月 2 日《人民日报》中"中国涉外审判案例"专栏。

苏环球向美国博联托运价值 15 万美元的四票箱包产品，价格条件为 FOB 中国。江苏环球接受委托办理了货物的订舱、报关、向承运人交付货物等事务，并代表美国博联向江苏轻工签发了四套正本记名提单。提单注明卸货港为美国佛罗里达州的迈阿密，收货人为美国 M/S 公司。背面条款载明经美国港口运输的货物的提单适用《1936 年美国海上货物运输法》。四票货物装运后，江苏轻工将货物的正本提单直接寄交其在美国的关联公司——JSL 国际公司，提示收货人付款赎单。收货人提货时称未收到正本提单，于 1999 年 3 月 5 日前向美国博联出具提货保函，付清运输费用后提取货物。1999 年 7 月，江苏轻工以无正本提单交货造成其无法收回货款为由，起诉江苏环球、美国博联，要求连带赔偿其货款损失。

法院认为，提单是可作为国际海上货物运输合同的证据，在一定条件下可被视为运输合同。本案中所涉及的记名提单规定了双方当事人之间的权利和义务，其背面条款就适用法律的约定可以被视作当事人就合同适用的法律的选择。提单背面条款约定适用《1936 年美国海上货物运输法》，其根本原则与我国法律无根本冲突，根据"意思自治"原则，本案应适用此法。但是，本案所涉及的主要争议是承运人是否可以不凭正本提单向记名收货人交付货物，而《1936 年美国海上货物运输法》并未对此作出明确规定，即当事人选择的法律不能适用合同所涉全部内容，只调整合同当事人部分权利义务关系，应视为双方当事人在合同中对该项争议的处理没有选择适用的法律。因此根据中国《海商法》第 269 条的规定，合同当事人对该项争议所适用的法律没有选择时，应依照最密切联系原则确定其所适用的法律。

对于最密切联系国家的判断，双方观点有很大的差异。原告江苏轻工认为，本案提单是由一个中国法人在中国境内向另一中国法人签发，因而在当事人选择的《1936 年美国海上货物运输法》不足以解决双方争议时，中国法律应作为最密切联系地的法律。根据中国《海商法》的规定，承运人依提单交货时，应做到收货人正确和凭正本提单交付。

被告美国博联认为，因为本案所涉货物的目的港在美国，收货人、承运人都是美国公司，交货行为也发生在美国，因而美国法律是最密切联系地法律。而依据美国法律，记名提单为不可转让提单，承运人将货物交付给记名提单注明的收货人即完成交货义务，无须收货人出示正本提单。请求法院依法驳回原告诉讼请求。

诉讼中，美国博联向武汉海事法院提供了经美国公证机构公证及中国驻纽约总领事馆认证的美国海利-贝利律师事务所律师、纽约大学法学院教授约翰·D. 凯姆鲍博士依据美国相关法律和判例对记名提单问题的《宣誓法律意见书》。意见书认为，在提单中没有载明要求凭正本提单交付货物的合同条款且托运人也没有指示承运人不要放货情况下，承运人将货物交给了记名提单的收货人，是履行与托运人之间的提单条款的行为，依据美国法律，承运人无须要求收货人提示记名提单正本，承运人的行为不违反提单条款或任何其他有关提单的义务。

武汉海事法院认为，最密切联系原则注重法律关系和地域的联系，采用连接因素作为媒介来确定合同的准据法，且所有与某个特定的争议有关的连接因素都应当在决定该争议适用的准据法时被考虑，只有与合同存在密切联系的法律才能被确定为准据法。首先，本案所涉的海上货物运输合同主要有合同签订地、履行地、当事人营业所所在地、标的物所在地等连接因素，而本案双方的争议在于国际货物运输合同（记名提单）承运人交付货物的法律性质及其后果。该争议的发生地点在合同的目的地——美国迈阿密，而不是合同签订地或运输的始发地，由于承运人在运输目的地交货的行为直接受到交货行为地法律的约束，因此，与交货行为地美国法律的联系比与合同签发地和运输始发地中国的法律的联系更为具体，真实和有实质意义。其次，本案当事人之间的国际海上货物运输合同是采用由承运人提供的格式合同（提单），其首先必须符合承运人营业所所在地法的规定，承运人营业所所在地亦与国际海上货物运输合同联系最密切。而承运人的营业所所在地在美国，应适用美国法律。最后，根据我国司法实践中判断最密切联系国家法律的"特征履行说"理论，在本案所涉的运输合同争议中，交付货物的行为较之运输合同的签订更能体现合同特征，因此以交付货物行为所在地美国法律为最密切联系国家的法律较为合理。

依照《美国统一商法典》有关规定，承运人交付货物前，只要发货人未有相反要求，在货物已到达提单所注明的目的地后，可以将货物交付给提单注明的收货人。江苏轻工在记名提单中未增加约定凭正本提单交货的条款，也没有及时在美国博联向记名收货人交付货物前，指示承运人不要交货，因此，美国博联依据提单将货物交给指定的记名收货人，应为适当交货，符合美国法律规定，美国博联对江苏轻工的经济损失不应承担赔偿责任。

2001年12月25日，武汉海事法院适用美国法律，驳回了江苏轻工以无正本提单放货为由，要求江苏环球、美国博联赔偿15万美元经济损失的诉讼请求。这是加入WTO后，中国审结的首起海上货物运输合同无正本提单放货纠纷。

二、问题

（1）如何确定最密切联系地？

（2）本案中，美国博联向武汉海事法院提供了美国海利-贝利律师事务所律师、纽约大学法学院教授约翰·D. 凯姆鲍博士的《宣誓法律意见书》来证明记名提单的性质。此《宣誓法律意见书》可否作为本案的证据予以采纳？

三、评析

（1）如何确定最密切联系地？

在国际民商事诉讼中，除非法律另有规定，一般国家的法律允许当事人自愿地选择他们之间的商事应适用的实体法。在当事人没有选择时，适用与民商事关系有最密切联系的国家的法律。我国的《涉外经济合同法》及《海商法》规定：合同当事人可以选择合同适用的法律，法律另有规定的除外。合同当事人没有选择的，适用与合同有最密切联系的国家的法律。这里的最密切联系可能有很多考虑因素和衡量标准，包括合同的缔结地、履行地、标的物所在地、当事人的营业地或住所地等。在国际民商事合同方面，国际私法立法或司法实践大都采用"特征履行说"来确定双务合同的最密切联系地[①]。奥地利、德国、瑞士和中国等国的实践，以及 1980 年《欧洲经济共同体合同义务法律适用罗马公约》、1985 年《国际货物销售合同法律适用公约》等国际公约都采用了"特征履行说"。"特征履行说"即任何方的合同履行最能体现合同的特征，则以该方所在地或特征合同行为履行地所在国家法律为最密切联系国家法律。我国最高人民法院《关于适用〈涉外经济合同法〉若干问题的解答》规定了人民法院在当事人未选择合同适用的法律时，依照最密切联系原则对 13 种不同的涉外经济合同确定的法律在通常情况下分别是何地法律，这些法律基本上正是承担合同特征性履行义务的一方当事人营业所所在地或合同的特征性履行所在地的法律。

（2）本案中，美国博联向武汉海事法院提供了美国海利-贝利律师事务所律师、纽约大学法学院教授约翰·D. 凯姆鲍博士的《宣誓法律意见书》来证明记名提单的性质。此《宣誓法律意见书》可否作为本案的证据予以采纳？

本案中美国法对于"承运人可否不凭正本提单向记名收货人交付货物"的规定属于外国法的范畴，法院在进行审判的时候需要查明。所谓外国法的查明，是指一国法院在审理涉外民商事案件时，根据本国冲突规范指定应适用外国法时，应如何查明该外国法的存在和内容。最高人民法院《关于贯彻执行〈中华人民共和国民法通则〉若干问题的意见（试行）》第 193 条规定："对于应当适用的外国法律，可以通过下列途径查明：①由当事人提供；②由中国驻该国使领馆提供；③由与中国订立司法协助协定的缔约对方的中央机关提供；④由该国驻中国使领馆提供；⑤由中外法学专家提供。"本案中，原告江苏轻工认为《宣誓法律意见书》属个人意见，只能作为判决的参考，不能作为美国法律内容的证据。但是该意见书是经美国公证机构公证及中国驻纽约总领事馆认证的，而且依据的是美国相关法律和判例。可以被认定为是以上民通意见中

---

① 参见李双元：《国际私法》，北京大学出版社，2000 年，第 192 页。

由当事人提供的外国法的查明方式。由当事人提供的美国法的内容可以作为本案法院处理争议的法律依据。

案例十二：中国银行（香港）有限公司、廖创兴银行有限公司汕头分行诉汕头经济特区粤东房地产开发有限公司等单位贷款纠纷案①

一、案情

1995 年，原告中国银行（香港）有限公司的前身广东省银行香港分行（以下简称香港分行）、廖创兴银行有限公司（以下简称廖创兴银行）与被告汕头经济特区粤东房地产开发有限公司（以下简称粤东公司）签订了《贷款协议》，由香港分行与廖创兴银行向粤东公司提供贷款，贷款协议约定适用香港法律，并由香港法院行使专属管辖权。贷款协议在国家外汇管理局汕头市分局办理了外债登记。同年，粤东公司与香港分行签订《房地产抵押契约》，粤东公司将其拥有的房地产及放置在内的所有机器设备、配套设施等抵押给本案贷款协议的债权人，以作为偿还本案贷款的担保。该契约第 29.1 条约定："本抵押契约的订立、履行、解释、变更和争议的解决适用中华人民共和国法律并受其制约。"第 29.2 条约定："中华人民共和国法院对本抵押契约拥有非专属管辖权。"该契约取得汕头市对外经济贸易委员会的批准，并经汕头市工商行政管理局登记。同日，汕头路桥公司、汕头自来水公司也分别与香港分行签订《房地产抵押契约》和《资产抵押契约》，其中，《房地产抵押契约》均约定适用中国法律，《资产抵押契约》均约定适用香港法律。同日汕头市商业银行的前身信用社也出具了担保书，作为担保人对本案《贷款协议》项下的款项提供连带责任担保。该担保书也约定适用香港法律。

后因粤东公司从 1999 年 3 月 31 日起不能按贷款协议清还到期本金。原告请求法院判令各被告分别承担还款和担保责任。广东省高级人民法院认为，本案一方当事人住所地在香港特别行政区，因此本案属涉港商事纠纷。根据《民法通则》第 145 条第 1 款和《涉外经济合同法》第 5 条第 1 款的规定，本案合同当事人有权选择处理其合同争议所适用的法律。本案当事人在本案贷款协议约定协议应适用香港法律，并根据香港法解释。该项约定意思表示真实明确，合法有效。因此，有关本案主合同即贷款协议应适用香港法律。法院认为，根据香港法律，本案的贷款协议未违反或触犯任何香港法律或条例；且本案贷款协议也依照中国

---

① 参见 http://www.ibb.china.com/Problem/Business/jwjkqljf/200511/131.html。

内地法律在外汇管理机关办理了外债登记备案手续。因此本案贷款协议合法有效。粤东公司不能按贷款协议清还到期本息，已构成违约，应依合同约定承担违约责任。

关于本案各担保契约的法律适用及各担保契约的法律效力。本案各担保契约均属涉港合同，应当参照适用《民法通则》第8章"涉外民事法律关系的法律适用"。本案中担保人粤东公司、路桥公司、自来水公司分别在其与香港分行的《房地产抵押契约》中约定适用中国法律，担保人路桥公司、自来水公司分别在其与香港分行的《资产抵押契约》中以及保证人商业银行在其与香港分行的《担保书》中约定了适用香港法律。以上约定，人民法院应当予以尊重。但是，粤东公司、路桥公司、自来水公司均是在中国内地注册成立的公司，其作为担保人对本案的债务所提供的担保，在中国内地属对外提供担保。《中华人民共和国外汇管理暂行条例》第3条规定："中华人民共和国对外汇实行由国家集中管理、统一经营的方针。中华人民共和国管理外汇的机关为国家外汇管理总局及其分局。中华人民共和国经营外汇业务的专业银行为中国银行。非经国家外汇管理总局批准，其他任何金融机构都不得经营外汇业务。"外汇管理制度是中国内地的一项基本的经济管理制度，是保证中国外汇收支平衡的基本国策。因此，中国内地企业对外提供担保须经外汇管理机关批准、登记，而本案有关担保均未在中国外汇管机构办理批准、登记手续。我国最高人民法院《关于适用〈中华人民共和国担保法〉若干问题解释》第6条第1款规定，未经国家主管部门批准或登记对外担保，该对外担保合同无效。据此，依照中国内地法律，本案所涉的《房地产抵押契约》、《资产抵押契约》、《担保书》及两份补充契约，因未经中国外汇主管机关的批准或登记，均属无效合同，因而均不具有法律效力。而依照香港法律，上述担保合同均属有效合同。《民法通则》第145条第1款规定："涉外合同的当事人可以选择处理合同争议所适用的法律，法律另有规定的除外。"第150条规定："依照本章规定适用外国法律或者国际惯例的，不得违背中华人民共和国的社会公共利益。"据此，法院认为，在本案中，由于当事人所选择的香港法律与中国内地法律关于担保效力这一问题上的规定完全相反，上述各担保合同若适用香港法律将违背了中国内地外汇管制的基本制度，也即违反了中国的社会公共利益。因此，各《资产抵押契约》以及《担保书》中关于适用香港法律的约定不具有法律效力。本案的房地产抵押、资产抵押和保证等有关对外担保均应当适用中国内地法律，不适用香港法律。依照中国内地法律的规定，确认担保人粤东公司、路桥公司、水公司分别在其与香港分行签订的《房地产抵押契约》和《房地产抵押契约补充契约》、担保人路桥公司、水公司分别在其与香港分行签订的《资产抵押契约》以及保证人商业银行在其与香港分行的《担保书》均属无效合同，不具有法律效力。法院最后根据中国内地有关法律对各方当事人的责任作了判决。

二、问题

(1) 什么是公共秩序保留？

(2) 依公共秩序保留原则排除外国法的适用后，究竟应依何国法律裁决案件？

(3) 具体什么是"公共秩序"？

(4) 在本案中，公共秩序保留原则是如何适用的？

三、评析

(1) 什么是公共秩序保留？

公共秩序保留，英美法国家称之为"公共政策（public policy）"，大陆法国家称之为"公共秩序（vorbehatsklausel）"，它是某国法院在依内国冲突规范的指引本应适用外国法时，如其适用将与本国或社会的重大利益、道德与法律的基本原则相抵触，便可排除该外国法的适用。公共秩序保留的法理来自"一国私法可以具有域外效力，但公法不具域外效力"。1987 年的《民法通则》第一次在我国的冲突法中规定了公共秩序保留制度，该法第 150 条作为一条原则性的条款，规定："依照本章规定适用外国法律或者国际惯例的，不得违背中华人民共和国的社会公共利益。"由此可知，我国采取了直接限制的立法方式，采用"结果说"作为确定违反公共秩序的标准，并把公共秩序保留条款指向国际惯例，这是我国所特有的。

(2) 依公共秩序保留原则排除外国法的适用后，究竟应依何国法律裁决案件？

依公共秩序保留原则排除外国法的适用后，究竟应依何国法律裁决案件，过去一般主张在作为准据法的外国法被排除后，就应依法院地法处理有关案件。但又分两种情况：一是规定应适用的外国法被排除后、应无条件地适用内国法；二是有一定的限制：即在必要时，至少何为必要时，将由法院地法律负责解释。还有主张认为，作为准据法的外国法被排除适用后，不能一概以内国法取而代之，而应依据具体情况妥善处理；第三种主张认为应拒绝审判。其理由是，既然内国冲突法指定某一案件应适用某一外国法，即表明内国认为该案件不能依照其他国家法律审理，因此，若排除适用被指定的外国法后，可视为该外国法的内容不能查明，拒绝审判是最合理的。

关于应适用的外国法被排除适用后如何适用法律的问题，我国立法上没有明文规定，但在实践中普遍适用法院地法。

（3）具体什么是"公共秩序"？

"公共秩序"本身是个弹性概念。在罗马法中，"公共秩序"是指那些不能被当事人通过约定而加以排除的具有直接适用效力的法律。目前我国法律对"公共秩序"的措辞过于简单，对"公共秩序"没有任何有效解释或限定。

我国目前有学者认为[①]，最高人民法院还可运用司法解释的形势采取列举加概括的方式对运用公共秩序保留的条件作出规定。如下列情形可以适用公共秩序保留制度：①如果适用外国法违反我国宪法的基本精神、违背四项基本原则、有损于国家统一和民族团结；②如果适用外国法有损于我国国家主权和安全；③如果适用外国法违反有关部门法的基本准则；④如果适用外国法违背我国缔结或参加的国际条约所承担的义务，或违反国际法上公认的公平正义原则；⑤如果某一外国法院对同我国有关的案件，无理拒绝承认我国法律的效力，则根据对等原则，我国也可以公共秩序保留排除该外国法的适用，以作为报复措施。

除了以上五款规定，还可以加一兜底条款：即其他有损于我国重大"公共秩序"的情形也可运用公共秩序保留排除外国法的适用。

如果最高人民法院对公共秩序保留进行一些具体规定，可以对法院在适用公共秩序保留来排除国外法律适用时提供一些参考和限制。

（4）在本案中，公共秩序保留原则是如何适用的？

本案中的担保协议约定适用香港法律，但是我国实行严格的外汇管理，《中华人民共和国外汇管理条例》属行政法规，是以保护国家公共利益为目的，调整国家与境内机构、普通公民等相互间的关系，规定的是统治、服从关系，而不是权利平等关系，它不容许当事人任意变更其中的内容，是国内法中的强制性规定，适用香港法律处理担保关系将违反我国内地关于对外担保的强制性规定，也会违反"我国有关部门法的基本准则"，因此应按照公共秩序保留原则排除香港法的适用，而适用我国内地的强制法的规定。

案例十三：湖北三联公司与平湖公司诉美国罗宾逊直升机有限公司直升机产品侵权纠纷案[②]

一、案情

本案是由于直升机质量问题导致人员伤亡及其他经济损失引发的产品质量责任侵权纠纷。三联公司和平湖公司从美国罗宾逊直升机有限公司（以下简称罗宾

---

① 参见余晓芸：《浅论国际私法上的公共秩序保留制度》，《经济与法》，2009 年 3 期，第 63 页。

② 参见叶渌、葛焱、杨伟国：《首例中国法院判决在美国得到承认与执行案》，《中国法律期刊》，2010 年 1 月，http://www.kingandwood.com/files/20100202/File/cn-china-2010-1-2-Yl-GY-YWG.doc.pdf。

逊公司）购买飞机，但由于质量问题飞机坠毁。作为直升机的购买及使用者，三联公司和平湖公司曾于 1995 年 3 月在美国加州洛杉矶高等法院提起诉讼（以下简称美国诉讼），主张由罗宾逊公司承担飞机坠毁事故中的损害赔偿金。在该法院的听证过程中，罗宾逊公司以"不方便法院原则"提出应由适当的中国法院审理本案，并且罗宾逊公司同意放弃诉讼时效的抗辩。同年 11 月，美国加州洛杉矶高等法院接受罗宾逊公司关于以"不方便法院原则"要求中止诉讼或驳回起诉的申请，裁定中止诉讼。

2001 年 1 月，三联公司和平湖公司在中国湖北省高级人民法院（以下简称湖北高院）提起诉讼（以下简称中国诉讼），要求被告罗宾逊公司承担因产品质量事故造成的直升机损失以及其他经济损失赔偿。该诉讼程序中的传票、诉状、出庭通知等相关文件于 2004 年 2 月送达至被告罗宾逊公司，但罗宾逊公司并未出席其后的开庭审理，也未申请延期诉讼或采取其他措施。同年 12 月，湖北高院在罗宾逊公司缺席庭审的情况下作出判决（以下简称中国判决），支持三联公司和平湖公司的诉讼请求，判决罗宾逊公司向三联公司和平湖公司支付总计 2 000 多万元人民币的损失赔偿金及相应的利息。

为了使中国判决得以执行，2006 年 3 月，三联公司和平湖公司在美国联邦法院加州中部地区法院（以下简称联邦地区法院）提起关于承认和执行中国判决的请求。

目前，美国法院承认和执行外国法院判决通常适用各个州的法律和案例法确定的规范。总体而言，美国的大部分州（包括加利福尼亚州）都采纳了由美国统一州法委员会制定的《承认外国金钱判决统一法》（以下简称《统一法》）作为其州法；其他没有采纳《统一法》的州则适用案例法的礼让和互惠原则。《统一法》的适用范围限于金钱支付类的外国判决，规定了一系列与承认和执行外国法院的支付判决有关的判断标准，并且只要求对外国司法体系和法院判决进行程序是否正当的审查而并不对实体问题进行重审。本案中，三联公司和平湖公司在美国联邦地区法院申请执行中国判决的法律依据为《统一法》。申请承认与执行中国判决的整个程序中，原被告双方的争议焦点主要集中在以下方面：①在中国的诉讼程序中，罗宾逊公司是否在程序上受到了不公正的对待，送达程序是否合法公正；②中国判决是否为终局的、结论性的和可执行的；③是否应考虑公共政策及司法礼让原则的适用情况。

美国联邦地区法院经过审查，全面支持了原告的主张和观点，判定承认与执行中国判决，其主要依据如下：

（1）关于中国诉讼的程序公正性问题。

被告罗宾逊公司提出：由于送达不当，其未能得到在中国案件中为自己辩护的机会，因此其在程序上受到了不公正的对待；并且，中国法院的送达程序不符合《关于向国外送达民事或商事司法文书和司法外文书公约》（也称《海牙公约》）规定的有效送达方式。

联邦地区法院拒绝了罗宾逊公司的上述抗辩，而支持了原告三联公司和平湖公司的主张，作出如下认定：第一，罗宾逊公司实际上收到了关于中国诉讼及其审理的通知，并且有充足的时间提交证据和准备答辩、或者对中国诉讼中的送达程序提出异议，但是其并没有这样做；第二，《海牙公约》中并没有关于送达效力的规定，而仅仅规定了一些技术上的机制和程序；第三，原告提供的相关证据表明，关于中国诉讼的送达符合《海牙公约》的规定。

（2）关于中国判决是否为终局的、结论性的和可执行的判决。

被告罗宾逊公司提出：原告未能举证在2006年3月申请承认与执行之时中国判决是《统一法》所要求的终局的、结论性的和可执行的外国判决；而且，由于中国《民事诉讼法》第219条规定的当事人申请执行判决的期限为六个月，中国判决在2006年3月已经不可执行。

基于原告的主张和观点，联邦地区法院作出如下认定：由于被告罗宾逊公司并未在中国《民事诉讼法》规定的期限内提起上诉或申请延期上诉，中国判决已成为终局的、结论性的和可执行的判决。并且，中国《民事诉讼法》第219条仅适用于在国内执行的判决，关于在国外执行的判决应当适用第266条，而该条并没有规定执行的期限；对于在外国申请执行判决的期限，应当适用受理申请的外国法院所在地的法律规定。因此，在本案中应适用当时有效的《加利福尼亚民事程序法》中规定的关于执行外州判决的期限，即10年。

（3）关于公共政策以及中美之间的司法礼让问题。

被告罗宾逊公司提出：根据司法礼让原则，本案的中国判决不应在美国得到承认与执行。中美两国并未签署任何关于相互承认和执行判决的协议，也未加入关于相互承认和执行判决的国际公约；另外，美国法院作出的判决从未在中国得到过承认和执行。由此，请求联邦地区法院拒绝承认和执行中国判决。

对此，联邦地区法院支持了原告提出的如下观点：首先，《统一法》并未规定必须存在互惠关系才能执行外国判决，而且从这部法律过去的适用情况来看，也没有任何证据表明存在这一要求。其次，即便《统一法》存在上述要求，对本案也不会产生影响。由于罗宾逊公司已经自愿选择了中国作为审理地，并选择接受中国法院作出的判决，因此其不得以任何理由来拒绝执行本案的中国判决。

最后，美国联邦地区法院于2009年8月作出判决，同意承认与执行本案的中国判决。三联公司和平湖公司由此将获得总额约650万美元的赔偿及相应的利息。

二、问题

(1) 什么是执行外国法院判决？有何特殊之处？

(2) 国际条约和互惠关系对执行外国法院判决有什么作用？

(3) 美国加州洛杉矶高等法院以"不方便法院原则"裁定中止诉讼，什么是不方便法院原则？

(4) 本案中中国的判决在美国得到执行的前提条件是什么？

(5) 本案对我们今后国内判决在国外执行有什么启示？

三、评析

(1) 什么是执行外国法院判决？有何特殊之处？

执行外国法院的判决是指一国在承认外国法院判决的基础上，依照本国的法定程序，对外国法院判决予以强制执行。一国法院判决是一国司法主权的具体体现，一国法院判决要发生域外效力，必须经过他国对其既判力和执行人的认可。承认和执行外国法院判决的依据包括国内立法，国际条约和互惠关系。目前较为典型的执行外国判决的国际公约有 1965 年《海牙公约》、1970 年《民商事域外取证公约》、1971 年《关于承认和执行外国民事和商事判决的公约》及其附加议定书。其他的承认外国判决的条约多采用双边条约形式。中国与法国、意大利、波兰、西班牙等国家所签订的司法协助条约，都含有承认和执行法院判决的条款。我国《民事诉讼法》第 265 条规定："外国法院作出的发生法律效力的判决、裁定，需要中华人民共和国人民法院承认和执行的，可以由当事人直接向中华人民共和国有管辖权的中级人民法院申请承认和执行，也可以由外国法院依照该国与中华人民共和国缔结或者参加的国际条约的规定，或者按照互惠原则，请求人民法院承认和执行。"

(2) 国际条约和互惠关系对执行外国法院判决有什么作用？

存在国际条约和互惠关系，只是代表当事人提出的请求具备了法律基础，法院还会对外国的判决进行审查。只有该外国判决满足了法律规定的条件才能获得执行。我国和其他国家一样，进行的审查仅为形式审查，不进行实质审查。各国一般要求外国法院判决满足以下条件：①原判决国法院必须具有合格的管辖权；②外国法院判决已经发生法律效力；③外国法院进行的诉讼程序是公正的；④外国法院的判决必须是合法取得的；⑤不与其他有关的法院判决相抵触；⑥承认与执行外国判决不违背内国的公共政策。

(3) 美国加州洛杉矶高等法院以"不方便法院原则"裁定中止诉讼，什么是不方便法院原则？

不方便法院原则，是指一国法院对某一国际民事案件享有管辖权，但如果该院认定本法院地对任何人来说是一个不公平或十分不方便的地点，而且另有更为方便的地点可作为法院地，则该法院可在其权限范围内拒绝行使管辖权。本案中因为飞机的购买，使用以及事故发生导致侵权都是发生在中国，因此中国的法院相比美国法院是更"方便法院"，因此美国法院中止诉讼，转由中国法院进行审理。

（4）本案中中国的判决在美国得到执行的前提条件是什么？

承认和执行外国法院判决的依据包括国内立法，国际条约和互惠关系。因为美国与中国并未签署任何关于相互承认和执行判决的协议，也未加入关于相互承认和执行判决的国际公约；另外，美国法院作出的判决从未在中国得到过承认和执行。因此中国的判决在美国得到承认和执行缺乏国际条约或互惠关系的支持。但是，根据美国的国内法《统一法》，该法并未规定必须存在互惠关系才能执行外国判决。因此中国的判决在国外执行具有了美国国内立法的支持。而且本案的意义也在于它可以为中美两国开展相互承认与执行判决的互惠关系创造一定的可能性。

（5）本案对我们今后国内判决在国外执行有什么启示？

本案中，申请执行中国判决的法律依据为《统一法》，其只要求对外国司法体系和法院判决进行程序是否正当的审查而并不对实体问题进行重审。世界上大多数国家承认与执行外国判决一般都只是进行形式审查。从本案的结果可以看出，中国的司法制度及程序公正性在国际上正得到越来越广泛的认可。因此，在以后的涉及外国当事方的中国诉讼案件中，当事人需要在中国的诉讼过程中尽量保证各项程序的公正性和完整性，为将来的胜诉判决在国外得以顺利执行奠定必要的基础。

案例十四：广州远洋运输公司申请中国法院执行英国临时仲裁机构仲裁裁决案[①]

一、案情

广州远洋运输公司（申请人）与美国 MAPSHIPS of CONNECTICUT 公司（被申请人）签订了租船合同。根据合同，申请人分别于 1988 年 10 月 25 日、11 月 7 日、11 月 19 日，将其所有的"马关海号"、"华钢海号"、"康苏海号"轮船租给被申请人。在三份租船合同中均订有仲裁条款，约定产生纠纷在英国伦敦仲裁，适用英国法。在租船合同的履行过程中，被申请人没有按照合同约定支付租金，拖欠租金总额 200 万美元。申请人于 1989 年 6 月撤销了租船合同，并且根据租船合同的仲裁条款，申请人与同年 7 月在英国伦敦提交仲裁。临时仲裁庭分

---

① 参见赵一民：《国际私法案例教程》，知识产权出版社，2005 年，第 295 页。

别于 1989 年 8 月 7 日、8 月 15 日、8 月 25 日作出了关于前述三份租船合同争议案的三项仲裁裁决，裁决被申请人偿付租金共 1 985 975.21 美元及其利息和申请人仲裁支出的费用。仲裁裁决生效后，1989 年 8 月 18 日，申请人与被申请人曾就所欠款项签署了分期付款的协议。按协议，被申请人支付申请人 50 万美元之后，余款分 17 期支付，每月支付一期。被申请人支付了部分租金，自 1990 年 2 月起又停付租金，尚欠申请人 1 232 112 美元及年利率为 9% 的利息。

后申请人了解到中国对外贸易运输总公司曾于 1989 年 3 月向被申请人租用了申请人所有的"康苏海号"轮，并拖欠被申请人运费和延滞费共 253 592.55 美元，准备支付给被申请人。申请人遂于 1990 年 7 月 6 日向中国广州海事法院提出申请，请求承认和执行上述三项仲裁裁决。划拨中国对外贸易总公司准备支付给被申请人的款项，作为被申请人偿还申请人债务的一部分。申请人同时提交了上述三项仲裁裁决书正本及租船合同仲裁条款的副本和上述文件的中文译本。

广州海事法院受理申请后，经审查认为：

(1) 申请人和被申请人在三份租船合同中均订有仲裁条款，约定产生纠纷在英国伦敦仲裁，适用英国法律。当事人双方依约定在英国伦敦进行了仲裁。伦敦临时仲裁庭对租船合同项下产生的租金纠纷作出了三项裁决。申请人申请承认和执行上述三项仲裁裁决，没有超过我国原《民事诉讼法（试行）》第 169 条规定的申请执行期限。由于申请人申请我国广州海事法院承认和执行外国仲裁判决，因此应遵守我国国内法关于申请法院执行仲裁裁决的规定。而我国《民事诉讼法（试行）》第 169 条规定，申请执行的期限，双方或者一方当事人是个人的为一年；双方是企业事业单位、机关、团体的为六个月。前款规定的期限，从法律文书规定履行期限的最后一日起计算；法律文书规定分期履行的，从规定的每次履行期限的最后一日起计算。本案中，申请人与被申请人曾于 1989 年 8 月 18 日，就所欠款项签署了分期付款的协议。该协议可被视作具体履行仲裁裁决的有效法律文书，该协议的履行期限的最后一日是本案申请执行期限的起算点。按照该协议，被申请人支付申请人 50 万美元之后，余款分 17 期支付，每月支付一期。被申请人支付了部分租金，自 1990 年 2 月起又停止支付。在合同义务方违约的情况下，该协议的履行期限中止于违约的日期，即 1990 年 2 月。1990 年 7 月 6 日，申请人向广州海事法院申请执行仲裁裁决，并没有超过六个月的法定申请执行期限。

(2) 根据我国加入的《纽约公约》，上述三项仲裁裁决满足了《纽约公约》中规定的实质要件。首先，我国在加入《纽约公约》时作出保留声明，我国只对根据本国法律属于契约性或非契约性商务法律关系引起的争端适用《纽约公约》。本案中双方争议的是申请执行人和被申请人签订的三份租船合同，显然属于契约性法律关系。因此，我国对该案的处理应当适用《纽约公约》。其次，本案的仲裁裁决满足了《纽约公约》中承认与执行的条件。仲裁的事项属于可以仲裁的事项；仲裁庭的组成和仲裁程序与仲裁协议相符；仲裁裁决对双方均具有约束力，被申请人已部分执行了裁决的内容，对申请人支付了部分租金；承认及执行该三项裁决不违反我国的公共政策。因此上述三项仲裁裁决符合申请我国法院承认与执行的条件。

（3）中国对外贸易总公司准备支付的运费和延滞费属于被申请人的预期可得财产，可以作为执行标的物。申请人申请划拨中国对外贸易运输总公司准备支付给被申请人的运费和延滞费，作为被申请人偿还申请人部分债务的请求合理，应予以支持。

据此，广州海事法院于 1990 年 10 月 17 日裁定：承认由 B. Harris 仲裁员和 J. Besman 仲裁员组成的临时仲裁庭于 1989 年 8 月 7 日、8 月 15 日、8 月 25 日分别作出的关于"马关海号"、"华铜海号"及"康苏海号"轮租船合同争议案的三项仲裁裁决书的效力；划拨被申请人预期可在中国对外贸易运输总公司得到的运费和延滞费共 253 592.55 美元给申请人。

二、问题

（1）仲裁裁决应当如何执行？有何相关公约或规则？

（2）我国对外国仲裁裁决在中国的承认与执行是如何规定的？

（3）中国仲裁机构涉外仲裁裁决在外国如何得到承认与执行？

（4）中国仲裁机构涉外仲裁裁决在中国如何执行？

（5）本案中，广州海事法院审查并裁决承认与执行英国伦敦临时仲裁庭的仲裁裁决，它为什么具有对英国伦敦临时仲裁庭裁决的管辖权？

三、评析

（1）仲裁裁决应当如何执行？有何相关公约或规则？

仲裁是以双方协议为基础的解决争议的方式，败诉一方通常都能自觉执行裁决规定的义务。在败诉方不履行裁决的情况下，因仲裁机构不具备强制执行的权力，故只能由胜诉方提请法院强制执行，一般是在被执行人住所或财产所在地国申请承认与执行。《纽约公约》目前已成为国际上关于承认与执行外国仲裁裁决的最主要的公约，我国于 1986 年加入了该公约。该公约已于 1987 年 4 月 22 日对我国生效。《纽约公约》与以我国《民事诉讼法》和《仲裁法》为代表的国内法规范，构成了我国承认及执行国际商事仲裁裁决的法律制度。

（2）我国对外国仲裁裁决在中国的承认与执行是如何规定的？

外国仲裁机构作出的仲裁裁决需要我国法院承认与执行的，应当由当事人直接向被执行人住所地或财产所在地的中级人民法院申请，人民法院应当依照我国缔结或者参加的国际条约，或者按照互惠原则办理。我国有管辖权的法院收到当事人的申请后，应按照我国缔结或参加的国际条约或《民事诉讼法》的有关规定进行审查，裁定是否承认与执行该裁决。如果认为符合承认与执行的条件，应当裁定其效力，并依照《民事诉讼法》规定的程序执行。如果作出仲裁裁决的仲裁机构所在地国与我国既没有缔结也没有共同参加的国际条约，当事人向我国法院提出承认与执行裁决的申请时，当事人应该以该裁决为依据向有管辖权的人民法院起诉，由法院作出判决，予以执行。

（3）中国仲裁机构涉外仲裁裁决在外国如何得到承认与执行？

如果该外国为《纽约公约》成员国，则当事人应根据公约规定的程序和条件，直接向该外国有管辖权的法院提出请求承认与执行的申请，然后由该国法院对裁决进行审查，作出是否承认与执行的裁定。如果该外国不是《纽约公约》的成员国，则当事人应当直接向有管辖权的外国法院申请承认与执行，由该国法院根据有关司法协助条约或其本国法律裁定是否承认与执行。

（4）中国仲裁机构涉外仲裁裁决在中国如何执行？

经中国涉外仲裁机构裁决的，当事人不得向人民法院起诉。一方当事人不履行仲裁裁决的，对方当事人可以向被申请人住所地或者财产所在地的中级人民法院申请执行。

（5）本案中，广州海事法院审查并裁决承认与执行英国伦敦临时仲裁庭的仲裁裁决，它为什么具有对英国伦敦临时仲裁庭裁决的管辖权？

首先，1987年4月22日起，《纽约公约》对我国生效。我国和英国作为缔约国，有相互承认和执行对方仲裁裁决的义务。因此，只要英国仲裁裁决没有出现公约规定的可以拒绝承认和执行外国仲裁裁决的情况，我国就应予承认与执行。

其次，为什么广州海事法院享有管辖权。根据我国《民事诉讼法（试行）》第269条的规定，国外仲裁机构的裁决，需要中国人民法院承认和执行的，应当由当事人直接向被执行人住所地或者其财产所在地的中级人民法院申请。根据最高人民法院《关于执行我国加入的〈承认与执行外国仲裁裁决公约〉的通知》第2条规定，被执行人为法人的，为其主要办事机构所在地的中级人民法院。被执行人在我国境内没有住所、居所或主要办事机构，但有可供执行的财产的，为其财产所在地的中级人民法院。本案是属于第三种情况，即被执行人为外国法人，在我国没有设法人办事机构，也没有现存的可供执行的财产，但是，由于美国公司拥有对中国对外贸易运输公司所欠运费和延滞费的债权，并且中国对外贸易运输公司正准备支付给美国公司，因此作为本案被申请执行人的美国公司在我国国内享有"预期可得的财产"，而这笔"预期可得财产"的所在地是在广州海事法院辖区内。所以，广州海事法院具有对本案的管辖权。

第六章　世界贸易组织法案例

案例一：委内瑞拉、巴西诉美国汽油标准案[①]

一、案情

1995 年 1 月 23 日，委内瑞拉根据 GATT 第 22 条第 1 款、《关于争端解决的规则与程序的谅解》（DSU）第 4 条要求与美国磋商，内容涉及美国环境保护局发布的"汽油标准"。2 月 24 日，双方进行了磋商，但未取得满意结果。3 月 25 日，委内瑞拉请求成立专家组。4 月 10 日，争端解决机构（Dispute Settlement Body，DSB）决定成立专家组，1995 年 4 月 10 日，巴西就上述相同问题要求与美国磋商。5 月 1 日，双方进行了磋商，但未取得满意结果。5 月 19 日，巴西请求成立专家组。DSB 经审查决定由上述同一专家组合并审理这两项投诉。1996 年 1 月 29 日，专家组作出报告并分发给各成员方。1996 年 2 月 21 日，美国向 DSB 提出上诉，4 月 20 日，上诉机构作出报告。5 月 20 日，DSB 通过上诉机构报告和修改后的专家组报告。

1993 年 12 月 15 日，美国环境保护局颁布"汽油与汽油添加剂规则——改良汽油与普通汽油标准（简称"汽油规则"）"，该标准是为实施美国《清洁空气法》而制定的。本案争议的焦点是"汽油规则"中的基准设定问题，即如何确定 1990 年的汽油质量基准作为此后改良汽油和普通汽油的衡量标准。环境保护局设定了两种基准：一种是"企业单独基准"，其质量数据由企业自己提供；另一种是"法定基准"，适用于环境保护局认为不能提供足够的或可信的数据的企业。根据"汽油规则"，对 1990 年经营 6 个月以上的国内炼油商适用企业单独基准；对外国炼油商适用法定基准；对某些进口商同时是国外炼油商的，如果 1990 年它在国外的炼油厂生产的汽油中有至少 75% 出口到美国，则适用单独基准（又称为 75% 规则）。

投诉方指出，美国的"汽油规则"中有关基准设定的规定违反了 GATT 第 1、3 条，并且不符合 GATT 第 20 条的例外规定，损害了两国企业的利益。

---

① 参见徐兆宏等：《WTO 案例对中国的启示》，汉语大词典出版社，2003 年，第 47 页；赵学清、曾国平：《WTO 典型案例精析》，重庆大学出版社，2002 年，第 223 页。

　　（1）关于 GATT 第 1 条。

　　GATT 第 1 条是有关最惠国待遇的规定：在对进口或出口有关产品的国际支付转移所征收的关税和费用方面，在征收此类关税和费用的方法方面，在有关进口和出口的全部规章手续方面，以及在第 3 条第 2、4 款所指的所有事项方面，任何缔约方给予来自或运往任何其他国家任何产品的利益、优惠、特权或豁免应立即无条件地给予来自或运往所有其他缔约方领土的同类产品。

　　本案投诉方认为，美国"汽油规则"中的"75％规则"给特定国家的企业特殊的优惠待遇，不符合 GATT 第 1 条的规定。他们认为，该规则只适用于特定的、很容易确定的一些国家，对符合这些条件的国家的企业在确定基准时可以适用企业单独基准，而对其他国家的企业则适用法定基准，违反最惠国待遇的原则。专家组认为，由于确定专家组职权范围时，"75％规则"已经停止生效，并且该规则没有在专家组职权范围中明确提出，因此对其是否符合 GATT 第 1 条不再作出判断。

　　（2）关于 GATT 第 3 条第 4 款。

　　GATT 第 3 条第 4 款是有关国民待遇原则的规定：任何缔约方领土的产品进口至任何其他缔约方领土时，在有关影响其国内销售、标价出售、购买、运输、分销或使用的所有法律、法规和规定方面，所享受的待遇不得低于同类国产品所享受的待遇。

　　本案投诉方认为，"汽油规则"对进口汽油和国产汽油实施了差别待遇，剥夺了外国炼油商确定企业单独基准的权利，实际上是要求进口汽油适用更严格的法定基准。

　　专家组首先指出进口汽油与国产汽油具有相同的物理特征、最终用户、关税分类，并且可以互相替代，因而是第 3 条第 4 款所说的"同类产品"。其次，专家组审查了给予进口产品的待遇是否低于国产品的待遇。专家组认为，美国确定是否适用企业单独基准还是法定基准不是以汽油的质量为标准，而是以生产商的特征为据，导致了进口汽油的待遇较低。基于上述分析，专家组认为美国违反了 GATT 第 3 条第 4 款。

　　（3）关于 GATT 第 20 条。

　　美国提出，无论其"汽油规则"是否与 GATT 的其他规定一致，它都属于 GATT 第 20 条规定的一般例外，所以不违反 GATT。美国提出了以第 20 条（b）、（d）、（g）三项作为抗辩。

　　GATT 第 20 条是有关一般例外的规定，在符合其适用条件的情况下，成员方可以免除 GATT 规定的其他义务，包括第 3 条规定的国民待遇义务。GATT 第 20 条与本案有关的条款规定是：在遵守有关措施的实施不在情形相同的国家之间构成任意或不合理的歧视或构成对国际贸易的变相限制的要求的前提下，本协定的任何规定不得解释为阻止任何缔约方采取或实施以下措施：……（b）为保护人类、动物或植物的生命或健康所必需的措施；……（d）为保证与本协定规定不相抵触的法律或法规得到遵守所必需的措施；……（g）为保护可用尽的自然资源有关的措施，如此类措施与限制国内生产或消费一同实施。专家组指出，由于GATT第20条是美国提出的抗辩，应由美国负举证责任，专家组对这三项例外分别予以分析。

第一，关于GATT第20条（b）项。专家组认为，美国以此项作为抗辩，应当证明以下三点：①实施的措施旨在保护人类、动物或植物的生命或健康；②实施的措施是为了实现上述目标所必需的；③该措施与第20条前言部分的要求一致。

关于第①点，争端各方没有分歧，专家组认为实施的措施符合第①点要求。

关于第②点要求，专家组认为，所谓"必需"应理解为没有GATT相一致的措施或没有与GATT较少不一致的措施存在，如果存在可以采取与GATT相一致的措施或采取较少不一致的措施，则证明该措施不属于"必需"。专家组对当事方提供的证据进行审查后认为，美国采取的措施不属于"必需"，因为它可以采取其他非歧视的替代措施，例如，允许外国炼油商适用企业单独基准，或要求美国汽油生产者达到法定基准的要求等。由于专家组认定美国的措施不符合上述第②点要求，因此美国关于GATT第20条（b）项的抗辩不能成立。

第二，关于GATT第20条（d）项。美国的"汽油规则"规定了"禁止退化要求"，要求汽油的各项排放指标不得高于1990年的基准水平，但由于其基准确定方法不同，国内企业适用企业单独基准，而外国企业适用法定基准。美国对其做法提出以GATT第20条（d）项为抗辩，即其基准设定规则虽不符合GATT第3条规定，但该规则是为了执行国内法中的"禁止退化要求"所必需，而该国内法是符合GATT规定的，因此可以适用例外规定。

专家组认为，假定美国的国内法与GATT相一致，但其规定的基准确定规则本身并不是为执行该国内法所必需，因此，它不属于GATT第20条（d）项规定的例外情况。

第三，关于GATT第20条（g）项。首先，专家组认为，美国的措施是为了保护清洁空气，而清洁空气是一种可被用竭的资源，因此，美国为降低清洁空气的消耗而制定的政策属于GATT第20条（g）项所说的"与保护可用竭资源有关的措施"。

其次，专家组认为，虽然美国对空气的保护符合该条款的政策目标，但对进口汽油给予较国内同样的汽油更低的待遇与保护清洁空气的目标之间并没有直接的联系，不对进口汽油提供较低待遇并不会阻止这一目标的实现，因此认为美国的措施不符合该条要求。

上诉中提出的主要问题是美国的"汽油规则"是否符合 GATT 第 20 条（g）项的例外规定。上诉机构首先指出，专家组对该问题的分析存在逻辑上的错误，上诉机构认为，专家组应当审查的是"措施"（实施基准规则）本身是否符合 GATT 第 20 条的规定，而不是审查给予进口汽油"较低待遇"是否符合 GATT 第 20 条，否则 GATT 第 20 条的要求就与第 3 条的要求没有区别了。上诉机构根据《维也纳条约法公约》的规定对 GATT 第 20 条进行解释，指出第 20 条在列举成员方政府可采取措施的各项理由时使用了不同的措辞，其中（b）项和（d）项使用了"必需"的用语，而（g）项并没有使用这一词语，而是使用了"有关"一词，这一词语与"必需"所要求的程度是不同的。根据专家组程序中确定的有关证据，上诉机构认为美国的基准规则属于"与保护可用竭资源有关的措施"，因而推翻了专家组的这一结论。

第 20 条（g）项规定的是"此类措施与限制国内生产或消费一同实施"，上诉机构认为，美国实施的基准规则同时适用于进口汽油和国产汽油，符合这一规定的要求。

至于 GATT 第 20 条的前言的要求，上诉机构认为，该前言适用于所有该条所列举的例外，它要求成员方采取的措施不得构成"任意或不合理的歧视"，或"对国际贸易构成变相限制"。上诉机构认为，根据本案提供的情况，美国有条件对进口汽油和国产汽油实行统一标准，虽然对进口汽油商实行企业单独基准有一定困难，但并不是完全不可行，其困难程度不足以支持美国实行不同的标准。此外，上诉机构指出，美国在制定政策时并没有设法与委内瑞拉和巴西进行沟通，以寻求合作。美国提出对国内生产商实施企业单独基准是为了不太多增加国内生产商的开支，上诉机构认为这是合理的，但它却没有考虑实施法定基准的国外生产商的开支问题，就是不合理的了。因此，上诉机构认为美国的措施构成了"任意的、不合理的歧视"，是对国际贸易的变相限制，不符合 GATT 第 20 条前言部分的要求。

综上所述，上诉机构认为，美国采取的措施虽然符合 GATT 第 20 条（g）项的要求，但不符合其前言部分的要求，因此不能实现其关于 GATT 第 20 条的抗辩。

二、问题

WTO 成员应如何适用 GATT 第 20 条？

三、评析

本案是 WTO 成立后第一个经过完整的专家组程序、上诉程序并最终由 DSB 通过了有关建议的案件，在 WTO 争端解决中具有一定的历史意义。就其所解决的实体问题看，涉及比较普遍的国民待遇问题，特别是成员方如何适用 GATT 第 20 条的一般例外的问题。本案中，美国对进口产品和国产品给予了差别待遇是很明显的事实，因此争端各方对该措施不符合 GATT 第 3 条没有太多异议，但对美国是否能以 GATT 第 20 条的例外规定豁免其在第 3 条下的义务则存在不同看法。上诉机构的分析和结论告诉我们：对第 20 条的理解应与第 3 条相区别，不能混为一谈，否则就会失去订立第 20 条的意义。要确定一个成员方采取的措施是否符合 GATT 第 20 条的规定时，首先要审查它是否符合该条所列的各项具体条款的要求，在认定其符合具体条款的要求后，还应审查它是否符合第 20 条的前言部分的要求。前言部分规定的"任意的、不合理的歧视"表明该条允许一定的差别待遇的存在，但这种差别的存在不能构成任意的、不合理的歧视，不能构成对国际贸易的限制或扭曲。

案例二：美国诉欧盟计算机设备关税税目分类案[①]

一、案情

乌拉圭回合结束之时，欧盟将自动信息处理器及其组件、磁性或光谱扫描仪、刻录机、信息处理机，以及其他设备（以下统称 ADP 设备）在《1994 年关税与贸易总协定马拉喀什议定书》的减让表 IXXX 中规定的税目 87.71，其约束税率为 2.5%（从当时的基础税率 4.9% 降至该约束税率）；对税目 85.71 下的产品的零部件产品规定在税目 84.73 下，其约束税率为 2.0%；对在税目 85.17 下的电话、电报等电子通信设备，其税率不等，但欧盟承诺为 3.0% ～ 3.6%，总水平高于 ADP 设备；电视接收设备规定在税目 85.28，其约束税率为 14%。1995 年 5 月，欧盟通过了第 11165/95 号法规，把局域网设备作为电子通信设备分类在税目 85.17 下，并按电子通信设备实行征税。之后，欧盟决定对具有多媒体功能的电脑电视归入税目 85.28，按电视接收设备征税。而当时的英国和爱尔兰一般把局域网设备作为 ADP 设备征收关税，个人电脑也归入 ADP 设备。

美国认为欧盟对上述计算机设备的重新分类使美国的相关商品所受的待遇低于欧盟在减让表 IXKX 中承诺的待遇，欧盟违反了 GATT1994 第 2 条的规定。1996 年 11 月 8 日，美国根据 DSU 第 4 条和 GATT1994 第 22 条第 1 款，要求与欧盟进行磋商。1997 年 1 月 23 日，双方进行了磋商，但未取得满意结果。

1997 年 2 月 11 日，美国请求成立专家组。同年 2 月 25 日，DSB 决定成立

---

① 参见赵学清、曾国平：《WTO 典型案例精析》，重庆大学出版社，2002 年，第 90 页。

专家组。1997 年 2 月 14 日，美国又分别提出与英国、爱尔兰进行磋商，内容涉及局域网设备和多媒体个人电脑关税税目分类的问题。2 月 24 日，英国和爱尔兰正式答复美国，决定不与其进行磋商。1997 年 2 月 7 日，美国提出成立两个专家组审议这两个案件。3 月 20 日，DSB 决定由已成立的专家组合并审理这三项投诉。4 月 18 日，专家组正式成立。印度、日本、韩国和新加坡提出保留作为第三方的权利。专家组经过审理，于 1998 年 2 月 5 日作出报告并分发给 WTO 各成员。1998 年 3 月 24 日，欧盟提出上诉。1998 年 6 月 5 日，上诉机构提交报告，推翻了专家组报告中部分内容。1998 年 6 月 22 日，DSB 通过了上诉机构报告和经上诉机构修正的专家组报告。

美国指出，欧盟将局域网设备分类在电子通信设备中，使该产品所受待遇低于欧盟在关税减让表中承诺的待遇，不符合 GATT 第 2 条第 1 款的规定。欧盟要求专家组驳回美国的请求。因为美国的指控不够具体，美国提出的局域网设备过于笼统，也未指明指控的具体措施。欧盟并引用了"香蕉案"中的观点来支持自己的主张。专家组认为，"香蕉案"不适用于本案，因为本案中美国并未在解决争端过程中提出增加新的产品，美国的请求已清楚指明所针对的产品并指明了具体措施，即产品为局域网所有设备和措施是指欧盟各成员海关针对局域网设备，包括电脑电视的所有措施。专家组指出，关税减让表作为 GATT 的一部分，因此对其解释，应根据《维也纳条约法公约》第 31、32 条的规定进行，即条约应依其用语按上下文并参照条约之目的及宗旨所具有之通常意义，善意地进行解释。根据上述原则，专家组首先从条文的措辞开始分析，认为本案的减让表中的表述，不应脱离其上下文环境。但减让表本身并未明确局域网设备是否视为电子通信设备。专家组认为根据条约的目的和宗旨，应当明确谈判时成员各方的"合法预期目标"。为支持这一观点，专家组引用了"欧盟油料种子案"和"美国纺织内衣案"专家报告来说明"合法预期目标"在本案中的作用。同时，专家组还引用了 GATT1994 第 2 条第 5 款，指出"合法预期"的重要性为此条文所确认。欧盟抗辩，欧盟各成员海关对局域网设备征税的实践并不一致，美国没有理由合法预期其局域网设备应得到 ADP 设备的关税待遇。美国则认为，根据欧盟各成员海关，特别是英国和爱尔兰的实际做法，1991～1994 年，局域网设备是作为 ADP 设备征税的，并出具了相关证据，认为其有理由这样预期。专家组认为美国提供的证据已经能够证明它有理由预期将局域网设备作为 ADP 设备征税。

对于欧盟在抗辩中提出的美国应在乌拉圭回合谈判中澄清局域网设备在欧盟如何分类的问题。专家组认为，如果一个出口成员有理由预期某个产品得到特定的关税待遇，就没有必要去澄清，因为这样会引起双方之间的不信任，使实际运作更加困难，从而与关税谈判的目标和宗旨相违背。此外，减让是进口方提出的，应当由进口方澄清其减让表的范围才合情理。为了支持专家组的观点，专家组引用了"意大利提高约束关税案"和"加拿大新闻纸案"中专家组意见，进一步确认了澄清关税的责任在进口方而非出口方。

基于上述分析，专家组裁定：欧盟对从美国进口的局域网设备没有提供不低于减让表 LXXX 中给予 ADP 设备的关税待遇，因而违反了 GATT1994 第 2 条第 1 款的规定。但对于电脑电视，由于美国未能提供充分证据证明，该产品在乌拉圭回合中欧盟对之以 ADP 设备对待的推定，不符合"合法预期"内容要求，欧盟对电脑电视的关税待遇没有违反 GATT1994 第 2 条第 1 款的规定。

对于专家组的裁定，欧盟于 1998 年 3 月 24 日提起了上诉。上诉机构对专家组在本案中引用的"欧盟油料作物种子案"这一做法，认为这是不恰当的。因为在"欧盟油料作物种子案"中，并没有违反 GATT 任何规定，且该案的专家组采取的是"合理预期"标准是在当事人没有违反 GATT 规定的情况下适用的即非违法之诉。而本案是以违反 GATT 规定作为前提而提起申诉的。上诉机构早在"印度专利纠纷案"中就指出：专家组把不违反 WTO 规则情况下适用的标准用于违反 WTO 规则的案件中做法是错误的。因此本案的专家组的做法是错误的。

上诉机构认为，本案专家组引用 GATT 第 2 条第 5 款的规定来支持其"合法预期"的观点是不成立的。其实该条款承认这样的可能性，即 WTO 成员对减让表中的预期给予某一产品的待遇是不同于该产品实际所获得的待遇，并为成员之间进行平衡其减让而提供了补偿机制。该条款并不能得出这样的结论：应按出口方的预期来确定减让表中的含义。相反，对于"预期的待遇"解释，应该是指成员双方的预期，而不是指出口方的预期。只有这样才是公平、公正的。

对于专家组引用《维也纳条约法公约》中的第 31、32 条来解释本案的关税减让表。上诉机构认为，减让表中各成员的减让是一种互惠安排，产生的基础是各成员之间互惠互利的结果。因此，若对减让表的含义的解释以出口方一方的预期为准，是不符合《维也纳条约法公约》善意解释原则的。根据《维也纳条约法公约》确定的原则，条约解释的目的是确定各方的共同意图，这种意图不能只依据一方的主观"预期"来确定，否则就会把一方的意愿强加给另一方当事人。因此上诉机构认为，专家组对《维也纳条约法公约》第 31 条的理解是不正确的。上诉机构认为专家在解释减让表含义时有欠缺之处，因为本案涉及的主要是关税税目的分类问题，专家组本应该考虑世界海关组织制定的《协调商品分类及编码制度国际条约》的规定，且欧盟和美国均为该条约的成员，特别是在乌拉圭回合谈判时，当时关税减让谈判很大程度上是以该条约为基础的。因此以该条约的有关规定来解释减让表的含义是适当的，虽然争端双方未提出这一条约与本案的关系，但上诉机构认为，《协调商品分类及编码制度国际条约》与本案密切相关，专家应该参考该条约。遗憾的是，专家组并没有这样做。

对于专家组未能充分考虑欧盟各成员海关实践的一致程序，而仅审查了欧盟12个成员中的5个成员的海关分类且主要是两个成员海关实践，就得出结论，即局域网设备按照 ADP 设备征税。因此，专家组的结论是片面的，因为欧盟是一个关税同盟，外国商品进入欧盟之后，可以自由流动，而本案中美国出口市场并非仅有英国和爱尔兰，而是整个欧盟，只不过在英国和爱尔兰市场份额较大罢了，因而专家组应当审查整个欧盟市场后才可以得出结论。

上诉机构也不同意专家组提出的减让的范围应由进口方成员加以澄清的主张。上诉机构认为，关税减让的谈判是一个互惠的减让的过程，这一过程是经过双方反复讨价还价才得出的结果。减让表既代表每一成员作出的关税减让的承诺，同时代表了所有成员共同协定。所以关税减让范围的澄清是所有利益方的任务，而不仅是进口方任务。上诉机构认为，本案中关税减让表应由美国与欧盟共同来澄清。

基于上述分析，上诉机构最终的裁定主要内容：①维持专家组关于美国成立专家组的请求达到 DSU 第 6 条第 2 款的要求；②推翻专家组关于美国有权"合法预期"局域网设备会作为 ADP 设备征税，欧盟没有给局域网设备以不低于减让表 LXXX 所规定的待遇，违反了 GATT 第 2 条第 1 款的裁定；③推翻专家组关于美国没有义务澄清欧盟对局域网设备关税减让范围的裁定。

二、问题

(1) 关税减让表的内容是什么？
(2) 关税减让表的修改需具备哪些条件？

三、评析

(1) 关税减让表的内容是什么？

本案的评析仅涉及关税减让过程中双方义务问题。通过关税减让达到国际贸易自由化是 GATT 的最初宗旨。关税措施是 GATT 认可的贸易管制措施。各缔约方的关税措施是在其承诺的关税减让表范围内实施的。关税减让表是指缔约方之间通过谈判，承诺其在一定限度内对关税进行削减，并将其承诺的关税减让按照一定的秩序编成的表格叫关税减让表。缔约方受关税减让表中的内容约束，不得随意更改。自 1980 年以来，关税减让表采用活页的形式，便于及时增删，使表格内容保持持续有效。

关税减让表是 GATT 重要内容之一，因为 GATT 第 2 条对关税减让表作了较详细的规定。关税减让表由三部分组成，第一部分为各缔约方之间通过最惠国待遇条款而实施的关税减让项目；第二部分是原宗主国与殖民地、附属国之间的关税减让项目；第三部分为发展中国家之间的关税减让项目。具体到某一产品或商品，关税减让表是由关税税目、名称、税率组成。目前世界各国关于商品分类，没有统一的标准。GATT 既没有统一的规定商品分类方法，也没有规定统一遵循的标准。这给各缔约方在具体进行关税减让过程中带来诸多不便。目前，关于商品分类的国际条约：1931 年国际联盟制定的《日内瓦税则商品分类目录》，供各国政府海关或关税同盟制定海关税则和归类编码制度时采用；1949 年由欧洲关税同盟草拟、1957 年实施的《布鲁塞尔税则商品分类目录》，现有 100 多个国家和地区采用这种分类。另外，1988 年 1 月 1 日由海关合作理事会编制的《协调商品名称及编码制度》正式生效。以上国际条约仅供各国对进口商品分类时参考，没有约束力。

　　本案涉及的是同一种产品，由于在关税税则上分类的变化，就会缴纳数倍于原税率的关税。本案的问题在于，一个成员方是否可以不给予任何解释，而将同一种产品划到税率高得多的分类。本案专家组在确定这一问题时，使用了出口方"合法预期目标"的标准，也就是以出口方在关税谈判时可以合理预期某一种产品应当被分在某一类作为目标，而且专家组还认为，在双方对关税减让的范围有不同意见时，由于"关税减让表是进口方提出的，应当由进口方澄清其关税减让表的范围"。使用这样的标准，出口方只需要证明其"合理预期"的理由，而进口方有义务证明为什么出口方的预期目标是不"合理"的，举证责任主要在进口方，出口方一般都可胜诉。上诉机构指出，专家组适用法律错误，"合理预期"只适用于"损害或剥夺利益"的申诉，即某个成员方采取的措施并不违反 WTO 及其协定的明文规定，但损害或剥夺了另一成员方的利益，本案并不是这样的申诉。从本案上诉机构的分析来看，产品的关税分类应当依据比较客观的标准，这既包括各国的税收实践，也包括世界海关组织制定的《协调商品分类目录及编码制度》，如果对关税减让的范围有争议，关税谈判双方都有义务澄清。本案上诉机构并没有确定网络适配器和多媒体电脑的关税分类，因为这不是专家组讨论的问题，因此也不在上诉机构管辖范围。然而，由于科技的发展，生活中出现了许多新产品，对于新产品，或者未明确列在关税减让表的产品，一个进口方确实有权力确定其分类，而世界海关组织应当定期审核其分类目录，及时将新产品确定在其分类目录及编码表中，以免各国分类的太大差异，也避免有些国家通过关税分类变相提高关税，从而实现 WTO 的降低关税、实现贸易自由化的目标。

　　(2) 关税减让表的修改需具备哪些条件？

　　通过本案，我们将得到如下启示：①关税减让表作为 GATT 组成部分，对 WTO 成员有约束力，对于已明确列入关税减让表中产品，任何一个成员不得擅自改变其分类和税率，否则就是违反了 GATT 第 2 条规定的义务。②WTO 成员可以在一定的条件下通过与主要供货利益者进行谈判方式修改关税减让表。如上所述，减让表原则上不得通过修改提高同一产品的税率，这也是贸易自由化要求，因此若修改提高税率或撤回，则主要供货者等有权单方面获得补偿。③GATT 规定的关税减让在一定的条件下有例外规定：关税减让的修改与撤回；对发展中国成员关税减的优惠；游离于关税减让之外的产品及服务；GATS 对承诺表的修改与撤回等。

案例三：印度诉欧盟棉质床单反倾销措施争端案[①]

一、案情

1996 年 9 月 13 日，欧盟对自印度进口的棉质床单发起反倾销调查。1997 年 6 月 12 日，欧盟委员会发布公告，称倾销、损害和因果关系存在。1997 年 6 月 14 日，欧盟开始征收临时反倾销税。1997 年 11 月 28 日，欧盟发布终裁报告，决定征收反倾销税，税率为 2.6%～24.7%。

1998 年 8 月 3 日，印度向 WTO DSB 提出磋商申请。1999 年 10 月 27 日，DSB 应印度的申请成立了专家小组。2000 年 10 月 30 日，专家小组作出裁决，支持了印度的部分主张。2000 年 12 月 11 日和 18 日，欧盟和印度分别就专家小组报告中存在的某些法律和司法解释问题提出上诉请求；2001 年 2 月 8 日，上诉机构发布裁决报告，维持了专家小组报告第 6.119 段的认定，推翻了第 6.75、6.87 段的认定。

本案的主要争议点集中在《反倾销协定》（以下简称 ADA）第 2 条（倾销的确定）、第 3 条（损害的确定）以及第 15 条（发展中成员）。

（1）关于 ADA 第 2 条第 4 款第 2 项。

ADA 第 2 条第 4 款第 2 项规定，在对正常价值与出口价格进行比较时，应对"加权平均正常价值"与"全部可比出口交易的加权平均价格"进行比较。欧盟在适用该条款时，将全部出口分为两种，一种是出口价格低于正常价值的（存在倾销），另一种是出口价格高于正常价值的（不存在倾销），欧盟在计算倾销幅度时，将不存在倾销的出口视为零倾销，不再予以考虑。专家组认为欧盟的做法不符合该条款规定的精神，实际上提高了平均倾销幅度，因而违反该条款的规定。上诉机构通过分析认为，欧盟根据出口产品的物理特性将产品分为不同的类型分别计算倾销幅度，并且将不存在倾销的产品排除在外，不符合该条款的规定。

（2）关于 ADA 第 3 条第 4 款。

印度认为，欧盟在审查倾销进口对国内产业的影响时，并未考虑 ADA 第

---

① 参见朱榄叶：《世界贸易组织国际贸易纠纷案例评析》，法律出版社，2001 年，第 263 页。

3.4 条罗列的所有经济因素，尤其是没有考虑以下因素：生产力、投资收益、设备利用率、倾销幅度的大小、现金流动、库存、工资、增长、筹措资金或投资能力。因此，印度认为，欧盟违反了协定第 3.4 条。

欧盟针对印度的主张提出了三个抗辩理由：①欧盟在调查过程中评估了第 3.4 条中罗列的所有经济因素；②第 3.4 条是对相关因素的消极影响的评估，其本身在调查中就已经予以了合理的审查；③欧盟提供了许多证据证明无须在每一项调查中对第 3.4 条罗列的所有经济因素予以审查。

专家小组援引"墨西哥—高果糖玉米糖浆"案中的相关认定，认为 ADA 第 3.4 条的表述是："关于倾销进口产品对国内产业影响的审查应包括对影响产业状况的所有有关经济因素和指标的评估，……"；且根据欧盟提供的相关数据，欧盟并未对第 3.4 条中罗列的所有经济因素和指标予以收集，更不用说调查机关的审查了。因此，专家小组认为，该条规定使用了"shall include"的措辞，显示属于强制性规定，所列 14 个因素中的每一个都应得到评估，而欧盟并未审查所有有关的经济因素和指标，违反了 ADA 第 3.4 条。

（3）关于 ADA 第 15 条。

ADA 第 15 条是关于对发展中国家实施"建设性补救"的规定。印度认为欧盟在采取反倾销措施前没有寻求建设性的补救措施，并对印度出口商提出的价格承诺建议未作出反应，违反 ADA 第 15 条。欧盟认为印度没有在欧盟法律规定的时间内提出价格承诺。专家组对该条的解释是：成员方有义务主动寻求一种补救方法以减轻发展中国家成员方的负担，但并不是说它有义务要采取一定的实际措施。关于补救措施的内容，专家组认为应限于"本协议所规定的措施"，具体讲，指征收低于倾销幅度的税额或接受价格承诺。本案中，欧盟对印度方提出的价格承诺予以拒绝，这一做法并不是履行 ADA 第 15 条所要求的"寻求"的义务，它只是被动地行动是不够的，特别是一个发展中国家已提出价格承诺的要求的情况下。因此，裁决欧盟违反了 ADA 第 15 条。

二、问题

（1）归零法的含义？
（2）归零法的合法性？

三、评析

（1）归零法的含义？

归零法是部分成员方计算倾销幅度的一种特殊方法。是指反倾销调查当局将受调查的进口产品与出口国国内同类产品按照型号或类别分为若干组，分别认定正常价值和出口价格；在此基础上，将各组产品的正常价值和出口价格分别进行比较；如果某组正常价值大于出口价格，则认定该组倾销幅度为正，反之为负。调查当局将负倾销视为零，忽略不计，而不允许其与正倾销相互抵消，在此基础上再计算整个调查产品的倾销幅度。

　　(2) 归零法的合法性？

　　由于 GATT1994 第 6 条和 ADA 都没有对倾销幅度的计算制定明确的规则，也没有明确禁止"归零法"，因此，"归零法"一直散见于 WTO 某些成员方的反倾销调查中。此方法的使用使调查机构很容易认定倾销的存在，能够达到提高被诉企业的倾销幅度的目的，人为地扩大反倾销税，建立更高的贸易障碍，从而保护国内生产企业。本案中印度将欧盟的"归零"法诉诸 WTO 争端解决机构，争端解决机构通过对相关案件的裁决裁定"归零"法与 WTO ADA 第 2 条第 4 款第 2 项关于"应在对加权平均正常价值与全部可比出口交易的加权平均价格进行比较的基础上确定"的要求不符，指出"归零法"本身是可受到质疑的措施。但是，按照 WTO 的制度安排，争端解决机构的法律解释仅及于个案并在一定程度上产生可预期性，因此，对"归零法"的彻底否定仍应通过多哈回合谈判予以实现。

　　在多哈回合规则谈判中，"反倾销之友"和中国等成员方要求在初始调查和复审中明确禁止"归零法"。而美国则在谈判中推动"归零法"在反倾销规定调整中合法化，坚持"归零法"可适用于初始调查和复审程序。2007 年"主席案文"中建议在 ADA 中增加第 2 条第 4 款第 3 项：如果初始调查使用"加权平均对加权平均的比较"方法，则禁止使用"归零法"；如果初始调查使用"单笔交易对单笔交易的比较"或"加权平均对单笔交易的比较"的方法，则可以采用"归零法"；复审程序可以采用"归零法"。显然，2007 年"主席案文"在强化反倾销多边纪律的立场上出现了倒退，为"归零法"的应用留下了空间。对此，巴西、智利、中国、印度、日本等国于 2007 年 12 月和 2008 年 7 月发表声明，认为允许使用"归零法"与多哈回合倡导的贸易自由化的宗旨相悖，是一个巨大的倒退。而美国政府对此问题的立场非常强硬，认为"归零法"是一个十分重要的问题，美国无法接受不考虑该问题的任何谈判结果。

　　鉴于各成员方对该问题的立场存在重大分歧，2008 年 12 月通过的"主席案文"删除了"归零法"的具体规则，并特别对"归零法"作了说明："各成员方的代表对该问题的争议较大，但立场开始从完全否定'归零法'，而不考虑所采用的比较方法和反倾销调查的阶段向'归零法'应在特殊情况下被允许使用转变。"可见，2008 年"主席案文"对谈判各方立场的阐述体现的仅是美国的观点，照顾了美国的利益，而有意忽略 2007 年案文发布后其他成员方的反对意见，这就为今后的谈判中体现美国的意志留下了余地。

案例四：加拿大诉巴西飞机出口补贴案[①]

一、案情

巴西政府从 1991 年 6 月 1 日开始实行"资助出口计划"（简称 PROEX）。根据该计划，巴西政府对巴西飞机出口商的销售提供利率平衡补贴，具体内容是政府对每一笔交易提供 38% 的补贴。补贴的实际操作程序为：飞机制造商向 PRO-EX 计划委员会提出申请，要求享受 PROEX 计划补贴。委员会批准申请后，签发承诺函，如果飞机制造商在申请被批准之后 90 天内与购买者达成交易，巴西政府保证通过 PROEX 计划给予补贴，一般在 15 年内每半年支付一次，第一次补贴的钱在飞机交货 6 个月内予以支付，但必须是在飞机已经实际出口，购买者已经支付飞机的价款后。具体补贴方式是通过债券形式来完成的。

1996 年 6 月 18 日，加拿大根据 WTO《反补贴协定》第 4 条和 DSU 第 4 条要求与巴西进行磋商，内容涉及巴西政府根据 PROEX 计划向其国内飞机商及购买者进行补贴。1996 年 7 月 22～25 日，双方进行了磋商，但未能达成一致意见。1996 年 9 月 16 日，加拿大请求成立专家组，但因故没有成立。1996 年 10 月 3 日，加拿大再次请求成立专家组，但其不久又撤回申请。1998 年 7 月 10 日，加拿大又一次请求成立专家组。7 月 23 日，DSB 决定成立专家组。美国和欧盟保留作为第三方介入本案的权利。1998 年 10 月 22 日专家组正式成立。1999 年 3 月 12 日，专家组作出报告。4 月 14 日，专家组报告分发给 WTO 成员。1999 年 5 月 3 日和 18 日，巴西和加拿大分别提出上诉状。1999 年 8 月 2 日，上诉机构作出报告。1999 年 8 月 20 日，DSB 通过了上诉机构报告和经过修改的专家组报告。

巴西首先提出，加拿大要求专家组解决的某些问题没有经过双方磋商，因为加拿大于 1996 年提出磋商的请求，到 1998 年才提出成立专家组的请求，请求中涉及的某些措施是巴西于 1997 年和 1998 年间实施，而这些措施没有经过双方磋商的程序，因此专家组对这些措施没有管辖权。专家组认为，专家组的权限是根据加拿大请求设立专家组的申请而确定的，而不是基于加拿大的磋商要求确定的，专家组指出，磋商的请求和要求成立专家组的请求属于同一个主题，即根据 PROEX 计划实施的补贴，即使是属于后来实施的补贴也属于同一范围。所以专家组有权审理。

本案中争端双方均同意 PROEX 计划是 WTO《反补贴协定》第 1 条意义上

---

①　参见杨荣珍：《WTO 争端解决——案例与评析》，对外经济贸易大学出版社，2002 年，第 417 页。

的补贴，同时也属于该协定第 3 条第 1 款（a）项规定的补贴，即法律或事实上视出口实绩为唯一条件或多种其他条件之一而给予的补贴，包括附件一列举的补贴。但巴西认为，这种出口补贴不属于被禁止的补贴，而是 WTO《反补贴协定》附件一（k）项所允许的补贴。因为 WTO《反补贴协定》附件一（k）项规定，只有当政府的支付使出口信贷条件取得实质优势时才被禁止，而没有取得实质优势时，则不构成应被禁止的补贴。巴西进一步指出，PROEX 计划对飞机的支付没有取得出口信贷条件上的实质优势。因为这种补贴一方面是用来抵消"巴西风险"即由于巴西借贷者在国际市场中的高风险，巴西金融机构资助飞机出口计划费用高于加拿大金融机构筹资于同样目的的成本；另一方面用来抵消加拿大对其飞机公司的补贴。PROEX 计划的补贴可部分抵消这种费用上的差别，使巴西飞机的出口信贷条件接近而非低于加拿大竞争者的信贷条件。此外，加拿大给其飞机公司更加广泛的补贴，降低了加拿大公司飞机的成本，而巴西的补贴并未全部抵消这些加拿大的补贴，因此巴西对其飞机公司的出口补贴并不符合"实质性优势"。

专家组认为，巴西引用 WTO《反补贴协定》附件一（k）项作为抗辩，应当承担举证责任，即证明其实施的补贴不是"在出口信贷方面能获得实质性优势"，而巴西没有提供充分的证据证明这一点。专家组不同意巴西将 PROEX 计划所支持的支付信贷条件与潜在的竞争交易者的信贷条件进行比较，以确定是否存在"实质性优势"。专家组认为，只要这种支付使受补贴产品在信贷条件上获得了比没有支付时更优惠的条件，则具有"实质性优势"。换言之，"实质性优势"是自身产品的纵向比较，而非和其他部分产品进行横向比较。因此，专家组认为巴西的补贴属于禁止的补贴，巴西抗辩的理由不能成立。

本案双方均同意巴西属于发展中国家。但巴西认为 WTO《反补贴协定》第 27 条规定了对发展中国家提供的特殊差别，其规定已取代了该协定的第 3 条的规定。专家组不同意巴西这一解释。专家组认为，WTO《反补贴协定》第 27 条第 2 款规定，第 3 条第 1 款（a）项规定禁止不得适用于：①附件七所指的发展中国家成员；②其他发展中国家自 WTO 协定生效之日起 8 年内不适用，但需符合第 4 款的规定。因此专家组认为巴西的解释是不正确的，因为本条的适用是有条件的，即 8 年期限和符合第 4 条要求，才可豁免巴西第 27 条第 3 款规定的内容，即第 3 条第 1 款（b）项规定的禁止自 WTO 协定生效之日起 5 年内不得适用于发展中国家成员，8 年内不得适用于最不发达国家成员。

根据第 27 条第 4 款规定：第 2 款（b）项所指的任何发展中国家成员应在 8 年期限内逐步取消其出口补贴，最好以渐进的方式进行。但是，一发展中国家成员不得提高其出口补贴的水平，且在此类出口补贴的使用与其发展需要不一致时，应在短于本款规定的期限内取消。如一发展中国家成员认为有必要在 8 年期满后继续实施此类补贴，则应在期满前 1 年与委员会进行磋商，委员会应在审查所涉发展中国家成员的所有有关经济、财政和发展需要后，确定延长该期限是否合理。如委员会认为延期合理，则有关发展中国家成员应与委员会进行年度磋商，以确定维持该补贴的必要性。如委员会未作出该决定，则该发展中国家成员应自最近一次授权期限结束后 2 年内逐步取消剩余的出口补贴。专家组指出：巴西曾主张第 27 条对发展中国家提供的特殊差别待遇，其规定已取代了第 3 条的规定。而本案中加拿大提出的诉请是巴西违反 WTO《反补贴协定》第 3 条第 1 款，可是由于该协定第 27 条规定了发展中国家的特殊待遇，发展中国家采取的措施如果符合第 27 条第 4 款的要求，就不存在违反第 3 条第 1 款的问题。因此，专家组认为加拿大要证明巴西违反了第 3 条第 1 款，就需要首先证明巴西违反了第 27 条第 4 款。所以加拿大负有举证责任。

本案中争端双方均同意"出口补贴水平"是指在一定时期内总的出口补贴。但在选择比较的基准时，巴西认为应当以 1991 年的数据为准，因为其补贴计划是从 1991 年开始的；加拿大则认为应当以 1994 年的数据为准，因为 WTO《反补贴协定》从 1995 年 1 月 1 日起开始实施。专家组同意了加拿大的观点。双方另一个分歧是，在确定出口补贴水平时，应以预算数据为准还是以实际数据为准。巴西认为应以预算数据为准，而加拿大则认为应以实际数据为准。专家组同意了加拿大的观点。

基于上述分析，专家组主要裁定内容如下：①专家组有权裁定没有磋商但在诉请提到的争端；②加拿大有义务证明巴西违反了第 27 条第 4 款；③巴西对其出口商的补贴使其获得了实质性优势，属于禁止补贴；④驳回巴西主张其补贴符合 WTO《反补贴协定》第 27 条规定的对发展中国家提供的特殊差别待遇，不属于禁止补贴。

1999 年 5 月，巴西和加拿大分别提出上诉。上诉机构认为，WTO《反补贴协定》第 27 条规定是发展中国家的肯定性义务，而不是肯定性抗辩。第 27 条是对发展中国家的特殊待遇，第 3 条禁止的补贴的过渡期内不适用于发展中国家。只有发展中国家履行了第 27 条规定的义务，发展中国家才有权不适用第 3 条的规定。因此，如果被申请人是发展中国家，投诉方必须证明该发展中国家没有遵守第 27 条的规定，之后才可确定第 3 条的禁止出口补贴对发展中国家适用。据此，上诉机构认为，加拿大有义务证明巴西没有遵守第 27 条的规定。

上诉机构不同意专家组对"实质性优势"的解释。上诉机构认为，专家组在解释时，将"实质性优势"与"利益"作了相同的解释。上诉机构认为这一解释是错误的。如果这两个术语的含义相同，WTO《反补贴协定》附件一（k）项就没有实际意义了，而且根据条约解释的原则，也不应当作这样的解释。上诉机构认为，对 WTO《反补贴协定》附件一（k）项的解释应当结合该条款规定的两段内容进行。其中，第一段使用了"实质性优势"的提法，第二段是对第一段规定的例外。虽然巴西没有引用第二段的规定，但上诉机构认为第二段中提出的方法可以在决定"实质性优势"时参考。上诉机构指出，经合组织属于WTO《反补贴协定》附件一（k）项第二段中的国际组织，经合组织规章的有关条款对"官方支持的出口信贷"作了规定，指出官方支持的出口信贷利率是商业参考利率。据此，上诉机构认为，判断一项补贴是否给予了受补贴者且获得了"实质性优势"，应当将出口商在接受补贴后的实际利率与商业参考利率相比。贷款利率因贷款期限而不同，在任何一实际案例中，都要考察得到补贴后的净利率。如果净利率低于商业参考利率，就可以认为补贴"保证了出口信贷的实质性优势"。由于本案中巴西拒绝向专家组提供其实际利率资料，上诉机构认为无法进行比较。因此，尽管上诉机构不同意专家组在其报告中对WTO《反补贴协定》附件一（k）项的解释，却因巴西没有提供相关的比较资料，上诉机构决定仍维持专家组的裁定。此外，上诉机构维持专家组其他裁定。

上诉机构最终裁定：①维持专家组关于成立专家组的请求中包括的某些措施虽然在磋商时没有涉及，但仍属于专家组管辖范围的裁定；②维持专家组关于申请人有义务证明发展中国家没有遵守WTO《反补贴协定》第27条规定的裁定；③维持专家组关于补贴水平应当依实际支付和基准时为1994年的裁定；④推翻并修改专家组对WTO《反补贴协定》附件一（k）项"实质性优势"的解释，但维持专家组对此问题的裁定。

二、问题

（1）补贴与反补贴的两面性？

（2）WTO《补贴与反补贴协议》中有关发展中国家实施出口补贴的特殊待遇是如何规定的？

三、评析

（1）补贴与反补贴的两面性？

补贴与反补贴历来是国际贸易关系中颇有争议的问题。补贴盛行于20世纪60年代，各国政府开始对造船、航运业、电子工业以及农产品进行补贴。随后，补贴作为一国政府干预经济活动的重要方式，在国际贸易中被广泛运用。一方面，补贴可以鼓励出口商进行商品出口的积极性，以促进和刺激本国商品的出口；另一方面，补贴可以降低出口商品的成本，给本国商品出口提供价格优势，从而提高出口商品的国际市场竞争能力。因此，出口补贴从某种程度上来说，如果运用不当往往成为贸易保护主义工具，严重阻碍国际贸易的正常发展，为国际社会所禁止。正因为如此，许多国家纷纷出台反补贴措施，然而反补贴措施具有两面性，一方面它能有效地抵制补贴的侵害；另一方面各国执法机关总是采取本位主义即为保护民族工业而对反补贴措施加以滥用，从一种保证公平贸易的法律手段而蜕化成贸易保护主义的工具。为此，国际社会必须要消除或减少补贴并同时对反补贴措施进行规范。本案例充分说明了在处理补贴与反补贴争端中应当遵循的一些基本原则。

（2）WTO《补贴与反补贴协议》中有关发展中国家实施出口补贴的特殊待遇是如何规定的？

本案涉及发展中国家实施出口补贴的特殊待遇，专家组报告和上诉机构报告作出的结论涉及以下几个问题：

第一，《反补贴协定》第 27 条第 4 款的适用及举证责任。根据《反补贴协定》规定，发展中国家在提供补贴方面享有第 27 条规定的特殊的差别待遇，可以在一定期限内维持出口补贴。一个发展中国家成员要想适用这些特殊待遇，必须符合以下条件：在 8 年期限内逐步取消出口补贴，并且不得提高其出口补贴的水平。但发展中国家并没有义务证明自己符合这些条件，也就是说对发展中国家的投诉举证责任在投诉方，只有在投诉方用证据证明了发展中国家提高了出口补贴的水平或没有在过渡期内逐步取消补贴的情况下，才可以裁定该发展中国家实施了《反补贴协定》禁止的补贴。

第二，如何确定是否提高了补贴水平。根据本案上诉机构和专家组的解释，"补贴水平"应理解为实际给予的补贴，而不是政府预算或授权给予的补贴。此外，补贴水平是否提高应以《反补贴协定》生效前的 1994 年的情况作为基准进行比较，因为成员方是在 1995 年 1 月 1 日生效的《反补贴协定》中承诺不再提高补贴水平，而在此之前成员方并不承担这一义务。

第三，《反补贴协定》附录一（k）项的适用及举证责任。根据本案上诉机构和专家组的分析，一个成员以《反补贴协定》附录一（k）项提出抗辩，这属于一种实体抗辩，提出抗辩的一方应当负有举证责任，证明它符合该条款的规定。而对于该条款使用的"保证出口信贷条件方面的实质性优势"的理解，本案专家组与上诉机构的解释不太一致。根据上诉机构的解释，"实质性优势"与"利益"两者不能等同，对"实质性优势"的理解应结合该条款规定的第二段来进行，即以国际组织规定的商业参考利率为比较基础，如果出口商在接受补贴后的实际利率低于商业参考利率，就可以认为该成员为出口商提供了"出口信贷方面的实质性优势"。

案例五：美国、新西兰诉加拿大奶制品纠纷案[①]

一、案情

加拿大的牛奶由 23 800 个牛奶场生产，年产量约 77.5 亿升。这些牛奶的 40％加工成牛奶和奶油，其余 60％加工成其他奶制品。加拿大农业部把前者称作液体奶，后者称之为工业奶。液体奶的生产和消费主要在加拿大各省内进行，而工业奶则不仅有跨省生产，还有出口。联邦政府对每百升牛奶补贴 3.04 加元，以满足国内需求，这一补贴逐步减少，计划到 2002 年 2 月全部取消。

加拿大对奶制品的管理主要通过下列三个机构：加拿大奶制品委员会、各省牛奶销售委员会、加拿大牛奶供给管理委员会。

加拿大的牛奶特别分类计划是针对加拿大成为 WTO 成员后承诺有关义务而制定的。该特别分类计划把牛奶分为五类：前四类用于供应国内市场，第五类包括：①供国内市场和出口进一步加工的奶酪；②供国内市场和出口进一步加工的其他奶制品；③供糕点业用于国内销售和出口活动；④经特别谈判确定的出口产品，即用于制造出口奶制品的牛奶，包括配额下的奶酪；⑤用于消除国内市场剩余牛奶。其中，④和⑤两项的产品价格由加拿大制品委员会与加工者或出口商谈判，一般都大大低于用来供应国内市场的奶制品，它们的生产商保证可以得到足以补偿其加工成本和投资回报的差额。

由于加拿大牛奶制品出口生产商得到了补贴，1997 年 10 月 8 日，美国要求与加拿大磋商，内容涉及加拿大对出口奶制品的补贴和牛奶关税配额，但没有取得满意结果。1997 年 12 月 29 日，新西兰要求与加拿大磋商，内容涉及加拿大的牛奶特别分类计划，也未能达成一致意见。

1998 年 2 月 2 日和 3 月 12 日，美国、新西兰分别请求成立专家组。1998 年 3 月 25 日，DSB 决定成立专家组，并决定由一个专家组审查两个申请人分别提出的问题。1998 年 8 月 12 日专家组正式成立。1999 年 5 月 17 日，专家组作出报告。1999 年 7 月 15 日，加拿大向 DSB 提出上诉。1999 年 10 月 13 日，上诉机构作出了报告。1999 年 10 月 27 日，DSB 通过了上诉机构报告和专家组的报告。

美国、新西兰指出，根据加拿大其对牛奶分类，第五类牛奶中的④和⑤项的出口奶制品的生产商可以得到价格低于国产奶制品的原料，构成了《农业协定》第 9 条第 1 款规定的出口补贴。即使不违反第 9 条，也违反了《农业协定》第

---

① 参见张汉林等：《WTO 农产品贸易争端》，上海人民出版社，2001 年，第 185 页。

10 条第 1 款，因为加拿大以规避补贴义务的方式实施其措施。美国认为，加拿大承诺的关税配额进口液体牛奶只允许每次 20 加元以下个人直接消费的液体奶进口，这种做法与其减让表不符，违反了 GATT 第 2 条和《进口许可程序协定》第 3 条规定的义务。

本案中，双方对第五类牛奶中④和⑤项的生产商或出口商是《农业协定》第 9 条第 1 款（a）项所指的受补贴的生产者没有异议，即政府或其他代理机构视出口实绩而向公司、行业、农产品生产者、此类生产者的合作社或其他协会或销售局提供的直接补贴，包括实物支付。

美国、新西兰指出，因为出口奶制品的生产者或出口商买到第五类中④和⑤项奶的价格低于供应国内市场的生产商得到牛奶的价格，因此它们得到了利益。专家组认为，给出口奶制品生产商提供的第五类④和⑤项牛奶价格大大低于国内市场价格，其条件也优于任何其他来源的牛奶，这构成了给予生产商的利益，属于其他形式的补贴，是直接补贴。加拿大提出，对第五类④和⑤项牛奶价的补贴不是由政府出资，而是由牛奶生产商集体或个人出资。但专家组认为，政府没有使用政府基金支付补贴，并不证明政府或政府机构没有以《农业协定》第 9 条第 1 款（a）项规定的方式提供补贴。专家组指出，加拿大奶制品委员会、各省牛奶销售委员会和加拿大牛奶供给管理委员会均属于《农业协定》第 9 条第 1 款（a）项规定"政府或政府机构"。因为不管第五类④项还是第五类⑤项，加工者只有得到有关机构的批准证书后，才能买到廉价的牛奶；牛奶是否出口不是由生产者决定，而是由加拿大奶制品委员会在确认有"剩余"的牛奶的情况下决定，而出口是为了维持国内市场的高价。在实际牛奶和奶制品购买、生产和销售过程中，上述加拿大奶制品委员会、各省牛奶销售委员会和加拿大牛奶供给管理委员会都参与其中。因此，专家组认为，用于加工出口奶制品的第五类④和⑤项奶是由加拿大政府或其他机构低价提供的。即对第五类④和⑤项牛奶的供给构成了《农业协定》第 9 条第 1 款（a）项所规定的出口补贴。

根据《农业协定》第 3 条第 3 款规定："在遵守第 9 条第 2 款（b）项和第 4 款规定的前提下，一成员不得对其减让表第四部分第二节中列明的农产品或产品组提供超过其中所列预算支出和数量承诺水平的出口补贴，也不得对其减让表中该节未列明的任何农产品提供此类补贴。"因此，专家组确认加拿大出口补贴违反了《农业协定》第 3 条第 3 款规定。

美国和新西兰认为，如果专家组确认《农业协定》第 9 条第 1 款对加拿大政府补贴不予以适用，它们将请求专家组确认加拿大的补贴行为违反了《农业协定》第 10 条第 1 款。该款规定："未列入第 9 条第 1 款的出口补贴不得以产生或威胁导致规避出口补贴承诺的方式实施；也不得使用非商业性交易以规避此类承诺"。这一条款是弥补第 9 条第 1 款没有涉及的补贴。专家组认为，如果加拿大对专家组的报告提出上诉，万一上诉机构推翻专家组对第 9 条第 1 款的结论，上诉机构就必须审查第 10 条第 1 款规定。基于上述理由，专家组认为有必要分析加拿大的补贴行为是否违反《农业协定》第 10 条第 1 款规定。专家组认为要证明加拿大补贴行为是否违反《农业协定》第 10 条第 1 款规定，首先必须证明：是否存在未列入第 9 条第 1 款的补贴以及是否有规避其承诺的行为。专家组指出，由于《农业协定》第 1 条（e）项规定的补贴范围比第 9 条第 1 款规定的补贴更广，即"出口补贴指视出口实绩而给予的补贴，包括本协定第 9 条所列的出口补贴"。因此，只要未列入第 9 条第 1 款的任何视出口实绩给予的补贴都是第 10 条第 1 款规定所指的补贴。本案中，加拿大的牛奶出口商获得的利益，是由政府或政府机构直接或间接提供，其条件优于受补贴者其他途径可以得到的条件。所以，专家组认为，即使对第五类④和⑤项牛奶的补贴不涉及《农业协定》第 9 条第 1 款所指的补贴，它仍然属于《农业协定》第 10 条第 1 款规定的"其他"出口补贴。专家组认为加拿大违反了《农业协定》第 10 条第 1 款规定。

美国指出，加拿大只允许每次 20 加元以下的个人直接消费的液体奶进口，这低于加拿大在减让表中提出的待遇，因而违反 GATT 第 2 条第 1 款的规定，也不符合《进口许可程序协定》。根据加拿大减让表第一部分，加拿大承诺了进口 64 500 吨液体奶的关税配额，最高关税 17.5%，到 2001 年降到 7.5%，而关税配额之外的液体奶进口关税是 283.8%，到 2001 年降到 241.3%。专家组指出，根据加拿大在减让表中的承诺，关税配额产品进口唯一的限制是 17.5%，在"其他条件、限制"栏中，加拿大填写了"这一数量代表了加拿大消费者跨境购买的年预计量"。而在本案中，实际上增加了两限制，即每次进口不得高于 20 加元和只能是个人直接消费。所以专家认为加拿大违反了 GATT 第 2 条第 1 款的规定。

专家组对该案的主要裁定：①加拿大通过牛奶第五类④和⑤项提供了补贴，违反了《农业协定》第 9 条第 1 款（a）项和（c）项的规定；②加拿大只允许每次 20 加元以下的个人消费液体奶进口，不符合 GATT 第 2 条第 1 款（b）项规定的义务。

1999 年 7 月 15 日，加拿大提出上诉。上诉机构认为，本案专家组认为"其他形式的补贴"是直接补贴的一种，只要能够证明存在"其他形式的补贴"就证明存在直接补贴，专家组的分析集中在是否存在其他形式的补贴。专家组得出了肯定结论，并且认定这些补贴是"政府或政府机构"提供的，是认为加拿大对第五类④和⑤项牛奶构成《农业协定》第 9 条第 1 款（a）项所规定的补贴。上诉机构认为，本案专家组把"存在其他形式的支付就是存在直接补贴"作为分析的前提，而从未分析过"其他形式的支付"是否为"补贴"。上诉机构认为，其他形式的支付只是"直接补贴"可能采取形式之一，存在其他形式的支付并不表明其对提供或接受支付者的经济意义，它可以是为了换取完全或部分的对价。所以仅仅确认存在其他形式的支付这一事实并不表明存在"补贴"，专家组据此认为加拿大的补贴行为构成《农业协定》第9条第1款（a）项规定，这一结论是错误的。上诉机构推翻专家组这一裁定。

上诉机构指出，"政府"的含义是指通过行使合法的权限，享有有效的管理、控制或监督个体行为，或通过行使合法权利限制个人行为的权力机构。本案专家组正是遵循这些解释作出结论的，上诉机构认为专家组准确地适用了这一概念，通过审查三个管理机构的权力来源、职责内容，确认它们都属于"政府机构"。对于"支付"的一词，上诉机构同意专家组的解释，即它不限于以金钱方式的支付，还包括实物支付或放弃收入，本案中以低价方式提供牛奶构成了《农业协定》第9条第1款（c）项意义上的支付，因而属于该条款规定的出口补贴。上诉机构维持了专家组这一裁定。

关于加拿大的补贴行为是否违反《农业协定》第10条第1款，上诉机构认为其已维持了加拿大违反《农业协定》第9条第1款（c）项结论，因此专家组分析的前提不存在，专家组的分析结论没有任何法律效力。上诉机构认为没有必要再分析这一问题。

上诉机构指出，关税减让表是GATT的一部分，因此，对其解释应根据《维也纳条约法公约》第31条来进行解释，以第32条作为其解释的补充。本案有争议的规定作为加拿大减让表的"其他条件和限制"列入减让表。根据GATT第2条第1款规定，一个成员方承诺的减让受制于"减让表写明的术语、条件或限制"。上诉机构指出，加拿大在其减让表的"其他条件、限制"栏填写了"这一数量代表了加拿大消费者跨境购买的年预计量"，专家组的解释其实没有将其看作条件或限制，对这一栏关注不够。上诉机构认为，加拿大消费者跨境购买是指加拿大消费者将从美国购买的牛奶带入加拿大境内，这其中隐含了"仅限于个人消费"的含义，因此这一限制符合加拿大的承诺。但减让表并没有规定每次进口的价格上限，因此关于每次20加元的限制不符合加拿大的承诺，所以违反了GATT第2条第1款规定。

上诉机构最终的主要裁定包括：①推翻专家组关于加拿大提供的补贴违反了《农业协定》第9条第1款（a）项规定；②维持专家组关于加拿大提供的补贴违反了《农业协定》第9条第1款（c）项规定；③对于加拿大补贴行为是否违反《农业协定》第10条第1款规定不予以分析，专家组的结论没有法律效力；④推翻专家组关于加拿大只允许消费液体奶进口，违反GATT第2条第1款（b）项的结论，但维持专家组关于加拿大每次只允许20加元以下液体奶进口，违反了GATT第2条第1款（b）项的规定。

二、问题

（1）农产品补贴与工业品补贴有何区别？

（2）"实物支付"或称"其他形式支付"是否属于直接补贴？

三、评析

（1）农产品补贴与工业品补贴有何区别？

本案是第一个通过专家组处理的涉及农产品补贴的纠纷。《农业协定》总共21条，其中有7条的规定与农产品补贴有关。《农业协定》第9条是关于"出口补贴承诺"，毫无疑问，该条是关于补贴问题最核心条款。根据该条规定，补贴者可以是政府或其代理机构，因此本案中的加拿大奶制品委员会、各省的牛奶销售委员会和加拿大牛奶供给管理委员会属于该条规定的补贴者的范围，因为它们从一定意义讲，具有政府功能来管理牛奶出口。补贴的形式多种多样，可以是现金补贴，也可以是实物补贴；可以是直接补贴，也可以是间接补贴，如出口装运货物的国内运费，其条件优于国内装运货物；可以是积极的补贴，也可是消极的补贴或称为明的补贴与暗的补贴之分，如该收的税不收或免税等；补贴可以通过公共账户，也可通过非公共账户等形式。被补贴者可以是公司、企业、农产品生产者、农产品生产者的合作社、协会或销售局等。

当然这里必须注意是，农业补贴与一般工业产品的补贴并非完全一样，其实《农业协定》中规定的补贴与《反补贴协定》有差别，如在《反补贴协定》第3条规定的"禁止性补贴"就不适用于《农业协定》。同样在一定的期限内，一成员对其农产品的补贴即使是超过该成员减让表第四部分当年承诺水平，只要没有超过第9条规定限度，该行为仍然是允许的，不属于违反《农业协定》。总之，由于农产品的特殊性，加之发展中国家农业水平与发达国家农业之间差距较大，即使是发达国家之间仍有较大差距，因此，《农业协定》中的补贴与《反补贴协定》内容有差异。据此，《农业协定》第7部分第13条"适当的克制"要求各成员在对农产品采取反补贴时，应谨慎行事。

（2）"实物支付"或称"其他形式支付"是否属于直接补贴？

本案最有争议当属"实物支付"或称"其他形式支付"。本案专家组在分析加拿大是否违反《农业协定》第9条第1款（a）项时，认为加拿大对第五类④和⑤项出口奶制品的生产者或出口商提供低于国内市场的生产商的牛奶价格，因而出口奶制品的生产者或出口商得到了利益，这种利益就是"实物支付"或称"其他形式支付"，属于直接补贴。所以专家组认为，加拿大违反了《农业协定》第9条第1款（a）项规定。这里专家组将"实物支付"或称"其他形式支付"等同于直接补贴。其实直接补贴包括"实物支付"或称"其他形式支付"。即

"实物支付"或称"其他形式支付"是直接补贴的一种，但"实物支付"或称"其他形式支付"不一定是直接补贴，因为现实交易过程中，也可能因其他原因导致以"实物支付"或称"其他形式支付"方式换取完全或部分对价，并非是补贴。所以本书作者认为上诉机构分析有其道理，推翻了专家组的这一裁定，即本案专家组将"实物支付"或称"其他形式支付"等同于直接补贴作为分析是否存在补贴的前提，而在本案中加拿大对其牛奶出口商进行了"实物支付"或称"其他形式支付"，从而专家组必然会得出这样的结论：加拿大对其牛奶出口商进行了补贴，违反了《农业协定》第9条第1款（a）项规定。

案例六：秘鲁与欧州共同体关于沙丁鱼商品说明案①

一、案情

1989年6月21日，欧洲共同体（现为欧盟）通过第2136/89号法规，根据标签要求对罐装沙丁鱼设立市场准入标准，限制秘鲁向欧洲共同体出口用在秘鲁沿海捕获的沙丁鱼制作的罐装沙丁鱼。按照该法规的规定，只有欧洲共同体出产的 Sardina pilchardus 可以使用"沙丁鱼（sardines）"的名称，而秘鲁出产的同一种属的 Sardinops sagax 名称中不得带有"沙丁鱼"字样。秘鲁指控欧洲共同体违反《技术性贸易壁垒协定》（以下简称 TBT）第2条和 GATT1994 第3条的规定。于是提起磋商要求，磋商未果后，向 DSB 请求成立专家小组。专家小组经审理后裁定欧洲共同体在制定技术法规时未使用国际标准作为其技术法规的基础，并且也不属于例外条款范畴，即违反了 TBT 协议第2条的规定。2002年6月25日，欧盟以专家小组在法律解释和适用上存在错误为由，向 DSB 提起上诉，上诉机构基本维持了专家小组的结论，DSB 于2002年10月23日通过了上诉机构和专家小组的报告。

本案争议的焦点问题如下：

（1）技术法规之争。

TBT 协定意义上的技术法规是指规定产品特征或与其有关的处理过程和生产方法，包括适用的管理条款并强制执行的文件。TBT 协定第2条第4款是关于中央政府机构制定、采用和实施的技术法规的规定。秘鲁认为，涉案的法规是技术法规。

欧盟辩称，TBT 意义上的技术法规涉及标签而不是命名要求，所以秘鲁指控的争议措施（命名要求）是技术法规的说法是不正确的。

① 参见赵学清：《实施世界贸易组织规则争端典型案》，厦门大学出版社，2007年，第137页。

专家小组认为,欧盟提出的命名要求和标签要求的区别并无意义。技术法规可以界定产品的某一特征或某些特征。而欧盟法规规定了罐装沙丁鱼必须具备由北大西洋沙丁鱼制作的产品特征,从而符合技术法规的定义。标签和名称的通常含义可以互换,都是识别产品的方法。

对于欧盟新提出的其法规没有对除北大西洋沙丁鱼外的产品规定强制性标签要求的主张,专家小组认为,一项法规可以通过正面(肯定)要求或反面(否定)要求来界定产品的特征。欧盟的法规正面要求在欧盟销售的沙丁鱼产品必须是用北大西洋沙丁鱼制作的罐装沙丁鱼,以"沙丁鱼"的专有名称销售,其反面含义是允许销售的罐装沙丁鱼不能用北大西洋沙丁鱼之外的沙丁鱼制作,含有东太平洋沙丁鱼或其他种类沙丁鱼的罐装沙丁鱼,均不能在欧盟销售。实质上,欧盟法规是通过否定形式规定产品特征,从允许销售的罐装沙丁鱼中排除了东太平洋沙丁鱼。

据此,专家小组认定该法规是 TBT 意义上的技术法规。

(2)与 TBT 协议第 2 条第 4 款是否一致之争。

秘鲁初步证明,争议所涉之欧盟技术法规是 TBT 意义上的技术法规,而欧盟没有以国际标准(94 规则标准)作为依据,故违反了 TBT 第 2 条第 4 款的规定。

欧盟抗辩,该国际标准对达到其追求的合法目标无效或不适当,因为 TBT 所要求作为依据的国际标准不适用于其已经存在的措施。当欧盟通过涉案规则时,联合国标准(即 94 规则标准)并不存在。而且欧盟成员国法律另有规定,即不能使用联合国标准。另外,TBT 第 2 条第 4 款对本案争议措施不适用,因为该争议措施是在 1995 年 1 月 1 日(TBT 生效日)之前通过的,TBT 对其生效之前的措施没有追溯力。

专家小组认为,TBT 适用于在该协议生效日已经采取且在该日之后没有停止适用的措施。该协议第 2 条第 4 款规定的以国际标准作为技术法规依据的要求,适用于已经存在的技术法规。联合国粮食及农业组织和世界卫生组织食品规则委员会是 TBT 意义上的国际机构,其通过的与沙丁鱼相关的国际标准,是与本争端相关的国际标准。第 2 条第 4 款对成员所设定的义务,是一项持续性义务,不仅适用于该协议生效后制定的技术法规,也适用于该协议生效前制定但仍适用的技术法规。WTO 成员有义务根据 WTO 的义务,审查、修订在此之前制定的法规。如果该义务不适用于在该协议生效前制定并在该协议生效后仍然适用的技术法规,则 WTO 成员就可能以与 WTO 要求不一致的国内法律为借口,不履行 WTO 的义务。因此,欧盟技术法规制定时现行联合国标准不存在这一事实,不影响欧盟根据 TBT 第 2 条第 4 款的持续性义务,以现行联合国标准作为技术法规的依据。同时,联合国标准没有以全体一致的方式通过,故不影响其作为国际标准的法律地位。

专家小组认为，联合国标准允许以四种方式对北大西洋沙丁鱼之外的沙丁鱼命名，即以生产国、地理区域名称、沙丁鱼种类和据销售国法律和习惯的惯常名称与"沙丁鱼"结合在一起命名。欧盟的理解是"根据产品销售国的法律和习惯，在××沙丁鱼（生产国、地理区域和种类）和惯常名称沙丁鱼之间进行选择"。这无论从英语语法上，还是结合法语和西班牙文本来理解，都是不正确的。秘鲁对欧盟出口的沙丁鱼以"秘鲁沙丁鱼"或"东太平洋沙丁鱼"命名，符合联合国标准（94 规则标准）。

专家小组通过对欧盟成员国对沙丁鱼产品命名的考察，发现欧盟成员国内存在以生产国、地理区域或种类与沙丁鱼结合一起命名的情况。这一情况并没有引起欧盟所声称的导致消费者误解、造成不正当竞争的问题。因而，适用联合国标准，不影响欧盟法规所追求的合法目标：保护消费者、透明度和公平竞争。

专家小组认为秘鲁提供了足够的证据和法律主张，证明 94 规则标准对实现欧盟法规所追求的合法目标并非无效或不适当。

专家小组的结论包括：①裁定本案的争议措施是 TBT 意义上的技术法规；②欧盟法规与 TBT 第 2 条第 4 款不符；③TBT 第 2 条第 4 款项下的举证责任应由欧盟承担。

在上诉程序中，对于欧盟法规是"技术法规"的问题，欧盟本身没有提出反对意见。首先，欧盟辩称欧盟法规包含的产品限于受保护的皮尔卡得斯沙丁鱼。欧盟主张不调整由沙迦克斯沙丁鱼或任何其他种类的沙丁鱼制品。其次，"命名"法规与标识要求不同。欧盟辩称，"在标识上表明一定产品名称的要求……不仅涉及标识要求，而且是独立存在的不受 TBT 规范的命名法规"。因此，欧盟主张，欧盟法规第 2 条——欧盟认为规定了"命名"法规而非标识要求——并不符合 TBT 规定的"技术法规"的定义。

关于 TBT 第 2 条第 4 款适用的时间范围，欧盟认为 TBT 第 2 条第 4 款仅仅适用于技术法规的制定和采用，而不适用于技术法规的延续。欧盟的观点是，第 2 条第 4 款清楚地表明该条款的适用范围限于技术法规的制定和采用，而不是维持，认为欧盟法规是没有"停止生效"的法规。所以，欧盟辩称其为与《维也纳公约》第 28 条相符合，TBT 第 2 条第 4 款并不能适用于欧盟法规。

关于 94 规则标准能否为"国际标准"的问题，欧盟认为专家小组裁决 94 规则标准是在 TBT 第 2 条第 4 款意义内的"相关国际标准"是错误的主张。欧盟以两条理由对该裁决提出挑战：

第一，仅仅由国际机构一致同意采用的国际标准是 TBT 第 2 条第 4 款项下的"相关的国际标准"是不合理的。欧盟辩称，专家小组假定"94 规则标准是一致通过而没有采取努力证实各方在此方面所做的相互冲突的陈述的正确性"。

第二，欧盟声称，即使 94 规则标准被视为国际标准，但是它并不是"相关的国际标准"，因为它所包含的产品不同于欧盟法规所指的产品。欧盟的反对意见是，欧盟法规仅仅包括受保护的沙丁鱼，而 94 规则标准则包含了产品以及"沙丁鱼种类"产品。

关于欧盟法规是否以 94 规则标准为基础的问题，上诉时欧盟主张，专家小组裁决欧盟法规没有以 94 规则标准为"基础"是错误的。欧盟提出，欧盟法规是根据 94 规则标准制定的。因为"该法规根据标准规则的第 6.1.1 段"，并且该段将术语"沙丁鱼"排他性地保留为皮尔卡得斯沙丁鱼。欧盟认为，"在审查国内措施的基本结构和判断在制定和采用国内措施时是否用到国际标准的问题时，术语'作为基础'应将文本作为一个整体考虑"。

欧盟同时又指出，为了判断技术法规是否是根据相关的国际标准或它的一部分，所采用的标准并不是如专家小组表明的该标准是否是技术法规的基本构成部分或根本的原则，而是在国际标准和技术法规之间，就争论中标准的实体方面是否有着"合理的关系"。

关于 94 规则标准的"无效性和不适当性"问题，欧盟对专家小组依据 TBT 第 2 条第 4 款分配的举证责任提出上诉。欧盟主张，举证责任应由秘鲁承担，因为秘鲁主张争议的措施与世贸组织的义务不符合。欧盟也对专家小组的 94 规则标准是实现欧盟法规"合法目标"的"有效的和适当的"手段的裁决提出上诉。欧盟辩称，专家小组在就欧盟的消费者将"沙丁鱼"绝对地联系到皮尔卡得斯沙丁鱼这一事实前提的分析上作出了错误的裁决。

此外，欧盟主张专家小组错误地得出术语"沙丁鱼"仅其自身或者与某一国家、某一地理区域相结合时都是在欧盟境内的沙迦克斯沙丁鱼的共同名称。欧盟也反对专家小组在判断欧盟的消费者是否将术语"沙丁鱼"绝对地与皮尔卡得斯沙丁鱼联系在一起时将上述结论考虑进去的决定。

对此，上诉机构的分析如下：

（1）"技术法规"的评定。专家小组对此问题的裁决是，欧盟法规由于规定了受保护的沙丁鱼的产品特征并强制性地要求遵守这些规定，故欧盟法规是技术法规。

上诉机构认为，专家小组裁决欧盟法规适用于某一确认的产品，该产品就是"受保护的沙丁鱼"是正确的。因此，上诉机构驳回欧盟认为受保护的沙迦克斯沙丁鱼不是欧盟法规规定的能够确认的沙丁鱼的主张。上诉机构维持专家小组的裁决，即欧盟法规就是 TBT 意义上的"技术法规"。

（2）TBT 第 2 条第 4 款适用的时间范围。专家小组认为 TBT 第 2 条第 4 款不能支持欧盟的观点。因为从第 2 条第 4 款的措辞看不出有任何暗示该款仅仅适用于技术法规的"制定"和"采用"这两个阶段。相反，正如专家小组所说，使用现在时表明对现在存在的法规持续的义务，而不是限于在 TBT 生效后制定和采用的法规。欧盟把第 2 条第 4 款理解为"若技术法规正在制定即将采用",而该款并不是这种情况。

上诉机构认为,欧盟对第 2 条第 4 款的理解背离了 TBT 的目标。TBT 中有几个条款认可国际标准在促进协调化和便利贸易方面的重要作用。

(3)"相关国际标准"的评定。对于欧盟认为需要一致同意的观点,上诉机构经过分析,维持专家小组的裁决,即无论如何,欧盟没有证明 94 规则标准没有采用一致同意的方式。因此,上诉机构维持专家小组报告的结论,该结论不以任何方式影响国际标准设立机构在相应的活动范围内为采取标准而设立的内部要求。

对于欧盟关于 94 规则标准涵盖的产品范围的观点,上诉机构认为:首先,两者都涉及受保护的皮尔卡得斯沙丁鱼。其次,尽管欧盟法规仅仅提到皮尔卡得斯沙丁鱼,但它的法律结论是其他沙丁鱼包括受保护的沙迦克斯沙丁鱼在内也可以作为受保护的沙丁鱼销售。94 规则标准除了皮尔卡得斯沙丁鱼外包括了 20 种鱼,这些其他的沙丁鱼从法律上被欧盟法规的排除所影响。所以,上诉机构的结论是 94 规则标准与欧盟法规相关。

(4)欧盟法规"基础"的评定。专家小组裁决,"相关的国际标准,即 94 规则标准没有被用作欧盟法规的基础"。欧盟就该裁决提出上诉。上诉机构经过对术语的分析和对专家小组看法以及欧盟主张的审查,接受欧盟认为欧盟法规包括了 94 规则标准规定的观点,但通过对 94 标准规则的第 6.1.1 节和第 2.1.1 节与欧盟法规第 2 条进行比较,得出一个必然的结论,即两者之间存在冲突。

因此,上诉机构维持专家小组的裁决,即 94 规则标准不是在 TBT 第 2 条第 4 款意思范围内用作欧盟法规的"基础"。

(5)"无效性和不适当性"的评定。在解释第 2 条第 4 款时,专家小组首先回答了举证责任问题,并裁决举证责任由欧盟承担。因为欧盟对"特定的主张或抗辩有积极的主张",欧盟应证明国际标准不是实现欧盟法规追求的合法目的的有效和适当的手段。其次,专家小组解决了"追求的合法目标"的意思。专家小组陈述,第 2 条第 4 款所指的"合法的目标必须在第 2 条第 2 款的背景下解释",该款提供了被认为是"合法"的目标的一个说明性、公开的清单。最后,专家小组从其对"无效的"和"不适当的"两个术语的定义的角度审查了 94 规则标准是否为欧盟法规实现其追求的目标的"无效的"和"不适当的"手段。尽管专家小组已经将第 2 条第 4 款项下的举证责任分配给欧盟承担,然而专家小组还是陈述,秘鲁在任何情况下已经提交了足够的证据和论点以使专家小组得出 94 规则标准是"非有效的和不适当的"结论。

在举证责任问题方面,上诉机构推翻了专家小组报告的裁决。在针对 94 规则标准是否实现欧盟通过欧盟法规追求的"合法目标"的有效的和适当的手段问题方面，上诉机构维持了专家小组的裁决。

据此，上诉机构维持专家小组的裁决，即欧盟法规违背了 TBT 第 2 条第 4 款。建议 DSB 要求欧盟使其措施符合 TBT 第 2.4 条的义务。

二、问题

WTO 成员对相关义务的履行有无持续性？

三、评析

本案是 WTO 争端解决机构专家小组首次裁决有关成员贸易措施违反 TBT 协定的案例。TBT 协定主要是针对"技术法规"等问题进行界定，在本案中，专家小组对欧盟的措施是否属于 TBT 协定意义上的"技术法规"进行了详细的审查分析并作出了合理的判定。对于以后成员方之间发生的有关技术性贸易壁垒的摩擦的解决起到了示范的作用。

本案明确 WTO 成员的义务是持续性义务，成员方应当根据该义务及相关的国际标准，审查、修订自己采取的措施。WTO 成员对相关义务的履行，不是一劳永逸的，而是处于持续性状态。这一规定，无论是对于我国履行相关义务，还是我国对其他成员的措施提出申诉，都有重大意义。

案例七：美国诉欧盟牛肉进口措施争端案[①]

一、案情

1996 年 1 月 26 日，美国根据 DSU 第 4 条、卫生与动植物检疫措施协议（简称 SPS）第 11 条、TBT 第 14 条、农产品协议第 19 条和 GATT1994 第 22 条要求与欧盟磋商，解决欧盟禁止进口使用荷尔蒙添加剂饲养的牛肉的问题。随后，澳大利亚、新西兰和加拿大要求加入磋商，但此次磋商未能达成一致意见。1996 年 4 月 25 日，美国请求 DSB 成立专家小组。1996 年 5 月 20 日，DSB 决定成立专家小组。1997 年 6 月 30 日，专家小组分发报告。1996 年 6 月 28 日，加拿大要求与欧盟磋商，解决欧盟禁止进口有荷尔蒙添加剂的牛肉的问题。磋商未能取得一致意见，加拿大请求成立专家小组，10 月 16 日，DSB 决定由 1996 年 5 月 20 日成立的专家小组审理本案。1997 年 9 月 24 日，欧盟向 DSB 提出上诉。1998 年 2 月 13 日，DSB 通过了上诉庭报告和经过修改的专家小组报告。

早在 1989 年，欧盟就以从美国和加拿大进口的牛肉中残留有可能致癌的六

[①] 参见韩立余：《WTO（2000）案例及评析》，中国人民大学出版社，2001 年，第 216 页。

种荷尔蒙会危及欧盟消费者的健康为由，禁止从两国进口含有荷尔蒙的牛肉，美国和加拿大认为其牛肉中荷尔蒙含量极低，不会造成健康危害，并认为欧盟的该项措施不符合科学原则，要求当时的 GATT 1994 争端解决机制解决，但是经过多年仍无结果。于是，欧盟发布 96/22/EC 指令继续维持为促进生长目的使用的荷尔蒙的禁令，并扩大禁令范围，除禁止使用盐酸克仑特罗，限制为治疗和畜牧学的目的使用荷尔蒙之外，还特别加强了兽医的作用以及对测试和管理的规定。此一系列指令立即引起了美国牛肉生产者的强烈不满，严重影响了美国对欧盟牛肉及牛肉制品的出口，积蓄多年的摩擦终于爆发。

本案的争议焦点是国际标准、风险评估及管理之争。

(1) "国际标准"的遵守之争。

在争议的六种荷尔蒙中，有五种存在食品法典委员会所确定的标准。即以每日可摄入量（ADI）和最大残留限制（MRL）来表示。其中三种天然荷尔蒙（17β 雌二醇、睾酮、黄体酮），在作为促进生长目的使用时，被认为没必要证明 ADI 和 MRL。另三种合成荷尔蒙中的两种（去甲雄三烯醇酮、玉米赤霉醇）适用下列标准：每日摄入量分别为牛肉每千克 2 微克 β-去甲雄三烯醇酮，牛肝每千克 10 微克 α-去甲雄三烯醇酮。欧盟认为食品法典委员会的标准与本争端无关，并指出没有关于适用荷尔蒙增长剂的委员会标准，委员会标准只适用于最大残留水平，由于争议中的欧盟措施没有规定最大残留水平，因而也就不存在欧盟措施应依据的委员会标准。另外，其还认为引用的委员会标准是保护水平，而不是措施，既然 SPS 中并无采用委员会建议的保护水平的义务，其引用的标准就与争议的欧盟措施无关。

(2) "风险评估"之争。

SPS 协议第 5 条第 1 款规定了根据风险评估的程序性要求和实体性要求，欧盟指出其在前言部分已经提及了非科学报告、欧洲议会以及经社理事会的观点。

在实体性要求上，欧盟提出以下具体与荷尔蒙相关的研究：①具体涉及为促进生长目的使用争议的一种或几种荷尔蒙的研究。②一般涉及争议的一种或几种荷尔蒙的研究。③其措施所反映的科学结论，即促进生长使用的荷尔蒙，即使是遵循了良好的做法，也会对人的健康施加可识别的风险。④欧盟措施反映的科学结论与所做研究得出的科学结论是一致的。⑤欧盟还提出了风险的一般分类，其中包括荷尔蒙作用的性质和使用方式产生的风险，代谢物产生的风险，产生于荷尔蒙的混合作用和人的多重暴露的风险，与荷尔蒙的检测和控制相关的问题产生的风险，使用荷尔蒙产生的风险，以及其他各种限制，尤其是科学的内在限制产生的风险。就风险的分类上，美国提出，欧盟从没有对这些风险进行适当的评估，并且没有诉诸或提出可以作为欧盟禁令依据的风险评估。对于第六类风险的争议尤大，美国认为，科学从未确切地证明没有风险，只能确定与某种物质的使用相关的风险是否存在，而不能排除将来可能发现风险的可能性。在科学没有无可置疑地证明不存在风险之前，SPS不允许没有科学的证据而维持措施。而欧盟则认为非常小的风险也是风险，根据欧盟的风险管理，超过零风险是不能接受的，据此欧盟采取禁止措施。⑥事先谨慎原则。欧盟称该原则是国际惯例的一部分，可作为国际公法的习惯规则用来解释第5条，从而支持其以风险评估为依据的主张。

（3）"风险管理"之争。

对贸易歧视或变相限制的保护水平的差异的具体评估条件条款的含义是：①有关成员在"不同的情况下"是否采取了不同的但是适当的卫生保护水平；②不同的情况下保护水平的差别是否是"任意的"或"不合理的"；③保护水平的差别导致对"国际贸易的歧视或变相限制"。只有同时具备这三个条件，一个卫生措施才算不符合该款。对于"不同的情况"，欧盟认为，只包括相同残留的不同情况或对健康相同不利影响时的不同残留；美国则认为，不同情况必须指可比情况。对于"任意的"和"不合理的"，欧盟认为，对贸易歧视或变相限制的保护水平的差异的具体评估条件条款指出，只有在导致对国际贸易的歧视或变相限制的情况下，才应避免"任意的"或"不合理的"差别。如果没有导致对国际贸易的歧视或变相限制，欧盟则认为不为该款所禁止；美国指出，没有任何原则或标准表明可以选择不同的卫生保护水平，不同的保护水平的差别是任意和不合理的。至于保护水平的差别导致"国际贸易的歧视或变相限制"，欧盟认为，其措施没有导致歧视并且卫生措施影响进口的事实不是指控其限制贸易的充足理由；而美国则表示，没有涉及"歧视"，而仅与"对国际贸易变相的限制"有关。

（一）专家小组的审理

SPS协议第3条第1款规定："为了在尽可能广泛的基础上协调卫生和植物检疫措施，各成员的卫生和植物检疫措施应以国际标准、准则或建议为依据，但本协议，特别是第3款中另有规定的除外。"并且SPS协议附件A第3条（a）款将"国际标准、准则或建议"定义为"食品法典委员会制定的与食品添加剂、兽药和除虫剂残余物、污染物、分析和抽样方法有关的标准、指南和建议，及卫生惯例的守则和指南"。因此专家小组认为去甲雄三烯醇酮、玉米赤霉醇这两种合成荷尔蒙存在两项可以适用的国际标准，即食品法典委员会的国际标准，欧盟的措施不允许任何牛肉或牛肉制品中残留这两种荷尔蒙，或不允许人类摄入任何残留，其保护水平与食品法典委员会标准规定的保护水平有着重大的不同。因此，对于这两种荷尔蒙而言，欧盟的措施没有按照国际标准制定。在确定其他三个食品法典委员会的标准对争议的欧盟的措施是否适用时，食品法典委员会认为对天然荷尔蒙残留规定 ADI 或 MRL 是没有必要的，而欧盟不允许有残留，其保护水平又高于食品法典委员会的标准，也是不符合国际标准条款的。

既然存在国际标准，而欧盟实现的措施又没有以国际标准为依据，专家小组对国际标准例外条款进行了分析。该款允许成员方实行保护程度比国际标准高的措施，但必须具备两个条件：一是有科学依据，或以协议风险评估条款的规定为依据；二是不得违反协议的其他规定。专家小组假设欧盟的措施比国际标准高，并且该措施存在科学依据，实施国际标准不足以达到恰当的卫生保护水平，或成员确定的保护措施根据风险评估条款第 1～8 款是恰当的。但根据第二个条件，实施措施还必须遵守协定的其他规定。因此，专家小组认为，根据国际标准例外条款，一项卫生措施只有符合风险评估条款才是正当的。最终专家小组裁定，有国际标准的六种荷尔蒙中的五种，在没有符合国际标准的前提下，只在满足风险评估条款的要求条件下才符合国际标准的例外。

在风险评估的程序方面，专家小组认为，实施卫生措施的成员需提交证据证明其在制定或维持卫生措施时至少实际考虑过风险评估以使该措施被认为是根据风险评估而作出的。欧盟有责任证明其措施以风险评估为基础，但其提供的研究或作出的科学结论并没有提供任何颁布措施时或此后的任何时间款明确表示，协议的原则也适用于协议生效前实施、生效后仍然有效的措施，因此 SPS 协议适用于本案。

TBT 协议第 1 条第 5 款规定，"本协议各项规定不适用于卫生与植物检疫措施附录 A 所指的卫生及植物检疫措施"，因此，TBT 协议不适用于本案。

据此，专家小组作出以下结论：①欧盟实施的检疫措施没有以风险评估为依据，与 SPS 协议中规定的风险评估程序性和实体性要求条款不符；②欧盟任意地、武断地采取其自认为适当的保护措施，导致歧视和对国际贸易的变相限制，与 SPS 协议对贸易歧视或变相限制的保护水平的差异的具体评估条件条款不符；③欧盟采取的检疫措施没有依据现有国际标准，又不符合国际标准例外规定的条件，与 SPS 协议国际标准条款不符。

专家小组建议争端解决机构要求欧盟修改其措施，使之与 SPS 协议的规定相符。

（二）　上诉机构的审理

欧盟和美国、加拿大都提出上诉，欧盟要求上诉机构确认专家小组存在法律问题和法律解释的错误。

首先，欧盟对专家小组裁定其采取的检疫措施未符合现有 SPS 国际标准的措施，据国际标准例外条款亦不具有正当性，因而不符合国际标准的要求，提起了上诉。上诉机构提出,与食品法典委员会的标准"一致"的措施当然"根据"该标准,但根据同样标准的措施可能与该标准不一致,因为该措施可能仅包括该标准的一些而不是全部因素。另外,从国际标准条款的立法目标和宗旨来看,SPS 协议中规定的以国际标准、准则和建议为基础协调各成员的 SPS 际标准条款的目的和宗旨出发认为,该条是为了促进各个成员在尽可能广泛的基础上进行 SPS 措施的协调,同时承认和保障成员保护其人民生命和健康的权利。协调 SPS 措施的根本目的在于防止使用这样的措施在成员间造成任意或不合理的歧视或变相地限制国际贸易,而不禁止成员为保护人类生命或健康所必须采取或加强的措施,并且不要求他们改变其适当的保护水平。风险评估程序性和实体性条款中风险评估的要求和"充分的科学依据"对维持 SPS 协议谈判时在共同促进国际贸易利益和保护人类生命与健康之间微妙的平衡至关重要。因此,上诉机构同意专家小组的裁判。

其次,在风险评估方面,专家小组认为,欧盟的措施没有以风险评估为依据,不符合协议风险评估程序性和实体性条款,欧盟对此提出上诉。上诉机构首先同意专家小组的观点:风险评估程序性和实体性条款是对科学依据条款规定义务的具体适用。专家小组认为协议第 5 条第 1 款存在程序上的要求,即采取措施的成员方在做决定时至少应该考虑风险评估的结果,上诉机构指出,第 5 条第 1 款并不存在这样的程序要求,因此专家小组的这一结论是法律上的错误。上诉机构认为,若将风险评估程序性和实体性条款和科学依据条款的要求结合起来看,风险评估的结果应当支持 SPS 措施,而欧盟提供的报告不能支持它所采取的措施。上诉机构认为,欧盟没有进行协议第 5 条第 1、2 款所说的风险评估,因此专家小组的最终结论是正确的。既然上诉机构已经指出,一项措施要符合协议国际标准例外条款,必须符合风险评估程序性和实体性条款,由于欧盟的措施不符合风险评估程序性和实体性条款的要求,它也不符合协议国际标准例外条款。

如果各成员方认为合理的保护措施存在差异,而这些差异可能产生歧视或变相限制国际贸易,那么 SPS 协议针对贸易歧视或变相限制的保护水平的差异的具体评估条件条款则要求避免任意或无理由的差异。上诉机构指出,这一款必须结合其上下文来理解,其中比较重要的是协议第 2 条第 3 款,"成员方应保证,其卫生和植物检疫措施不会在有相同或类似情况存在的成员方之间,包括在成员方自己境内和其他成员方之间产生任意和无理由的歧视"。上诉机构指出,协议只要求避免那些"任意的、无理由的差异"。要认定一项措施违反协议对贸易歧视或变相限制的保护水平的差异的具体评估条件条款,必须具备三个条件:成员方针对不同的情况采取了不同的保护措施,这些保护措施是任意的和无理由的,这些措施造成歧视或变相限制国际贸易。这三个条件缺一不可。上诉机构认为,添加激素生产的肉类与肉类中含有的天然激素是有本质区别的，欧盟要求完全禁止含有天然激素的肉类产品销售，那是荒谬的。对于欧盟提出的区别对待治疗用和催长用激素的理由，上诉机构认为成立，但对欧盟将两种既可用于治疗又可用于催长的激素用作治疗，上诉机构认为欧盟对治疗用和催长用激素的区别对待的理由不能成立。至于保护程度的差异是否造成歧视或限制贸易，上诉机构认为，专家小组引用美国清洁空气法案和日本酒税案是不恰当的，因为那两个案件的性质不同。上诉机构认为，对贸易歧视或变相限制的保护水平的差异的具体评估条件条款规定的三个条件都是必要条件，保护程度的差异只是其中之一，不能用差异程度来确定"歧视和限制贸易"的性质。在审查了欧盟立法的基础和目的后，上诉机构得出结论：欧盟指令的法律结构和申请人提交的证据，都不能证明欧盟的措施是歧视或限制了贸易。上诉机构指出，专家小组的结论是没有理由的，上诉机构推翻专家小组对这一问题的结论。

二、问题

如何理解和适用风险评估？

三、评析

本案是 WTO 成立以后，其争端解决机构受理的第一起涉及卫生与动植物检疫措施的案件。它提出了一个 WTO 成员方如何适用动植物检疫措施保障其自身利益的问题，以及如何对此类措施进行法律监管的问题。本案专家组和上诉机构依据 SPS 协定，对国际标准、风险评估、对国际贸易的负面影响，在层层递进的基础上，把三者相互联系统一起来。

恰当的风险评估不需要满足一个最低的风险标准，WTO 成员方可以决定其可以接受的零风险。风险评估中的风险必须是一个确定的风险，理论上的不确定风险不属于这种要评估的风险，不明确、不确定因素的存在也不能证明偏离风险评估的要求是正当的。采取检疫措施必须以科学的风险评估为基础，但在本案中，专家小组认为，欧盟没有做到这一点，欧盟没有证明，激素如果使用恰当的话，是不会对人类生命或健康造成危险的，因此完全禁止使用激素生产的牛肉，是缺乏依据的。同时，专家小组认为欧盟对三种天然荷尔蒙的态度和措施不同于人工荷尔蒙，这种差异是任意和无理由的。此外，上诉机构对风险评估的有关问题作了细致的阐述，厘清了在适用和理解风险评估方面的一些易模糊的认识，对DSB 以后处理类似案件具有很强的指导性，明确了成员方在决定措施的保护程度时，应保证采取的措施以风险评估为基础，并尽量减少对贸易的负面效应这一原则。

案例八：巴西诉欧盟家禽肉进口措施案①

一、案情

早在 WTO 成立之前，经 GATT 缔约方全体授权，欧盟根据 GATT1947 第28 条规定，与巴西等十个缔约方达成了新的关税约束协定，又称《油料种子协定》。其中，欧盟与巴西签订的新协定中与本案有关联的内容是：在关税税目0207.4140、0207.4141 和 0207.4147（冷冻家禽肉）下制定了 15 500 吨全球免税配额，同时这 15 500 吨也不征收其他关税。1994 年 3 月 28 日，欧盟理事会第774/94 号法规规定自 1994 年 1 月 1 日起该免税配额生效。1995 年 9 月，理事会修订了第 774/94 号法规，制定了新的 2185/95 号法规，以适应《农业协定》的规定。

WTO 协定生效后，欧盟现行的关税减让表保留了上述 15 500 吨免税配额指标，但配额内的家禽肉进口需要进口许可证。申领进口许可证者必须具备一定的条件和履行相应的手续。但对超过配额的家禽肉不需要进口许可证，而要征收关税。另外，在满足《农业协定》第 5 条规定的条件时，欧盟保留对超过配额的家禽肉征收特别保障税的权利。

对于欧盟在 WTO 成立前后对家禽进口采取不同的措施，1997 年 2 月 24日，巴西根据 DSU 第 4 条、GATT 第 23 条、《进口许可程序协定》第 6 条要求与欧盟进行磋商，内容涉及欧盟对家禽肉进口的措施。

1997 年 4 月 11 日和 5 月 21 日双方进行了磋商，但没有取得满意的结果。6月 21 日，巴西请求成立专家组。1998 年 3 月 12 日专家组作出了报告并分发给各成员方。1998 年 4 月 29 日，巴西向 DSB 上诉。1998 年 7 月 13 日，上诉机构作出报告。1998 年 7 月 23 日 DSB 通过了上诉机构报告和经过修改的专家组报告。

巴西指出，欧盟没有遵守其与巴西达成的协定中免税配额的义务，违反了GATT 第 13 条规定；欧盟在管理进口许可证方面，违反了《进口许可程序协定》第 1、3 条的规定；欧盟在执行许可制度方面不符合 GATT 第 2、3、10 条透明度的规定；欧盟在配额之外的特别保障措施违反了《农业协定》第 4、5 条规定。本案中，《油料种子协定》从程序上讲其签订时间是在 WTO 协定生效之前且属于双边协定。那么《油料种子协定》是否属于专家组管辖的范围？专家组认为，从 DSU 的规定看，成员间达成的双边协定不属于专家组职权范围中的事，

---

① 参见徐兆宏等：《WTO 案例对中国的启示》，汉语大词典出版社，2003 年，第 151 页。

但作为被投诉方的欧盟对此没有提出过异议。不过本案所涉及的双边协定是在GATT1947 第 28 条的规定下达成的，双方均承认这双边协定内容已经写进了减让表。据此专家组认为该双边协定属于专家组审议权的范围。

专家组针对巴西提出的 15 500 吨的免税配额仅给予巴西，即巴西是该免税唯一受益者的主张予以驳回。因为巴西不能提出充分证据来证明其主张。专家组还驳回了巴西认为 GATT 第 1、10 条不适用于根据 1947 年 GATT 第 28 条制定的补偿性关税配额的主张。根据 GATT 第 13 条第 5 款规定，"本条规定适用于任何缔约方设置或保持的关税限额，凡可行者本条原则也延伸适用于出口限制"，巴西认为，成员之间达成的有关关税配额的协定应当得到遵守，即巴西与欧盟之间协定规定欧盟同意免税配额只给予巴西。但专家组通过审查巴西提供的证据，却没有发现协定中有这样的约定。GATT 第 13 条第 2 款规定："在对任何产品实施进口限制时，缔约方应旨在使此种产品的贸易分配尽可能接近在无此类限制的情况下各成员方预期获得的份额。"因此巴西认为，根据该条款规定，配额分配应在缔约方之间，而不得分配给其他非缔约方。但欧盟将其配额分配给了非成员方的中国和已经有市场准入特权的东欧国家。因此欧盟的行为不符合该条款的规定。专家组认为，GATT 规定的文字本身没有要求仅根据从缔约方进口的总量计算关税配额。此外，计算配额与一个出口国实际得到配额多少是两个不同问题。欧盟根据全部贸易额，包括从非缔约方的进口额来计算关税配额，并没有违反 GATT 第 13 条的规定。

巴西指出，欧盟在颁发许可证过程中，违反《进口许可证程序协定》规定，造成对国际贸易的扭曲，特别是违反《进口许可证程序协定》第 1、3 条规定的内容。巴西认为，由于欧盟实施了进口许可证，导致巴西在欧盟家禽内市场的份额下降，这充分表明欧盟实施的进口许可制度造成了贸易扭曲。专家组通过审查了相关证据与事实，发现巴西向欧盟出口家禽的大部分是配额之外的，这一部分是不需要领取进口许可证的，而分配给巴西的配额，巴西每年均全部用完，巴西向欧盟出口家禽的绝对值在逐年增加。因此，专家组认为欧盟的行为没有扭曲贸易，不违反《进口许可证程序协定》第 1 条第 2 款和第 3 条第 2 款的规定。《进口许可证程序协定》第 1 条第 3、5 款分别规定："进口许可证程序规则的实施应保持中性，并以公平、公正的方式进行管理。"还规定："申请表格和在适用情况下的展期申请表格应尽可能简单。凡被认为属于许可制度的正常运行所绝对必要的文件和信息均可在申请时要求提供。"巴西认为，欧盟按出口实绩分配许可证，违反了第 1 条第 3、5 款的规定，对巴西出口生产了不良影响，且这种影响仍然没有消除。专家组指出，对于按"出口实绩分配许可证"这一问题，巴西投诉的是某一法律规定，而第 1 条第 3 款针对的是法律的实施，因此，后者是不能适用前者。同时，专家组认为，第 1 条第 5 款并没有禁止以出口实绩作为颁发许可证的条件。此外，巴西提供的证据没有证明欧盟的行为如何对巴西产生不利影响的。所以专家组认为欧盟并没有违反《进口许可证程序协定》第 1 条第 3、5 款。巴西认为，欧盟颁发小额许可证（每张只有 5 吨）不符合《进口许可证程序协定》第 3 条第 5 款的规定。欧盟反驳，它规定许可证不得转让，其目的就是为了防止投机，其实巴西的配额全部用完，这表明即使存在许可证投机，对巴西也没有影响。专家组通过审查有关证据，认为虽然小额许可证的确会给出口商带来一定的不方便之处，但就本案来说，欧盟所提供的配额实际上已经全部用完，并且每年还有大量配额外的进口，这充分表明小额许可证并未造成不利影响，并没有影响进口。因此，专家组认为，欧盟没有违反《进口许可证程序协定》第 3 条第 5 款的规定。

巴西认为，欧盟在颁发许可证过程中，缺乏透明度，违反了《进口许可证程序协定》第 3 条第 5 款（a）项规定。《进口许可证程序协定》第 3 条第 5 款（a）项规定："应对有关产品的贸易有利害关系的任何成员请求，各成员应提供关于下列内容的所有有关信息……"专家组指出，《进口许可证程序协定》第 3 条第 5 款规定了成员方应另一成员方要求时有提供信息的义务，但没有规定一个成员方应主动提供信息。本案中，巴西并没有提供证据证明它要求提供相关信息时被欧盟拒绝。据此，专家组认为，欧盟没有违反《进口许可证程序协定》第 3 条第 5 款（a）项的规定。

巴西认为，根据 GATT 第 10 条"贸易规章的公布与执行"的规定，欧盟应当将执行配额的具体情况告知出口商，然而欧盟却没有履行其告知的义务，因而违反了 GATT 第 10 条的规定。专家组认为，GATT 第 10 条"贸易规章的公布与执行"的规定仅涉及"具有普遍效力"的法律、法规等，而不是某个公司具体进口的贸易数据。因此 GATT 第 10 条"贸易规章的公布与执行"的规定不适用于巴西主张的这一情况，欧盟没有违反 GATT 第 10 条"贸易规章的公布与执行"的规定。

巴西指出，欧盟实行以价格为基础的保障措施，违反了《农业协定》第 4 条第 2 款和第 5 条第 1 款，且在实施保障措施时没有考虑对巴西的损害，因而也违反了《农业协定》第 5 条第 1 款。专家组认为，根据《农业协定》第 5 条第 1 款（b）项中规定，该条款提到两个价格，即 CIF 价格和进入市场的价格。专家组分析了这一条款后，认为巴西的理解是正确的，进入市场的价格不等于 CIF 价格，它应当包括关税在内。因此，专家组认为欧盟在这一问题上的做法不符合《农业协定》第 5 条第 1 款（b）项中规定。

基于上述分析，专家组的裁定主要部分如下：①《油料种子协定》属于双边协定，因其是在 GATT 下达成的协定，且欧盟对管辖问题没有提出异议，因此属于专家组管辖范围；②欧盟的免税配额不只是给予巴西一个成员的；③在执行关税配额时,欧盟可以将其配额分配给非 GATT 成员没有违反 GATT 第 13 条的规定;④欧盟在颁发进口许可证时,没有违反《进口许可证程序协定》第 1 条第 3、5 款、第 3 条第 5 款;⑤确认《农业协定》第 5 条第 1 款（b）项中规定的进入市场价格包括 CIF 和关税。

1998 年 4 月 29 日,巴西向 DSB 提出上诉。上诉机构认为,减让表是 1994 年 GATT 马拉喀什议定书的附件,属于 GATT 的组成部分,构成 WTO 协定义务的一部分。而《油料种子协定》属于双边协定,不属于 DSU 第 1、2 条所说的"涉及的协定",也不是 WTO 协定第 16 条的"1947 年 GATT 的缔约方全体遵循的决定、程序和惯例"。因此,《油料种子协定》不构成巴西与欧盟在 WTO 协定下的义务。上诉机构同意专家组关于《油料种子协定》与减让表之间的关系,即就关税而言,对欧盟有约束力的是减让表,而不是《油料种子协定》。

关于 GATT 第 13 条是否适用于根据 1947 年 GATT 第 28 条"减让表的修改"这一问题。上诉机构引用了"美国禁止进口糖案"中专家组的意见和"香蕉案"上诉机构的意见,认为一个成员可以在关税减让表中放弃自己的权利,但不能通过减让表随意地削减自己的义务,特别是 GATT 第 1、13 条规定的无歧视的义务。因此,上诉机构维持专家组关于根据 1947 年 GATT 第 28 条谈判达成的关税减让必须执行 GATT 第 13 条关于"数量限制的不歧视管理"。

对于关税配额问题,上诉机构指出,由于专家组对下列两个问题没有给予讨论,即:①欧盟是否有权把关税配额分给 WTO 非成员;②WTO 非成员是否有权介入其他关税配额,因此根据 DSU 第 17 条第 6、13 款规定,上诉机构的审查"仅限于专家组报告中的法律问题和法律解释","上诉机构可以维持、修改或推翻专家组报告的结论"。由于《进口许可证程序协定》没有禁止将关税配额分配给非成员,上诉机构维持了专家组的意见。对于巴西关于许可证的其他问题,如扭曲贸易、缺乏透明度等,上诉机构认为,本案中巴西在欧盟家禽肉进口市场的份额和配额中的份额都在 45% 左右,不但配额每年均用完,而且巴西出口逐年在上升。由于巴西没有证明造成其市场份额下降的证据,更没有证据证明市场份额下降的原因是因为欧盟扭曲贸易行为所致,所以上诉机构维持专家组的意见。

巴西在上诉中指出,专家组没有审查巴西所提出的全部问题,这违反了 DSU 第 11 条规定。DSU 第 11 条要求专家组对争端作出客观评价。上诉机构认为,并不是对证据审查的每一个错误都是构成没有客观评价事实,"不顾"、"歪曲"和"曲解"用在司法或准司法程序中,不是指判断上的一般错误,而是极大的错误,甚至有可能牵涉到专家组信用的问题。如果专家组被指控具有"不顾"、"歪曲"和"曲解"的证据,则表明专家组剥夺了一方的寻求正当程序的权利。本案中,专家组不审查某些它认为与本案无关联的证据,从司法节制角度来说是正确的判断。上诉机构进一步认为，DSU 第 11 条和 GATT 的实践都没有要求专家组审查争端各方提出的所有证据，专家组只要分析采用与争端相关的证据即可。

关于《农业协定》中价格计算问题，上诉机构推翻了专家组的意见。《农业协定》第 5 条第 1 款（b）项规定："根据有关装运货物的进口到岸价格（CIF）确定的，并以该成员本国货币表示的该农业品进入给予减让的成员关税领土的进口价格，低于与该产品 1986 年至 1988 年平均参考价格相等的触发（trigger-price）价格。"专家组认为，进口价格是市场准入价格，因此包括 CIF 价格和关税在内。上诉机构则认为，协定的起草者选择进入"关税区域（customs territory）"而不是进入"国内市场（domestic market）"这样的提法，因此《农业协定》第 5 条第 1 款（b）项规定的价格不包括关税和其他国内费用。由于《农业协定》没有对 CIF 价格作出相应的解释，根据国际贸易惯例，CIF 价格不包括任何进口国关税和费用。

本案中专家组没有对《农业协定》第 5 条第 5 款进行讨论，因为专家组认为欧盟的做法不符合《农业协定》第 5 条第 1 款（b）项规定，因此也就没有必要再讨论第 5 条第 5 款的规定。现上诉机构推翻了专家组第 5 条第 1 款的规定，因而必须分析第 5 条第 5 款的有关问题。《农业协定》第 5 条第 5 款规定了成员"应当"如何计算附加关税的方法。具体到本案，欧盟是否有权偏离第 5 条第 5 款的规定而采取其他方法，即欧盟第 1484/95 号法令规定的"代表价格（representative price）"。这一法令规定，根据进口商的要求，在 CIF 价格高于"代表价格"时，可以采取 CIF 价格计算附加关税；如果没有进口商提出要求，就根据代表价格计算附加关税。"代表价格"是欧盟定期公布的，根据第三国价格、欧盟边境价格和欧盟内不同时期市场价格综合确定的。上诉机构认为，欧盟使用了自定的代表价格而不是《农业协定》规定的基点价格与 CIF 价格来确定附加关税，由于《农业协定》第 5 条规定的保障措施不同于 GATT 第 19 条，它不需要考虑损害的存在，只要进口量达到一定数量，或进口产品价格低于基点价格，就可以采取保障措施，即启动保障措施时比较的是基点价格和进口 CIF 价格，在计算附加关税时使用其他价格就不符合《农业协定》第 5 条规定的特殊性质了。所以欧盟使用"代表价格"不符合第 5 条的规定。

综上分析，上诉机构作出最终裁定主要部分如下：①维持专家组关于《油料种子协定》与关税减让表之间的关系的裁定；②维持专家组关于 GATT 第 13 条适用于关税配额的裁定；③维持专家组关于欧盟计算关税配额根据进口总量，包括非 WTO 成员进口的上述做法没有违反 GATT 第 13 条规定的裁定；④维持专家组关于 GATT 第 10 条的结论；⑤维持专家组关于进口许可证协定第 1 条第 2 款和第 3 条第 2 款的结论；⑥推翻专家组关于欧盟进口价格是市场准入价格，包括 CIF 价格和关税在内的结论，进口价格就是 CIF 价格；⑦确认欧盟在计算附加关税时，使用"代表价格"不符合《农业协定》第 5 条第 5 款的规定，从而保证了实施许可证过程中的公正性和公平性。

二、问题

WTO 成员方实施进口许可程序应遵循哪些原则？

三、评析

本案中涉及三个不同的协定：GATT 中的非歧视待遇问题、《农业协定》进口价格和保障措施等问题、《进口许可程序协定》。就《进口许可程序协定》而言，巴西提出欧盟在实施进口许可证程序的过程中，有违反《进口许可程序协定》的规定，如没有将免税配额通知 WTO、经常修改颁发许可证的规定、扭曲贸易、根据出口实绩颁发许可证、缺乏透明度等。然而，在《进口许可证程序协定》规定的范围内，巴西提出的自己的主张，由于没有充分的证据来证明欧盟在颁布和实施许可证过程中违反《进口许可程序协定》行为，根据"谁主张谁举证"的原则，就许可证这问题，无论专家组还是上诉机构均认为巴西没有根据，因而裁定巴西在许可证这一问题上败诉。

通过本案，就进口许可证这方面而言，给我国提供了下列可借鉴之处：进口许可证颁发的整个程序应具有透明度，进口许可程序规则的实施应保持中性，并以公平、公正的方式进行管理；实施进口许可证不得成为对国际贸易发展的限制和扭曲。

案例九：中国诉美国钢铁保障措施案[①]

一、案情

2002 年 3 月 5 日，美国总统布什宣布，根据美国 1974 年《贸易法》第 201 条的规定，在今后的三年内，美国政府将对包括冷轧钢、钢条以及钢线等 14 种钢铁制品加征 8%～30% 的关税，并对钢板半成品实行进口配额制。即向美国出口钢铁制品超过进口市场份额 3% 的国家或经济体，除了北美自由贸易协定成员加拿大和墨西哥之外，都在加征关税之列。对于美国政府这一决定，中国、欧盟、韩国、日本、俄罗斯等随即作出强烈反应。4 月 11 日和 12 日，中国内地、欧盟、日本、韩国、瑞士、挪威与美国进行了磋商。古巴、巴西、中国台湾、泰

[①] 参见韩立余：《WTO（2000）案例及评析》，中国人民大学出版社，2001 年，第 437 页。

国、加拿大、墨西哥、土耳其、委内瑞拉保留作为第三方介入本案的权利。6 月 24 日，DSB 通过了中国内地、瑞士、挪威第二次提出的成立专家组的申请。7 月 25 日，DSB 决定由冰岛、印度、新加坡专家成立专家组审查本案。专家组于 2003 年 5 月 2 日作出裁决报告，认定美国采取的钢铁保障措施不符合《保障措施协议》。2003 年 8 月 11 日，美国通知 DSB 对专家组报告提出上诉。2003 年 11 月 10 日，上诉机构维持了专家组的总体结论。2003 年 12 月 10 日，DSB 通过专家组和上诉机构报告。

起诉方认为，首先，进口增加与"未可预见的发展"缺乏一致性。未可预见的发展必须在时间上先于进口增加发生，并且一直与进口增加密切相关。但 ITC 的解释却是与进口增加和严重损害分离的，甚至是在其之后的。这主要表现在对调查期的选择上。选择调查期只是在"进口增加"一节提到调查的法律标准时被间接提及的，并且只说选择最近 5 年是 ITC 的一贯做法。进口增加与未可预见的发展之间缺乏联系，还体现在报告中没有信息表明发生于 1989 年、1996 年或 1997 年的未可预见的发展是否仍然在导致进口增加。

其次，采取保障措施的具体产品不属于影响"未可预见的发展"的范畴。美国的措施只涉及总体钢铁生产，依据的是不同时期特定国家特定产品中的特定数据。因此，美国本应根据而未根据每种产品进口增加的"未可预见的发展"而采取措施，其仅在随后发布的补充报告中提及，报告中没有分别考虑每种产品，只是对全球宏观经济形式进行了一般性的评论。

此外，ITC 认定"未可预见的发展"的证据不实。《保障措施协定》第 2 条规定，保障措施应适用于所有来源的进口。因此，"未可预见的发展"所导致的进口增加的来源必须有代表性。否则"未可预见的发展"与进口增加之间的因果关系就不成立。根据美国的解释，进口增加来源于亚洲和前苏联国家的金融危机。但这些国家只占有关钢铁总进口的 20%。因此，"未可预见的发展"只涉及进口的一部分，不能被认为具有代表性。"未可预见的发展"必须是致使来自所有来源的进口增加的情况。申请人还认为俄罗斯的危机是可预见的。前苏联国家的经济影响始于 1991 年苏联解体，而 1994 年美国于乌拉圭回合结束作出关税减让时，这个因素已存在。况且，由于多数前苏联国家都不是 WTO 成员，美国可以对其钢铁产品设限。因此，导致这个来源进口增加未存在"未可预见的发展"。此外，美国解释的货币波动也不属于"未可预见的发展"。事实上，布雷顿森林体系的固定汇率制度于 1971 年崩溃后，美元价值经常发生变化，这种变化不应再被视作未可预见的了。在此之外，申请人还就美国市场强劲不应视作"未可预见的发展"作了阐述。

另外，起诉方认为美国违反了《保障措施协定》第 2 条。《保障措施协定》第 2 条规定了实施保障措施的三个条件，即：①进口增长；②严重损害或者严重损害威胁；③因果关系。同时，也要求不得对一种具体进口产品采取措施，而依据却是对另一种具体产品的认定，即使后一种产品是相同的或者直接竞争的。在本案中，ITC 却根据自己的标准确定了国内产业，将钢铁产品归为四大类，并盲目地接受了对"进口产品或者调查申请中所包括产品"的任意性描述。在擅自划分产品的同时，ITC 在调查中还将其中类别进一步细化，以界定国内产业、确定进口增加和损害。事实上，这些类别都没有精确的定义能说明它们本身就是具体产品。这种为经济和数据分析的需要而制定的人为的、不真实的分类影响了对进口增加和因果关系的所有认定，违反了要求确定具体进口产品的义务。

对于"未可预见的发展"之争，美国认为，ITC 对于"未可预见的发展"的论证是确凿和充分的。首先，任何导致进口增加或者产品进口情况改变的未预料事件都可以是"未可预见的发展"。"未可预见的发展"包括未预料的任何变化。尽管东南亚和前苏联金融危机是可预见的，因为经济危机经常发生，但其时间、范围及其对全球钢铁贸易的持续影响，则是在乌拉圭回合结束前任何人都没有预见到的。因此，这符合"未可预见的发展"的条件。

其次，GATT1994 第 19 条第 1 款没有要求"未可预见的发展"与进口增加所造成的严重损害有因果关系。《保障措施协定》第 4 条明确规定，调查机关应根据客观证据，确定进口增加与造成损害或损害威胁之间存在因果关系。"实质性原因"应定义为"重要并且不比其他原因次要的原因"，即进口增加必须既是严重损害或者威胁的重要原因，同时又必须比任何其他原因重大或至少和其他原因重要程度相等。故 ITC 在分析需求下降与进口造成的损害之后，得出的"进口所导致的严重损害满足了实质性原因的标准，进口增加与严重损害之间的因果关系存在"之结论是正确的。

最后，"未可预见的发展"可以包括宏观因素。协议并未要求"未可预见的发展"必须限于甚至直接与特定产品相关，而只是要求其存在，并且与进口增加有关。宏观事件与其他事件一样，可以构成"未可预见的发展"，并且只要具有产生全球进口增加的效果，就可以作为采取保障措施的理由。欧盟等要求对每个产品单独作出"未可预见的发展"的解释，但 GATT 1994 第 19 条并没有要求分析大规模的经济危机对每一种产品进口的影响。事实上，这些"未可预见的发展"具有广泛的干扰作用，影响了广泛的经济和金融关系，因此没有必要就其对每一种钢铁产品的影响进行讨论。

此外，GATT1994 第 19 条并未要求"未可预见的发展"的影响仅限于一国。ITC 认为，成员可以视情况不审查外国，审查一些外国或者审查所有外国。只需就对市场之间"未可预见的发展"对于进口增加进行审查即可。事实上，在那些发生了金融危机的国家，货币贬值所导致的替代消费已经在世界钢铁市场引发了广泛的扰乱，而这些都导致了对美国市场进口的增加。正如中国所汇编的数据所表明的，这些国家被替代的钢铁生产在 1997 年之后流向了美国，但所有来源的进口在最初的金融危机后也开始增加了。

关于进口产品的具体要求之争，美国抗辩其行为具有正当性。ITC 首先考虑哪些国内产品与进口产品相似，它们之间是否可以互换，因此确定了国内产品和进口产品之间是否有竞争关系。然后考虑与进口产品相对应的国内产品是否为单一相似产品，或这些产品之间是否有明确分界线，以决定是否构成了多个相似产品。随后考虑有关进口（即该产品），确定与相似产品相对应的进口产品，以便单独分析这些与相似产品对应的进口是否对生产该相似产品的国内产业造成了严重损害。这种界定是与《保障措施协定》相一致的。

美国认为，申请人要求主管当局完全根据进口产品细分有关相似产品，不仅在协议中没有依据，而且还会带来很多问题。首先，这种要求会妨碍主管当局的调查，并且影响其结论的可靠性。进口产品来自不同国家，产品之间有很大区别。如果重点界定进口产品而不是国内产品，就不大可能提供有助于界定国内相似产品和国内产业的信息。其次，多数保障措施调查都是由国内产业提起的，国内产业称由于某个产品进口使它受到了严重损害。产业虽然会指出进口产品的范围，但主管当局完全有权根据自己的调查确定相似产品。事实上，并不存在一个普遍接受的钢铁产品的定义。

专家小组认为，在采取保障措施时，必须证明"未可预见的发展"，但 ITC 报告并未提及这一点，美国后来提出的油价下降和金融危机，在 ITC 报告中都未予以审查。对于平板轧材，ITC 没有充分确定调查中的具体产品，也没有充分确定国内产业，ITC 分析所依据的是零散、不完整的事实，其建议和看法也是含糊的。

专家小组着重审查美国是否遵守了 GATT1994 第 19 条和《保障措施协定》第 3 条，从而证明美国在其公布的报告中是否说明并且充分合理解释了"未可预见的发展"及其关税减让的后果导致了进口增加，以及 ITC 是否考虑了所有相关事实和充分解释了这些事实如何支持其裁决。

第一，专家小组注意到，ITC 最初报告中并没有提到"未可预见的发展"本身。ITC 报告在某些章节对某些产品提到了苏联解体等因素，但这并非为了解释这些是否为"未可预见的发展"，以及它们是否导致了进口增加。因此，这不能算是对这一问题的解释。

第二，ITC 报告尽管提出了一些可能导致多种来源进口增加的"未可预见的发展"，但它没有证明这些事件实际上确实导致了进口增加。例如，即使大量外国钢铁生产没有在外国消费，但这本身并不意味着进口增加是"未可预见的发展"的结果。也有可能是美国出口市场受到了这种钢铁市场收缩的影响，从而损害了生产商。第 19 条所要求的，是证明"未可预见的发展"导致了对美国市场的进口增加，而不只是这些"未可预见的发展"在全世界影响了美国钢铁产业状况。专家小组认为，ITC 的解释没有将这些钢铁市场转移与具体的对美国进口增加联系起来。

第三，虽然美国称有数据支持，但这些数据是首次向专家小组提交的，而没有在 ITC 报告中作为充分合理的解释援引。例如，美国在其书面陈述中提到了 ITC 报告中的一些脚注中的图表，表明了分国家和分产品的进口情况。这些数据无疑可以用作解释"未可预见的发展"如何导致了进口增加，但 ITC 并没有这么做。事实上，这些数据出现的地方要么与解释"未可预见的发展"无关，要么只涉及一般进口而没有说明这些进口的来源。

根据上述分析，专家小组裁定，在证明"未可预见的发展"方面，美国的保障措施均不符合 GATT1994 第 19 条和《保障措施协定》第 3 条。并建议 DSB 要求美国调整其保障措施，使其与《保障措施协定》和 GATT1994 中的规定相一致。

美国认为专家小组的裁定不符合 GATT1994，因此向 DSB 提起上诉。其理由主要是认为专家小组错误认定了"未可预见的发展"问题，专家小组没有考虑"未可预见的发展"要求与《保障措施协定》第 2、4 条适用保障措施条件的区别，因此错误地适用了审查标准；另外，专家小组不应认定 ITC 应当区别"未可预见的发展"对每个产品和每个国家影响的程度，且不应认定，ITC 报告中"未可预见的发展"部分之外的数据和分析与评估"未可预见的发展"的裁定无关。此外，美国还认为专家小组违反了 DSU 第 12 条关于法律适用和法律解释的义务。

上诉机构认为，专家小组正确履行了其义务。"未可预见的发展"必须作为适用保障措施的事实问题进行证明；主管当局公布的报告必须包括对"未可预见的发展"的认定或合理结论，并且在该文件中应明确确定。专家小组在考虑美国是否说明了"未可预见的发展"导致了进口增加时，应当审查主管当局是否考虑了所有相关事实，并且充分解释了这些事实如何支持其说明。因此，美国对第 3 条的理解是错误的。美国还错误地认为专家小组违反了 DSU 第 12 条。审查产品界定是否一致，不能不考虑有关该产品的事实，所以 ITC 处理相似产品的问题显然是一个事实问题。另外，日本、韩国和巴西还用图表说明某些产品不是相似的，这也是事实问题，而不是法律问题。

经过分析，上诉机构裁定：维持专家小组的总体结论，即美国对所有 10 种产品采取的保障措施都没有法律依据；对于其他进口增加和对等性，上诉机构也维持了专家小组裁决；对于因果关系，上诉机构认为，对其他主张的裁决已经足以解决争端，因此没有必要对专家小组报告中的相应内容进行审查；对于交叉上诉，上诉机构没有裁决，因为审查这些主张的前提条件没有出现。上诉机构散发了报告，维持了专家小组的总体结论，即美国对进口钢材产品采取的保障措施违反了 GATT1994 和《保障措施协定》的有关规定，建议其调整以便与其在 WTO 下的义务相一致。

二、问题

如何理解"未可预见的发展"？

三、评析

本案起诉方针对美国采取的保障措施允许的条件、措施的限度、关税配额分配、最惠国待遇、发展中国家待遇等问题提出了 11 个法律主张，指称 ITC 没有提供充分、合理的解释说明其采取的限制措施。不过，专家小组根据"司法节制"原则，主要就"未可预见的发展"的问题进行审理，专家小组认为这足以解决本案的争议。

专家小组认为，在采取保障措施时，必须证明"未可预见的发展"，但 ITC 报告并未提及这一点，美国后来提出的油价下降和金融危机，在 ITC 报告中都未予以审查。对于平板轧材，ITC 没有充分确定调查中的具体产品，也没有充分确定国内产业，ITC 分析所依据的是零散、不完整的事实，其建议和看法也是含糊的。

上诉机构认为，专家小组正确履行了其义务。"未可预见的发展"必须作为适用保障措施的事实问题进行证明；主管当局公布的报告必须包括对"未可预见的发展"的认定或合理结论，并且在该文件中应明确确定。专家小组在考虑美国是否说明了"未可预见的发展"导致了进口增加时，应当审查主管当局是否考虑了所有相关事实，并且充分解释了这些事实如何支持其说明。因此，美国对第 3 条的理解是错误的。

案例十：欧盟、日本、美国诉印度尼西亚汽车工业措施案①

一、案情

1993 年起，印度尼西亚发布了一系列行政令以对其汽车工业施行激励计划，即根据成品车使用部件的国产比例和使用部件的车型，对汽车零部件的进口减免进口税；根据成品部件的国产比例和使用部件的车型，对用于制造汽车部件的小零部件的进口减免进口税；对某些特定类型的汽车减征或免征奢侈品税。

---

① 参见朱榄叶：《世界贸易组织国际贸易纠纷案例评析》，法律出版社，2001 年，第 28 页。

　　印度尼西亚实施的国产汽车计划包括两套措施，即 1996 年 2 月计划的措施和 6 月计划的措施。前者规定，凡设备所有权、商标使用和技术方面达到规定标准的印度尼西亚汽车公司，可授予其"先锋"公司或国产公司的称号，并对其免除国产汽车的奢侈品税和进口零部件的关税。但要维持这个称号，该公司在三年内必须不断提高产品国产化的程度。后者规定，印度尼西亚国民在国外生产的汽车只要达到工业与贸易部规定的国产化率的要求，就可以享受与印度尼西亚国内生产的其他国产车的待遇，即免征进口税和奢侈品税。如果外国生产的汽车中使用的印度尼西亚生产的零部件达到汽车价格的 25％以上，也可视为满足了 20％的本地含量（国产化率）的要求。

　　此外，由国有和私有银行组成的财团还向唯一获得"先锋"公司称号的印度尼西亚公司 TPN 提供了 6.9 亿美元的 10 年期贷款，以帮助其继续施行国产汽车计划。

　　欧盟和美国提出，印度尼西亚的激励计划和国产汽车计划是以汽车的本地含量的多少即国产化率程度给予税收优惠，这种政策违反了 GATT1994 第 3 条第 2 款、TRIMs 第 2 条的规定，对某些特定类型的国产车的优惠违反了 GATT1944 第 1 条的最惠国待遇原则。日本主要针对印度尼西亚的 1996 年汽车计划提出印度尼西亚的做法违反了 GATT1994 第 1 条的规定，同时，还提出印度尼西亚的国产汽车计划没有及时公布和以公正、合理的方式实施，违反了 GATT1994 第 10 条第 1、3 款的规定。美国还认为印度尼西亚的国产汽车计划扩大了补贴范围，违反了《补贴与反补贴措施协定》（SCM）第 28 条的规定，其在商标取得、维持和使用方面的规定违反了《与贸易有关的知识产权协议》（TRIPs）第 20 条的规定。总之，各方均认为印度尼西亚的汽车计划所采取的措施损害了其相同产品出口到印度尼西亚的利益。1996 年 10 月 3 日，欧盟根据 DSU 第 4 条和 GATT1994 第 22 条、TRIMs 协议第 8 条、SCM 协议第 7、30 条，向印度尼西亚提出就印度尼西亚影响汽车工业的措施进行磋商的要求，以解决对请求方汽车工业所造成的不利影响。1996 年 10 月 8 日，美国根据 DSU 第 1、4 条、GATT1994 第 22 条第 2 款、TRIMs 协议第 8 条、SCM 协议第 7、30 条以及 TRIPs 协议第 64 条，就印度尼西亚影响汽车工业的措施提出磋商要求。此外，1996 年 10 月 4 日，针对印度尼西亚的国产汽车计划，日本亦提出了与印度尼西亚进行磋商的要求。1997 年 6 月 12 日，DSB 针对日本和欧盟的请求决定设立专家组。7 月 20 日，DSB 决定对美国的申诉纳入前述专家组一并审查。1997 年 7 月 29 日，专家组正式成立。印度和韩国保留作为第三方介入本案的权利。1998 年 7 月 2 日专家组作出报告并分发给各方，鉴于同一专家组审查欧盟、日本和美国的申诉，根据 DSU 第 9 条第 1 款，专家组的报告也包括了上述国家分别与印度尼西亚的争端。1998 年 7 月 23 日，DSB 通过专家组报告，各当事方对此报告均未提起上诉请求。1998 年 12 月 7 日，专家组裁定专家组报告的执行期限为 12 个月，即自 1998 年 7 月 23 日至 1999 年 7 月 23 日。印度尼西亚于 1999 年 7 月 15 日通知 DSB，它已公布了新的汽车政策，履行了专家组报告中的建议。

　　本案涉及一世贸成员方实施的关于发展汽车工业的措施是否对国际贸易造成负面影响的法律问题，因此，主要适用 GATT1994 的第 1 和 3 条、TRIMs 协议的第 1 和 2 条以及 TRIPs 协议的第 3 条。

　　美国、欧盟和日本在申诉中提出印度尼西亚的汽车工业措施违反 GATT1994、TRIPs 协议、TRIMs 协议以及 SCM 协议有关条款义务，对此，印度尼西亚提出的一般性抗辩是，本案的争议措施是补贴，因而只适用 GATT1994 第 16 条和 SCM 协议。印度尼西亚还进一步提出，如果适用 GATT1994 第 3 条将会导致 SCM 协议的无效。专家组经审查归纳后，重点分析了 GATT1994、TRIMs 协议和 SCM 协议的关系和印度尼西亚的措施是否严重损害了申请人利益，其中涉及当地含量的要求、税收歧视、最惠国待遇、公布规定及有关 TRIPs 协议的问题。经过分析，专家组首先提出 GATT1994 第 3 条涉及的是禁止对国内产品和进口产品之间的歧视，而 SCM 协议调整的是对企业进行的补贴，大多数情况下，该协议调整的补贴并不包括在第 3 条的范围中，两套规定针对不同问题，具有不同的范围和目的，因而是不冲突的，结合本案，专家组认为第 3 条适用于本案。依同样的逻辑，专家组认为 TRIMs 协议亦适用于本案，因为该协议禁止的是以当地含量要求为形式的与贸易有关的投资措施，而不是提供如 SCM 协议禁止的相似补贴的优势，两个协议并不矛盾。专家组还进一步指出，WTO 协议项下的义务是累积性的，可以同时得到履行。随后，印度尼西亚在专家组拒绝本案只适用 SCM 协议的主张后终止了对国产车计划的补贴，并通知和要求专家组终止审查国产车计划措施有关的程序。

　　专家组在提出上述判断后，紧接着分析印度尼西亚采取的汽车工业措施是否违反 TRIMs 协议第 2 条的规定，对此又需证明两个因素：一是与贸易有关的投资措施存在；二是措施违反了 GATT1994 第 3 条的规定。专家组指出，印度尼西亚采取的汽车工业措施具有投资目的和投资特征并提及投资计划，旨在鼓励印度尼西亚当地制造成品汽车和零部件能力的发展，具有本地含量的要求，这必然与贸易有关，并为 TRIMs 协议所列清单 1（a）所包括，因此，属于 TRIMs 意义上的投资措施，因而也违反了 GATT1994 第 3 条的规定。

　　对于申请人指控印度尼西亚对国产车的补贴违反了 SCM 协议，专家组首先确定了双方均已同意印度尼西亚的补贴是属于专项性，然后分析印度尼西亚作为发展中国家是否享受 SCM 协议第 27 条第 9 款规定的特惠，即发展中国家成员不受其可诉补贴造成其他成员利益的严重损害的指控。根据 SCM 协议第 27 条第 8 款规定，允许成员对发展中国家提供的属于协议第 6 条第 1 款第 1 项规定范围内的补贴提起严重损害的请求。一般来说，一项补贴如属于第 6 条第 1 款所指的从价补贴超过 5% 的补贴，就被认为会造成其他成员方的严重损害，但如果补贴方是发展中国家，就不适用推定，申请人就须提供确切证据证明严重损害的存在。本案所说补贴正是源于第 6 条第 1 款的补贴。因此，根据协议第 6 条第 3 款规定，申请人须证明严重损害的出现，即须证明补贴的后果是排斥或阻碍另一成员相同产品进入实施补贴方市场，或者证明在同一市场其他成员方相同产品的价格明显下降。在本案中，因争议的补贴授予了 Timor（车名），因而须将其与进入印度尼西亚市场的申请人的相同产品进行比较。结合 SCM 第 5 条第 1 款的注解 46 对"相同产品"的定义以及考虑汽车产业分析市场分类的做法，专家组总结认为，法国产的标致 306、德国产的 Optima、美国产的 Escort 包括 Neon 与 Timor 为相同产品，但在分析申请人提供的市场数据后，专家组认为没有确切证据能够证明补贴造成严重后果的存在。此外，专家组还审查美国根据 TRIPs 协议所提出的申诉，最终也认为是证据不足。

最终，专家组分析认定印度尼西亚所采取的汽车工业措施主要是与 TRIMs 第 2 条 GATT1994 第 1 条第 1 款不相符合。

基于上述事实和法律，专家组作出如下裁判结论：①印度尼西亚的汽车工业措施计划（指 1993 年和 1996 年计划，下同）将本地含量的要求与税收优惠挂钩，违反 TRIMs 第 2 条的规定；②印度尼西亚的汽车工业措施中的税收（关税、销售税）歧视违反 GATT1994 第 1 条第 1 款、第 3 条第 2 款的规定；③欧盟有足够证据证明印度尼西亚采取的专项补贴严重损害了欧盟的利益；④美国没有足够证据证明印度尼西亚采取的专项补贴严重损害了美国的利益；⑤印度尼西亚没有违反 SCM 协议第 28 条第 2 款的规定；⑥美国没有足够证据证明印度尼西亚违反 TRIPs 协议第 3 条、第 65 条第 5 款的规定。

鉴于印度尼西亚在与 WTO 有关协议不符的范围内，损害了申请人根据有关协议可获得的利益，专家组建议 DSB 要求印度尼西亚将其目前所采取的汽车工业措施进行修改，以使其与印度尼西亚依据 WTO 有关协议承担的义务相一致。

二、问题

（1）WTO 各协议是否可同时适用？

（2）TRIMs 协议的主要内容？协议中当地成分要求的含义？

（3）本案对我国有何启示？

三、评析

（1）WTO 各协议是否可同时适用？

本案涉及的问题较为复杂，包括对 WTO 规则的适用和性质的理解以及

GATT 协议、TRIPs 协议、SCM 协议和 TRIMs 协议的适用。这其中又涉及众多的法律程序问题。

就是否适用 SCM 协议、GATT1994 与 TRIMs 协议的相关规定的程序问题。专家组注意到，GATT1994 第 3 条虽然规定了补贴的问题，但其与 SCM 第 16 条规定的补贴与反补贴的问题属不同范畴，两者间不存在冲突，因而在本案中可以同时适用；而 TRIMs 和 SCM 协议两者都是货物多边贸易规则下的协议，两者的效力是平行的，因而也可同时适用。这就是说，WTO 之下的各类规则是可以同时适用的，除非有关协议本身就有关于冲突的规定。

（2）TRIMs 协议的主要内容？协议中当地成分要求的含义？

TRIMs 协议制定的目的是促进自由化和投资，但实质上这是一项货物贸易协议，并非单独的投资协议，仅适用于与货物贸易有关的投资措施。TRIMs 协议对投资措施的约束是通过 GATT1994 中的国民待遇条款和普遍取消数量限制条款来落实的。依据 TRIMs 协议第 2 条规定：任一成员不得实施与总协定第 3 条（国民待遇）或第 11 条（普遍取消数量限制）规定不相符的与贸易有关的投资措施。在 TRIMs 协议附录解释性清单中，又分别列举了与 GATT1994 第 3 条不符的两项措施以及与第 11 条不符的三项措施。具体而言，TRIMs 协议明确禁止的五项投资措施是当地含量要求、贸易平衡要求、东道国产品指令要求、外汇管制要求以及本地销售要求。这些措施通常是通过国内法律或行政命令的形式或许可形式强制地加以实施的。本案争端方申诉的就是 TRIMs 协议中的投资措施之一：当地含量要求。

依据 TRIMs 协议中的解释，所谓当地含量要求，是指一成员要求企业购买或使用本国产品或来源于国内渠道的产品，不论这种要求是关于特定产品、产品的数量或价值，或是关于购买与使用本地产品价值或数量的比例。当地含量要求广泛地施行于世界各国，特别是发展中国家通常将其作为给予外商投资企业优惠待遇的条件。我国为适应加入 WTO 的需要，已经对将外商投资的优惠待遇与当地含量要求挂钩的法律条文进行了修正。本案专家组报告正是在对印度尼西亚的汽车工业措施是否违反了上述条款进行审查后作出的。

当然，TRIMs 协议也考虑到发展中国家成员，特别是最不发达国家成员的贸易、发展和财政的特殊需要，在第 4 条中还规定了对发展中国家的优惠待遇条款，即可以暂时背离关于投资措施方面的国民待遇和普遍数量限制的义务。这种暂时在协定第 5 条中是指过渡期的规定，即有关与协定不相符的投资措施在 WTO 协定生效后五年内（发展中国家）和七年内（最不发达国家）应予以取消。但是如果在 WTO 协定生效前 180 天内实施的与贸易有关的投资措施，如该措施与本协定不符的，不适用过渡期规定。不过在本案中，印度尼西亚并没有提出适用 TRIMs 协定第 4、5 条来进行抗辩。

（3）本案对我国有何启示？

从本案中引发的几个问题值得关注：

第一，对 TRIMs 协议在国际贸易中的影响要给予足够的重视。TRIMs 协议首次将投资问题纳入 WTO 的多边贸易体制，是第一个规范贸易与投资关系的国际条约，它将 GATT1994 中的国民待遇条款和普遍数量限制条款引入国际投资领域，明确应禁止的扭曲贸易的投资措施，以使国际贸易和投资得到进一步的发展。可以说，TRIMs 协议是在国际范围内对投资措施进行管制所取得的重大成果，开创了在多边贸易体制下进行有关投资措施谈判的先河，其对国际投资法制的影响将具有历史性的意义。

第二，充分利用 TRIMs 协议中对发展中国家成员有利的例外条款，以维护其经济主权利益。在乌拉圭回合中，发展中国家与发达国家在 TRIMs 协议的制定方面就有激烈的争论，以美国为首的发达国家主张将投资措施全面纳入 GATT1994 调整，而发展中国家则极力反对 GATT1994 过多涉及投资领域。最终 TRIMs 协议虽然只明确列入五项作为禁止的与贸易有关的投资措施，但并未完全排除其他违反 GATT1994 第 3、11 条的规定的投资措施。作为发达国家的妥协，虽然该协议规定了一些例外条款，在一定程度上顾及到了发展中国家成员的利益，如允许发展中国家成员在过渡期内暂时实施协定禁止的投资措施等。但总的来说，TRIMs 协议总体上仍倾向于发达国家的利益。因此，发展中国家成员在遵守现有规则的同时，还要善于利用 TRIMs 协议中对发展中国家成员有利的例外条款，以维护自身的经济主权。此外，发展中国家成员还应继续关注并积极参与 TRIMs 协议的修订工作。

案例十一：欧盟诉《美国版权法》第 110 条第 5 款争端案[①]

一、案情

1999 年 1 月 26 日，欧盟根据 DSU 第 4 条和 TRIPs 协议第 64 条第 1 款，就《美国版权法》第 110 条第 5 款（经 1998 年 10 月 27 日美国国会通过的《音乐许可公平法》修正）向美国提出磋商请求。欧盟指出，《美国版权法》第 110 条第 5 款允许公共场所（酒吧、轮船、餐馆等）在一定条件下不用支付版权使用费就可播放广播和电视音乐。欧盟认为，这是违背美国根据 TRIPs 第 9 条第 1 款所应承担的义务，该条规定每个 WTO 成员都应遵守《伯尔尼公约》第 1~21 条。1999 年 3 月 2 日，欧盟与美国举行了双边磋商，但未能达成互谅协议。1999 年

---

① 参见杨荣珍：《WTO 争端解决——案例与评析》，对外经济贸易大学出版社，2002 年，第 300 页。

4月15日，欧盟根据DSU第6条和TRIPs协议第64条第1款要求建立专家组。1999年5月26日，DSB成立了本案专家组。澳大利亚、巴西、加拿大、日本和瑞士保留以第三方身份参与专家组程序的权利。8月6日专家组正式组成。2000年5月5日，专家组将最终报告提交给争端双方。2000年7月27日，DSB采纳了专家组报告。2000年8月24日，美国通知DSB，根据DSU第21条第3款，它将履行DSB的建议。美国提议在15个月的合理期限内履行这些建议。2000年10月23日，欧盟要求根据DSU第21条第3款（c）项规定，通过有约束力的仲裁方式，以确定合理的执行期。最后，仲裁确定"合理执行期"为专家组报告采纳之日起的12个月，即为2000年7月27日至2001年7月27日。

本案主要涉及公开表演和公开展示版权作品的专有权问题。美国1976年版权法第110条名为"对专有权的限制：某些表演和展示权的例外"。它规定"尽管有第106条的规定，但下列（各项中所规定的）行为不属于侵犯版权"，其中涉及本案的是该条第5款中的（a）、（b）两项规定，其（a）项规定通常被称为"家庭型例外"，主要是允许出售商品或提供服务的餐饮企业和零售企业"通过通常在私人家庭中使用的那种单一接收装置"接收含有某一作品的表演或展示的传输节目，并在营业场所内公开播放该节目。由于这一项规定中的限制条件只是"家庭型"接收装置，故它被称为"家庭型例外"。

美国现行版权法第110条第5款（a）项与1976年版权法第110条第5款中的原"家庭型例外"规定基本相同，1998年修订该条款时只是将其编为该款的（a）项，并在句首加了"除了（b）项的规定外"这一句而已。美国国会1976年的一项补充说明1976年版权法的报告曾解释说，原第110条第5款"适用于各种形式作品的表演和展示，其目的是免除任何人的版权责任，只要该人仅仅是在公共场所打开那种通常售予公众作个人使用的普通的无线电或电视接收装置"。"本条立法的基本原理在于，在公共场合通过普通的接收装置对传播作品进行的二次使用，因其影响甚微，因此不应对其设定进一步的法律责任。"

适用该家庭型例外所要考虑的因素很大程度上以美国最高法院在1976年版权法通过前不久所作出的一项判决为依据。在20世纪音乐公司告Aikrn餐馆一案中，美国高院维持了一项判决，即符合下列条件的小快餐店业主无需对播放音乐承担法律责任：通过与放置在天花板的四个喇叭连接的收音机播放音乐，店面规模为98平方米，其中56平方米向顾客开放。1976年美国国会报告指出，Aiken餐馆的实际情况代表着原第110条第5款例外的适用边界。原（a）项例外适用于所有作品，但经1998年修正法案修订后，增加了仅适用于非戏剧音乐作品的（b）项规定，再加上（a）项句首增添的一短语，就使现今的（a）项例外仅适用于除"非戏剧音乐作品"以外的所有作品了。

第110条第5款（b）项则规定：符合一定条件的商业企业（如餐馆、酒吧、商店等），可以未经权利持有人的许可，也不用支付使用费而播放所接收到的非戏剧音乐作品的演唱或表演节目。这种节目是由获得诸如美国联邦委员会许可的电台、电视台发送的，或者是通过有线电缆系统或卫星传输的视听节目。（b）项规定是 1998 年修订后新增的。在本案中，为方便起见，这项规定被称为"营业例外"。要享有这种例外的企业，需符合特定的限制条件，一是在营业面积上不能超过规定的大小；二是所用的播放设备须符合规定要求。但这两方面的限制要求并非必须同时满足。"营业例外"的受益者被分为两类：零售企业和饮食企业。这些企业只要符合特定的规模要求，而不管其所使用的设备类型如何，均可获得例外。其规模要求为：零售企业总面积不超过 186 平方米，餐饮企业不超过 348 平方米。

第 110 条第 5 款（a）、（b）两项传播类型包括通过无线电或卫星的原始广播、通过陆基途径或卫星的转播、通过电缆对原始广播进行的再传输和通过电缆的原始传输以及其他的有线传输。这两项规定未区分模拟和数字传输。此外，第 110 条第 5 款不适用于录音音乐，如 CD、磁带等，亦不适用于现场演唱或演奏。

欧盟认为，《美国版权法》第 110 条第 5 款（a）、（b）两项所规定的例外，违背了美国根据 TRIPs 协议所应承担的义务及关联的《伯尔尼公约》的规定，认为这措施不能根据《伯尔尼公约》或 TRIPs 协议中所许可的任何明示或暗示的例外或限制而得到合法化证明。欧盟认为，美国的这些措施损害了版权持有人的正当权利，损害了欧盟的权益，从而引发了前述争端。

本案主要涉及 TRIPs 协议第 13 条的规定，及通过 TRIPs 协议第 9 条第 1 款而被纳入协议的《伯尔尼公约》（1971 年）第 11 条第 2 款第 1 项和第 11 条第 1 款。

关于 TRIPs 协议与《伯尔尼公约》的关系，TRIPs 协议第 9 条第 1 款明确规定："各成员应遵守《伯尔尼公约》（1971）第 1～21 条及其附录的规定。但是，对于该公约第 6 条第 2 款授予或派生的权利，各成员在本协定项下不享有权利或义务。"该条第 2 款规定："版权的保护仅延伸或派生至表达方式，而不延伸至思想、程序、操作方法或数学概念本身。"

TRIPs 协议第 13 条（限制与例外）规定："各成员对专有权作出的任何限制或例外规定仅限于某些特殊情况，且与正常利用不相冲突，也不得无理损害权利持有人的合法权益。"

《伯尔尼公约》第 11 条第 2 款第 1 项规定："文学艺术作品的作者享有下列专有权利：（1）授权广播其作品或以任何其他无线传递符号、声音或图像的方法向公众传播其作品；（2）授权原广播机构以外的另一机构通过有线传播或转播的方式向公众传播广播的作品；（3）授权通过扩音器或其他任何传送符号、声音或图像的类似工具向公众传播广播的作品。"第 11 条第 1 款规定："戏剧作品、音乐戏剧作品和音乐作品的作者享有下列专有权利：（1）授权公开表演和演奏其作品，包括用各种手段公开表演和演奏；（2）授权用各种手段公开播送其作品的表演和演奏。"

美国提出，TRIPs 协议通过纳入《伯尔尼公约》某些实质性规定，允许成员方对版权持有人的专有权规定某些有限例外，第 13 条为判断此类限制和例外是否合理设定了相关条件。《美国版权法》第 110 条第 5 款规定的例外符合第 13 条规定的条件。

欧盟认为，第 13 条仅适用于 TRIPs 协议所新引入的专有权，而被纳入 TRIPs 协议的《伯尔尼公约》第 1～21 条所授予的权利，只有在根据该条约可适用的现存例外情况下，才可被减损。欧盟援引了 TRIPs 协议第 2 条第 2 款及《伯尔尼公约》第 20 条规定用以支持其立场，在欧盟看来，这两条旨在禁止降低《伯尔尼公约》所规定的现有保护标准。

美国则认为第 13 条适用于 TRIPs 协议中与版权有关的所有条款，包括已被纳入到协议中的《伯尔尼公约》的相关条款。就该公约第 11 条第 2 款而言，美国认为第 13 条阐明了所谓"有限例外"原则，这一原则可以适用上述两款所指的专有权，因此，美国辩称第 13 条规定的条件是判断可否对有关专有权允许限制和例外的依据。

欧盟另外认为，即使 TRIPs 协议第 13 条被视为可适用于被纳入协议的《伯尔尼公约》有关条款所规定的专有权，其作用的范围也只限于这些公约条款中所规定的业已存在的限制和例外。欧盟指出，有限例外原则的适用范围仅限于为宗教仪式、军乐队及儿童成人教育之日而公开表演或演奏作品，此类公开表演和演奏的最大特点是不带有商业性。

美国认为"有限例外"原则的适用并非必须是非商业性的。

针对第 11 条第 2 款第 1 项所指专有权，欧盟认为，无论是适用有限例外原则还是第 13 条，都不能忽视《伯尔尼公约》第 11 条第 2 款第 2 项要求支付合理报酬这一规定。按欧盟的观点，上述专有权的例外使用除了必须满足第 13 条规定的三个条件外，至少还需要对权利人支付合理报酬，支付可通过强制许可以外的方式进行，因此第 11 条第 2 款第 2 项的适用范围包括第 11 条第 2 款第 1 项所指的专有权利的所有例外性使用。

美国辩称，专有权的例外和强制许可之间有着本质的区别。第 11 条第 2 款第 2 项与有限例外原则毫不相同。

专家组针对双方的上述争论，首先审查了 TRIPs 协议中有限制例外原则的法律地位和适用范围，然后对《伯尔尼公约》相关条款，尤其是第 11 条第 2 款第 1 项和第 11 条第 1 款所指权利是否适用于第 13 条做了审查，在此之后对第 11 条第 2 款第 2 项与本案的关联性加以考虑。

专家组的结论是，既然 TRIPs 协议第 13 条或任何其他条款的明确措辞和上文均没有表示第 13 条只适用于该协议所新增的专有权，则第 13 条完全可以适用于已被纳入协议的《伯尔尼公约》第 11 条第 2 款第 1 项（iii）和第 11 条第 1 款第 1 项。

专家组还认为，纳入 TRIPs 协议的《伯尔尼公约》第 11 条第 2 款第 2 项允许各成员代之以对第 11 条第 2 款第 1 项的专有权的强制许可或者规定其他不会损害权利持有人获得合理报酬权的条件。第 11 条第 2 款第 2 项与本案无关，因为就《美国版权法》第 110 条第 5 款所涉及的使用方面而言，美国没有提供一项权利，其行使需受美国国内法律所规定的条件的制约。

专家组进一步对《美国版权法》第 110 条第 5 款的例外是否符合协议第 13 条第 3 项条件进行了审查。协议第 13 条要求，专有权的限制和例外必须：①仅局限于某些特殊情况；②不与该作品的正常利用相冲突；③不对权利持有人的正当利益造成不合理的损害。上述三个条件须同时适用，即每一条件都必须独立地获得满足，未能满足任何一个条件的例外均不予允许。

专家组根据其对前述有关"家庭型例外"立法的沿革、立法意图及其适用条件和范围以及适用情况的分析，并考虑到适用该例外的小型企业所进行的播放音乐活动从未构成版权集体管理组织（以下简称 CMOs）收入的重要来源，最终得出第 110 条第 5 款（a）项中规定的"家庭型例外"未对权利持有人的正当利益造成不合理的损害，从而符合第 13 条的第 3 项条件。

专家组根据上述所作的细致审议和分析，作出了以下裁定和结论：①《美国版权法》第 110 条第 5 款（a）项符合 TRIPs 协议第 13 条的要求，因而也符合通过 TRIPs 协议第 9 条第 1 款而纳入该协议的《伯尔尼公约》第 11 条第 2 款第 1 项（iii）和第 11 条第 1 款第 1 项；②《美国版权法》第 110 条第 5 款（b）项不符合 TRIPs 协议第 13 条的要求，因而也不符合通过 TRIPs 协议第 9 条第 1 款而纳入该协议的《伯尔尼公约》第 11 条第 2 款第 1 项（iii）和第 11 条第 1 款第 1 项。

专家组建议争端解决机构要求美国采取措施使其版权法第 110 条第 5 款（b）项与其承担的 TRIPs 协议义务相一致。

二、问题

（1）TRIPs 协议存在哪些问题？
（2）本案对我国有何启示？

三、评析

（1）TRIPs 协议存在哪些问题？
长期以来，国际社会已努力制定了许多版权国际保护方面的公约，并在实践中取得了成效，但仍缺乏有效的争端解决机制。TRIPs 协议将《伯尔尼公约》纳入 WTO 框架内，这将有助于该公约的实施，必将极大地完善和发展版权的国际保护机制。当然，TRIPs 协议仍有许多不尽完善之处。本案中就涉及有关专有权的例外或限制规定的复杂性、多歧义性和富有争议性。这些条款在协议和公约的谈判中历来就是富有争议的条款，它们虽是知识产权领域中保持权利持有人和社会之间权利与义务平衡所必需的，但却是难以具体把握的，尽管这些条款设立了一些具体标准或条件，但其现有的这些简单而又模糊的标准或条件自然容易引发争议，更何况它们又是与实际的权利和利益密切相关的。所以，这更易引起纠纷。此外，发达国家特别是美国在知识产权保护方面的做法对 TRIPs 协议的影响较大。发达国家主要代表着知识产权所有人的利益，必将在相关国际规则的制定上施加其影响。例如，作为知识产权大国的美国，在现有的 WTO 体制内迄今所发生的 20 多起知识产权纠纷中，有 2/3 是由美国针对其他成员主动发起的。美国试图将 TRIPs 协议作为重要的手段迫使其他成员的知识产权保护制度向 WTO 规则靠拢，可以说，这正是美国在推动达成 TRIPs 协议时所希望和追求的。如今，这一协议确实也成了美国在知识产权保护领域对付其他成员的有效工具。本案反映出，美国在 TRIPs 协议实施了两年多后对其版权法进行了修订，这种修订本身是它的主权范围的事情，甚至它在修订时也无须顾及 TRIPs 协议本身，无须事先审查该协议是否与其国际义务相违背。然而，在 WTO 每个成员均有遵守 WTO 规则的义务，因此，美国在各领域尤其在知识产权领域一直盯着别的成员，也必须接受别人的监督。从这一点看，WTO 体制还是值得肯定的。

（2）本案对我国有何启示？

本案给我们带来了如下启示：

第一，应充分重视 TRIPs 协议的作用。从本案可知，我们不仅仅要了解 TRIPs 协议中的有关规则，而且须了解像《伯尔尼公约》这样的国际规则。TRIPs 协议涉及版权的直接规定只有短短的 6 条（第 9～14 条），但由于协议第 9 条规定将《伯尔尼公约》的实体条款（第 1～21 条及公约附录）全部纳入，实际内容极为丰富，也十分复杂。因此，应加强对国际规则包括知识产权规则的研究。此外，还要随时关注其他各成员特别是发达国家成员的立法动向。对于已为 WTO 争端解决机构采纳的专家组报告或上诉机构所否定或肯定的例外规定，我们均应引起重视。

第二，应建立起有效的国内保护机制。在本案版权领域中 CMOs 所起的重要作用，对我国也颇有启示。如在音乐作品领域，美国现行的三大组织（AS-CAP，BMI 和 SESAC）在代表权利持有人许可使用音乐作品并从有关的使用者那里收获和分配许可使用费等方面发挥了很好的作用，对行使权利、维护权利持有人的正当利益起到了很好作用，成为有效的版权代理行使组织。当然，作为政府，自然还应当关注权利持有人及其代理行使组织与社会利益之间的平衡问题。这种CMOs在我国尚不普遍，我国正在修订中的版权法已注意到了这一点。值得指出的是，在本案中，欧盟与美国的CMOs的利益是相连的，于是它们便奇妙地站在了一起，共同对影响它们利益的美国版权法提出了挑战。在有关的证明中，欧盟就是很好地利用了美国的CMOs所提供的资料和证据。此外，本案也启示我们要充分认识信息资料工作的重要性。在本案中，争端双方对于涉案的相关协议和公约了如指掌，或许由于这些协议或公约本身就是在它们的参与下形成和发展的，所以，它们各自对有关条文甚至包括它们的立法历史和背景等的来龙去脉都十分清楚，使双方的诉、辩都达到很高的水准。如为了证明《美国版权法》第110条第5款的例外规定是否对版权所有人正当利益及正常利用造成不合理的影响或损害，争端双方都各尽所能地举出了翔实的统计数据，从这些方面我们看到美国和欧盟的信息资料、情报和统计工作的扎实基础。我国作为WTO成员方，在这一多边贸易体制内应遵守的义务将会对我国立法与行政机构的行为进行约束和规范，因此，在遵守多边规则的同时，我国应建立起有效的国内保护机制。

案例十二：美国与安提瓜关于影响跨境提供赌博与博彩服务措施案[①]

一、案情

作为本案的起诉方，安提瓜和巴布达是位于拉丁美洲的一个小国。国土面积不过400平方公里。人口不足7.6万人。安提瓜并没有完整的国民经济生产体系。20世纪50年代以前，安提瓜和巴布达经济以种植甘蔗为主。随着蔗糖价格在世界范围内的大幅下滑，安提瓜经历了经济转型的过程，由蔗糖的出口转向旅游产业。20世纪60年代后，旅游业有较大发展，并以此带动了其他一些经济部门的发展。目前，安提瓜和巴布达国民收入主要来源于旅游、建筑业、离岸金融业、制造业和农业。其中，金融服务业在安提瓜国内经济结构中占有越来越重要的位置。

随着全球电子网络的发展，赌博业也逐步走出了固定的赌场。通过网络，可以在世界的任一个角落参与世界上任何另一个角落的赌局。20世纪90年代末，安提瓜政府抓住了赌博业网络化发展的趋势，通过积极推进与赌博网络服务相关的基础设施建设，大力推动赌博业和博彩业的发展。到1999年，安提瓜国内有

[①]　参见赵学清：《实施世界贸易组织规则争端典型案》，厦门大学出版社，2007年，第215页。

多达 3 000 人直接在赌博服务产业就业，政府在该年度依靠赌博业获得的财政收入达到 740 万美元，相当于安提瓜该年度国民生产总值的 10%。正当安提瓜国民享受赌博产业的蓬勃发展给其带来的财富的时候，一些国家，特别是美国同时经历了一场因为赌博产业网络化发展带来的灾难，有组织犯罪和洗钱犯罪以赌博的网络化作为平台，发生并引发了一系列社会问题。为解决此问题，美国国内一方面通过在国内封杀网络赌博，甚至通过专门立法和司法判例限制美国网民使用信用卡和通过银行账户向国外赌博网站支付赌金。美国司法部认为，根据美国1961 年的《有线通讯法》，通过国际因特网对体育比赛进行下注赌博属于非法商业行为。2003 年，美国国会通过了《禁止非法网络赌博交易法》，该法明确了对网络赌博的限制措施，特别是限制美国公民使用信用卡或银行账户向境外的赌博网站支付赌资。美国的上述举措使得安提瓜的赌博服务业受到了沉重打击。从1999 年至今，多达 35 家银行被迫关闭。同 1999 年相比，2003 年安提瓜赌博产业的就业人数锐减，财政收入骤降。

2003 年 3 月 21 日，安提瓜正式向 WTO 争端解决机构提起磋商请求，认为美国联邦和地方政府采取的措施影响了对赌博和博彩服务的跨境交付。这些措施不仅违反了 GATS 关于服务贸易市场准入的规定，而且违反了美国服务贸易减让表中所作的承诺。

本案的焦点集中在下述三个方面：

(1) 关于美国服务贸易减让表中对赌博和博彩服务的承诺。

在美国服务贸易减让表分部门 10.D 中，服务门类是"其他娱乐服务（不包括体育）"，在该门类的"市场准入限制"中，美国列出了四种服务的提供类型，在模式 1"跨境交付"项下，美国标注的承诺是"没有限制（none）"。对此，安提瓜主张，美国就赌博和博彩服务的跨境交付项下做出了完全的市场准入承诺。美国认为，由于在"其他娱乐服务"的分部门中明确标记有"体育除外"，表明美国已经将赌博和博彩服务排除在该门类之外。美国主张，赌博是一种特别的服务活动，如果要将其归入其减让表第 10 类部门（娱乐、文化和体育服务），其应当归入第 10.E 项下。第 10.E 分部门的类别是"没有产品分类的其他服务"。而对于第 10.E 分部门，美国所作出的承诺是"不作承诺"，即美国没有承担任何市场准入义务。

(2) 关于美国是否违反了 GATS 第 16 条的市场准入义务。

安提瓜认为，尽管美国在赌博和博彩服务的跨境交付方面作出了完全的市场准入承诺，而美国的相关措施禁止此类服务的跨境交付，因而美国违反了 GATS第 16 条第 1 款的规定。另外，安提瓜认为，对上述服务的"完全禁止"相当于一种"零配额"，违反了 GATS 第 16 条第 2 款（a）和（c）项下的义务。美国认为，在市场准入承诺关于模式 1（跨境交付）标明"没有限制"仅仅意味着

WTO 成员不得采取或维持 GATS 第 16 条第 2 款所列的特定限制措施。由于美国并没有采取和维持 GATS 第 16 条第 2 款所列的特定限制措施，因而美国并没有违反 GATS 第 16 条关于市场准入的义务。

（3）关于美国是否可以援引"豁免条款"。

GATS 第 14 条规定了对 GATS 项下义务的一般例外条款，在符合该条例外情形的条件下，WTO 成员可以豁免于其市场准入承诺。美国认为，即使专家组认定其相关措施违反了其就赌博和博彩服务的跨境交付所做出的承诺，其相关立法（《有线通讯法》、《禁止非法网络赌博交易法》等）仍可以依据 GATS 第 14 条（a）和（c）款豁免其市场准入义务。GATS 第 14 条规定，本协定的任何规定不得解释为阻止任何成员采取或实施为保护公共道德或维护公共秩序所必需的措施（第 14 条（a）款）、以及为使本协定的规定不相抵触的法律或法规得到遵守所必需的措施（第 14 条（c）款）。就第 14 条（a）款而言，美国主张由于互联网赌博容易招致未成年人参与赌博（未成年人参与赌博是美国联邦法所禁止的）或被用于违反刑律的洗钱犯罪，因而，其做法是"为保护公共道德或维护公共秩序所必需的措施"，就第 14 条（c）款而言，其相关立法是为保证与 GATS 相一致的法律，如未成年人参与赌博的禁止性规定，洗钱刑事犯罪等得到遵守所必需的措施，因而可以获得豁免。

2004 年 11 月 10 日，WTO 散发了本案的专家组报告，在其报告中，专家组做出了如下裁决和结论：

（1）关于美国服务贸易减让表中对赌博和博彩服务的承诺。

专家组运用《维也纳条约法公约》第 31、32 条的解释原则，对美国的减让表中是否涉及赌博和博彩服务的承诺以及做出了何种承诺进行了分析。公约第 31 条规定："条约应依其用语按照其上下文并参照条约的目的和宗旨所具有的通常含义，善意解释之。"首先，对于美国减让表中第 10.D 项所具有的通常含义，专家组通过查字典、对比英文和法文、西班牙文，认定"体育（sporting）"的通常含义并不包括"赌博"。其次，专家组认定解释 WTO 成员具体承诺表时援引的两个文件，即 1993 年承诺指南（1993 Scheduling Guidelines）和联合国核心产品分类系统（WTO 文件编号为 W/120，即 The UN Central Product Classification System，CPC）应用来解释美国减让表的上下文。通过此两个文件可以看出，"体育服务"对应的 CPC 编号并不包括赌博服务，相反，赌博服务这一子类别却明确包含在"其他娱乐服务"之中。基于上述理由，专家组认定美国 GATS 减让表（第 10.D 分部门）中含有对赌博和博彩服务的具体承诺。

（2）关于美国是否违反了 GATS 第 16 条的市场准入义务。

首先，根据技术中立原则，专家组认为对跨境交付作出承诺意味着任何其他 WTO 成员的服务提供者可通过所有的交付方式提供服务，包括但不限于通过电子邮件、电话以及因特网等交付方式，除非成员的具体承诺表中列明禁止采用某一特定提供方式。其次，就 GATS 第 16 条第 2 款而言，专家组认为该款所列举的禁止措施是一种穷尽性的列举，即只有在具体实施了第 16 条第 2 款所列措施的情况下，WTO 成员始能被认定为违反第 16 条的市场准入义务。最后，美国完全禁止赌博和博彩服务的跨境交付，实际上是将其他 WTO 成员的服务提供者在数量上限定为"零"，导致了"零配额"，因而美国的做法构成了第 16 条第 2 款（a）项意义上的"以数量配额的方式对服务提供者的数量进行限制"以及第 16 条第 2 款（c）项意义上的"以配额限制服务业务总数或服务产出总量"。

由此，专家组认定美国的有关联邦法律和一些州的法律与 GATS 第 16 条规定的市场准入义务不一致。

（3）关于美国是否可以援引"豁免条款"。

就 GATS 第 14 条（a）款而言，专家组认定，尽管美国的相关联邦法律和州法律是为保护公共道德和公共秩序而实施的措施，但是美国没有能够证明这些措施是 GATS 第 14 条（a）款项下所称的"为保护公共道德和公共秩序"所必需的措施。同样的，对第 14 条（c）款，专家组认定美国没有能够证明其相关法律是该款所称的"使本协定的规定不相抵触的法律或法规得到遵守所必需的措施"。因而，专家组驳回了美国依据 GATS 一般例外条款豁免其市场准入义务的主张。

专家组报告作出后，争端双方对案件裁决不服，向 WTO 提出上诉。上诉机构经过对案件的审理，于 2005 年 4 月 7 日向 WTO 成员散发了上诉机构报告。在其报告中，上诉机构作出了如下裁决和结论：

（1）关于美国服务贸易减让表中对赌博和博彩服务的承诺。

从结论角度看，上诉机构维持了专家组的认定，即美国 GATS 减让表（第 10.D 分部门）中含有对赌博和博彩服务的具体承诺。但是，上诉机构对专家组的推理过程进行了修正。具体体现在如下方面：

首先，关于通常含义。上诉机构指出，为确定"通常含义"，专家组可以通过查字典解释词语的含义，但是，由于辞典往往试图涵盖某一词语的所有含义，这些不同的含义有些是常用的、有些是不常用的，有些是普遍含义、有些是专业含义，仅仅就辞典并不必然能够解决复杂的解释问题。本案中专家组仅仅将"通常含义"与字典含义等同起来，是一种过于机械化的做法。专家组没有解释在一些辞典中对"体育"的解释中含有"赌博"的含义。因此，上诉机构认为专家组对"体育"一词"通常含义"的分析显得"不够成熟"。

其次，关于上下文。与专家组的结论相反，上诉机构认定，1993 年承诺指南和联合国核心产品分类系统并不能构成解释美国减让表的上下文。根据《维也纳条约法公约》第 31 条第 2 款，上下文除指连同序言及附件在内之约文外，还应包括：①全体当事国间因缔结条约所定与条约有关的任何协定；②一个或一个以上缔约国因缔结条约所定并经其他当事国接受为条约有关文件之任何文件。上诉机构指出，不能因为1993年承诺指南和联合国核心产品分类系统在乌拉圭回合谈判期间是各谈判代表团要求准备和散发的文件，即认定其为"上下文"。根据《维也纳条约法公约》的上述规定，1993年承诺指南和联合国核心产品分类系统不能作为解释WTO成员服务贸易具体承诺表的上下文。

最后，关于"条约解释之补充资料"。上诉机构在分析了"嗣后惯例"同样不能解释美国服务贸易减让表第10.D分部门的真实含义之后，接着分析了"条约解释之补充资料"。根据《维也纳条约法公约》第32条，遇有按第31条所列的解释原则（a）含义仍不明确或难以理解；（b）所得结果显然荒谬或不合理时，为了认定其含义，可以用包括条约的筹备及缔约时的情况在内的补充资料予以解释。上诉机构认为，1993年承诺指南和联合国核心产品分类系统作为乌拉圭回合谈判期间的谈判历史资料，可以作为条约之补充资料对美国服务贸易减让表第10.D分部门进行解释。根据上述资料，上诉机构发现，"体育服务"对应的CPC编号并不包括赌博服务，相反，赌博服务这一子类别却明确包含在"其他娱乐服务"之中。

因此，上诉机构认定美国减让表第10.D分部门含有对赌博和博彩服务的承诺。

（2）关于美国是否违反了GATS第16条的市场准入义务。

上诉机构认定，相当于"零配额"的限制是一种数量限制，美国完全禁止赌博和博彩服务的跨境服务，属于GATS第16条第2款（a）项关于"以数量配额的方式对服务提供者数量进行限制"。此外，上诉机构还支持了专家组关于美国的相关措施构成第16条第2款（c）项关于"以配额限制服务业务总数或服务产出总量"。因而，上诉机构认定，美国《有线通讯法》、《禁止非法网络赌博交易法》等三部联邦法律违反GATS第16条第1款、第16条第2款（a）和（c）项市场准入义务。对于美国各州的法律而言，上诉机构认为安提瓜没有建立初步案件，从而推翻了专家组关于州法律违反GATS第16条的认定。

（3）关于美国是否可以援引"豁免条款"。

第一，关于美国可否援引第14条的一般例外条款。就GATS第14条（a）款而言，上诉机构推翻了专家组关于"所必需"的苛刻解释，认为，美国已经确立了初步证据的案件，用以表明争议措施涉及"相当重要的社会利益"，系为了保护公共道德或维护公共秩序所必需的措施。同时，安提瓜并没有提出其他"合理并且是可利用的"并与WTO规则相符的替代措施。因此，上诉机构推翻了专家组关于美国相关联邦立法不是GATS第14条（a）款项下所称的"为保护公共道德和公共秩序"所必需的措施的认定。就GATS第14条（c）款而言，基于类似的理由，上诉机构同样推翻了专家组第 14 条（c）款中"所必需"的解释。但是，基于司法经济原则（judiciary economy），上诉机构没有就美国的相关措施是否在事实上符合第 14 条（c）款的要求进行分析。

第二，关于 GATS 第 14 条的序言。在美国，针对赛马下赌注赌博有一项专门的立法，名称为"跨州赛马法"。根据该法，如果赛马下赌注在一些州是合法的，其他同样允许赛马下赌注的州的赌者可以通过电话以及其他电子通信手段下赌注。本案中，安提瓜主张，《跨州赛马法》允许提供跨州赌博服务，但是，对于此种服务的跨境交付却因为相关联邦法律而被禁止。美国的此做法与 GATS 第 14 条序言关于"不得在情形类似国家之间构成任意和不合理歧视的手段或构成对服务贸易的变相限制"的要求不符。专家组支持了安提瓜的此项诉请。在上诉中，上诉机构认定，由于"跨州赛马法"的存在，美国没有能够表明其《有线通讯法》等联邦法律完全禁止赌博和博彩服务的跨境交付符合 GATS 第 14 条前言的要求。因此，上诉机构得出结论认为，美国的相关立法违反其市场准入承诺，不能依据 GATS 第 14 条的一般例外条款获得豁免。

二、问题

（1）美国措施是否属于 GATS 第 16 条列举的限制市场准入的措施？

（2）主权国家是否可以公共道德豁免其市场准入承诺？

三、评析

（1）美国措施是否属于 GATS 第 16 条列举的限制市场准入的措施？

首先，专家组认为对跨境交付作出承诺意味着任何其他 WTO 成员的服务提供者可通过所有的交付方式提供服务，包括但不限于通过电子邮件、电话以及因特网等交付方式，除非成员的具体承诺表中列明禁止采用某一特定提供方式。其次，就 GATS 第 16 条第 2 款而言，专家组认为该款所列举的禁止措施是一种穷尽性的列举，即只有在具体实施了第 16 条第 2 款所列措施的情况下，一 WTO 成员始能被认定为违反第 16 条的市场准入义务。最后，美国完全禁止赌博和博彩服务的跨境交付，实际上是将其他 WTO 成员的服务提供者在数量上限定为"零"，导致了"零配额"，因而美国的做法构成了第 16 条第 2 款（a）项意义上的"以数量配额的方式对服务提供者的数量进行限制"以及第 16 条第 2 款（c）项意义上的"以配额限制服务业务总数或服务产出总量"。

（2）主权国家是否可以公共道德豁免其市场准入承诺？

上诉机构推翻了专家组关于"所必需"的苛刻解释，认为美国已经确立了初步证据的案件，用以表明争议措施涉及"相当重要的社会利益"，系为了保护公共道德或维护公共秩序所必需的措施。同时，安提瓜并没有提出其他"合理并且是可利用的"并与 WTO 规则相符的替代措施。但是美国的做法与 GATS 第 14 条序言关于"不得在情形类似国家之间构成任意和不合理歧视的手段或构成对服务贸易的变相限制"的要求不符。

本案的重大启示是,在 WTO 的触角已越来越深入各成员方国内经济乃至社会管理体制的情况下,各成员在作出承诺以及制定法律时必须更加谨慎。

案例十三:美国与韩国政府采购措施争端案[①]

一、案情

1999 年 2 月 16 日,美国向 DSB 和韩国提出,要求根据 DSU 第 4 条和《政府采购协议》(GPA)第 22 条就韩国机场建设机构和韩国机场建设有关的其他机构的采购行为进行磋商。美国指出,韩国机场建设机构和机场建设有关的其他机构的采购行为不符合韩国根据政府采购协定应当承担的义务,这些行为包括对投标者资格的要求,以及对不符合政府采购协定的程序无法提出反对。

欧盟认为,由于欧盟的建设公司在全球机场建设方面仅次于美国,位居第二,因而在美国向韩国提出的有关机场建设的政府采购措施方面具有实质性的贸易利益,遂于 1999 年 3 月 8 日根据 GPA 第 22 条和 DSU 第 4 条第 11 款要求加入美韩之间的磋商。日本考虑到其实质性的贸易利益,也于 1999 年 3 月 9 日根据 DSU 第 4 条第 11 款通知韩国,要求加入美韩之间的磋商。美国和韩国于 1999 年 3 月 17 日在日内瓦进行了磋商,但未能达成一致协定。1999 年 5 月 11 日,美国要求成立专家组,1999 年 6 月 16 日,DSB 根据美国的要求依照 DSU 第 6 条决定成立专家组。欧盟和日本保留作为第三方介入本案的权利。在 DSB 决定成立专家组并规定了其权限范围之后,专家组于 1999 年 8 月 30 日组成。根据 GPA 第 22 条第 6 款,专家组的最终报告应在其组成和权限范围确定之后不晚于四个月做出,如有延误,则不应迟于七个月作出。在 2000 年 1 月 30 日,专家组提出,尽管其最大限度地加快进程,由于案件的复杂及逻辑安排上的困难,其无法在协定规定的四个月内完成工作,请求 DSB 同意其在 2000 年 4 月底分发最终报告。

2000 年 5 月 1 日,专家组根据 DSU 的规定将有关韩国影响政府采购的措施的报告分发给 GPA 的全体成员方。2000 年 6 月 19 日,根据 DSU 第 2 条第 1 款,DSB 采纳了专家组的报告。

本案是由韩国仁川国际机场(Inchon International Airport,IIA)建设项目

[①] 参见徐兆宏等:《WTO 案例对中国的启示》,汉语大词典出版社,2003 年,第 178 页。

而引起的争端。争议的问题是负责签订此项目政府采购合同的实体是否属于 GPA 中所"涵盖的实体"。

GPA 最早签订于 1979 年 4 月 12 日，属于东京回合的成果。乌拉圭回合经过进一步谈判，扩大了适用的实体和服务范围，除了该协议规定的例外，政府进行的所有货物采购都应纳入约束范围，服务采购的具体范围由签署方在清单中列明。现行的 GPA 签订于 1994 年 4 月 15 日，于 1996 年 1 月 1 日生效（对韩国于 1997 年 1 月 1 日生效）。GPA 规范的是各成员有关政府采购的法律、法规、程序和实践。

本案争议的对象是韩国仁川国际机场项目。该项目开始于 1990 年，第一阶段于 2000 年底完成，最终项目于 2020 年完成。预计第一阶段涉及投资数为 3 009 亿韩元，整个项目将耗资 29 640 亿韩元。根据计划，韩国政府将投资 40%，其他部分来自于国内外的资本市场。项目开始后，韩国国会将工程分配给有关的机构，这些机构主要是 KAA（韩国机场公司，1991 年 12 月 14 日授权）、KOACA（韩国机场建筑公司，1994 年 9 月 1 日授权）、IIAC（Inchon 国际机场公司，1999 年 2 月 1 日授权）。美国的投诉主要针对 KAA。

本案主要涉及一成员方签订政府采购合同的实体是否是 GPA 的"适用实体"，且这一实体的采购措施是否与其根据 GPA 应承担的义务相一致的问题，以及这些措施是否损害或减损了另一成员根据 GPA 获得的利益的问题。因此，本案主要适用的是 WTO 的 DSU、GPA 和 GATT1994，特别是 DSU 的第 4 条第 11 款和 GPA 的第 1、3、8、11 条、第 20 条第 2 款、第 22 条及 GATT1994 第 22 条第 1 款、第 23 条第 1 款。在此先列述如下，然后结合本案进行分析。

DSU 第 4 条（磋商）第 11 款规定："只要进行磋商的成员以外的一成员认为按照 GATT1994 第 22 条第 1 款和 GATS 第 22 条第 1 款或其他适用协定的相应规定所进行的磋商涉及其实质贸易利益，则该成员即可在根据上述条款进行磋商的请求散发之日起 10 天内，将其参加磋商的愿望通知进行磋商的成员和 DSB。该成员应被允许参加入磋商，只要磋商请求所针对的成员同意实质利益的主张是有理由的。在这种情况下，它们应如实通知 DSB。如参加磋商的请求未予接受，则申请成员有权根据 GATF1994 第 22 条第 1 款或第 23 条第 1 款、GATS 第 22 条第 1 款或第 23 条第 1 款或其他适用协定的相应规定提出磋商请求。"

GPA 第 3 条（国民待遇和非歧视）第 1 款规定："对于本协定涵盖的有关政府采购的所有法律、法规、程序和做法，每一参加方应立即无条件地对其他参加方的产品、服务或提供产品或服务的其他参加方的供应商提供不低于下列水平的待遇：……（g）给予国内产品、服务和供应商的待遇；及（h）给予任何其他参加方的产品、服务和供应商的待遇。"其第 8 条（供应商资格）规定："各实体在审查供应商资格时，不得在其他参加方的供应商之间或在本国供应商与其他参加方的供应商之间造成歧视。"

GATT1994 第 22 条（磋商）第 1 款规定："每一成员方应对另一成员方就影响本协定运用的任何事项可能提出的交涉给予积极考虑，并应提供充分的磋商机会。"

GATT1994 第 23 条（利益的丧失或减损）第 1 款规定："如一成员方认为，由于下列原因，它在本协定项下直接或间接获得的利益正在丧失或减损，或本协定任何目标的实现正在受到阻碍，（a）另一成员方未能履行其在本协定项下的义务，或（b）另一成员方实施任何措施，无论该措施是否与本协定的规定产生抵触，或（c）存在任何其他情况，则该成员方为使该事项得到满意的调整，可向其认为有关的另一成员方提出书面交涉或建议。任何被接洽的成员方应积极考虑对其提出的交涉或建议。"

美国认为，韩国政府在仁川国际机场的建设中所从事的政府采购措施，与其在 WTO 协定下的 GPA 中应当承担的义务是不一致的，这些措施包括：①资格要求。为了具有作为合格的承包商的投标资格，相关利益的供应商必须在韩国拥有执照，即要求该供应商在韩国有生产制造设施。②国内参与的要求。外国公司为了参与招标程序，必须与当地的韩国公司合伙或作为其下级承包商。③对政府采购程序无法提出反对。GPA 要求成员方提供有效的程序使供应商能够对被指控为违反 GPA 相关协定的行为提出反对。尽管如此，在韩国的仁川国际机场和其他机场建设的政府采购中没有这样的程序存在。④缺乏投标的截止期限。在韩国有关机场建设的政府采购措施中规定了比 GPA 要求的 40 天时间要短的接受投标的截止期限，例如，招标程序的无故取消和在一缩短了的截止期限内又立即进行新的招投标。

美国认为，韩国的机场建设机构及其有关的机构事实上是在韩国所列的中央政府机构范围之内的，这些机构被列举在 GPA 附录——韩国承担义务范围的附件 1 中。因为 GPA 各签约国列入附录 1 中承诺受 GPA 约束的中央政府单位应当包括它们的下属组织和分办事处（除非另有约定）。韩国的 MOCT（韩国建设和交通部）被列入了附录 1 的表中，属于韩国承诺应受 GPA 约束的政府单位，而 KAA、KOACA、IIAC 都是 MOCT 的下属机构。所以，尽管并未明确列出，但由于它们与 MOCT 之间的所属关系而理应包括在韩国的承诺范围之内。美国在韩国加入 GPA 期间与韩国进行的谈判中已包括了韩国的机场建设这一范围，美国对韩国而言，在 GPA 下所承担的义务及接受韩国作为该协定的成员方，是建立在包含了这一范围的权力与义务平衡的基础之上的，而韩国将仁川国际机场政府采购机构划分在 GPA 涵盖的范围之外，严重地打破了双方共同建立起来的平衡关系。根据 GPA 第 1 条第 1 款，韩国据 GPA 所应当承担的义务完全应适用于仁川国际机场的政府采购。因此，韩国的上述行为违背了 GPA 第 3、8、11、16和 20 条的相关条款。另外，根据 GPA 第 22 条第 2 款，无论这些措施是否与GPA 的条款相冲突，它们都损害了美国根据 GPA 可以获得的利益或使其依据GPA 获得的利益归于无效，因此，美国应当得到相应赔偿。

韩国坚持认为，仁川国际机场政府采购机构并不在 GPA 中韩国应当承担义务的范围之内，因此也就无所谓违反 GPA 的条款。韩国进一步说明，尽管MOCT 被列入韩国所作承诺的附录 1 的表中，属于韩国承诺应受 GPA 约束的政府单位，但根据 1999 年韩国有关的立法，MOCT 已不再负责仁川国际机场的建设。在仁川国际机场建设中实际负责为该项目采购的韩国单位 KAA、KOACA、IIAC 并不属于韩国列入 GPA 附录 1 中的单位，因此这些单位的采购行为并不受GPA 的约束。

专家组经过分析，首先认为 GPA 各成员对其属于协议适用范围的实体以其承诺清单形式具体列出，根据 GPA 第 24 条第 12 款，各成员的承诺清单的内容构成 GPA 的内容，具有约束力。

GPA 第 1 条规定："本协定适用于有关本协定涵盖实体所从事的任何采购的任何法律、法规、程序或做法，本协定所涵盖实体在附录一中列明。第 1 条的脚注进一步解释了属于该协定规范的实体，主要包括以下几方面：（1）中央政府实体；（2）地方政府实体；（3）依照本协定规定进行采购的所有其他实体；（4）列明本协定涵盖的服务，无论以肯定列表形式还是以否定列表形式；（5）列明所涵盖的建筑服务。"

韩国承诺清单指出，它所说的中央政府实体包括中央政府实体的垂直附属机构、其专门设立的地方管理机构。美国因此认为，韩国的中央政府包括其分支机构和地方组织。专家组认为，关于适用协议的实体，特别是涉及其分支机构和地方机构时，依赖于其中央政府实体的内在组织结构，其他成员可能无法了解。本案中，KAA、KOACA、IIAC 是否属于中央政府实体，或是否与其有法律上的内在关系，应根据韩国的国内法确定。韩国的承诺清单中的注释 1 规定："中央政府实体包括其直属机构、地方管理机构等，其范围规定在韩国《政府组织法》中。"根据韩国《政府组织法》第 2 条第 3 款的规定："直属机构包括副部长、行政代表人、办公室主任等。"据此，专家组认为，KAA、KOACA、IIAC 不属于这里所说的直属机构。韩国《政府组织法》第 3 条第 1 款规定："地方管理机构的定义是每一中央政府根据总统令或法律规定可以设立地方管理机构。"据此，KAA、KOACA、IIAC 也不属于所说的地方管理机构。

另外，韩国承诺清单的附录 2 是有关地方政府实体的规定，其注释 1 规定："地方政府实体包括他们直接控制的附属组织。"美国主张 KAA、KOACA、II-AC 属于这里所说的地方政府实体"直接控制"的机构，因此应属于 GPA 涵盖的实体。专家组分析认为，KAA、KOACA、IIAC 都是依法建立的独立实体，有独立的法律权利、义务，自主管理，其雇员不属于国家公务人员，独立参与投标，如果投标成功它是以自己名义签订合同，并以自己的资金投资于项目。尽管它们与 MOCT 之间可能存在着一定联系，例如，三个单位要定期向 MOCT 汇报其工程建设情况，KAA 董事会中的一些董事是由 MOCT 指派的，但专家组认为这种联系并不能影响这三个单位在法律上与 MOCT 相互独立的地位。因为这种关系在政府的公共管理中是普遍存在的。首先，专家组同时还认为，从调查情况来看，MOCT 并不负责仁川国际机场的建设事宜，其在仁川国际机场建设中的作用仅是政府对基础设施建设的监督管理。专家组认为，我们并不能从政府对企业的建设行为依法负有监督责任和实施政府监督，就认为被监督的企业的采购行为是代表或代理政府进行的采购行为，从而应受 GPA 的约束。因此，KAA、KOACA、IIAC 不是附属于其他实体的机构，也不是代理其他实体参与投标，不属于 GPA 涵盖的实体。其次，针对美国依据 GATT1994 第 23 条第 1 款向韩国同时提起的"非违法之诉"，专家组引用日本胶卷案（WT/DS44）对 GATT 第 23 条第 1 款（b）项进行了解释，认为该条款规定了三个条件，即：①一个 WTO 成员采取了一项措施；②存在有关协议下的利益；③由于采取的措施的实施导致其他成员利益的丧失或减损。如不能证明上述三点，则"非违法之诉"不能成立。专家组认为，关于 GPA 利益的丧失或减损与 GATT1994 项下的其他案件不同，GATT1994 项下的利益是指通过关税减让后改善了的市场准入机会，这种利益是基于关税减让而能够预期合理期待的利益；而 GPA 项下的利益是依照谈判而期待享有的利益，并不是基于关税减让而期待享有的利益。GPA 应当确定规定以下内容：①有关适用实体由各成员方的具体承诺清单确定；②有关项目给其他投标方产生了竞争机会的合理预期；③不违反 GPA 的行为是由作出承诺的成员方作出的；④合理的预期没有实现，使成员方利益受到损失。

　　结合本案的情况，韩国 1991 年 7 月在加入 GPA 谈判期间回答美国提问时没有指明地方机场机构的名称，也没有提到 KAA、KOACA、IIAC。从韩国回答提问到 1994 年 4 月 15 日谈判结束，在此期间美国应当已经知道由 KAA、KO-ACA、IIAC 负责该项目之事，但美国未再提出争议主张。专家组因此认为美国无权再主张其合理预期利益受到了损害。

　　基于上述事实和法律，专家组作出如下裁判结论：①韩国负责签订仁川国际机场项目合同的实体并不是 GPA 附录 1 所涵盖的实体，换言之，也不是韩国根据 GPA 应当承担义务所涵盖的实体；②根据 GPA 第 22 条第 2 款，美国无法证明其合理预期的利益由于韩国采取的一些措施而丧失或减损（无论这些措施是否违反 GPA 的规定）。

二、问题

哪些实体属于 GPA 所涵盖的实体？

三、评析

本案的争议暴露出 GPA 中容易引起纠纷的问题，即哪些实体属于 GPA 所涵盖的实体。其原因就在于政府采购协定适用范围的别具一格。GPA 第 1 条对协定的范围与覆盖面是这样规定的："本协定适用于本协定附录 1 中所列各实体（或单位）对采购产品的任何法律、规章、程序与做法。"具体到本案，KAA、KOACA、IIAC 是否属于附录 1 中所列的实体成为本案的焦点。从本案中我们获得了一定的启迪：我们加入 GPA 时，应尽可能的明确规定和限定我们的承诺范围，如果有必要，可将我国不承诺受 GPA 制约的单位或实体明确排除在外，这样可以有效地避免今后发生争议。应当注意的是，一般条约对其成员方有约束力，但该协定却只对其签约方的列入附录 1 名单中的"实体（单位）"的采购法律有约束力。协定之所以这样规定，大概是因为该协定原本只在于为制止政府采购歧视做法设置一个法律框架；对此框架，各国政府在开列本国单位名单时均会有所顾虑，一般分两步走，把实体（单位）名单问题安排作为以后专门谈判题目，正像谈判关税对等减让那样，估计一次谈判不行，要经过多次在对等基础上逐步将实体（单位）范围扩大到应有的数目。

案例十四：欧盟诉美国贸易法"301 条款"案①

一、案情

美国 1974 年贸易法先后经过 1979 年、1984 年和 1988 年多次修改。其中该法的第 301～310 节（又称"301 条款"）是美国在其对外贸易中实施单方面贸易制裁措施的法律依据。其主要内容包括：该法第 301 节规定，如果美国贸易代表确定美国根据任何贸易协定应该享受的权利被侵犯，国会授权贸易代表根据总统的指示可以实施单方面的贸易报复；第 302 节规定调查的发起；第 303 节规定有关发起调查的磋商；第 304 节是对贸易代表在一定期限内作出裁定的规定；第 305 节规定裁定的实施；第 306 节规定对外国措施监督的规定等。

1998 年 11 月 25 日，欧盟指出，美国在乌拉圭回合达成的 WTO 协定生效后仍然保留这些法律规定，违反了 DSU 和 GATT1994 的有关规定，因此要求与

---

① 参见赵学清、曾国平：《WTO 典型案例精析》，重庆大学出版社，2002 年，第 168 页。

美国就修订 1974 年美国贸易法 "301 条款" 事宜进行磋商。美国表示同意。随后，即 1998 年 12 月，多米尼加、巴拿马、危地马拉、墨西哥、牙买加、洪都拉斯、日本和厄瓜多尔也分别要求参加磋商。

1998 年 12 月 17 日，欧盟与美国进行了磋商，但未取得满意结果。1999 年 1 月 26 日，欧盟请求成立专家组。1999 年 3 月 2 日，DSB 决定成立专家组。下列国家和地区保留作为第三方介入本案的权利：巴西、加拿大、古巴、多米尼加、圣卢西文、中国香港、印度、牙买加、日本、韩国、喀麦隆、哥斯达黎加、以色列、厄瓜多尔、哥伦比亚、泰国等。1999 年 3 月 31 日，专家组正式成立。1999 年 12 月 28 日，专家组作出报告。2001 年 1 月 27 日，DSB 通过了专家组报告。

欧盟指出，美国 1974 年贸易法第 304 节要求贸易代表确认其他成员方是否损害了美国的利益，而不顾 DSB 是否通过专家组或上诉机构报告；第 306 节要求美国贸易代表确认 DSB 的建议是否得到实施，而不顾这一案件的程序是否结束。美国上述规定违反了 DSB 第 23 条第 2 款（a）项。第 306 节要求，在 DSB 建议得不到执行的情况下，美国贸易代表应确定根据 "301 条款" 可以采取什么行动，第 305 节则要求贸易代表采取行动，这些规定违反了 DSB 第 23 条第 2 款（c）项。第 306 节授权贸易代表在货物贸易纠纷中征收关税、收取费用或实施限制，违反了 GATT 第 1、2、3 和 11 条。此外，即使美国贸易代表根据第 301～310 节有权采取不违反 WTO 规定的措施，对 WTO 成员方来说，其不确定性威胁到整个多边贸易体系的稳定性和可预测性，因此欧盟认为美国的规定也不符合 WTO 协定第 16 条第 4 款的规定。针对欧盟所提出的问题，美国反驳说，欧盟提出的所谓 1974 年美国贸易法第 301～310 节违反 WTO 协定的有关规定的均属于政治问题。美国指出，1974 年美国贸易法第 301～310 节完全允许美国在每一个与 WTO 相关的案件中遵守 DSU 的规则和程序。

专家组指出，本案所涉及的问题的确是一个较敏感的政治问题。根据 DSU 第 11 条和专家组的职权范围，专家组申明，它只对欧盟提出申诉的问题作出结论，而不对美国 1974 年贸易法第 301～310 节的问题是否符合 WTO 协定作出结论，也不对美国根据第 301～310 节采取的具体措施作出结论。专家组认为，为了解决本案的纠纷，专家组有必要审查美国国内法律，但仅以解决本案纠纷所必要的程度为限。在解释美国法律时，专家组不受美国自己所作解释的约束。

对于美国 1974 年贸易法第 304 节的规定，专家组认为，根据第 304 节，美国贸易代表在提出磋商后 18 个月内确定美国利益是否受到侵害。而 DSU 仅规定了最短期限，WTO 案件审查的整个程序完成可能比 18 个月的期限长，WTO 项下的司法实践表明解决纠纷的时间通常超过 18 个月。这也就是说，根据美国贸易法第 304 节的规定，美国贸易代表有可能在 DSB 程序结束前就单方面确定美国利益受到损害。虽然第 304 节没有要求美国贸易代表在 DSB 程序结束前做出美国利益是否受到损害的结论，但不排除这种的可能性。这是因为第 304 节并没有禁止美国贸易代表在提出磋商后 18 个月内确定美国利益是否受到侵害，因而这一权利的行使是由美国贸易代表决定的。换言之，美国贸易代表完全有可能在 DSB 程序结束前作出美国利益受到损害的决定。

DSB 第 23 条其总的目的是防止 WTO 成员方试图单方面解决有关 WTO 权利义务纠纷。第 23 条第 2 款明确禁止 WTO 成员单方行动，这也是 WTO 成员根据第 23 条应承担的义务。根据《维也纳条约法公约》第 31、32 条的规定，对条约应作善意解释。因此，如果 WTO 成员承诺诉诸 WTO 争端解决程序解决其贸易纠纷，就意味着承诺不以 WTO 禁止的单方面行为相威胁，否则就影响了多边贸易体系的稳定性和可预见性。专家组认为，从 DSU 和 WTO 协定的规定来分析，DSU 第 23 条第 2 款要求成员方诉诸 WTO 争端解决机制，是为了保证成员方以及市场和市场经营者不会受到单方面决定的威胁。据此，专家组认为，1974 年美国贸易法第 304 节的文字规定违反了 DSU 第 23 条第 2 款规定。不过专家组认为，确认 1974 年美国贸易法第 304 节的文字规定违反了 DSU 第 23 条第 2 款规定并不等于确认美国违反了 DSU 的规定，因为涉讼争议既涉及法律规定的条文，还受其他因素的影响，因此专家组还必须审查其他因素。专家组指出，1974 年贸易法第 301～310 节不仅适用于美国与 WTO 其他成员之间纠纷，而且也适用于美国与非 WTO 成员之间纠纷。美国与 WTO 其他成员之间的纠纷仅是其中的一部分。并且美国政府通过总统声明的方式，将与 WTO 有关的事项排除在"301 条款"适用范围之外，即"根据 301 节确定美国利益受到损害，必须依据 DSB 专家组或上诉机构的结论。"这实际上是限制了美国贸易代表权力，以防止美国贸易代表在 DSB 程序之前确认美国利益受到损害这一做法。基于上述分析，专家组认为，虽然 1974 年美国贸易法第 304 节的文字规定违反了 DSU 第 23 条第 2 款规定，但由于美国政府的声明和美国向专家组的陈述，实际上 1974 年美国贸易法第 301 节并没有违反 DSU 第 23 条第 2 款规定。[①] 此外，专家组进一步分析，既然 1974 年美国贸易法第 306 节没有违反 DSU 规定，当然更谈不上违反 GATT 第 1、2、3 和 11 条等。这是因为美国只有先违反 DSU 有关规定后，才会采取相关措施对其他 WTO 成员进行相应的制裁，从而会导致美国又违反 GATT 相关规定。

综上，专家组主要对以下条款作出裁定：①美国 1974 年贸易法第 304 节（a）（2）没有违反 DSU 第 23 条第 2 款（a）项；②美国 1974 年贸易法第 306 节

---

① 注：专家组在本案分析过程中，分析其他几节方法基本相同，即虽然文字违反规定，但因有总统声明美国将遵守 DSU 规定，所以其他几节也均没有违反 DSU 规定

（b）没有违反 DSU 第 23 条第 2 款（a）项或第 2 款（c）项；③美国 1974 年贸易法第 305 节（a）（2）没有违反 DSU 第 23 条第 2 款（c）项；④美国 1974 年贸易法第 306 节（b）（2）没有违反 GATT 第 1、2、3 和 11 条等。但所有上述裁定是有条件的，即如果美国撤销或违背其声明，则美国"301 条款"没有违反 DSU 有关规定的裁定即失去其依据。换言之，美国政府一旦违背其声明中的承诺就不得以上述专家组的裁定对抗其他 WTO 成员方。

二、问题

（1）美国"301 条款"的合法性？
（2）本案有何借鉴意义？

三、评析

（1）美国"301 条款"的合法性？

无论从国际法基本原则还是从 WTO 协定内容分析，美国"301 条款"是极其不合理的，违背了法律公平、公正，践踏了国家主权原则，是霸权主义在国际经济交往中的具体体现。然而面对这样既不合理又不合法的"301 条款"，本案专家组却认为，虽然从条款文字上分析，其不符合 DSU 的规定，但根据美国的辩解，通过美国总统声明，专家组最后作了一个"附条件"的裁定，即美国若遵守其总统声明，则"301 条款"符合 DSU 规定。最后本案以美国胜诉而告终。虽然这一裁定对以后类似的 WTO 案件没有约束力，但对以后类似的案例却有参考价值。本案值得包括我国在内的其他国家和地区深思。

实际上，DSU 使得美国的"301 条款"法律制度的程序国际化。美国的"301 条款"法律制度和 DSU 有着极其的相似性，无论是争端的提出、磋商，还是争端解决机构的裁定，都表现出美国在一定程度上是为世界立法。WTO 协议的生效并不意味着美国"301 条款"法律制度的终结。相反，美国的"301 条款"法律制度随着世界经济一体化的进程，按照美国的实用主义的法律原则和价值观念，当世界规则和美国的利益冲突时，美国还可以诉诸美国的"301 条款"法律制度，表现出美国法律的优先适用权。

（2）本案有何借鉴意义？

本案从某种意义上讲是继美国与欧盟之间"牛肉进口措施案"（又称"荷尔蒙案"）的续篇。因为 1998 年 2 月，DSB 通过了"荷尔蒙案"专家组和上诉机构的报告，确认欧盟的某些措施不符合《卫生与植物检疫措施协定》的有关规定，要求欧盟修改其有关措施。之后，美国声称若欧盟不履行 DSB 通过的报告，美国将根据其"301 条款"对欧盟进行报复。正是在此种背景之下，欧盟才就美国"301 条款"提起申诉。尽管欧盟败诉与其提供的证明不充分有一定的关系，但前后两个 WTO 案例，主体相同，均是以对方的法律不符合 WTO 协定的有关规定作为对象提起申诉，且被控告的法律法规的确都有不符合 WTO 协定有关规定的情况，却得出两种不同的结果。这就是本案给我国的启示，即本案中尽管美国"301 条款"不符合 DSU 有关规定，却凭着美国的辩解和其总统声明就胜诉了，这可能是值得我国借鉴的地方。

美国的"301 条款"虽然适用对象不同，但都是为了推行美国的贸易政策，保护美国的利益。根据"301 条款"实行的贸易制裁或贸易制裁威胁是美国单方面采取的行为。作为世界上经济实力最强的国家，美国利用自己的贸易政策强加在其他国家头上，早就引起了其他国家的不满。美国制定"301 条款"之初和之后，许多国家就对美国的这一做法提出批评，在美国利用这一制度对其他国家进行报复时，其他国家更是反对，甚至进行反报复。鉴于美国在 WTO 协定正式生效，DSU 多边争端解决机制正式开始运作之后，仍然继续依据其国内立法"301 条款"对 WTO 的其他成员方实行单边主义的威胁和报复，并且屡屡得逞或"奏效"，欧盟遂于 1998 年 11 月 25 日，在美国由于"香蕉案"根据"301 条款"于 1998 年 11 月 10 日单方宣布即将开列对欧报复清单和制裁日程表之后半个月，根据 GATT1994 第 22 条第 1 款以及 DSU 第 4 条规定，向 DSB 提出要求与美国磋商谈判，以解决美国贸易法中的"301 条款"问题。欧盟此举一呼多应，除欧盟是申请人外，本案中又有 16 个第三方，其中有 12 个严厉批评这一立法，使本案成为一政治性很强的案件。而专家组避开了政治敏感性，表述其职责是司法性的，只审查由欧盟在该文件中向 DSB 提出的事项，作出决定以协助 DSB 提出建议或做出这些协定规定的裁决。

本案提出的问题是美国是否可以在争端解决机构做出决定之前，单方面做出决定、单方面确定制裁措施。因为美国"301 条款"这一国内立法显然背离了美国参加缔结的 GATT 这一多边国际条约的规定，以单边自立标准、单边判断和单边施加报复制裁，取代了 GATT/WTO 争端解决机制中的有关交由中立专家小组调查审议、报请 DSB 审查处断的多边原则，从而违背了美国承诺承担的国际义务。专家组通过结合 DSU 的相关规定对美国"301 条款"的审查，裁定美国不可以这样做，但专家组还是根据美国国会批准的政府行政声明，确认美国贸易法第 301～310 节中要求专家组审查的内容没有违反美国根据 WTO 协定应当承担的义务。专家组在审理本案的过程中，可称之为处于两难之间，本案的审理结果，也可谓考虑了双方各自的利益。另外，美国在本案中以总统声明来说明和解释已有的贸易法，使其法律保持与 WTO 协议的一致，这种做法也是值得我国今后借鉴的。但有一点还是值得注意，本案专家组对美国"301 条款"制度没有违反 DSU 的有关规定的裁定是有条件的，即如果美国撤销或违背了其在政府行政声明中所作的承诺，那么这一裁定即失去了依据。由于美国行政机构向国会提交的政府行政声明代表了美国政府的承诺，而国会予以批准，专家组认为这构成了美国对其他 WTO 成员的承诺，而且在专家组程序中美国代表再次确认了这一承诺。正是由于专家组认为这一承诺是国际性的，对美国有约束力，专家组才做出如此的裁定。这说明在 WTO 生效后，在建立争端解决机制以后，不允许成员自行其是，所有成员解决争端的做法都应当受到国际机制的规范，WTO 的争端解决机制强调的是通过多边程序而不是单边措施来解决争端。

参 考 文 献

鲍生广. 2002. 中华人民共和国政府采购法实施手册（上、下卷）. 北京：中国财政经济出版社

陈静. 2002. 案释 WTO 反倾销协定. 北京：对外经济贸易大学出版社

对外贸易经济合作部国际经贸关系司译. 2000. 世界贸易组织乌拉圭回合多边贸易谈判结果法律文本. 北京：法律出版社

顾强. 2002. 中国入世纺织服装业承诺导读与对策. 长春：吉林人民出版社

韩立余. 2001a. WTO（2000）案例及评析. 北京：中国人民大学出版社

韩立余. 2001b. WTO 案例及评析. 北京：法律出版社

胡凌斌，赵岩，史震建. 2001. WTO 与中国贸易法律制度的冲突与规避. 北京：中国城市出版社

蒋德恩. 1999. 世界贸易组织的争端解决. 北京：对外经济贸易大学出版社

李小年. 2000. WTO 法律规则与争端解决机制. 上海：上海财经大学出版社

刘光溪. 2002. 入世：政策与实务. 上海：上海书店出版社

任继圣. 2001. WTO 与国际货物贸易法律实务. 长春：吉林人民出版社

荣斌，邓志能. 2001. WTO 协议与争端案例. 南宁：广西民族出版社

世界贸易组织. 2000. 中国加入世界贸易组织法律文件. 北京：法律出版社

汤树梅，尹力. 2002. 以案说法 WTO 篇. 北京：中国人民大学出版社

田忠法. 2001. 双边涉外判例（WTO 案例）丛书. 上海：上海人民出版社

王新奎，刘光溪. 2001. WTO 与知识产权争端. 上海：上海人民出版社

徐兆宏，林紫晖，朱有彬. 2003. WTO 案例对中国的启示. 上海：汉语大词典出版社

杨荣珍. 2002. WTO 争端解决——案例与评析. 北京：对外经济贸易大学出版社

约翰·杰克逊. 2001. 世界贸易体制. 张乃根译. 上海：复旦大学出版社

曾宪义. 2002. 以案说法——WTO 篇. 北京：中国人民大学出版社

张汉林等. 2001. WTO 农产品贸易争端. 上海：上海人民出版社

赵维田. 2000. 世贸组织（WTO）的法律制度. 长春：吉林人民出版社

赵学清. 2007. 实施世界贸易组织规则争端典型案. 厦门：厦门大学出版社

赵学清，曾国平. 2002. WTO 典型案例精析. 重庆：重庆大学出版社

郑志海，薛荣久. 2002. 世界贸易组织问题解答. 北京：中国对外经济贸易出版社

朱榄叶. 2000. 世界贸易组织国际贸易纠纷案例评析. 北京：法律出版社

朱榄叶. 2009. WTO 争端解决案件概要. 北京：法律出版社

朱榄叶. 2010. 世界贸易组织国际贸易纠纷案例评析. 北京：法律出版社